HISTOIRE

DES

SOCIÉTÉS SECRÈTES

ET DU PARTI RÉPUBLICAIN.

LE MANS — IMP. DE JULIEN, LANIER ET Cº.

HISTOIRE

DES

SOCIÉTÉS SECRÈTES

ET DU PARTI RÉPUBLICAIN

DE 1830 A 1848

LOUIS-PHILIPPE ET LA RÉVOLUTION DE FÉVRIER

PORTRAITS, SCÈNES DE CONSPIRATIONS, FAITS INCONNUS

PAR

LUCIEN DE LA HODDE

PARIS

JULIEN, LANIER ET Cie, ÉDITEURS
RUE DE BUSSY, 4

AU MANS
IMPRIMEURS-LIBRAIRES, PLACE DES HALLES

1850

AVANT-PROPOS.

Quand on a fait des fautes, ce n'est pas en les cachant qu'on en évite de nouvelles, puisqu'alors il n'en reste rien, pas même une leçon; osons-donc déclarer que rien n'était perdu le 24 février au soir, même après l'évacuation des Tuileries, l'occupation complète de Paris et la proclamation de la République, si le parti de l'ordre eût été ce qu'il pouvait être, se fût raidi en un mur d'airain contre l'avalanche populaire. Une protestation sévère des principaux soutiens de la monarchie, un chef militaire qui eût rallié les troupes profondément blessées de l'insolence de leurs prétendus vainqueurs, il n'en fallait pas davantage pour déterminer en province un mouvement qui eût fait perdre la tête aux aventuriers de la capitale. C'était la guerre civile, dira-t-on; laissons leur nom aux choses; c'était une révolte combattue, c'était le pays arraché à une invasion dégradante, c'était le principe d'autorité sauvé d'un naufrage sans exemple et peut-être sans remède. La plèbe démocratique, sur la foi de ses Fontanaroses, peut déclarer magistralement que tous les hommes d'ordre sont des lâches, et qu'il a suffi de la présence des républicains pour les réduire en poudre; c'est une vieille histoire. En juin 1848, il y avait dix fois plus de révoltés; rien ne leur manquait, ni organisation, ni chefs, ni moyens matériels; le général Cavaignac leur avait laissé prendre l'avantage du terrain et plus d'une demi-journée d'avance dans leurs travaux d'attaque; Paris était dégarni de troupes, le pouvoir sans force morale; jamais plus formidables chances n'avaient été laissées à une sédition, et cependant ce parti de l'ordre, si lâche, a pris l'insurrection à la gorge et l'a étranglée! C'est qu'alors il savait sa puissance, ne doutait pas de son droit et avait le sentiment profond des périls de la société. En février, tout cela lui manquait. Depuis quinze ans, il n'avait pas fait l'épreuve de ses forces; une agression inattendue lui ôta le sang-froid. L'élection étant infiniment restreinte, il ne pouvait connaître d'une manière positive l'opinion du pays, et il se figura que la France, républicanisée sourdement, acclamerait comme fait une forme déjà passée dans ses idées. Ensuite et surtout il n'avait aucune conscience du mal horrible qui se préparait. D'autres grands motifs ont aidé à la démoralisation des masses: il faut citer dans le nombre la défection de M. de Lamartine, qui prit la République et l'offrit à la bourgeoisie, laquelle voyant la chose moins en elle-même que dans l'homme qui la patronait, ne s'en effraya pas trop; et puis, pour la province, cette idée que le triomphe de la révolte provenait d'un irrésistible fait de guerre, d'une bataille géante dans Paris.

Toutes ces causes sont connues de quelques hommes d'État, mais la population les ignore; or, il est bon que chacun sache à quoi s'en tenir à cet égard. Je me figure qu'un 24 février ne saurait se renouveler, par cette excellente raison qu'il a déjà eu lieu, mais ce n'est pas à dire que tout danger soit passé, et qu'il ne faille pas veiller soigneusement et sans relâche. La principale condition de succès contre une nouvelle tentative des démagogues, c'est d'avoir confiance et de conserver le calme, et puis, bien entendu, de prendre le fusil et d'aller au combat. Personne ne doit s'en rapporter au voisin; car si le voisin en fait autant, l'ennemi reste maître de la position. Pour les départements, un devoir sacré, c'est de répondre aux gens qui leur apporteraient un nouveau gouvernement tout fait: je ne vous connais pas; c'est de former, sans une minute de retard, des bataillons libérateurs, d'accourir sur la capitale, et d'y cerner la révolution. A ce prix, tout succès des anarchistes est impossible, car ils ne sont forts que de l'insouciance ou de l'indécision des hommes d'ordre.

Certains logiciens diront qu'on a beau faire; à leur sens, les révolutions sont le produit d'idées arrivées à leur dernière puissance, et qui, comme la vapeur, font sauter le vase qui les contient. Cette comparaison offre une assez grande justesse; seulement ce n'est pas celle qu'on y trouve. Oui, une révolution c'est une chaudière qui éclate, et le résultat des deux faits est absolument le même: des débris et du carnage; mais l'éclat d'un vase est-il autre chose qu'un accident? Il existait une paille dans le métal ou dans la constitution; le conducteur de la mécanique industrielle ou gouvernementale a eu un moment de négligence, la machine se brise, qu'est-ce que cela prouve en principe? Rien, si ce n'est qu'avec un peu plus de soin dans le choix des matériaux, et de surveillance de la part des gardiens, on évitait la catastrophe. L'idée n'était donc pour rien là-dedans; les plus admirables pièces de mécanique, comme les plus admirables institutions, éclatent uniquement à cause du petit défaut ou de l'imprudence dont nous venons de parler.

Prouvons une vérité: c'est que la plupart de nos révolutions ne signifient rien; nos barricades ne répondent pas plus à la volonté nationale que le lacet turc, ou le poison russe. Des évènements arrivent, imprévus, stupéfiants; les premiers venus en profitent; la plèbe de Paris, amoureuse de tout changement, crie bravo ! Les provinces étourdies se laissent faire, et le *Moniteur* proclame qu'un grand acte de souveraineté nationale vient d'être accompli. Entre un roi de France ainsi écrasé sous des barricades, et un sultan étranglé, ou un czar empoisonné, nous demandons où est la différence ? Elle n'existe certainement qu'en ceci : c'est qu'en Turquie ou en Russie, les conjurés égorgent eux-mêmes le pouvoir dont ils veulent hériter, et que chez nous, les héritiers du pouvoir ne sont jamais ceux qui l'ont abattu.

La révolution de Thermidor qui noya les terroristes dans la mer de sang qu'ils avaient creusée, est la seule que la France tout entière ait applaudie.

Celle qui fut la plus nationale porte la date de 89, non pas qu'elle n'ait produit que des bienfaits; ainsi elle ôta au peuple ouvrier des garanties de sécurité et de bien-être qu'il n'a pas retrouvées depuis; mais elle mit l'influence dans sa vraie place, le milieu de la nation.

Le Directoire, le Consulat, l'Empire sont les conséquences de Thermidor. Si l'Empire alla trop loin comme compression, c'est que 93 était allé trop loin comme licence; vous n'empêcherez pas plus la balle de rebondir qu'une réaction de dépasser le but. Le Comité de salut public nous avait mis aux mœurs du brouet noir, le Directoire nous mit aux mœurs d'Aspasie. Robespierre inondait les camps de journaux démoralisateurs, Napoléon brida l'action de la presse, là même où elle n'avait qu'un mince danger.

Sans répondre à un besoin absolu, l'Empire répondit franchement à un besoin de circonstance.

Qu'est-ce que la révolution de Mars 1814 et celle de Juin 1815? Des caprices. Le peuple adorait Napoléon, la bourgeoisie l'aimait, le vieux parti aristocratique le respectait; or, pendant qu'il se débat comme un lion dans sa prodigieuse campagne de France, les portes de Paris sont ouvertes aux alliés. Vient Waterloo, sublime épreuve que la France regarde tremblante d'anxiété; tous les vœux suivent l'homme de génie pendant le combat; il succombe, et le vide l'enveloppe aussitôt. Quelques mois après, dans son exil, on ne retrouve que trois ou quatre soldats, seuls courtisans de son malheur.

La France, dit-on, était lasse; les sacrifices se renouvelaient chaque jour. De quoi était-on las; d'impôts? l'empereur faisait payer les guerres par l'ennemi. De livrer des soldats? est-ce qu'on regarde à cela dans notre pays? Ce qu'il faut dire, c'est que Napoléon ne représentait pas entièrement l'esprit du grand milieu bourgeois, lequel aime la guerre en son temps, mais tient avant tout à la paix : or, il crut Napoléon l'homme de la guerre éternelle. Toutefois cet homme dans les dernières luttes, représentait l'indépendance nationale, et tout le monde se sentait le strict devoir d'empêcher sa chute, qui était l'invasion du pays. Pas un qui n'eût cette pensée, pas un qui ne rougît à l'idée du sol natal envahi, et cependant Napoléon est abandonné et l'Europe s'écroule sur lui et sur la France.

La nation est-elle coupable de cette chute! A-t-elle brisé froidement cet homme qui l'avait faite grande et glorieuse entre toutes? Hélas! dès le lendemain elle le pleurait. Quel est donc le mystère de ce drame immortel? Une sorte de mystère d'amour; une amante qui, dans un moment de brouille, délaisse son amant qui meurt, léguant le désespoir à celle qui l'a abandonné.

VI

Sous la Restauration il y eut une paix noble et digne. Ces Bourbons, rentrés en France à la suite d'alliés qui ne pensaient pas à eux, savaient dans tous les cas tenir une assez belle attitude devant l'Europe. En outre, ils aimaient les arts, les grandeurs, l'apparat, choses dont le peuple de France a besoin. On ne saurait dire qu'ils fussent méchants et eussent des instincts de tyrannie, leurs mœurs étaient douces, leurs habitudes généreuses et loyales; le dernier roi de la branche aînée, vieillard grave, pieux, chevaleresque, ne pouvait que faire honneur à un trône par les qualités du cœur. Un jour on le renversa parce que, soucieux à l'excès de son pouvoir, croyant qu'on voulait le rabaisser ou l'usurper, il prit des mesures pour le garantir. Paris, marteau brutal, toujours prêt à se lever pour écraser toute puissance, légitime ou non, frappa le vieux roi qui s'abattit sur le coup.

Sans doute, des ouvriers imprimeurs, des journalistes, des entrepreneurs d'agitation, allaient souffrir des ordonnances; mais cette France réelle, composée des gens de campagne et des ouvriers laborieux des villes, tous ceux qui se reposaient après avoir travaillé ou travaillaient pour pouvoir se reposer, les hommes calmes, sérieux, qui voient la vie ailleurs que dans des articles de journaux, ceux-là ne demandaient pas la chute d'une famille, incarnation séculaire de l'esprit national.

Il y avait certainement, en dehors du prétexte des ordonnances, cette idée fausse que les alliés étaient venus en France à l'appel des Bourbons, et puis, cette vérité, que le pouvoir aux mains de la classe aristocratique, ne répondait plus à l'idée de 89; mais la révolution s'est-elle faite à cause et au nom de ces deux motifs? Non pas. C'est Paris, toujours Paris, qui, au signal donné par n'importe qui, contre n'importe quoi, descend dans la rue, s'enivre de poudre, de sang, et ne s'arrête que lorsque tout est bouleversé, pavés, positions et pouvoir.

Ce rôle de Paris, abattant pour abattre, puis imposant son ouvrage à la France et frappant chaque État d'un contre-coup terrible, est la chose la plus lamentable de l'histoire contemporaine. Une des questions les plus importantes, sans contredit, est de savoir si les braves gens de la capitale, si toute la province et si toute l'Europe, seront encore long-temps à la merci de ce grand artiste en bouleversements qu'on appelle le faubourien de Paris.

En fait, la chute de l'Empire fut un caprice, la chute de la Restauration une colère. Ces deux actes ne résultent pas d'une détermination arrêtée du pays.

Ce que l'on nomme les grands historiens ne manquent pas d'affirmer la logique de tout évènement d'importance; avec la meilleure volonté du monde, il nous est impossible de trouver trace de cette logique dans beaucoup de faits éclatants. Chose fâcheuse, sans doute, pour l'humanité, mais qui confirme ce mot célèbre : L'homme s'agite et Dieu le mène; mot prononcé par Fénélon, et non par Bossuet, comme le veut M. Louis Blanc.

Cependant sur l'ancienne dynastie, s'en élève une nouvelle, de la même famille, mais d'antécédents, d'allures et de goûts différents. Celle-là représente aussi exactement que possible cette portion du pays, appelée la Bourgeoisie, et qu'on peut appeler le véritable cœur du peuple, puisque toutes les activités d'en haut y descendent et que toutes les capacités d'en bas y montent. L'idée française s'est transformée naturellement au cours des choses, l'esprit de guerre a fait place à l'esprit de paix; le développement des forces industrielles doit remplacer l'élan militaire. Tout ce qui peut tendre à ce résultat, imposé par l'état des choses de l'Europe, trouve son exemple et son encouragement dans la nouvelle royauté, renommée pour ses habitudes de paix, d'ordre et de sagesse. Les bohèmes de la société, les gens qui vivent des lamentations qu'ils poussent sur le peuple, les apôtres de la populace, toute la race des exploiteurs de l'ignorance par le mensonge, comprennent que leur règne est menacé; ils se houlent contre le nouveau pouvoir, le secouent dans des attaques furieuses et incessantes; aux luttes ouvertes, font succéder le guet-apens, l'assassinat, et un beau jour, écrasés sous la force nationale qui leur résiste, cèdent et disparaissent dans une ombre impénétrable. Pendant douze ans leur existence ne se révèle que par des tentatives si impuissantes qu'elles font pitié; ils sont morts, bien morts.

Libre de cet obstacle où s'embarrassaient ses pas, la société se met aussitôt à l'œuvre. Nos fabriques s'ouvrent, nos magasins s'emplissent, nos produits s'éparpillent, inondent l'Europe, couvrent le globe. Un accroissement général de bien-être se révèle, au point que, dans les classes les plus pauvres, les idées de fortune germent de toutes parts et poussent les paresseux aux plus criminels espoirs. Car, qu'on ne s'y trompe pas, le socialisme n'est pas le résultat de la misère du peuple, mais de son commencement de fortune. Sans les tentateurs qui sont venus les troubler dans la période de juillet, les ouvriers entraient avec résolution dans la carrière d'avantages nouveaux que leur offrait le travail; tous devaient comprendre que leur véritable et seule émancipation était là; mais grâces aux mauvais génies, des désirs extravagants ont chassé les justes espérances, et des hommes à qui la société offrait de gagner une part de ses richesses se sont mis en tête de tout prendre de force.

Voilà donc cette royauté de juillet assise au milieu des richesses nationales. Elle est renommée dans le monde par sa

sagesse et reliée au pays par les mœurs, les instincts et les intérêts. Le roi n'est que le premier bourgeois d'un grand peuple de bourgeoisie. Une famille de princes l'entoure; jeunes hommes, simples, braves, intelligents, dont la noblesse se tire plus de leur personne que de leur rang. Les partis fatigués d'efforts inutiles, sont tombés à ses pieds, désespérés et impuissants. Sa force paraît inébranlable......
Tout à coup, un orage survient; quelques bataillons de garde nationale crient : Vive la réforme!... Le vertige la saisit, elle s'abandonne, elle tombe, pensant que la bourgeoisie tout entière la repousse; laissant croire qu'une poignée de républicains l'a foudroyée.

Tout effort de logique pour donner une cause raisonnable à ce fait ne peut être qu'impuissant. Nous avons dit que l'évènement de 1814 fut un caprice, celui de 1830 une colère; quant à celui de 1848, nous ne trouvons qu'un mot pour l'exprimer : c'est une escroquerie politique.

———

Maintenant, le lecteur voudra bien se rappeler qu'en jugeant les révolutionnaires de l'ancien gouvernement avec une franchise qui ira jusqu'au sans-gêne, je ne prétends pas absolument frapper sur la République actuelle. Les républicains ne formaient certainement qu'une faction avant février, et je me réserve, non pas d'insulter, mais de traiter comme ils le méritent, ces hommes qui, pendant dix-huit ans, ont secoué sur la société des rêves odieux et des excitations de sang. J'entends montrer aussi, et clairement, comment la République actuelle s'est formée, combien elle avait de partisans, quels hommes l'ont couvée et fait éclore artificiellement dans une tempête; tout cela est mon droit, et je trouve bon d'en user. Que l'évènement de février me paraisse la plus inconcevable chose du monde, c'est la vérité; que les détails dans lesquels j'entrerai donnent la même opinion au public, c'est probable, mais ce n'est pas ma faute. Il y a dans tout cela une grande instruction, et puis le moment est venu de dire la vérité. L'engouement ou la frayeur qu'inspiraient les démagogues est passé, grâce au ciel, et l'on peut s'exprimer avec franchise sans être taxé d'incivisme.

Ainsi j'accepte légalement la forme de gouvernement actuel. On n'est pas tenu, que je sache, d'aimer follement une personne fort laide qui vous a été imposée en mariage, et je n'aimerai probablement pas de sitôt la République *comme une maîtresse*, mais je suis prêt, si elle le mérite, à la respecter *comme une femme légitime*.

HISTOIRE

DES

SOCIÉTÉS SECRÈTES.

CHAPITRE PREMIER.

Dénombrement des corps d'émeute. — Les Étudiants. — Les Impuissants. — Les Bohêmes. — Le Peuple souverain. — Les Gobe-Mouches. — Les Mécontents. — Les Réfugiés politiques. — Les Bandits.

Quoi qu'on fasse, il est bien certain qu'aucun régime n'évitera chez nous la plaie des conspirations. Une foule de gens trouveront toujours que le pire gouvernement est celui qu'ils ont, et comme ces gens pensent que tous nos bouleversements ont été l'ouvrage des associations secrètes, ils tiennent ces dernières en singulière estime.

Par le fait, aucune de nos révolutions, depuis soixante ans, n'est l'œuvre des conspirateurs. Quoique cela puisse paraître un blasphème aux grognards de l'émeute, nous le tenons pour parfaitement exact.

Il n'y a qu'un faiseur de révolutions en France, c'est le Paris sophiste, paresseux, désappointé, vagabond ou malfaiteur, que nous connaissons tous. Ce Paris ne bouleverse pas l'Etat à jour dit et d'après un plan arrêté; chaque fois qu'il prend l'initiative, il est écrasé à l'instant : témoins juin 1832, mai 1839 et trois ou quatre autres échauffourées. Pour qu'il réussisse, il faut que la bourgeoisie, par colère, comme en 1830; par inconséquence, comme en 1848, mette l'insurrection en train. Il faut surtout que la providence permette de ces faits hors de toute prévision, parmi lesquels nous citerons une royauté qui cède à la révolte sans combat.

Ce Paris, toujours aux aguets pour prendre au cou et étouffer le pouvoir existant, se décompose de la manière suivante :

1°. Ce qu'on appelle *la Jeunesse des écoles*. Il est de genre chez ces messieurs d'être contre le gouvernement; beaucoup se trouveraient ridicules d'avoir les idées du bourgeois leur voisin, qui défend ce qui existe, parce que cela le fait vivre honorablement, lui et sa famille; et puis la jeunesse des écoles aime le bruit, les coups, les évènements; elle tient à ce qu'on la reconnaisse à ces traits. Il y a les traditions du Pré aux Clercs qu'il ne faut pas laisser perdre. C'est de l'enfantillage dont on pourrait s'amuser, si ces jeunes gens, tant par leur courage réel que par le prestige qu'on leur accorde; et par leur facilité à devenir les instruments des factieux, ne pesaient d'un certain poids dans les révolutions. Tout le monde sait aussi bien que nous que la majorité des étudiants s'occupe de droit et de médecine, et non de réformer l'Etat à coups de fusil; aussi, en parlant de la jeunesse des écoles, ne désignons-nous que cette catégorie dont les journaux anarchiques se font les flatteurs intéressés; c'est-à-dire celle qui parade au club, aux manifestations et ailleurs. Les étudiants qui étudient n'ont jamais eu l'honneur d'attirer l'attention des rédacteurs patriotes.

La jeunesse des écoles a des chefs dont les uns n'ont jamais pris d'inscriptions, dont les autres n'en prennent plus depuis dix ans; ils vont habituellement au bureau des feuilles pures, et y reçoivent des instructions. Quand un mot d'ordre leur est donné, ils accourent à tous les estaminets du quartier Latin, où ils sont sûrs de trouver leurs pareils, une partie de la jeunesse ayant encore l'habitude des cours; les meneurs s'y rendent aussi, et y répandent quelques billets qui, passés de main en main, avertissent à la fois les fidèles et ceux que la curiosité peut tenter.

Des bruits ont couru sur la translation des écoles hors de Paris. Le gouvernement qui prendra cette mesure, aura coupé un des bras du Briarée insurrectionnel. Les Anglais, qui ont le génie de l'ordre et de la tranquillité, ont depuis long-temps privé leur capitale de ces hôtes intéressants, mais dangereux.

En dehors de la question politique, le gouvernement peut se dire que les étudiants, uniquement occupés de parties de billard et de manœuvres révolutionnaires, seraient beaucoup mieux en province, sous l'œil de leurs parents, qu'à Paris; et que ceux dont les goûts d'étude sont sérieux, n'ont aucunement besoin des distractions par trop nombreuses de la capitale.

2°. *Les Impuissants.* Dans cette classe se groupent les avocats sans cause, les médecins sans consultations, les écrivains sans lecteurs, les marchands sans clients, et la troupe de gens naïfs qui aspirent au rôle d'hommes d'Etat, après avoir étudié la politique dans les journaux. Parmi eux, les uns sont capables, mais trouvent intolérable d'arriver comme la foule, par la persévérance; les autres sont incapables, et ce sont les plus ardents et les plus ambitieux. Tous sont impuissants, parce que le premier signe de la force c'est la patience.

Les organisateurs de sociétés secrètes et de plans insurrectionnels, sortent de cette catégorie.

3°. *Les Bohêmes.* Il existe un peu partout, mais surtout chez nous, une classe de fantaisistes ayant horreur de la vie ordinaire. Le commun des hommes comprend que le repos et le plaisir ne sont que la récompense du travail et de la privation; eux prétendent ne jamais travailler et toujours jouir. Comme cette vie, pour être pratiquée convenablement, demanderait de grosses rentes qu'ils n'ont pas, ils constituent une sorte de truanderie dont les estaminets borgnes sont la cour des miracles. La province compte peu de ces individus, ils s'abattent tous dans la capitale, seul endroit où la fainéantise florisse, où certains cynismes puissent vivre à l'aise. Dire dans quels lieux se recrute cette variété sociale, n'est pas facile; elle sort de n'importe où, du haut comme du bas. Quelques-uns de ses membres restent à peu près honnêtes, quand ils n'ont pas trop de tempérament, ou que le courage du crime leur manque; la plupart ont des instincts de débauches qu'ils satisfont à tout prix.

C'est dans cette catégorie qu'on trouve les chefs de sections, les commandants de barricades, etc.

4°. *Le Peuple souverain,* c'est-à-dire l'ouvrier natif de Paris, ou qui s'est acclimaté dans les faubourgs. Brave par nature, batailleur par habitude, il se fait une bonne fortune de tout tumulte politique. Un sentiment d'indépendance hautaine, accru par la lecture des rapsodies révolutionnaires, le rend impatient du frein et de l'autorité. Il n'aime jamais le maître qui l'emploie et il déteste généralement tous les autres; les riches, les dignitaires et les gouvernements en général, il se croit tenu de les exécrer. Nous n'inventons pas ce portrait; M. Louis Blanc qui s'y connaît, déclare que le peuple est brutal et grossier; or, il n'est qu'un peuple pour M. Louis Blanc et ses pareils, c'est celui de Paris. L'organisateur du travail ajoute, il est vrai, que ce n'est pas la faute du peuple s'il est fait ainsi; d'accord. C'est même chose étonnante qu'avec ses deux importantes qualités, le courage et l'intelligence, le peuple parisien soit si déplorablement policé. Les socialistes francs font l'aveu du fait; s'ils voulaient ouvrir les yeux et pousser la franchise jusqu'au bout, ils avoueraient bien aussi quels sont ceux qui en sont cause.

Inutile de dire que cet ouvrier, grossier, brutal, querelleur; ignorant du devoir, en révolte contre le droit, n'est pas en majorité dans Paris; nous ne parlons que de ce peuple flagorné par les patriotes, de celui qu'on appelle et qui se croit très sérieusement, à lui seul, le maître des destinées du pays.

5°. *Les Gobe-Mouches.* C'est une classe plus à plaindre qu'à maudire. Braves gens au fond, ils entendent dire par M. Bareste, faiseur d'almanachs, que le pays est affreusement gouverné; par M. Proudhon, détestable mystificateur, que la propriété c'est le vol; par M. Ledru-Rollin, millionnaire couvert de créanciers, que les patriotes meurent de faim. Chaque jour, des journaux niais ou effrontés leur font voir blanc en pleins ténèbres, ou noir quand le jour luit; le même mensonge, retourné de cent mille manières, la même duperie dorée de cent mille façons, sont débités, offerts chaque matin du ton le plus naturel, de l'air de conviction le plus rassurant; les amis sont là qui appuyent; on ne lit pas les feuilles de l'opinion contraire, parce qu'elles sont *vendues;* si l'on reçoit un bon conseil, il provient d'un *repu* ou d'un *mouchard;* et ainsi, une masse de braves gens, nés pour tout autre chose, se livrent aux sottises et aux aventures, troublant misérablement leur vie et celle des autres. Gobe-mouches politiques et socialistes, depuis le garde national, qui fait venir la République au cri de : Vive la réforme! jusqu'au citoyen naïf qui croit à la queue phalanstérienne, il y en a de toutes les classes et de toutes les couleurs.

Ces pauvres gens servent de levier, de plastron ou d'appoint aux révolutions.

6°. *Les Mécontents*. Cette classe se compose d'éléments infinis, mais nous voulons surtout parler des personnes que la chute des anciens gouvernements a froissées dans leurs intérêts ou leurs affections; tous, tant s'en faut, ne sont pas acquis à l'insurrection comme soldats, mais le plus grand nombre y pousse, les uns par des excitations, les autres par des subventions. Ces derniers, hommes d'expérience routinés aux pratiques de la vie politique, sont trop habiles pour laisser trace de leurs manœuvres. Instructions, conseils, secours, tout cela n'arrive que de troisième ou de quatrième main. La police seule a suivi dans l'ombre la trainée d'écus et d'intrigues; mais encore ne parvient-elle que rarement à prendre les machinateurs sur le fait.

Ces hommes, qui sont les *mimi Lepreux* de la politique, sont incontestablement le plus grand danger de tout gouvernement.

7°. *Les Réfugiés politiques*. C'est un virus que la France s'est inoculé et qui ajoute à sa maladie révolutionnaire. Les fauteurs de révoltes de toutes les nations, recueillis chez nous par une générosité imprudente, y poussent constamment aux insurrections, sachant bien qu'un bouleversement en France sert de signal aux autres pays.

8°. *Les Bandits*. L'état social d'un pays, en temps de révolution, est toujours fort trouble et les malfaiteurs y font bonne pêche. Quelques braves gens, au milieu d'un 24 février, mettent bien sur des écriteaux : Mort aux voleurs ! mais cela n'empêche pas que tous les châles de Mme la duchesse d'Orléans ne soient filoutés, que les vins en tonneaux de M. Duchâtel ne soient mis à sec, et qu'on ne vende dans toute l'Europe les bijoux de la famille d'Orléans. Que certains émeutiers cherchent alors à faire la police, c'est vrai; rendons justice à qui de droit; mais la belle avance! Il faudrait connaître la figure et les allures des gens qui vivent du bien d'autrui; or, tous ces messieurs se transforment en chauds patriotes quand la bataille est dans Paris. Ils arrivent, giberne aux flancs, fusil au poignet, et demandent la garde des bons endroits, se réservant de choisir l'heure pour agir.

Un fait certain c'est que les voleurs ne sont pas ceux qui profitent le moins des insurrections. De très dignes gens, après avoir crié : Vive la Charte! vive la Réforme! et s'être exposés au feu, s'en retournent tout fiers et vont mourir de faim dans leurs galetas; de très parfaits coquins, au contraire, la révolution faite, se trouvent avoir de quoi vivre honorablement de leurs rentes.

On peut donc tenir pour assuré que le corps des voleurs, filous et assassins de Paris, ne manque jamais de faire partie des *héros* quand vient une révolution.

Ces huit subdivisions nous paraissent former l'ensemble des forces habituelles de l'insurrection; il arrive assez souvent qu'elles donnent ensemble; toutefois cela est soumis aux circonstances; quand l'affaire semble mal engagée, certains corps s'abstiennent, mais quand elle a bonne tournure et que le succès se dessine, il faut s'attendre à trouver toute l'armée en ligne.

CHAPITRE II.

La Charbonnerie.

Ce qui vient d'être dit est pour faire connaître, à ceux qui l'ignorent, le cercle où s'agite l'esprit de révolution; mais tous les révolutionnaires n'entrent pas dans les conspirations; beaucoup s'en abstiennent, soit par crainte, soit par la méfiance que leur inspire le procédé. J'ai dit ailleurs, en effet, qu'avec des sociétés secrètes on fait des émeutes, jamais des révolutions.

Je n'ai pas l'amour-propre de la science rétrospective. Systématiser l'histoire, comme le font certains écrivains, me paraît du temps perdu. Vous relierez des idées tant qu'il vous plaira, mais des faits, non; ils adhèrent les uns aux autres, ils ne s'engrènent jamais parfaitement.

C'est pour dire que je ne remonterai pas au-delà de Juillet, afin de saisir la filière plus ou moins vraie de nos conspirations modernes.

Il est cependant une association secrète de la Restauration, qu'il faut reprendre, parce qu'elle s'enchaîne assez étroitement à celles dont j'ai à parler; cette association c'est la Charbonnerie.

Vers 1820, deux jeunes gens, qui ne sont arrivés sur la scène politique qu'en 1848, MM. Buchez et Fottard, en compagnie de deux autres, MM. Bazard et Joubert, avaient formé, sous ce nom: *les Amis de la Vérité*, une loge maçonnique, dont le but était tout politique. Qu'on n'aille pas croire pourtant qu'il s'agissait de socialisme, et même de république; Dieu merci, ces choses ne troublaient alors aucune cervelle. La première idée des jeunes gens était de jouer un rôle, puis de faire pièce au gouvernement des Bourbons. Ce qu'on eut mis en place de ces derniers, en admettant leur renversement, n'était rien moins que défini. Seulement, comme le prestige napoléonien était dans toute sa force, il y a lieu de croire que Napoléon II serait monté sur le trône.

Les Amis de la Vérité étaient des fils de bourgeois, étudiants, commis, artistes, etc. Dans les réunions on déclamait beaucoup, surtout contre cette famille des Bourbons soi-disant ramenés dans les fourgons de l'ennemi. Le gouvernement ne tenait pas alors à démontrer que rien, dans l'intention des alliés, ne se rapportait à une restauration bourbonnienne; que l'Autriche avait grand intérêt à conserver le trône au fils d'une archi-duchesse de sa maison; que l'empereur Alexandre, admirateur de Napoléon, ne voulait pas dépouiller son fils; que la Prusse n'avait aucun parti pris, si ce n'est de rendre Napoléon impuissant; et qu'enfin la réinstallation des Bourbons fut le résultat d'une grande et soudaine idée d'ordre public, comme l'élévation de Louis Bonaparte au 10 décembre. Toutes ces choses n'étant pas dites, les parleurs et les écrivains avaient beau jeu pour dénaturer les faits et agacer les passions populaires.

La carrière des *Amis de la Vérité* n'eut rien d'illustre, et un seul fait la signala. La Chambre discutait la loi électorale; à ce sujet les journaux de l'opposition ayant déclaré que la Charte était violée, — les violations de constitutions étaient déjà à la mode, — il y eut des rumeurs dans les esprits et dans la rue; la Loge crut l'occasion favorable pour apparaître. Elle convoqua ses membres et se porta sur la Chambre qu'elle investit, en marquant son passage par de longues clameurs où dominait le cri de : Vive la Charte! Avertis de ce qui se passait, des jeunes gens de famille jugèrent à propos de se faire les champions de l'ordre; ils accoururent armés de cannes et engagèrent une rixe avec les émeutiers. Dans la bagarre, un jeune homme, nommé Lallemand, fut tué.

Cette mort fut un sujet de récriminations d'une fécondité incroyable; les journaux, la tribune de la Chambre, tous les gens qui font métier d'accuser le pouvoir, tous ceux qui les croient sur parole, formèrent un concert de criailleries dont l'écho se prolongea jusqu'aux dernières années de la Restauration. Le malheureux Lallemand, tué d'une façon regrettable, sans doute, mais tué dans une émeute, devint l'un des fantômes que l'opposition de quinze ans évoqua sans relâche aux yeux des Bourbons.

L'échauffourée des *Amis de la Vérité* mit fin à leur existence.

Nous verrons, dans le cours de ce récit, que toutes les sociétés secrètes finissent ainsi après une tentative infructueuse; comme les guêpes, elles lancent leur dard et elles meurent. Néanmoins les conspirateurs ne disparaissent pas, seulement la conspiration fait place à une nouvelle.

A la suite du procès des *Amis de la Vérité*, MM. Dugied et Joubert, forcés de s'expatrier, se sauvèrent à Naples. Selon l'usage des réfugiés, ils ne manquèrent pas de se faire instruments de troubles dans le pays qui leur offrait l'hospitalité. La ville était en insurrection, ils se mêlèrent aux révoltés, sans pouvoir empêcher le désastre des descendants de Mazaniello. Ne sachant trop où porter leurs pas, ils rentrèrent dans leur pays, qu'ils voulaient, d'ailleurs, gratifier d'un présent de leur façon.

M. Dugied, pendant son séjour à Naples, avait été initié

aux mystères de la Charbonnerie; il conçut le projet d'appliquer cette association à la France. S'en étant ouvert à M. Flottard, ils décidèrent de réaliser immédiatement l'idée, en prenant pour premier noyau, les débris des *Amis de la Vérité*. Toutefois quelques modifications, reconnues indispensables, furent apportées au procédé italien.

L'organisation fut arrêtée sur les bases suivantes :

Une haute vente, des ventes centrales et des ventes particulières.

La haute vente était le comité de direction et d'action; tout y aboutissait et s'y subordonnait par les combinaisons que l'on va voir.

Deux membres du comité ayant trouvé un adepte, s'entendaient avec lui, sans faire connaître leur qualité, et convenaient de former une vente; l'adepte était nommé président; l'un des initiateurs censeur, l'autre député; le rôle de ce dernier était de correspondre avec le comité, en laissant croire au président que ce comité n'était qu'un degré supérieur de l'association; le censeur avait pour mission d'inspecter les travaux de la vente. Ces trois chefs s'adjoignaient dix-sept recrues, ce qui portait le nombre des membres à vingt. Ainsi constitué, ce groupe s'appelait une vente centrale. Deux de ses membres faisant au-dessous d'eux ce qui avait été fait au-dessus, formaient une vente particulière de premier ordre, laquelle répétant le même travail formait une vente particulière ordinaire et étendait indéfiniment les mailles du réseau.

Nous pensons que cet exposé se comprend; si l'on veut mieux le sentir, on n'a qu'à se figurer un arbre renversé : le tronc est la haute vente, les branches sont les ventes centrales, les rameaux les ventes particulières de premier ordre, les bourgeons les ventes particulières ordinaires.

Une organisation identique, mais sous des noms différents, fut adaptée à l'armée. La haute vente fut appelée légion; les ventes centrales, cohortes; les ventes particulières de premier ordre, centuries; les ventes particulières ordinaires, manipules.

Ce double mode eut pour motif de donner le change à la police, en lui faisant croire à une association distincte dans l'armée. Par une autre mesure de prudence, il fut défendu, *sous peine de mort*, à un charbonnier de s'affilier à une autre vente; on voulait empêcher qu'en pénétrant dans un certain nombre de groupes, un membre ne vînt à découvrir et à livrer les secrets de la société. Toutes les ventes devaient se mouvoir sous une impulsion unique, mais sans deviner, ou au moins sans apercevoir cet accord.

La Charbonnerie n'avait pas de principes arrêtés; elle acceptait toutes les opinions, pourvu qu'elles tendissent à la chute de la famille restaurée. Pourtant deux noyaux importants se détachaient de son ensemble. Les impérialistes et les libéraux. Les premiers se définissent d'eux-mêmes; les seconds étaient des fils de bourgeois, animés contre le gouvernement, par patriotisme de jeunesse, jalousie de classe, et ne songeant au fond qu'à s'emparer de l'influence des vieilles familles, ou des vieilles illustrations. Quant à ce que l'on appelle le peuple, il ne comptait pas dans la Charbonnerie; l'illustre rôle qui lui a été attribué de nos jours n'était pas encore inventé.

Le but était fort vague pour quelques-uns, mais le moyen était fort clair pour tous : il s'agissait de couvrir la France d'une multitude de petits corps d'armée qui, au signal d'une direction invisible, feraient irruption de toutes parts, et écraseraient les Bourbons. Afin d'être toujours en mesure d'agir, chaque membre, après avoir prêté serment d'obéissance absolue, était tenu de se munir d'un fusil et de cinquante cartouches.

Dans l'origine, la haute vente ne compta que sept membres : MM. Dugied, Flottard, Bazard, Buchez, Joubert, Carriol, Limperani. Nous retrouvons là les quatre chefs des *Amis de la vérité*. Il nous arrivera souvent de voir ainsi les conspirateurs se transvaser d'une société dans une autre. Il est bien certain qu'aux époques agitées, tout le désordre roule sur deux ou trois douzaines de boute-en-train incorrigibles dont tout gouvernement sait maintenant qu'il doit se défaire promptement, s'il ne veut pas qu'ils se défassent de lui.

La Charbonnerie ayant pris de l'extension, la haute vente crut utile de s'adjoindre des notabilités, tant pour ajouter à sa consistance que pour diminuer, sans doute, sa responsabilité, en l'étendant à des personnages connus. Le général Lafayette, qui conserva jusqu'à la vieillesse une démangeaison de popularité toute juvénile, accepta l'offre qu'on lui fit de se fourvoyer dans la conspiration; son exemple fut suivi par plusieurs députés.

Sur la fin de 1821, la société récapitula ses forces; à Paris, les jeunes gens des écoles, chaudement travaillés, étaient entrés en grand nombre dans les ventes; il en était de même des commis et en général de la jeunesse bourgeoise. En province, les principales villes avaient leur bataillon d'affiliés : on en comptait à Bordeaux, Nantes, Toulouse, La Rochelle, Poitiers, Colmar, Béfort, etc. Le zèle était très grand; des inspecteurs qui visitèrent les ventes, les trouvèrent presque toutes armées et ne demandant que le signal.

Le comité décida l'attaque; mais la majorité ayant résolu de débuter par un coup de main, Paris fut destitué de l'initiative; on accorda à Béfort le dangereux honneur d'engager l'affaire. Une quarantaine de jeunes gens résolus y furent expédiés, avec mission d'organiser le soulèvement et d'en prendre le commandement.

Afin d'être prêt à tout évènement, et selon l'usage classique, on procéda à la nomination d'un gouvernement provisoire : MM. de Lafayette, de Corcelles père, Voyez-d'Argenson, Dupont (de l'Eure) et Kœcklin, furent gratifiés d'avance des dépouilles du pouvoir. Que d'ours dont on s'est ainsi partagé la peau et qui n'ont jamais été abattus !

Il faut rendre au général Lafayette la justice que, dans ces tristes affaires, où on savait l'engager en flattant son amour-propre, il y allait en toute sincérité; aussi, quand on l'avertit que sa présence à Béfort était nécessaire pour donner le branle, il déclara qu'il allait se mettre en route. Par une circonstance assez singulière cependant, il n'arriva aux environs de Béfort qu'au moment où ses complices s'en échappaient à la débandade, après une échauffourée pitoyable. Jugeant que tout effort pour rallier cette armée en déroute serait inutile, il rebroussa chemin et retourna à Paris. Le gouvernement ne crut pas devoir lui demander compte de sa conduite.

M. Flottard avait été nommé chef du mouvement de l'ouest qui devait éclater à La Rochelle; de ce côté, comme dans l'est, tout se réduisit à une tentative qui, connue d'avance, fut étouffée à l'instant.

Heureux si ce double échec eût fait ouvrir les yeux aux jeunes chefs de la haute vente et surtout aux barbes grises étourdiment engagés dans leur folie. La police avait un œil dans tous les mouvements, une oreille dans tous les conciliabules, et chaque essai de soulèvement menait à une catastrophe. De vieux *carbonari* racontent avec complaisance que le secret des ventes était admirablement gardé, quoique confié à un grand nombre de jeunes gens; nous voudrions leur laisser cette illusion, mais malheureusement l'histoire nous apprend qu'à Béfort, le commandant Toustain était si bien prévenu qu'il put détruire l'insurrection à sa naissance; qu'à Nantes, le général Despinois suivait pas à pas les démarches du général Berton, et que le complot du colonel Caron, tendant à délivrer le général, fut déjoué avant l'exécution. Le *Moniteur* constate en outre que M. Grandmenil qui, depuis, fonda la *Réforme* et fut l'un des personnages de Février, passa pour l'un des dénonciateurs de la conspiration et fut traité d'agent provocateur en pleine chambre des Députés.

M. Flottard, décidé à prendre sa revanche, accourt à Paris, déclare l'échec de La Rochelle sans importance et annonce qu'il se charge d'enlever l'ouest, si on veut lui donner un personnage considérable. Le général Lafayette, un peu honteux d'être arrivé trop tard la première fois, s'offre de nouveau, promettant cette fois d'être plus exact. On lui tint compte de son dévouement, mais on ne l'accepta pas. M. Flottard dut se contenter du colonel Dentzel, notabilité un peu douteuse, mais qui suffisait pour le résultat. En effet, cette seconde expédition n'en arriva même pas à un commencement d'exécution : le grain de sable qui empêcha Cromwell de bouleverser le monde se retrouva à La Rochelle pour empêcher la conflagration de la France : lors de la première affaire, le général Berton en s'enfuyant n'avait pas eu le temps d'emporter son uniforme; il fallut l'aller chercher à Saumur, et cela prit cinq jours. Pendant ce temps la police arrêtait, d'une part, les chefs de la Charbonnerie civile, de l'autre, quatre sous-officiers, chefs de la conspiration militaire. Apprenant cette nouvelle, M. Flottard s'enfuyait au plus vite, laissant au glaive de la justice le général

Berton, le colonel Caron et les quatre sergents de La Rochelle.

Le couteau qui abattait la tête de ces malheureuses victimes, tuait en même temps la *Charbonnerie*.

CHAPITRE III.

Projet d'expulsion des Députés et des Pairs. — Le parti Républicain — Son Effectif. — Plagiat de 93. — Tableau des Sociétés populaires après Juillet.

Bien des gens, persuadés que la chute de tout gouvernement est due à une conspiration, ne doutent pas encore aujourd'hui que la Charbonnerie n'ait abattu la Restauration. La vérité est, qu'à l'exception de quelques vieux entêtés, comme M. Charles Teste et M. Buonarotti, la Charbonnerie n'avait plus de fidèles, et ne comptait plus comme conspiration depuis 1822; elle n'a donc été pour rien dans la révolution de Juillet.

On ne dira pas que d'autres sociétés secrètes ont préparé et livré la bataille des trois jours; car, entre le *carbonarisme* et 1830, on n'aperçoit que la société *Aide-toi*, dirigée par MM. Guizot, de Broglie, etc., qu'on n'accusera pas d'être des conspirateurs, et qui d'ailleurs travaillaient au grand jour, à un but connu de tout le monde : l'organisation des élections.

La révolution de Juillet eut pour cause médiate, une forte pression de la bourgeoisie contre l'influence aristocratique; comme cause occasionnelle, les ordonnances. Le conflit d'influences entre la tradition des vieilles familles et le libéralisme des classes moyennes, était certainement difficile à apaiser, mais le gouvernement des Bourbons aînés était assez honorable pour que les choses se menassent loin, si le coup d'Etat du 25 juillet ne les eût arrêtées court. La bourgeoisie ne jeta pas ses ouvriers dans la rue pour faire une révolution, attendu que tout lendemain de révolution est ténébreux pour les intérêts; elle n'entendait point abattre la royauté, car elle la reconnaissait pour le pivot obligé de notre mécanisme social; mais une fois engagée elle se piqua au jeu, et son cri de vive la Charte devint l'équivalent de : A bas les Bourbons !

D'ailleurs, le branle donné, il n'y eut pas moyen d'arrêter le mouvement; les jeunes gens enthousiasmés par le bruit des guerres de l'Empire, avaient pris les armes; les impuissants s'agitaient, les bohêmes, les mécontents étaient sur pied, et tout cela secondant d'une part, les ouvriers, dits faubouriens, toujours prêts à batailler, de l'autre les ouvriers paisibles que les patrons avaient jetés sur le pavé, il s'en suivit un bouleversement dont la bourgeoisie était cause, qu'elle commença, qu'elle dirigea, et dont elle ne voulait point.

Ces choses paraissent étranges et déconcertent, mais ainsi va le monde. Ce n'est pas le seul exemple que nous ayons de cette incroyable logique.

On s'étonnera peut-être, quelques-uns s'indigneront même que nous ne fassions pas entrer les républicains en ligne de compte dans la bataille des trois jours; patience! nous arrivons aux républicains; mais il ne faut pas mettre en scène des héros qui n'ont pas encore pris leur costume. Tout le monde sait que la République formait alors un parti insignifiant à Paris et imperceptible en province; de sorte que son influence n'a pu être remarquable dans l'affaire. Pourtant il est juste de reconnaître que le peu de républicains qui existait alors, s'est donné beaucoup de mouvement, pendant, et surtout après la bataille.

La modestie des démocrates n'est pas proverbiale; dès le lendemain de Juillet ils se figuraient volontiers que la révolution était leur ouvrage et que la France devait leur être livrée. Par une lettre de la *Tribune* nous apprenons que MM. Flocon et L'héritier (de l'Ain), étaient de ceux qui avaient cette idée; ils ne purent alors la faire admettre, et c'est seulement dix-huit ans après que M. Flocon, par une chance beaucoup plus heureuse, fut élevé au gouvernement. M. L'héritier (de l'Ain) n'est jamais monté si haut; nous ne l'avons vu figurer, dans les fastes de notre République, qu'à la commmission des vainqueurs de Février et dans le comité socialiste qui nous a valu le 13 juin.

Nous citons ces deux personnages, parce que la lettre susdite de la *Tribune* les met en relief; mais nous devons dire que le noyau de jeunes gens, qui s'est retrouvé depuis dans toutes les émeutes républicaines, apparaît dès cette époque et va poursuivre avec fureur l'envahissement du pouvoir.

Son premier acte fut de demander l'expulsion des Députés et la convocation des assemblées primaires. Les chefs de la bourgeoisie, devenus les maîtres, sentaient bien eux-mêmes que leurs pouvoirs, comme mandataires, avaient besoin d'une nouvelle consécration; mais, effrayés à juste titre du fait terrible qu'ils avaient sous les yeux, ils songèrent avant tout à ne pas compromettre l'autorité, en la laissant tomber dans la rue. Ils étaient encore, après tout, la représentation la plus exacte du pays. Pourquoi donc, en effet, le coup de main de Paris eût-il abrogé absolument le mandat que leur avait donné une élection régulière?

C'était là leur logique qui naturellement n'était pas du goût des gens qui avaient leurs raisons pour exiger la vacance du pouvoir. Une attaque violente avait bouleversé Paris et détruit le pouvoir, la seule chose à faire c'était de livrer l'Etat à ceux qui, par la surprise d'une ville, avaient fait crouler le gouvernement; tel était, tel fut et tel sera le commode raisonnement de tous les révolutionnaires. Par bonheur, cette manière de voir commence à tomber dans un grand discrédit.

Voyant que les députés gardaient le pouvoir, la petite fraction républicaine, composée d'hommes audacieux et entreprenants, ameuta les combattants encore échauffés, et les poussa, le 4 août, sur la Chambre. Le but était de sommer les Représentants de déguerpir, et, en cas de refus, de les mettre à la porte. Trois à quatre mille individus, de toute espèce, se laissèrent entraîner, sciemment ou non, dans cette entreprise. MM. Flocon, L'héritier et d'autres meneurs, pénétrèrent dans la salle des Pas-Perdus, interpellèrent successivement plusieurs députés qui passaient et les mirent en demeure de résilier un mandat qui n'était plus qu'une usurpation. On tint assez peu de compte de leurs paroles; néanmoins on ne laissa pas dans la salle que d'éprouver un certain trouble, car la foule du dehors pouvait se porter à des excès. MM. Benjamin Constant et Lafayette survinrent et réussirent à calmer les gens de bonne foi; quant aux autres, ils entrèrent en fureur, taxèrent le peuple de lâcheté s'il ne chassait pas les députés ce jour-là même, et se répandirent aux alentours, en criant : Aux armes !

Cela ne produisit aucun effet; la population de Paris se bat à certaines heures imprévues, qu'un appel aux armes ne devance ni ne recule d'un instant.

La tentative avortée contre la chambre des Députés, devait se renouveler le lendemain contre la chambre des Pairs; le mot fut donné pour se réunir à l'Hôtel-de-Ville et de là se porter sur le Luxembourg, en poussant des clameurs pour soulever le peuple. On devait envahir le palais, le saccager et en cadenasser la porte. Les meneurs furent exacts au rendez-vous; malheureusement ils s'y trouvèrent seuls, ce qui coupa court à l'entreprise.

Alors on essaya d'une pression morale; les républicains se vantèrent de revenir à la Chambre, dans un court délai, avec une pétition formidablement apostillée. Tout fut mis en œuvre pour remplir cette promesse : paroles, démarches, sollicitations. Le résultat fut un chiffre de 5,000 signatures à peine.

On sait qu'après une révolution presque tous les partisans de la cause victorieuse s'abattent sur la capitale; non par avidité, grand Dieu! mais pour servir le nouvel état de choses, dans des emplois de préfets, de receveurs, de juges de paix, etc.; on peut donc prétendre que le parti républicain, dans sa presque totalité, se trouvait à Paris et avait signé la pétition; ainsi c'était un noyau de cinq mille individus qui prétendaient imposer leurs volontés à trente-deux millions de Français!

Quand nous disons cinq mille, nous ne défalquons pas les opinions de rencontre, si nombreuses en de pareils moments; nous ne mettons de côté ni les gobe-mouches, ni les bohêmes, ni les bandits, dont la signature tenait sur la pétition tout autant de place qu'une autre. Il nous serait donc permis de faire une notable réduction sur ce chiffre de cinq mille républicains, que nous admettons à cette époque.

Ces deux tentatives, contre les Chambres, ouvrent la série des complots républicains. Ce fut une affaire de fougue, et, en quelque chose, de remou révolutionnaire. Le caractère particulier des descendants de 93 ne s'y détache pas, mais nous allons le voir aussitôt se révéler par une imitation servile de l'époque modèle.

Il faut le reconnaître, l'imagination, pas plus que la modestie, n'est le fort des républicains. Si nous reportons nos regards au commencement de la République actuelle, nous voyons que M. Marrast a voulu en faire une oligarchie vénitienne dont il espérait devenir le doge; et M. Ledru-Rollin une démocratie populaire dont il aurait été le Danton. Ce dernier, maître du terrain, s'est empressé de remettre au jour, en les copiant avec un grand soin, les divers procédés, usages et coutumes de la première période révolutionnaire. Hormis l'échafaud, qui a été heureusement oublié sous son hangar, il n'est pas de friperie jacobine qu'on n'ait retapée, de sotte invention qu'on n'ait reproduite; depuis le bonnet rouge, qui signifie beaucoup trop, jusqu'à l'arbre de liberté qui ne signifie rien. On n'a pas oublié de rétablir par décret, non seulement la liberté et l'égalité, ce qui se conçoit, mais la fraternité, ce qui est un peu moins compréhensible, attendu qu'un sentiment ne nous paraît nullement décrétable ni obligatoire. Dans les désignations de partis, même imitation : le fameux mot d'aristocrate, allongé en *aristocruche* par les sans-culottes de 93, s'est raccourci en *aristo* par nos communistes de 1848. Les chefs, les beaux esprits de la troupe, n'ont même pas su se créer un nom. Le mot de Montagnard était là qui pourrissait dans le sang; ils l'ont ramassé, sans s'imaginer que toute grande chose est originale et demande une dénomination propre, que du reste elle trouve d'elle-même.

Après Juillet, cette impuissance qui se décore du nom de tradition, apparaît dans le rétablissement des clubs et sociétés populaires, sur le modèle exact de la première révolution.

L'étudiant Sambuc forme une association qui s'appelle : *Société de l'Ordre et du Progrès*; intitulé fort plaisant, car chaque membre était tenu d'avoir un fusil et des cartouches, choses qui n'ont pas grand rapport avec l'ordre, et la société, toute composée d'étudiants, entendait diriger l'Etat d'après les idées du quartier Latin, ce qui ne serait pas positivement un progrès.

Les étudiants ont bientôt une seconde société, dirigée par MM. Marc Dufraisse et Eugène L'héritier, dont le but était l'abolition de l'Université. Dès ce temps-là, on réclamait l'éducation libre, gratuite, obligatoire et purement laïque.

Bientôt apparaît l'*Union*, créée pour combattre à coups de fusil tous ceux qui n'admettraient pas la souveraineté du peuple comme l'entendaient quelques bavards. Cette société, qui réalisait si bien son titre fraternel, est morte de phtisie au début de sa carrière.

Puis vient la société des *Condamnés politiques*; c'est-à-dire des gens qui demandaient récompense pour avoir troublé l'ordre sous le gouvernement précédent, et invitaient ainsi les spéculateurs à le troubler sous le nouveau, afin d'obtenir la prime que ne manquerait pas de donner le suivant. Fieschi s'étant présenté à cette société comme victime politique, reçut une pension jusqu'en 1834, époque à laquelle on s'aperçut que la Restauration avait persécuté ce scélérat pour tout autre chose que ses opinions.

Arrivent après, les *réclamants* de Juillet, commandés par M. O'Reilly; leur chiffre finit par s'élever jusqu'à cinq mille. Tout individu prétendant avoir déplacé un pavé, se figurait être l'auteur de la révolution et exigeait une rémunération confortable. Faute de pouvoir répondre à ces exigences, la plupart fort impudentes, le gouvernement fut taxé d'ingratitude noire, et menacé de la colère des héros méconnus.

A la même époque apparaît la *Société Gauloise*, qui a pour chef M. Thielmans; c'est une association hiérarchisée et armée, prétendant à son tour faire céder le gouvernement par la violence.

Les *Amis de la Patrie* et les *Francs régénérés* ont le même but; mais ce ne sont que de simples clubs, créés pour satisfaire l'ambition de leurs fondateurs.

Nous voyons surgir encore la *Société Constitutionnelle*, inventée par M. Cauchois Lemaire, contre l'hérédité de la pairie; comme celle-là reste dans le cercle légal, nous n'en dirons rien.

Mentionnons aussi, sans lui accorder trop d'importance, l'ancienne société *Aide-toi*, continuée par M. Garnier-Pagès, sans couleur républicaine, et dont le rôle prudent s'efface devant la turbulence de ses voisines.

L'association sérieuse et prépondérante de cette époque, c'est la société des *Amis du Peuple*. Son influence ne tarda pas à atteindre et à absorber tout le parti républicain; c'est elle qui l'organise, l'échauffe et le dirige jusqu'aux journées de juin, où elle disparaît dans une tempête sanglante.

Avant de prendre la tête du parti, elle est précédée par une de ces associations prétendues maçonniques, dont les formes ne dissimulaient aucunement le but révolutionnaire; nous voulons parler de la loge des *Amis de la Vérité*, qui, le 21 septembre, donna à Paris le spectacle d'une manifestation théâtrale passablement insolite. Il s'agissait d'un anniversaire funèbre, le supplice des quatre sergents de La Rochelle. Toutes les sociétés devaient y figurer; mais les *Amis de la Vérité* y firent surtout de l'effet par leur mise en scène. Ils s'étaient donné rendez-vous au lieu de leurs séantes, rue de Grenelle-Saint-Honoré; là, ils arrêtèrent leur programme, revêtirent leurs insignes, puis ils se rendirent processionnellement place de Grève, où les quatre conspirateurs avaient été exécutés. M. Cahaigne, le vénérable, couvert des marques de sa dignité, menait le cortége avec cette solennité particulière que ses amis lui connaissent. Sur le passage, les postes obéissant au pitoyable esprit de désorganisation du moment, sortaient des corps-de-garde, et, au son du tambour, portaient les armes aux tabliers et aux beaux cordons rouges des maçons.

Arrivés sur la place, les *Amis de la Vérité* se rangèrent en cercle au milieu d'une grande foule de peuple. Il y avait là la plupart des patriotes de l'époque et un contingent considérable du grand corps des badauds de Paris. Pareil spectacle était assez rare pour que les curieux s'en fissent une fête. Des orateurs, anciens *carbonari*, prirent la parole pour célébrer l'héroïsme des quatre sous-officiers, et maudire l'acte d'un gouvernement qui n'avait fait qu'user du droit le plus légitime de défense. Il appartenait sans doute à ces messieurs, parmi lesquels nous retrouvons M. Buchez, de plaindre le sort de leurs anciens compagnons; seulement ce qu'ils avaient à faire dans ce triste cas, ce n'était pas de glorifier un crime justement puni, mais bien de demander pardon à ces quatre victimes célèbres, dont leurs conseils avaient préparé la perte.

Tout cela se passa sous l'œil de la police qui avait ordre de laisser faire; le préfet, M. Girod de l'Ain, avait déclaré ne voir aucun inconvénient à la cérémonie.

La loge des *Amis de la Vérité* ne donna que ce signe de vie; bientôt après elle se perdit dans l'association des *Amis du Peuple*.

C'est certainement à l'idée républicaine pure qu'est due la

création de cette dernière société, elle pointe dès les premiers jours du nouveau gouvernement, et quoique non encore organisée, elle suscite par ses hommes qui marchent déjà d'accord, la double tentative contre la représentation nationale. Juillet était tombé comme une bombe au milieu d'une génération de jeunes gens dont les pères dataient de notre grande tourmente politique; la Restauration qui les trouvait hommes n'avait eu pour ces fils de révolutionnaires que répugnance et mauvais vouloir; la bourgeoisie, après Juillet, les eut accueillis volontiers, mais comme ils voulurent s'imposer à elle avec leurs idées violentes, une scission se déclara aussitôt; le malheur voulut que quelques hommes remarquables à différents titres, fussent à la tête de cette jeunesse ambitieuse, de là le caractère dangereux que prend leur opposition.

Parmi ces chefs, les plus capables ou les plus audacieux se font reconnaître promptement. On les voit, dans des discours ou des écrits fougueux, se refuser à reconnaître l'ordre nouveau, et n'accepter de la révolution que sa conséquence première : c'est-à-dire le droit de la recommencer. Le gouvernement laisse passer beaucoup d'attaques; mais comme en définitive, il a le devoir de se défendre, quand ce ne serait que par respect pour la société dont il est mandataire, on commence les poursuites contre les plus gros délits et les plus hardis délinquants.

Dans cette dernière catégorie se classent quelques noms dont la trace se retrouve dans la plupart des agitations ultérieures : MM. Godefroy Cavaignac, Guinard, Marrast, Raspail, Trélat, Flocon, Blanqui; puis en ligne secondaire: MM. Antony Thouret, Charles Teste, les deux Vignerte, Cahaigne, Bonnias, Bergeron, Imbert, Fortoul, Delescluze, Félix Avril, etc.; ce sont presque tous des jeunes hommes sans position, embrassant dès lors le métier d'agitateurs qu'ils n'ont pas abandonné depuis. Bien ou mal, la plupart écrivent, et ce qui sort de leur plume est une distillation de poison d'un effet d'autant plus sûr, que cela tombe sur des esprits encore tout saisis de la fièvre révolutionnaire. C'est chaque jour, dans les ouvrages de ces publicistes, des bravades contre la loi, des insultes contre le gouvernement et des attaques contre les bases mêmes de la société. Un journal s'est fondé qui devient l'organe et l'incarnation du génie démagogique, tout le monde a nommé la *Tribune*. Un autre : La *Révolution de* 1830, l'appuie dans sa tâche, mais avec une expression de haine moins franche, moins invariablement venimeuse. Il y a encore le *Mouvement* qui s'efforce aussi d'attirer la clientèle par le scandale. Mais le résultat qu'il manque, réussit beaucoup mieux à quelques petites feuilles dont les lazzis grossiers ou les dessins malpropres font pâmer d'aise les patriotes et les imbéciles.

Ceux de nos jeunes agitateurs qui n'écrivent pas dans ces journaux, brochent de petits imprimés à deux sous, que des libraires borgnes éparpillent par toute la France. M. Pagnerre est l'un de ces propagandistes industriels; il commence ainsi une fortune qu'il a su probablement arrondir à travers les vicissitudes du parti. Expliquons que ce succès financier n'est aucunement dû aux ouvrages de MM. Cabet et autres qu'il éditait alors.

Aux écrits s'ajoutaient les discours des clubs, commentaires fougueux de tous les principes anarchiques, perpétuelles excitations aux passions révolutionnaires. Paris était infecté d'une odeur qu'on peut comparer à celle qui suit l'explosion d'un gaz méphytique. Après toute révolution, au reste, il en est ainsi, et ce n'est pas l'effet le moins détestable de ces bouleversements auxquels certaines gens voudraient nous habituer.

Notez que la démoralisation pénètre alors un peu partout. Avec notre brillant courage et notre belle raison, nous sommes, nous autres Français, en de certains cas, des gens d'une étrange faiblesse et d'une inconcevable inconséquence; il n'était pas besoin de tant le montrer après Février, nous en avions déjà donné la preuve après Juillet. N'a-t-on pas vu alors la magistrature mettre comme une espèce d'affectation à encourager le désordre? Que ce fut connivence, peur ou respect exagéré de la lettre du code, toujours est-il que des acquittements eurent lieu, qui n'aboutissaient à rien moins qu'à l'impunité des plus criminelles attaques.

Aussi, n'y a-t-il point à s'étonner de l'audace des idées anarchiques et de la consistance rapide que prend l'association où elles ont leur source.

CHAPITRE IV.

Les Amis du Peuple. — La bourgeoisie les chasse de leur club. — Émeute. — Projets d'assassinat contre le roi et contre les ex-ministres. — La jambe de bois. — Affiches *diffamatoires*. — Complot dans l'artillerie parisienne. — Ses chefs.

La société des *Amis du Peuple,* fonctionnant au soleil, côte à côte avec l'article 291 du code Pénal, qu'on refusait de lui appliquer, pouvait se passer d'une organisation rigoureuse. L'affiliation n'avait pas de ces mystérieuses formes qu'on adopta pour frapper les esprits et s'assurer la discrétion quand les sociétés furent défendues. L'admission s'obtenait par une notoriété ou une déclaration de patriotisme. Le mot patriotisme ne sous-entendait pas absolument républicanisme, mais il s'en fallait de peu. Quelques braves gens pouvaient bien, dès lors, comme plus tard, s'imaginer qu'on sert un gouvernement par des attaques violentes, mais ce sont là des absurdités assez rares.

Les meneurs et la plupart des membres travaillaient sciemment et résolument à une révolution républicaine; quant à leur procédé, le voici : par une société centrale et publique, et par une large organisation d'écrits démocratiques, imprimer la direction aux sociétés secondaires, aux démocrates isolés, et arriver à accaparer les divers éléments du parti; affilier tous les patriotes qui se présenteraient, mais s'attacher surtout aux hommes d'influence ou de talent, afin d'employer leur popularité ou leur parole au profit de la propagande; en dehors des discours et des écrits, saisir toute occasion de trouble pour animer les esprits, entretenir le gouvernement dans un état précaire, et, à la suite d'ébranlements successifs, le culbuter à l'heure favorable.

Ce système d'agitation permanente, praticable au lendemain d'une révolution, fut mis en œuvre avec un singulier zèle. Comprenant que des insurrections au dehors pourraient réagir puissamment chez nous et favoriser leurs projets, les chefs décrétèrent l'envoi d'émissaires dans les pays voisins, avec ordre d'y tenter des soulèvements. Les grands gouvernements étaient sur leurs gardes, et déjouèrent ces manœuvres; mais les petits peuples, deux entre autres, les Belges et les Polonais, tentèrent la chance de l'insurrection. Les premiers y gagnèrent une nationalité, les seconds achevèrent d'y perdre la leur.

En Belgique, au reste, les *Amis du Peuple* ne s'étaient pas contentés d'envoyer des parleurs; un bataillon, organisé par leurs soins, était parti de France, pour déterminer et appuyer le mouvement. Le succès de cette expédition de 1830 engagea naturellement nos révolutionnaires de 1848 à la renouveler; mais les Belges possèdent une assez bonne royauté qu'ils n'ont nulle envie de troquer contre une mauvaise république.

La société centrale s'était installée au manège Peltier, rue Montmartre, sous la présidence de M. Hubert (Jean-Louis). Les membres étaient dans une enceinte au milieu du local, le public dans le vaste pourtour qui restait libre. Il se passait là chaque jour des scènes tumultueuses où la violence et le burlesque, le talent et l'ineptie dominaient tour à tour. Certains membres, grands amateurs de parodies révolutionnaires, y eussent volontiers appelé les tricoteuses et le reste de la mise en scène des anciens *Jacobins*.

Comme l'idée de disperser la représentation trottait toujours dans les esprits et que, d'ailleurs, il fallait agiter, on décida vers la fin de septembre de provoquer une grande discussion sur la légalité des pouvoirs de l'Assemblée. Pendant trois jours cette question soulevée en plein public, et au milieu d'un peuple encore chaud de la bataille, tint Paris tout frémissant. La décision fut : que le mandat des députés était éteint, que le peuple devait exiger leur renvoi et qu'une affiche, à cet effet, serait placardée sur les murs de Paris. Les termes de cette pièce furent votés séance tenante, et le manuscrit immédiatement envoyé à l'imprimeur. Si molle que fut la police alors, elle comprit qu'il fallait sévir; l'affiche fut saisie chez le concierge de l'imprimerie. MM. Hubert, comme président, Thierry, comme trésorier de la société, David, comme imprimeur du placard, furent renvoyés en police correctionnelle.

M. Hubert, commençant cette série de scandales qui signalent les procès politiques de l'époque, fit un discours révolutionnaire, dont le sens était que la justice change avec chaque gouvernement et que les magistrats de la Restauration n'étaient pas dignes de le juger, lui délinquant du régime de Juillet. Cette ineptie, ou cette effronterie, comme on voudra l'appeler, s'est reproduite maintes fois depuis, à la grande admiration des patriotes.

M. Hubert et M. Thierry furent condamnés à trois mois de prison; l'imprimeur fut acquitté. Le tribunal par le même jugement, déclara la société dissoute.

Ce début semblait promettre une répression efficace, mais la jurisprudence change presque aussitôt, et s'engage dans une interprétation de la loi aussi fausse que dangereuse.

A la suite du vote de l'affiche, avait eu lieu une manifestation significative : la bourgeoisie impatientée d'une agitation qui la ruinait, et résolue à y mettre ordre, se rassembla en grand nombre devant le manège, rue Montmartre. On cria : A bas les clubs ! Et en même temps quelques gardes nationaux s'introduisirent dans la salle, déclarant que les commerçants n'avaient que faire d'être continuellement troublés comme ils l'étaient. Au nom de leurs confrères, ils venaient sommer les *Amis du Peuple* de cesser leur cours d'anarchie. Il y eut de grandes protestations, des cris et des injures; mais comme les *boutiquiers* insistèrent et se montrèrent décidés à obtenir la paix, le club finit par céder; il abandonna la salle et se dispersa.

Cet acte énergique, et le jugement qui dissolvait la société, font entrer les *Amis du Peuple* dans une nouvelle phase. Le club public se transforme désormais en société secrète; non pas dans les conditions de mystère absolu, que nous verrons plus tard, mais en ce sens que les affiliés seuls sont sensés assister aux réunions, et que les convocations n'ont plus lieu par le moyen des journaux, ou même par voie d'affichage sur les murs. Du reste, la société, loin d'entrer en dissolution, accroît tous les jours son chiffre et sa propagande. Les petits imprimés se multiplient à l'infini, traitant toutes sortes de sujets sur tous les tons; des circulaires donnent le mot d'ordre; on rend des décrets, on affilie en province; la France et surtout Paris, sentent de plus en plus l'anarchie remuer sous le sol et creuser sa mine.

Comme les *Amis du Peuple* reconnurent décidément qu'ils n'étaient pas de taille à jeter les Chambres, ou plutôt le gouvernement par les fenêtres, ils cherchèrent quelque autre occasion de désordre. Le procès des ministres qui allait s'ouvrir fut leur affaire.

Le 17 octobre, on voit déboucher sur la place du Palais-Royal des bandes bruyantes commandées par des membres des *Amis du Peuple* et de l'*Ordre et du Progrès*; arrivés sous les fenêtres du roi, qui habitait encore son ancien palais, ces apôtres de la fraternité se mettent à hurler à toute haleine : Mort aux ministres ! La garde nationale intervient et balaie la place. Mais le lendemain, sur le mot d'ordre donné la nuit, le rassemblement reparaît, plus nombreux et précédé de rumeurs alarmantes. Il se répand que les clubistes doivent aller à Vincennes, arracher les ministres de leur prison et les assassiner. Ce beau projet était effectivement arrêté, mais il devait être précédé d'une tentative sur le Palais-Royal. Voulait-on égorger le roi avant les ex-ministres ? Il n'y a pas beaucoup à hésiter pour répondre: oui, si l'occasion s'en présentait. Louis-Philippe a eu dès le commencement de son règne, le triste honneur d'irriter assez les hommes de désordre pour que sa destruction, par tous les moyens, ait été résolue. Les républicains ne regarderont probablement pas cette allégation comme une calomnie; nous la faisons même pour qu'ils puissent l'applaudir, aujourd'hui que la *souveraineté du but* le leur permet, et même leur en fait un devoir.

Une chose certaine, c'est que le 18 octobre, des *Amis du Peuple* parcouraient les quartiers, excitant le peuple à se porter sur le Palais-Royal et déclarant qu'il fallait y entrer coûte que coûte. Un millier d'individus répondit à l'appel et tous se dirigèrent tumultueusement vers la demeure du roi; ils y trouvèrent bonne garde et bonne contenance de la part de la troupe; ce qui déconcerta leur courage et les décida à voir d'un autre côté. Le projet d'attaque sur Vincennes était scabreux, et quand les meneurs annoncèrent l'exécution de cette seconde partie du programme, tout le monde fit semblant d'être prêt; mais les trois quarts se débandèrent, ou traînèrent la jambe, si bien qu'à la barrière du Trône l'expédition se réduisait à trois cents hommes, lesquels tinrent bon et poursuivirent leur route. Arrivés à Vincennes, ils mandent le général Dauménil, commandant de la forteresse, et le somment de livrer les prisonniers; le vieux soldat hausse les épaules et répond que cela ne se fait pas ainsi. Les émeutiers se répandent en cris de fureur et menacent de prendre le fort. — Quant à cela, répond la *Jambe de bois*, vous pouvez essayer; mais je ne vous le conseille pas.

Reconnaissant la justesse de l'observation, les tueurs de ministres battirent en retraite et rentrèrent dans Paris en épouvantant les populations de leurs cris de mort. La garde nationale les attendait, et jugeant que cette odieuse parade avait trop duré, elle les enveloppa et en conduisit 136 à la Préfecture de police.

Ce n'était que la fin du prologue; un mois après, lors du procès, le même sentiment de férocité, si bien d'accord avec les phrases fraternelles des clubs, indignait la France et faisait demander à l'Europe de quel droit nous nous appelons le peuple humain et civilisé par excellence.

Pour se récompenser de leur double échec, les émeutiers collèrent le soir sur les murs des placards infâmes contre le roi et sa famille; vengeance tout-à-fait digne de la cause et des hommes : on n'avait pu frapper, on salissait.

Quelques jours après, d'autres affiches clandestines annonçaient qu'une indemnité de deux cent mille francs était accordée à M. de Quelen : « Sans doute, disait le patriote anonyme, pour le dédommager de la poudre et des poignards trouvées chez lui et qui devaient être employés contre les braves combattants de Juillet. » Les armes et munitions, trouvés chez l'archevêque de Paris, étaient une odieuse invention qu'il est inutile de relever. On sait que ces sortes d'allégations sont à l'adresse spéciale de la populace abrutie, et que les hommes intelligents du parti en savent la fausseté tout aussi bien que leurs adversaires.

Les républicains ne s'appuyaient pas seulement sur les sociétés populaires, groupes comparativement infimes et dont l'action dans la rue n'avait rien de redoutable; ils comptaient sur un appui beaucoup plus sérieux que je vais faire connaître.

La garde nationale de Paris, alors dans tout son zèle, formait une magnifique armée au service de l'ordre; une seule arme, l'artillerie, était envahie par les républicains de la société des *Amis du Peuple.* La hiérarchie de l'association se retrouvait dans le corps armé, c'est-à-dire que les chefs des *Amis du Peuple* avaient les principaux grades dans les batteries; de sorte que la société, proscrite comme aggrégation politique, se trouvait légalement organisée et armée, comme troupe de milice. Cette situation impossible était connue du pouvoir et lui inspirait de justes inquiétudes; mais la simple raison d'Etat ne suffisait pas alors, tant s'en faut, pour motiver la dissolution d'une garde nationale;

c'eut été le signal d'une tempête de vociférations dont l'idée épouvantait. D'ailleurs, après toute révolution, une partie du pouvoir échoit à certains hommes qui, sortis du désordre, pactisent naturellement avec lui. Par faiblesse d'un côté, connivence de l'autre, les républicains des *Amis du Peuple* possédaient donc une organisation armée, sous le couvert de l'artillerie parisienne.

L'exaltation et l'impatience des clubistes les poussaient à user promptement de l'étrange avantage qu'on leur laissait; aussi voulaient-ils agir à la première occasion. Les troubles du mois d'octobre avaient paru prématurés aux chefs, qui ne s'y étaient pas mêlés, laissant faire les casse-cou; toutefois, cette question des ex-ministres avait été travaillée depuis avec tant de soin, qu'au moment du procès on crut pouvoir s'en faire un bon prétexte.

Sur quatre batteries que comptait la garde nationale, la deuxième avait pour chefs MM. Guinard et Godefroy Cavaignac, la troisième MM. Bastide et Thomas, tous membres principaux de la société des *Amis du Peuple*. Dans les deux autres batteries on comptait beaucoup d'officiers patriotes qui se faisaient fort d'enlever leurs hommes.

Bien persuadés que les idées de sang, inspirées au peuple au sujet des ex-ministres, pouvaient être exploitées utilement, les chefs des *Amis du Peuple* et de la *Société de l'Ordre et du Progrès*, décidèrent qu'un mouvement serait tenté pendant le procès. Il s'agissait de se porter sur le Luxembourg, d'y réaliser cette pensée si chère aux patriotes : l'assassinat des ex-ministres; et puis, le coup fait, de revenir au Palais-Royal afin d'y détruire la royauté, après avoir agi révolutionnairement envers le roi. Le moyen était dans la trahison du corps d'artillerie qui devait livrer ses pièces.

Bien entendu que cet acte si grave de la remise des canons aux émeutiers devait être exécuté habilement. MM. Cavaignac, Guinard, Bastide, etc., étaient des hommes intelligents, incapables d'une maladresse commune. Pour préparer l'affaire, le bruit fut répandu doucement que les faubourgs avaient formé un complot contre une partie de la garde nationale, qu'on croyait être l'artillerie; toutefois, assurait-on, celle-ci était et resterait fidèle. C'était plus ou moins bien inventé. Quoi qu'il en soit, la connivence des artilleurs était formellement niée. Comme preuve de leur attachement à l'ordre on cita même ce fait, que M. Cavaignac avait distribué des cartouches à ses hommes pour les mettre à même de repousser une attaque. Sans rien dire de trop sur le compte de M. G. Cavaignac, homme exceptionnel dans le parti et à qui je rendrai la justice qu'il mérite, il me sera permis de croire que cette distribution de cartouches avait un tout autre but que celui dont on parlait. La suite va montrer si j'ai tort.

CHAPITRE V.

Procès des Ministres. — Emeute. — Complot dans la Garde nationale. — MM. G. Cavaignac, Guinard, Trélat, Sambuc, Audry de Puyraveau. — Leur Procès. — Emeutes sur émeutes. — L'Artillerie du maréchal Lobau.

Dès le premier jour du procès, on vit se grouper autour de la Cour des Pairs des jeunes gens de la *Société de l'Ordre et du Progrès*, conduits par M. Sambuc; ils furent rejoints par des groupes d'*Amis du Peuple* et des autres sociétés. Ce noyau, s'augmentant du contingent ordinaire de curieux et de malfaiteurs, constitua bientôt un rassemblement considérable. Les clameurs commencent, se grossissent et arrivent à un diapason formidable, où des voix hideuses grincent frénétiquement ce refrain : A mort les ministres !

Un honnête homme, justement ému et indigné, M. Odilon-Barrot, préfet de la Seine, fit afficher cette proclamation courageuse : « Je déclare que le premier acte d'agression
« sera considéré comme un crime. S'il se rencontrait parmi
« vous un homme assez coupable pour attenter à la vie de
« ses concitoyens, qu'il ne se considère pas comme soumis
« aux chances d'un combat; il sera simplement un meur-
« trier, et jugé comme tel par la cour d'Assises, selon la
« rigueur des lois. » Et il ajoutait : « La réparation que
« notre généreuse nation demande est-elle donc seulement
« dans le sang de quelques malheureux ? »

Comme on le voit, la faction républicaine venait autour du Luxembourg, non pour recueillir l'arrêt de la justice, mais pour le dicter, et le dicter sanglant. Non pas que des hommes comme MM. Cavaignac et Guinard tinssent à voir égorger les ministres, mais cet acte odieux soufflé à la plèbe du parti, pouvait servir utilement un plan révolutionnaire en voie d'exécution.

Chaque jour, tant que dura le procès, l'émeute s'installa menaçante devant le Palais Médicis. On voyait revenir à la même heure cette bande d'hommes, disciples prétendus de la cause de l'humanité, qui donnaient à Paris l'idée d'un charnier assiégé par des bêtes féroces.

Les débats finis, et avant le prononcé du jugement, des voitures apprêtées dans le jardin, reçurent les accusés, qui furent reconduits grand train, et sous bonne escorte à Vincennes.

L'arrêt devait être rendu ce jour-là, et tout avait été mis en œuvre pour exaspérer la population, à l'annonce du verdict, qu'on savait devoir être miséricordieux; la foule était donc plus frémissante, plus enflammée que jamais. Tout à coup une détonation retentit, annonçant que les ministres sont en sûreté :

— Aux armes ! s'écrient quelques chefs, qui guettaient une occasion. Le signal vient d'être donné.

On s'ébranle en tumulte, et un grand flot de furieux s'agite, cherchant une direction; les meneurs étaient déjà à la tête, et par un seul mot : Au Louvre ! avaient jeté une lumière dans cette masse. Il s'agissait d'aller chercher les canons promis.

Sur la route, des gardes nationaux et des agents de l'autorité éprouvèrent le premier effet de cette explosion; les uns furent abattus et foulés aux pieds, d'autres assaillis à coups de poignards ou de pistolets.

Toujours, dans des cas pareils, si le coup manque, les habiles et les niais jureront leurs grands dieux que la manifestation était complètement pacifique; toujours aussi quand un commencement d'exécution aura lieu, vous verrez luire soudain des lames de couteau et des canons de pistolet, qu'on n'a certainement pas eu le temps d'aller chercher loin.

Pendant que la colonne accourait sur le Louvre, le pouvoir instruit, en faisait fermer les grilles et s'apprêtait à tenir tête au danger.

Toute l'artillerie était renfermée dans le palais, où un singulier spectacle frappait la vue. Certaines compagnies étaient dévouées au gouvernement, d'autres à la révolution. Il y en avait où les opinions étaient mêlées, présentant une majorité, celle-ci en faveur de l'ordre, celle-là en faveur du désordre. Tous ces hommes, jeunes, ardents, aussi décidés à soutenir leur parti d'une part que de l'autre, étaient là en face, échangeant des regards de méfiance ou de défi. Les artilleurs fidèles, couvant pour ainsi dire les pièces, étaient décidés à les défendre énergiquement, et à les enclouer plutôt que de les laisser prendre. Ils savaient que la batterie Cavaignac et Guinard avait ses mousquetons chargés, et que les républicains des sociétés étaient prêts à s'élancer pour saisir la proie qu'on leur avait promise. La position était rude; mais les *bourgeois*, comme les appelait déjà le dédain aristocratique des démocrates, avaient la volonté et le courage d'une résistance efficace.

L'émeute continuant à grossir aux abords des grilles, des détachements de gardes nationaux entrèrent à l'intérieur et vinrent renforcer leurs camarades. Alors la scène augmenta de gravité; des altercations s'élevèrent qui menaçaient de se tourner en violence. Le commandant Barré interpella M. Bastide, son capitaine, l'accusant lui et les siens de trahison. Les artilleurs de chaque parti prirent fait et cause pour leurs chefs, et le moment vint où les mousquetons s'appliquaient à l'épaule prêts à faire feu. La querelle se calma; cependant, la garde nationale du dehors dégagea les alentours de la place; et les choses se menèrent ainsi jusqu'à la nuit. Vers dix heures du soir, le duc d'Orléans étant venu rejoindre sa batterie, en uniforme, fut accueilli par des marques de dévouement qui complétèrent la démoralisation des artilleurs républicains. Ils ne tardèrent pas à abandonner la partie, laissant les pièces à ceux qui entendaient en faire, non pas l'appui mais la répression du désordre.

La journée s'acheva ainsi. On pouvait croire que ces scènes avaient trop duré, mais l'esprit d'anarchie est tenace. Le lendemain, les *Amis du Peuple* et les sociétaires de l'*Ordre et du Progrès* reparaissaient dans la rue. Les émeutiers de rencontre, ceux que nous avons désignés sous le nom de gobe-mouches et en général les patriotes d'un peu de bon sens, sentirent cette fois que la *manifestation* était surabondante; ils s'abstinrent. Voyant que leur présence produisait le plus triste effet, les clubistes s'en furent au quartier Latin, espérant trouver meilleur accueil dans cet endroit renommé pour le recrutement des émeutes; un nouveau désappointement les y attendait. Fatigués de vaines flagorneries et d'une réputation que la majorité des écoles ne méritait pas, quelques étudiants, de ceux qui étudient, se mirent à la tête d'un rassemblement qui se composa bientôt de quinze cents élèves. L'habitude fit croire qu'il s'agissait d'une nouvelle levée d'agitateurs, et les républicains accoururent enchantés, croyant n'avoir qu'à prendre le commandement de ce magnifique renfort; quel fut leur étonnement, ou plutôt leur indignation en voyant la colonne se diriger en bon ordre vers le Palais-Royal et demander à offrir ses compliments au roi! Force leur fut de battre en retraite et d'aller attendre, au fond des clubs, quelque occasion meilleure.

Ces troubles, dont le but était fort grave et dont le caractère eut quelque chose d'odieux, amenèrent devant la cour d'Assises dix-neuf personnes dont voici les noms : MM. Godefroy Cavaignac, Guinard, Trélat, les deux premiers capitaines, le troisième simple soldat dans l'artillerie parisienne; Sambuc et Audry, étudiants; puis MM. Francfort, Penard, Rouhier, Pécheux d'Herbinville, Chaparre, Gourdin, Guilley, Chauvin, Lebastard, les frères Garnier, Danton, Lenoble et Pointis.

Esquissons parmi ces figures celles qui en valent la peine, et d'abord celle de M. Godefroy Cavaignac.

Fils d'un de ces hommes sombres qui portent la responsabilité de la terreur, il entra dans la vie publique plein des souvenirs paternels et d'une ambition révolutionnaire. Il n'y a que justice à dire que c'était un homme d'un grand esprit, d'une âme généreuse et d'un caractère loyal. Il était poète et artiste et aimait à vivre dans un monde de fantaisie. Son erreur, comme celle des rêveurs en général, fut de ne pas voir que, dans cette sphère de l'imagination, où l'homme privé peut s'égarer sans inconvénient, le citoyen trébuche, l'homme d'État perd toute autorité. M. Godefroy Cavaignac devait arriver à la tête de son parti, par ses brillantes qualités, et faire beaucoup de mal à son pays, malgré ses bonnes intentions. Il était encore destiné, par cela même qu'il dominait son entourage par l'esprit et le cœur, à une lutte misérable contre la jalousie et l'inintelligence des siens. L'étrange haine, dont nous le verrons l'objet de la part des républicains, haine qui alla jusqu'à le dévouer aux poignards, eut certainement une de ses causes dans le prestige de supériorité que répandait, non seulement son caractère et son talent, mais toute sa personne. Il avait à un haut point, mais sans affectation ni amertume, le dédain des petites choses et la pitié des petits hommes. A le voir, on ne pouvait s'empêcher d'un certain respect. Sa taille haute et dégagée, une grosse moustache noire, un œil ferme un peu triste, des traits d'une régularité vigoureuse, lui donnaient un cachet de noblesse, relevé d'une pointe militaire, dont l'ensemble prévenait fortement. C'était le type du héros politique, tel qu'un artiste le concevrait.

La France de 1848, trouvant cet homme à sa tête, eût pu redouter de généreuses folies, mais pas de parodies misérables, d'inepties gigantesques, de dilapidations effrontées. Reste à savoir combien de temps on l'eût souffert au pouvoir. Selon toute probabilité, il eût éprouvé bien vite le sort des esprits sérieux qui se mêlent à des faits extravagants. Il eût été saisi et broyé par toutes les forces aveugles ou intéressées du moment : la jactance de M. Ledru-Rollin, la rouerie de M. Caussidière, le venin de M. Blanqui, les chatteries de M. Louis Blanc, la frénésie de M. Sobrier, et puis et surtout la jalousie de ces génies ridicules ou impuissants qui ont nom Flocon, Lamartine, Marrast, etc. ?...

Je suis à l'aise pour juger les personnages républicains, je les connais pour les avoir vus de près; on peut donc ajouter quelque foi à ce panégyrique de M. Godefroy Cavaignac. C'est, selon moi, le seul homme à la fois supérieur et sincèrement convaincu du parti républicain de 1830. J'ajoute que cet homme aimait chaudement mais n'estimait pas son parti, qui, en revanche, l'estimait mais ne l'aimait pas.

De M. Guinard, il n'y a que peu de chose à dire, si ce n'est qu'il peut passer pour le décalque de M. G. Cavaignac. Il a comme valeur, à côté de ce dernier, celle d'une bonne copie à côté de l'original. Beaucoup de bonnes qualités le recommandent, mais elles sont d'une élévation ordinaire; c'est une de ces natures où rien ne choque, mais où rien ne frappe. Seulement il mérite de n'être pas confondu, dans le troupeau républicain, auquel il est fort supérieur par la loyauté et la tenue.

L'apparence grêle et la physionomie bénigne de M. Trélat donnent l'idée d'une organisation où dominent la douceur et l'affection. C'est effectivement un homme bon et sympathique, très propre à l'emploi de médecin de vieilles femmes qu'il remplit à la Salpêtrière. Sa bonté, c'est de la faiblesse, et la faiblesse en politique mène aux scènes dont l'histoire des ateliers nationaux nous fournit l'exemple.

M. Sambuc, le créateur de la société de l'*Ordre et du Progrès*, est un de ces types d'étudiants tapageurs, à qui la gloire de la chaumière et des soupers débraillés ne suffit pas. Il se fit héros révolutionnaire par mode et sous l'influence de cette fièvre de jeunesse qu'on appelle du patriotisme. Désabusé à la suite de ses premiers démêlés avec la justice, il quitte Paris et ne reparaît plus dans la longue série de nos troubles politiques.

Quant à M. Audry de Puyraveau, fils de l'ancien député, c'était un jeune homme fort médiocre, qui se croyait tenu de soutenir au quartier Latin la réputation républicaine de son père. Il reparaîtra plus d'une fois en police correctionnelle ou devant la cour d'Assises, conspirateur d'habitude, dont le rôle ne s'élève jamais au-dessus de celui de comparse.

Le procès attira l'attention publique et fit grand bruit dans le parti. M. Godefroy Cavaignac exposa ses doctrines républicaines avec une vigueur remarquable. Il avait dans l'attitude et la parole une certaine grandeur qu'il était impossible de nier. Il faut le dire, on sentait encore la poudre, et l'intérêt excité par ce fier jeune homme, fils de révolutionnaire, confessant éloquemment les principes de révolution, pouvait se comprendre. Toutefois, lui et ses confrères qui voulurent aussi se faire une scène du tribunal, n'aboutirent qu'à l'aggravation de leur délit. Plus d'un d'entre eux, au-dessous du rôle qu'il voulait jouer, fit même hausser les épaules aux hommes de bon sens. Ainsi M. Pécheux d'Herbinville, à qui on reprochait d'avoir distribué des armes aux émeutiers, s'écria emphatiquement qu'il avait pris ces armes aux Suisses en 1830. Que voulait-il dire? Sans doute que ce butin de révolution devait servir forcément à une nouvelle révolution. C'est ainsi qu'on raisonne ordinairement en démagogie. Tout individu qui a eu l'honneur de contribuer, par un coup de fusil, à bouleverser la France et l'Europe, se croit le droit de recommencer aussi souvent qu'il lui plaît.

En dehors des principes de subversion politique, il se

glissa bien aussi dans ce procès quelques-unes des idées que l'on appelle aujourd'hui sociales; mais cela n'épouvantait pas trop alors; ces utopies semblaient, même aux plus craintifs, ne devoir jamais sortir du domaine de la théorie. On a vu depuis qu'il n'est doctrine si extravagante qui ne puisse, à un moment donné, envahir le peuple le plus spirituel de l'univers.

Quoi qu'il en soit, malgré les circonstances du délit, et les scandales du procès, tous les accusés furent renvoyés absous.

Naturellement le parti républicain cria victoire, et se crut maître du pays. Pour profiter de son succès, il s'ameuta le lendemain, 16 avril 1831. Gardes nationaux, troupes à pied et à cheval accoururent aussitôt et balayèrent l'armée anarchiste.

Il y avait au pouvoir, dès cette époque, un homme qui, n'entendant nullement souffrir la révolution en permanence, et sachant de quoi les factions sont capables, était décidé à une répression aussi prompte qu'énergique. Cet homme c'est M. Casimir Perrier. La Préfecture n'avait pas encore de titulaire suffisant, mais elle possédait déjà dans M. Carlier, le chef de la police municipale, un des fonctionnaires de l'esprit le plus décisif et de l'activité la plus infatigable. Le gouvernement de Juillet, balloté jusque là au remou de la révolution, allait entrer dans une phase, non de calme, grand Dieu! mais de volonté rude et inébranlable.

Il était impossible, d'ailleurs, de s'abuser sur un point, à savoir que les chefs de la fraction républicaine, résumée dans les *Amis du Peuple*, avaient décrété une agitation permanente, dans l'espoir d'en faire sortir une occasion de bouleversement; ce plan n'était que trop facile à réaliser dans l'état des esprits; aussi voyons-nous les troubles se succéder sans interruption.

Le 2 mars, il y avait émeute autour du Palais-Royal; quelques centaines d'ouvriers, de ceux avec lesquels on fait des ateliers nationaux, s'étant portés sous les fenêtres du roi, se mirent à crier avec fureur : De l'ouvrage ou du pain! Les journaux de l'époque ne manquèrent pas de s'apitoyer sur le sort de ces braves citoyens, qui n'étaient que leurs compères et ceux de la société des *Amis du Peuple*. Les bons ouvriers, ceux qui ont du courage et du bons sens, n'ont garde de se mêler à ces manifestations dont le résultat direct est d'empirer leur sort en empirant les affaires.

Quelques jours après, l'insurrection de Pologne servait de prétexte. Le 10 mars, deux individus préludent aux troubles en tirant des coups de pistolets dans les vitres de l'ambassade de Russie. Sotte fureur qui ne sait à quoi s'en prendre et s'attaque au représentant inviolable d'une nation amie. Le 11 et le 12, des rassemblements se forment qui donnent lieu à l'arrestation d'hommes armés. Cinq semaines après, l'émeute sort pendant trois jours; elle rentre dans ses ténèbres et reparaît au bout d'un mois, jour pour jour. Cette fois il y a des faits graves; on crie : A bas la garde nationale! des armuriers sont pillés, des réverbères mis en pièces, et un poste de troupes menacé.

Ces scènes indignaient plus les citoyens qu'elles n'épouvantaient le gouvernement. Sûr de l'appui des hommes raisonnables et laborieux, il eût voulu mettre l'ordre dans Paris par quelque moyen efficace, mais qui ne coutât pas de sang. Le maréchal Lobau, soldat sans cérémonie, en proposa un qui témoignait d'un certain mépris pour la gent émeutière, mais qui avait son originalité et son mérite. Les *Amis du Peuple*, ayant appris que la croix de Juillet porterait comme inscription : *Donnée par le roi*, jugèrent qu'il y avait là matière à émeute. Ordre est aussitôt transmis de se rassembler à la place Vendôme pour organiser une manifestation. Manifester était devenu un métier pour quelques centaines d'ambitieux ou de fainéants, et on les trouvait toujours exacts aux convocations. Ils furent autour de la Colonne à l'heure dite et attendirent bravement l'arrivée de la force publique. Cette force, qui se contentait de les bousculer, parfois un peu brutalement, ne les effrayait guère. Ils faisaient donc bonne contenance quand le maréchal Lobau parut avec une artillerie d'un nouveau genre dont il s'était muni, et que la foule n'apercevait pas. Sur une première sommation, qui fut bravée stoïquement, le vieux général démasqua ses pièces et fit un commandement qui n'était pas précisément celui de : feu! A l'instant, une demi-douzaine de pompes, vigoureusement servies, crachèrent sur le rassemblement une mitraille aquatique de l'effet le plus merveilleux; ce fut une débandade mêlée de cris, un sauve-qui-peut effaré, une confusion pire que s'il eût plu des balles. La place se trouva balayée comme par enchantement.

Ces différentes affaires donnent lieu à des procès, remarquables seulement en ceci, que les meneurs du parti n'y figurent presque jamais. Les accusés, selon l'usage, étaient des étourdis ou de pauvres diables dont le crédule enthousiasme aboutissait à la police correctionnelle ou à la cour d'Assises; quant aux directeurs des mouvements, ils se contentaient de donner leurs instructions, ayant grand soin de disparaître quand le désordre était allumé et que les horions commençaient à pleuvoir.

CHAPITRE VI.

Permanence de l'émeute. — M. Carlier et les assommeurs de la Bastille. — Les dogues populaires domptés. — M. Gisquet. — Du rétablissement d'un ministère de la police.

Il est inutile de dire toutes les raisons par lesquelles la *Tribune* et les journaux de son espèce cherchaient à justifier les désordres de la rue; une de ces raisons était la misère du peuple, trop réelle, hélas! comme après toute commotion politique, mais imputable, on en conviendra, à tout autre qu'au gouvernement. Il est bien certain qu'un pouvoir nouveau n'a pas d'intérêt à se faire maudire, et que l'intérêt, à défaut de la conscience, lui commande d'avoir égard aux besoins du peuple; mais l'opposition radicale, qui voulait bien gratifier la royauté de Juillet de toutes sortes de rouerics, n'admettait pas qu'elle eût la plus simple de toutes: celle de se rendre populaire sans bourse délier. Non contente des reproches de tyrannie et d'avidité qu'elle adressait au nouveau règne, elle déclara qu'il y avait parti pris de ne rien faire pour les ouvriers. L'accusation était grave, mais souverainement injuste; qu'on en juge : le gouvernement prouva, par des chiffres, qu'en un seul mois il avait employé sept millions en travaux publics.

L'émeute était devenue permanente, grâce aux excitations républicaines. Tout prétexte de désordres était saisi avidement; quand il ne s'en présentait pas, on en savait faire naître. Quelques jours avant le 14 juillet 1831, on annonça que l'anniversaire de la Bastille serait fêté par la plantation d'arbres de liberté; il fut en outre soufflé aux intimes qu'il y aurait probablement *quelque chose*, ce qui était un avertissement de se tenir prêt. La police commençait à avoir l'oreille dans les conciliabules; elle fut instruite de cette recommandation; et comme il était temps de prouver à la poignée de républicains de Paris, que le pays ne s'était pas voué indéfiniment à leur tyrannie, on prit des mesures pour arrêter le trouble à sa naissance. Une proclamation défendit de former aucun rassemblement et de donner suite aux projets de plantation d'arbres de liberté. Malgré cette recommandation, les clubistes, ayant en tête les *Amis du Peuple*, descendirent à l'heure dite, et se séparant en deux bandes, tirèrent les uns vers les Champs-Elysées, les autres vers la Bastille. Aux Champs-Elyséses, le maire du premier arrondissement s'avançait au milieu des émeutiers pour leur faire des observations, quand il fut arrêté par un dentiste, M. Désirabode, qui lui allongea deux pistolets sous la gorge. Repoussé à coups de baïonnettes par les gardes nationaux, ce furieux paya cher son triste exploit; blessé grièvement, il ne dut la vie qu'à l'intervention de l'homme qu'il voulait assassiner.

Quant aux scènes de la Bastille, il en a été parlé Dieu sait comme, et combien de fois. La police, au dire des journaux de l'époque, s'y déshonora à tout jamais, en embrigadant des sergents de ville, voleurs, forçats, qu'elle lâcha sur de pauvres victimes désarmées. Telle est la version républicaine; tout le monde la connaît. La nôtre a le double malheur d'être beaucoup moins noire pour la police, et beaucoup plus vraie.

Des ouvriers du faubourg Saint-Antoine, de vrais ouvriers, ayant envie de travailler, mais ne le pouvant pas à cause du perpétuel tapage des républicains, vinrent trouver M. Carlier, chef de la police municipale, s'offrant de balayer eux-mêmes leur quartier, si les *Amis du Peuple* y paraissaient. On leur fit remarquer que la chose était délicate, que ce serait une rixe entre citoyens, car on ne pouvait leur donner mandat régulier de répression, mais qu'après tout, leur résolution était honorable, et la tranquillité de leur quartier chose assez importante pour qu'ils en prissent souci. Ils n'en demandèrent pas davantage, et retournèrent au faubourg.

Le lendemain, comme les républicains arrivaient, se disposant à commencer leur bruit, les défenseurs officieux de l'ordre, gens de nature un peu brutale, et qui voulaient en finir, tombèrent à coups de bâtons sur l'émeute, bouleversèrent les gobe-mouches, contusionnèrent les clubistes et nettoyèrent vigoureusement la place.

Il était triste d'être rossé de la sorte, mais ces *Amis du Peuple* avaient une manière si étrange de témoigner leur affection aux ouvriers; la reconnaissance de ceux-ci était à l'avenant.

Telle est, en deux mots, la fameuse histoire des assommeurs tirés du bagne; elle change notablement de caractère quand elle n'est pas racontée par les patriotes. Dans leurs récits, il n'y a comme toujours, qu'une affirmation basée sur quelque commérage, ou bien une invention impudente; du côté de la police il y a de bonnes preuves, dont M. Caussidière et d'autres ont pu prendre connaissance, s'ils l'ont voulu.

La leçon de la Bastille profita; il n'y eut pas d'émeute le mois suivant. En ce temps-là Paris remerciait Dieu quand il vivait tranquille pendant quatre semaines. On a peine à croire ce fait, que quelques centaines de vauriens se mettent en tête de troubler périodiquement le pays et y réussissent; pourtant c'est de l'histoire d'hier.

Au mois de septembre, on apprend la chute de la Pologne; fort belle occasion qu'on n'a garde de manquer. Les petits imprimés jettent feu et flamme, la *Tribune* écume, les chefs des *Amis du Peuple* sont verts d'indignation. Ces terribles hommes qui, arrivés au pouvoir, ont eu la prudence de ne dévorer aucun tyran, n'ont jamais manqué, dans l'opposition, de demander la guerre générale à propos de n'importe quoi. A leur avis, en refusant de s'embarquer dans une affaire impossible, et qu'ils ont jugée telle eux-mêmes dix-sept ans plus tard, le gouvernement de Juillet consommait une indigne trahison; et vîte l'émeute ! Deux à trois cents patriotes vont au Palais-Royal, y insultent le roi, puis se dirigent vers l'Hôtel des Capucines en criant : Vive la Pologne ! A bas les ministres ! Bientôt des pierres volent dans les vitres. De là, on se porte vers le boulevard Saint-Denis; une boutique d'armurier se trouve sur la route, on la pille. Ce fut le menu de la journée; le lendemain, selon l'habitude, continuation. Ces mauvais mélodrames avaient toujours plusieurs actes. Les groupes se portèrent de nouveau vers l'Hôtel des Affaires étrangères. Pendant qu'ameutés devant la grille, ils poussent des cris menaçants, une voiture sort, dans laquelle on reconnaît M. Casimir Perrier, président du conseil, et un autre ministre. L'équipage enveloppé et arrêté un instant, parvient à se dégager, grâce à quelques paroles fermes du ministre. Mais les émeutiers se ravisant presque aussitôt, s'excitent à poursuivre leur ennemi; et les voilà qui se précipitent sur ses pas, et le rattrapent à la place Vendôme. Cette fois on barre le passage aux chevaux, et les apostrophes les plus violentes retentissent autour de la voiture. M. Casimir Perrier met pied à terre, et s'adressant à la populace :

« Que demandez-vous ? dit-il; les ministres ? les voici !

Maintenant vous autres, qui êtes-vous? Que voulez-vous, prétendus amis de la liberté, qui menacez les hommes chargés de l'exécution des lois? »

Ces paroles, ce ton de fière assurance, brisèrent l'audace des malfaiteurs. Ils se rangèrent, et le courageux fonctionnaire passa, comme le maître passe au milieu des dogues, dont l'œil louche s'abaisse sous son regard dominateur.

Un instant ils restèrent comme écrasés sous cette tenue hautaine; puis se réveillant à l'aiguillon de l'orgueil et du dépit, ils se répandirent dans Paris, envahirent les théâtres, qu'ils sommèrent de fermer en signe de deuil, et bientôt se mirent à arracher des pavés à l'entrée du faubourg Montmartre. Il fallut un certain déploiement de forces pour les disperser. Pendant deux jours encore, il y eut réminiscence d'émeutes; c'était la houle après que la vague est tombée.

En novembre 1831, M. Gisquet est nommé préfet de police. Dans les seize mois écoulés depuis la révolution, trois préfets s'étaient succédés : MM. Girod de l'Ain, Baude et Vivien; M. Gisquet faisait le quatrième. Ces changements dans la direction de la préfecture, joints au sentiment d'indécision et de mollesse des fonctionnaires sortis de la révolution, sont certainement pour beaucoup dans l'audace et la persévérance des anarchistes. Plus ou moins, les trois premiers préfets de 1830 avaient fait de l'ordre avec du désordre, pour employer le mot du préfet de la *Réforme*, c'est-à-dire qu'ils n'avaient pas voulu, su, ou pu faire de l'ordre pur et simple. Le métier des Sartines et des Fouché ne demande pas que du bon vouloir; il veut une habileté réelle, un zèle soutenu, une activité infatigable; aux moments difficiles, il exige un homme hors ligne. Certes, jamais dislocation de la société ne fut plus grande qu'après notre première révolution; cependant nous voyons presqu'aussitôt les éléments d'ordre se rapprocher et reprendre leur assiette; cela grâce à une réaction naturelle, et puis à la profonde habileté d'un homme de police, M. le duc d'Otrante. Napoléon, homme de coup d'œil, et sachant bien que l'art de gouverner c'est l'art de mener, s'adressa avant tout à deux hommes quand il voulut devenir le maître : au prince de Talleyrand, meneur de chancelleries, au duc d'Otrante, meneur de multitudes. La police, en effet, n'est pas une simple affaire de surveillance et de compression; ce doit être l'initiative et la direction de l'esprit public. Tous ces hommes souples, fins, clairvoyants, qui fouillent chaque jour dans les secrets de la vie et connaissent si bien l'être humain, qui empêche d'en faire les conducteurs en même temps que les inspecteurs de la foule? Qui empêche leur chef, cet homme omniscient, de mettre à propos un contrepoids aux écarts de l'opinion, et de tenir toujours la raison publique en équilibre? Il doit y réussir, s'il est homme supérieur, exercé au métier, et libre de son action. Par ce dernier point, nous entendons dire que les fonctions actuelles sont trop restreintes, et que pour être vraiment efficace, l'action de la police devrait s'étendre à la fois sur toute la France. Nous croyons qu'en des moments comme ceux où nous sommes, le rétablissement du ministère de la police rendrait la force de surveillance et de direction beaucoup plus intense et plus active. Qu'arrive-t-il dans l'état de choses actuel? Que le ministre de l'intérieur, simplement homme d'administration ou de valeur parlementaire, se trouve mis inopinément à la tête d'une partie qui demande une longue pratique, une aptitude particulière; et puis qu'un service capital devient chose accessoire parmi ses autres attributions. Il en résulte, d'une part, défaut de tradition et de capacités spéciales; de l'autre, insuffisance ou mollesse dans le ressort de la machine. Puisque les partis ne font qu'un dans Paris et la province, pourquoi scinder la surveillance? Puisque l'unité est le premier principe de la force, pourquoi la mettre là où elle risque d'être mal établie? Pourquoi livrer ensuite à un fonctionnaire, déjà surchargé, un service qui réclame à lui seul toute l'activité d'un homme de génie? Par ce fait que les complots de Paris se ramifient en province, les ramifications de la police de Paris s'étendent forcément aux départements; il arrive même fort souvent que les préfets sont instruits de ce qui se passe chez eux par des renseignements obtenus dans la capitale; or, ces renseignements ont dû passer par le ministère de l'intérieur avant de parvenir à leur adresse, ce qui est une perte de temps, chose grave dans la question, et une formalité inutile, point qui a aussi son importance. En outre, il peut s'élever un désaccord, une différence de vues entre le ministre et le préfet de police; la netteté des résolutions en souffre, et l'inférieur doit céder au supérieur, quoique celui-ci soit en meilleure position de voir et de juger.

Au point de vue de cette impulsion que la police pourrait et devrait imprimer à l'esprit des multitudes, l'inconvénient de l'organisation actuelle n'est pas moindre. Le préfet de police a entre ses mains la tête du pays et n'a pas les membres; il est l'agent principal, et quand il a fait peser son action sur le centre, il faut qu'il aille référer et s'entendre avec un chef pour la faire parvenir aux extrémités. Ce qu'il pourrait faire simultanément et avec coordination, il faut le faire en détail, avec des tiraillements et en passant par une filière inutile.

La création d'un ministère de la police ne nous paraît pas une nécessité absolue, mais dans de certains moments de fièvre et de désorganisation, il nous semble que son efficacité serait considérable. Aujourd'hui, par exemple, ce moyen atteindrait plus vite que tout autre, à notre avis, un but que tous les esprits droits poursuivent : la destruction du socialisme. Voici les points sommaires de l'organisation que nous voudrions voir établie : un ministre de la police, surveillant et conduisant l'esprit public dans toute la France; sous ses ordres des commissaires généraux dans les principaux centres de population; ces fonctionnaires, agissant avec l'aide, mais en dehors de l'autorité des préfets et de leurs subordonnés, lesquels se borneraient à la besogne administrative; puis, sous les commissaires généraux un commissaire central dans chaque ville de quelque importance. Les commissaires généraux, tirés de Paris, et éprouvés dans le métier, auraient des fonds secrets et emmèneraient avec eux de bons agents avec lesquels ils fonderaient une police en province, chose qui n'existe pas. Il y aurait les agents de ville et les agents de campagne. Le rôle de ces derniers surtout devrait être tracé avec un soin intelligent; le côté de surveillance ne serait pas le plus difficile de leur tâche, le point épineux consisterait à détruire chez les gens simples les idées mauvaises, et à ruiner l'influence des démagogues. Ce travail généralisé, appuyé par beaucoup de moyens dont il est inutile de publier le détail, et dirigé par une tête large et résolue, mettrait le socialisme aux abois avant un an. Il faut bien se persuader en effet, que cette doctrine n'est pas enracinée dans le pays; elle n'a pour principaux disciples que des sots ou des fripons, et ne s'est développée que dans un moment de subversion morale et de faiblesse de l'autorité; c'est une épidémie contre laquelle il faut se précautionner grandement, mais dont on aura le bout dans un temps donné, si l'on employe des moyens intelligents et énergiques. La police savamment et largement organisée, serait le plus sûr de ces moyens.

CHAPITRE VII.

Complot des tours Notre-Dame. — Procès des *Amis du Peuple*. — MM. Bonnias, Raspail, Blanqui, Antony Thouret. — Les chefs des sociétés populaires sont débordés. — MM. Rittiez, Toussaint Bravard, Cabaigne, Avril, Imbert.

Au commencement de 1832, la *Société des Amis du Peuple* avait la direction principale du parti républicain. Il restait bien encore, marchant à part, les *réclamants de Juillet*, commandés par M. O'Reilly; la *Société Gauloise,* sous la direction de M. Thielmans, et des groupes sous diverses dénominations; mais la prépondérance des *Amis du Peuple* était admise et respectée.

M. Casimir Perrier prit à leur égard, en arrivant aux affaires, des mesures de rigueur qui avaient atteint une partie de leur but; c'est-à-dire que la conspiration avait été forcée de rabattre de son audace et au moins de ne plus s'étaler au soleil; mais le travail, pour ne pas être aussi apparent, n'en fut pas moins ardemment continué. La propagande se faisait par discours, articles de journaux, et surtout par brochures; l'emploi de ce dernier moyen était poursuivi avec un zèle extraordinaire.

Du reste, quoique devenue société secrète, depuis qu'un arrêt l'avait dissoute, l'association n'avait pas cette organisation et cette discipline qui caractérisaient le carbonarisme et que nous retrouverons plus tard. Jusqu'à un certain point les séances pouvaient encore passer pour publiques, puisque la plupart des discussions étaient publiées; toutefois, le comité n'avouant qu'une propagande morale, et les sections ayant soin d'éviter les réunions au-dessus de vingt personnes, il en résultait une sorte de légalité dont les tribunaux d'alors se contentaient.

Unis dans leur but, le renversement de la royauté, les *Amis du Peuple* étaient loin de s'entendre sur la marche à suivre, et surtout sur l'heure de la bataille. Dans les émeutes qui fatiguent Paris depuis Juillet, il y a certainement un plan d'agitation prémédité, mais il ne faudrait pas en imputer l'odieux à certains chefs d'un esprit grave, tels que MM. Cavaignac et Guinard; ce sont des meneurs subalternes qui l'ont conçu et l'exécutent avec une persévérance détestable. La tête, répétons-le, ne conserve l'influence dans les sociétés secrètes qu'à la condition de subir la tyrannie de quelques écervelés, toujours avides de brusquer le dénouement. Ce sont ces hommes qui, dès les premiers jours de 1832, impatients d'en finir, déclarent les émeutes vaines et réclament une descente en masse. Grisés par le bruit des clubs, aveuglés par leur exaltation, ils se persuadent que tout Paris est à eux, et qu'ils n'ont qu'à paraître pour faire crouler le gouvernement. En vain quelques républicains leur montrent sérieusement les choses, leur font voir que la bourgeoisie apprécie le nouveau règne, que la grande masse des ouvriers ne veut que la paix qui assure le salaire; les casse-cou murmurent, et ne tardent pas à faire scission. Alors, comme ils sentent leur impuissance et leur isolement, ils rêvent des complots et se mettent en tête d'entraîner la population par quelques moyens désespérés. L'affaire dont nous allons dire un mot, est le résultat d'une de ces résolutions.

M. Gisquet raconte, qu'à peine entré en fonctions, il fut averti d'un complot dont le signal devait être l'incendie des

Tours de Notre-Dame. A la lueur des flammes dévorant une des merveilles de Paris, des bandes de conjurés devaient se répandre dans les rues et appeler le peuple à la révolte. L'homme de l'incendie était M. Considère, assisté de six énergumènes de dix-neuf à vingt ans. Parmi les chefs chargés d'agir au dehors, se trouvaient M. Pelvillain, bien connu depuis dans les conspirations de cabaret, et Napoléon Chancel, contumace du procès de Bourges 1849. L'affaire était arrêtée pour le 2 janvier. Quoique se refusant à croire à ce projet sauvage, M. Gisquet, persuadé que le scepticisme est fort mauvais en police, tint compte de l'avis et prit ses mesures. Le jour fixé, une surveillance rigoureuse fut établie, et tout fut disposé pour saisir les coupables sur le fait; mais on ne vit rien paraître. La vieille basilique s'endormit comme d'habitude, échappant à l'auréole sinistre dont on la menaçait. Le préfet jugea que l'odieux projet avait été, ou beaucoup exagéré, ou simplement inventé. Il savait que, dans les bas fonds des partis, il y a journellement des rêveries d'assassinat et de destruction qui, fort heureusement, meurent dans les bouges où elles prennent naissance. Le 3, même calme autour de l'église; on resta convaincu que l'alerte était fausse, et on ne s'en inquiéta pas davantage. Cependant, voilà que le 4, vers 3 heures du soir, le bourdon de Notre-Dame tinte à coups précipités, et réveille les alentours. Presque aussitôt la police est avertie que le complot du 2, ajourné pour des causes inconnues, venait d'éclater. L'individu qui apportait cette nouvelle était de la conspiration, et ajoutait que les conjurés avaient pour eux seize cents républicains et six régiments.

Les seize cents républicains étaient un de ces mensonges calculés dont les partis sont toujours fort prodigues. Les sociétés populaires réunies n'atteignaient pas ce chiffre, et il est bien certain que toutes ne trempaient pas dans cette abominable machination. Quant aux régiments, ici surtout les conspirateurs prenaient la partie pour le tout. Nous aurons occasion de montrer plus d'une fois que les troupes, soi-disant gagnées par les démocrates, se composent de quelques soldats ignorants ou ivrognes, qu'on endoctrine momentanément avec de belles paroles ou des verres de vin.

Des brigades de sergents de ville partirent au galop pour la cathédrale; ils apprennent du gardien qu'un coup de pistolet vient d'être tiré sur lui et que l'escalier est barricadé. Les sergents renversent l'obstacle et se trouvent en face d'individus qui font feu et se sauvent; on les poursuit et on les voit du haut des galeries jeter sur la place des poignées de proclamations; bientôt six d'entre eux sont arrêtés. Mais la force publique est arrivée trop tard pour empêcher un commencement d'incendie; le feu a été mis à la charpente de l'une des tours, qui s'embrâse et menace d'une catastrophe; heureusement de prompts secours arrêtent le danger.

A ce moment on voyait se glisser, le long des ruelles de la Cité, des groupes gagnant Notre-Dame et se rendant au rendez-vous. MM. Pelvillain et Chancel étaient à leur tête. Découverts et cernés par les troupes, ils furent pris avant de savoir à quoi en était leur abominable entreprise.

On avait appris, par le gardien, que sept individus avaient pénétré dans les tours, il en restait donc un à trouver; c'était M. Considère, le plus important. Il fallut trois heures de recherches pour le découvrir, et on reconnut qu'il avait mis le feu à l'endroit où il s'était réfugié.

M. Considère était l'inventeur et fut le héros de cette misérable affaire. C'était alors un homme tout jeune comme ses complices, d'une exaltation insensée, et d'une énergie furibonde. Au juge qui lui demandait sa profession, il répondit : émeutier. Après le prononcé de l'arrêt qui le condamna à cinq ans de prison, se levant d'un air farouche, il cria au président : « On t'en donnera des cinq ans de prison et des « frais ! Je te paierai sur la caisse de Louis-Philippe. »

Les patriotes appelaient cela soutenir vaillamment une cause. Nous n'argumenterons pas sur cette qualité d'émeutier que s'attribuait M. Considère; nous pouvons dire seulement qu'il ne se vantait pas; Paris possédait alors des gens dont l'unique profession était de faire des émeutes.

Par cette affaire, on a une idée de la violence de quelques séides. Au tour des docteurs du parti maintenant. Dans les audiences des 10, 11 et 12 janvier 1832, les chefs dont voici les noms : MM. Raspail, Gervais de Caen, Blanqui, Antony Thouret, Hébert, Trélat, Bonnias, Rillieux, Plagnol, comparaissent en justice, pour rendre compte de diverses publications de la société. Des extraits de ces imprimés sont inutiles; on va s'en faire une idée par la défense des prévenus. Après M. Raspail, qui débute par des injures contre le roi, vient M. Blanqui, lequel, déjà plein de ses rêves et de ses haines, fait un discours pour pousser le peuple à la subversion sociale : « Ceci, dit-il, est la guerre entre les « riches et les pauvres; les riches l'ont voulu, parce qu'ils « ont été les agresseurs; les privilégiés vivent grassement « de la sueur des pauvres. La chambre des Députés est une « machine impitoyable qui broye vingt-cinq millions de « paysans et cinq millions d'ouvriers, pour en tirer la sub- « stance qui est transfusée dans les veines des privilégiés. « Les impôts sont le pillage des oisifs sur les classes labo- « rieuses. »

Point n'est besoin de faire remarquer la sottise calculée de cette phraséologie, si ardemment remise en honneur de nos jours. M. Blanqui, du reste, dont les rouges actuels se sont faits les plagiaires, n'était lui-même que le copiste des niveleurs de 93.

M. Bonnias arrive ensuite; il pérore contre la tyrannie, la liste civile, les escamoteurs de révolutions, les assommeurs, les mouchards et beaucoup d'autres choses. MM. Gervais et Thouret font chorus, appuyant l'un de sa bile chicanière, l'autre de sa faconde ampoulée, la déclamation de leur camarade. C'est un assaut d'insultes aux chefs du gouvernement, au tribunal, à la loi, et aux règles du bon sens.

Tous les prévenus sont acquittés sur le chef d'accusation, car on n'a pu prouver qu'ils étaient les auteurs des écrits; mais en raison de leur conduite à l'audience, ils sont condamnés : MM. Raspail et Bonnias à quinze mois de prison, Blanqui à un an, Gervais (de Caen) et Antony Thouret, à six mois. Ce dernier, en se retirant, jeta emphatiquement une menace au tribunal : « Nous avons encore des balles dans nos cartouches! » s'écria-t-il.

C'était un avertissement dont le pouvoir n'avait pas besoin. L'audace des républicains avait réveillé d'autres partis qui, d'accord dans une pensée commune de renversement, commandaient à l'autorité une surveillance rigoureuse. D'ailleurs, mille circonstances fortuites, ou préparées, augmentaient chaque jour l'excitation et l'espoir des révolutionaires. Aujourd'hui, il s'agissait d'un procès scandaleux, demain d'un livre furibond; un jour, des paroles d'anarchie tombaient de l'Assemblée nationale, où les *Amis du Peuple* comptaient, comme membres ou patrons, une douzaine de députés : MM. Cabet, de Ludre, Lafayette, Lamarque, Audry de Puyraveau, Laboissière, Dupont (de l'Eure); un autre jour, c'était l'émeute en province. Au mois de novembre, les ouvriers de Lyon, pour une cause non politique et tout en protestant de leur soumission au roi, s'étaient emparés de la ville, entraînant le préfet à des concessions compromettantes; au mois de mars suivant, à la suite d'une mascarade odieuse, les mauvais sujets de Grenoble s'insurgent, parviennent à maîtriser la faible garnison et font également capituler les autorités. Les *Amis du Peuple*, qui avaient une affiliation dans cette ville, contribuent pour beaucoup à cet échec du pouvoir.

Dans un pareil milieu d'excitations, et avec l'impatience d'arriver vite et de distancer leurs rivaux, les napoléoniens et surtout les légitimistes, on peut juger si les républicains avaient la fièvre et étaient prêts à une explosion.

Les hommes sérieux du parti voyaient clairement deux choses : qu'une insurrection ne réussirait pas, parce qu'elle serait combattue par la bourgeoisie, et que cette insurrection devenait cependant inévitable. Il est un moment dans les conspirations où la force des choses pousse irrésistiblement à une solution. Pour se faire des prosélytes, les chefs exagèrent le chiffre de leur armée, tendent l'esprit d'insurrection, et grisent les têtes de l'idée d'une bataille prochaine. Tous ces points sont pris au sérieux; on les rappelle aux embaucheurs, d'abord doucement, puis avec aigreur, enfin avec menace, et le jour arrive où le comité doit donner le signal sous peine de passer pour traître. Nous verrons cette situation se produire plusieurs fois.

Or, les personnages vraiment considérables de la société, les directeurs, inspirateurs ou patrons, parmi lesquels nous placerons les hommes comme M. Cavaignac, le général Lafayette, etc., se trouvaient dans le cas que nous venons de signaler. Non pas que nous leur imputions précisément la responsabilité d'assertions ou de promesses mensongères, mais ces leurres avaient été offerts à la foule qui en demandait compte aux chefs les plus élevés. Comme ceux-ci étaient assez sages pour ne pas flatter un espoir qu'ils ne partageaient que médiocrement, leur influence ne pouvait tarder à décroître pour faire place à celle des meneurs subalternes, gens ayant peu à perdre et dès lors beaucoup à risquer. C'est ce qui arrive dans les premiers mois de 1832. Les hommes qui prennent alors la direction active sont des conspirateurs d'ordre secondaire, la plupart d'intelligence médiocre, de maigre influence et sans position sociale. Si l'on tient à connaître les principaux, voici leur silhouette :

M. Rittiez, rédacteur du *Censeur* de Lyon; révolutionnaire doucereux et un peu crédule, à la façon de M. Dupoty; s'épouvantant et criant à la provocation quand les logiciens de la rue veulent traduire ses phrases à coups de fusil.

M. Toussaint Bravard, le type de l'étudiant qui n'étudie pas; buveur, phraseur, batailleur; César de Bazan du quartier Latin; cassant les poupées au tir; se colletant avec les sergents de ville; de grande force sur le billard et la danse de la Chaumière; le premier dans toutes les parties échevelées, le dernier aux cours; ayant à grand'peine, dans sept à huit années de séjour à Paris, obtenu un diplôme d'officier de santé. Au fond, esprit sans portée, caractère sans valeur; ex-constituant muet.

M. Cahaigne, bon homme, dévoré depuis trente ans d'une envie, celle de faire croire à un talent littéraire et politique que personne n'a jamais eu le courage de prendre au sérieux. Ex-rédacteur de la *Commune* de M. Sobrier.

M. Félix Avril, secrétaire des *Amis du Peuple*. L'éternelle formule: Félix Avril, secrétaire, répétée chaque jour au bas des imprimés de l'association, avait fini par transformer en personnage un jeune homme extrêmement insignifiant. Jusqu'en Février, il fut une des mouches du coche démocratique. A cette époque, M. Ledru-Rollin le prit employé aux bagages du chemin de fer de Rouen, pour le faire préfet du Calvados.

M. Bergeron, connu par le coup de pistolet du Pont-Royal. Cette affaire a beaucoup plus fait de bruit que les petits travaux littéraires auxquels il se livre dans le *Siècle*, sous le nom d'Emile Pagès.

M. Charles Teste, ami de Babeuf, dont il avait transfusé les doctrines dans le *carbonarisme*; conspirateur demi-séculaire et peu bruyant; couvant dans l'ombre, avec un petit noyau de sectaires, des convictions farouches, mais sincères du reste, homme probe et désintéressé.

M. Danton, n'ayant jamais eu, à ce qu'il semble, d'autre mérite que sa parenté avec le terrible orateur révolutionnaire.

M. Delescluze, libelliste obscur et de caractère équivoque. Un des hommes qui l'ont connu, M. Sobrier par exemple, racontait de lui avant Février des anecdotes qui ne figureront jamais dans les histoires édifiantes. Son genre, comme écrivain, est une espèce de pugilat grossier qui n'a pas de nom en littérature.

M. Imbert, fondateur du *Peuple souverain* de Marseille, commis-voyageur en vins, commandant des Tuileries, l'un des inspirateurs de Risquons-Tout, courtier de conspirations; personnage très remuant et très peu estimable.

Il y avait encore M. Adam, M. N. Lebon, M. Aubert-Roche, M. Plagnol, M. Madet, M. Fortoul, M. Caunes, M. Sugier, M. Lebœuf qui n'ont rien de remarquable. Les uns avaient une grande exaltation, les autres une grande présomption; tous une grande ambition.

La plupart de ces hommes subissaient la pression désordonnée des sociétés populaires, et se laissaient persuader que l'heure du combat était arrivée. Il ne s'agissait plus que de coordonner les forces et de trouver une bonne occasion.

CHAPITRE VIII.

Émeute des chiffonniers. — Le choléra et les prétendus empoisonneurs. — Crédulité du peuple. — Odieuse machination des républicains. — Le parti légitimiste — Affaire de la rue des Prouvaires. — Un écrivain patriote.

Dans les premiers jours d'avril 1832, l'affaire des chiffonniers et celle des prétendus empoisonneurs réveillèrent l'émeute dans Paris. L'intérêt d'une classe d'industriels, l'ignorance de tout le bas peuple étaient en jeu; quelle plus belle mine à exploiter ? Les républicains profitèrent avidement de leur bonne fortune.

Quelques mots sur la cause des troubles.

L'entreprise des boues ayant fini son bail, la nouvelle, accordée à l'adjudication, selon les formes, fut mise en demeure de fonctionner. Le cahier des charges lui accordait le droit de faire passer une voiture le soir, pour enlever le plus gros des immondices, et abréger la besogne du lendemain. Ce droit privait les chiffonniers d'une bonne partie de leur butin; de là une grande exaspération parmi eux. Ils s'ameutent, arrêtent les tombereaux de la nouvelle administration, les brisent et les jettent à l'eau; quelques charretiers y sont précipités avec leurs voitures. C'est le début de l'émeute. Le lendemain elle se complique de prétendus empoisonnements, dont le choléra inspire l'idée, et que la crédulité populaire, poussée par la peur, accueille aveuglément. Des scènes qui font reculer notre civilisation consternent Paris. Le fait d'avoir sur soi une bouteille, fiole ou vase quelconque, donne lieu à des soupçons qu'une parole transforme en arrêt de mort. Place du Caire, un employé est massacré pour avoir soi-disant versé du poison dans les brocs d'un marchand de vins; un autre est mis en pièces au quartier des Halles; un troisième, assassiné place de Grève, est jeté à l'eau. M. Gisquet assure qu'un quatrième fut arraché du poste de l'Hôtel-de-Ville par un forcené qui l'assomma et le donna à dévorer à son chien !

Ces choses se passaient en 1832! L'on se rappelle qu'après juillet 1830, l'extrême modération, l'extrême sagesse du peuple n'étaient pas moins vantées que son extrême courage; or, ce qui précède n'est ni plus ni moins qu'une ineptie féroce. Qu'en conclure ? Que les flatteurs des petits et les flatteurs des grands sont absolument de la même espèce; ils louent quand même, à tort et à travers. Ce n'est pas l'objet mais le fruit de leurs flagorneries qu'ils considèrent.

Notez que cette démence hideuse qui transformait un fléau trop réel en un empoisonnement général, avait saisi toute la basse classe de Paris. Des faits étranges, dont nous allons donner l'explication et mettre la responsabilité sur qui de droit, laissent comprendre que quelques vieilles femmes aient pris l'alarme; mais la créance générale des faubourgs à une machination absurde et infâme, ne prouve certes pas en faveur de la raison populaire. Qu'on ne se trompe pas sur nos intentions : nous n'insultons pas le peuple; seulement nous n'exaltons pas ses infirmités, nous les plaignons; dire à la plèbe qu'elle est parfaite, comme on le fait chaque jour, est une platitude criminelle. Nous insistons, parce qu'il faut bien savoir que cette race des bas quartiers, ignorante, grossière, farouche, joue le principal rôle dans nos révolutions; c'est elle qui forme le gros de la soldatesque des rues. Ainsi la France est condamnée à saluer, chapeau bas, des gouvernements créés par ces hommes qui assomment bêtement des empoisonneurs supposés et font manger les cadavres à leurs chiens.

Ce qui avait pu troubler la cervelle des vieilles femmes, le voici : l'on va voir que si la crédulité du peuple alla jusqu'à l'imbécillité, le patriotisme de certains hommes fut poussé jusqu'à la scélératesse. D'abord, un fléau inconnu et aussi terrible que le choléra, était de nature à répandre l'épouvante; ensuite, il est prouvé que des semblants d'empoisonnements eurent lieu. Dans le faubourg Saint-Antoine, des individus jettent un paquet de drogues dans un puits et se sauvent à la hâte au milieu d'un groupe, où ils changent d'habits et disparaissent; des malheureux se roulent dans les rues criant qu'ils sont empoisonnés; on trouve ici des bonbons colorés, là du tabac saupoudré d'une matière blanche, ailleurs des pièces de vin couvertes d'une pâte rougeâtre. Vérification faite, la pâte rougeâtre est du savon; la matière blanche de la farine; les bonbons colorés des dragées ordinaires. Les hommes se disant empoisonnés, ou sont réellement atteints du choléra, ou simulent des convulsions. Quant au puits du faubourg Saint-Antoine, son eau, soigneusement examinée, est reconnue d'une salubrité parfaite.

Mais ces hommes qui se disent empoisonnés, ou répandent des matières soi-disant empoisonnées, ce n'est point une illusion, ils existent; leur présence se révèle dans un grand nombre d'endroits. C'est qu'il y a eu effectivement complot pour faire croire à l'empoisonnement général du peuple; et comme le peuple, d'après les belles idées qu'on lui inculque, ne saurait imputer un pareil crime qu'au gouvernement, et que le résultat de cette accusation horrible ne pouvait profiter qu'aux partis; nous déclarons que les partis en sont responsables. En doute-t-on? voici des preuves.

Dans une proclamation, jetée au milieu de l'émeute, on lisait ce qui suit: « Depuis bientôt deux ans, le peuple est
« en proie aux angoisses de la plus honteuse misère; il est
« attaqué, emprisonné, assassiné. Ce n'est pas tout, voilà
« que, sous prétexte d'un fléau *prétendu*, on l'empoisonne
« dans les hôpitaux, on l'assassine dans les prisons. Diman-
« che, c'est un fait avéré, une nuée de mouchards ont pénétré
« dans la prison de Ste-Pélagie; ces scélérats ont fait feu sur
« les patriotes détenus. O honte! O crime! juste ciel, jusques
« à quand tes décrets doivent-ils enchaîner nos bras? Quel
« remède à nos maux? Ce n'est pas la patience, elle est à
« bout; ce ne sont plus des émeutes insignifiantes, si faciles
« à réprimer, c'est au moyen des armes qu'un peuple gagne
« et maintient tout à la fois sa liberté et son pain. Que la
« *torche*, la *pique*, la *hache*, nous ouvrent donc un passage!
« Il n'y a plus de milieu, c'est en détruisant le repaire de
« tous les brigands qui conspirent notre ruine, et en pur-
« geant la société des monstres qui l'infectent, que le peuple
« pourra respirer un air libre et pur. Aux armes! aux
« armes! »

Cette pièce, comme on le voit, n'a pas le tort de l'hypocrisie; c'est la prédication ouverte de l'incendie, de la destruction et du carnage. Sans nous arrêter à toutes les idées de ce morceau, constatons que les révolutionnaires y soutiennent l'idée des empoisonnements; remarquons ensuite cette déclaration importante que les chefs ne veulent plus d'émeutes insignifiantes, ainsi qu'ils disent, mais une bonne levée en masse, avec torche, pique et hache; une tuerie générale éclairée par un incendie à la Néron. Or, cette seconde idée devait, d'après leurs calculs, tirer sa réussite de la première. Ils comptaient tromper la crédulité, exaspérer l'ignorance du peuple, au point de le porter à une de ces colères qui brisent les gouvernements. La proclamation n'est pas la seule preuve de ce plan; le fait appuya les paroles; un commencement d'exécution eut lieu. Le 1ᵉʳ avril, 200 hommes des sections attaquent Sainte-Pélagie du dehors, pendant que les prisonniers se révoltent et cherchent à s'emparer des gardiens. La troupe arrive, pénètre dans la prison, et éprouve une telle résistance qu'elle est obligée de faire feu pour étouffer la mutinerie. Un prisonnier, nommé Jacobeus, fut tué. L'attaque du dehors était commandée par un chef farouche du nom de Valot, qui fut condamné aux travaux forcés.

Les journaux républicains avaient soutenu les chiffonniers, et accordé beaucoup de créance aux bruits d'empoisonnement; quant à la révolte de Sainte-Pélagie, ils déclarèrent que c'était un coup de M. Gisquet, qui avait essayé de faire ses journées de septembre. Cette imputation témoigne de la haine extravagante qu'inspirait le courageux magistrat. Au reste, M. Gisquet n'était pas le seul à provoquer des sentiments pareils. Le 14 mai 1832, M. Casimir Perrier meurt du choléra; le 17 on lit dans la *Tribune* : « A la
« nouvelle de la mort du président du conseil, les détenus
« politiques soussignés, carlistes et républicains, ont una-
« nimement résolu qu'une illumination générale aurait lieu
« ce soir à l'intérieur de leurs *humides* cabanons.

« Signé : Baron de Schauenbourg, Roger,
Toutain, Lemesle, henriquinquistes;
Pelvillain, Considère, Deganne, républicains. »

Que l'on ne s'étonne pas de cet accord de quelques légitimistes avec les républicains, dans leurs *humides* cabanons; l'entente existait aussi au dehors. Non pas que la partie sérieuse de l'opinion ait prêté les mains à une pareille monstruosité, mais il y avait alors, dans une certaine région du parti, des hommes impétueux et impatients qui se laissaient emporter au-delà du respect qu'ils devaient à leur passé.

Pour compléter le tableau des évènements de cette époque, nous allons reprendre brièvement les actes du parti légitimiste depuis Juillet.

Après chaque révolution, il y a chez nous un enthousiasme si bruyant, une telle infatuation pour la cause triomphante, que la cause vaincue disparaît et semble s'anéantir. Cet état de choses dura pour le parti légitimiste jusqu'au milieu de février 1831. A cette époque, un service funèbre qu'il fit célébrer pour le repos de l'âme du duc de Berry, donna lieu à une manifestation républicaine dont le résultat fut la dévastation de Saint-Germain-l'Auxerrois et le sac de l'archevêché. Le service devait avoir lieu à Saint-Roch, le curé refusa son église; celui de Saint-Germain-l'Auxerrois prêta la sienne, jugeant qu'il ne lui appartenait point de refuser des prières pour un prince assassiné. Un catafalque fut dressé et l'office eut lieu. Vers la fin de la cérémonie, un jeune homme s'avançant vers le catafalque, y déposa une gravure représentant le duc de Bordeaux et une couronne d'immortelles. Des femmes se disputaient les morceaux de cette couronne, et des hommes détachèrent leurs décorations pour les placer auprès de l'image. L'autorité intervint et fit arrêter le jeune homme avec quelques légitimistes. La justice étant mise en demeure, il semblait que les choses dussent en rester là; mais une troupe de républicains, avertis par des émissaires, accourent en furie, se précipitent dans l'église et ne se retirent qu'après l'avoir mise à sac. Le lendemain, encore échauffés de cet exploit, ils se portent sur l'archevêché, l'envahissent, brisent les meubles, les objets d'art, les boiseries, jettent le tout à la Seine et laissent le palais dans un état complet de dévastation. Les quatre murs à peine restent debout.

Six mois après éclate la conjuration connue sous le nom d'Affaire des Prouvaires. Le journal la *Révolution*, rédigé par M. Antony Thouret, déclara que « c'était un simple « repas d'amis, dans lequel l'intervention *inconvénante* de « la police avait excité une rixe. » Le lecteur va juger du fait et apprécier l'heureux choix d'expressions du journaliste républicain.

Depuis quelque temps, un vaste plan était conçu, tendant à rétablir les Bourbons de la branche aînée. Mme la duchesse de Berry en était l'inspiratrice et l'héroïne. Il était convenu que la princesse débarquerait dans le Midi, où son arrivée serait le signal d'un soulèvement préparé d'avance; que de là elle se rendrait dans l'Ouest, quartier-général de l'armée légitimiste, et que ces mouvements seraient appuyés par un coup de main sur Paris. L'agent principal de Mme la duchesse dans la capitale était le maréchal duc de Bellune. Il correspondait directement avec l'auguste conspiratrice, et en recevait des fonds destinés aux conjurés. Sous les ordres du maréchal, fonctionnait un comité, composé de douze membres, parmi lesquels : MM. le comte de Florac, le baron de Maistre, le duc de Rivière, le comte de Fourmont, le comte de Brulard, Charbonnier de la Guesnerie. Chacun de ces chefs supérieurs commandait un arrondissement, et avait sous ses ordres quatre chefs de quartier, lesquels agissaient sur une escouade de dix hommes qui, à leur tour, avaient mission de se créer chacun un groupe dont l'ensemble devait former le corps d'armée.

L'embauchage marcha vite; un grand nombre de soldats de la garde, de Suisses et d'anciens employés, se prêtèrent facilement à un projet qui devait les faire rentrer dans leurs positions; quant aux ouvriers, on les attira par une prime d'enrôlement. Du reste, il se mêla un peu de tout à cette conspiration, jusqu'à un général bonapartiste, M. Montholon.

M. Louis Blanc, dans son désir de prendre la police en faute, prétend que le gouvernement fut très mal renseigné sur cette affaire; il en donne pour raison que des agents chargés de la surveiller, s'étaient vendus et très sincèrement dévoués aux chefs légitimistes. Ce sont là des historiettes bonnes à amuser des enfants. Si M. Louis Blanc avait été préfet de police pendant quinze jours, préfet sérieux, il saurait que l'infidélité d'un agent n'est pas aussi facile qu'il le dit; et que, d'ailleurs, cet agent de mauvaise foi se rend inutile à l'administration sans pouvoir être utile à d'autres.

Une fabrique de poudre était établie à Belleville chez un nommé Grenet, on la saisit, ainsi que le bailleur de fonds qui l'alimentait; en même temps, pour essayer de rompre les fils de la conjuration, on s'empara d'une vingtaine de chefs les plus remuants; du nombre étaient M. Charbonnier de la Guesnerie, ex-capitaine de la garde royale, et Valérius, compromis dans l'affaire Saint-Germain-l'Auxerrois. Mais on s'était trompé en comptant déjouer le complot par quelques arrestations; quinze jours suffirent à remplir les cadres, et à remettre toutes choses en place.

La police s'assura bientôt que la conspiration prenait le caractère le plus dangereux. Elle eut connaissance, par un fabricant d'armes, d'un marché de fusils qui se traitait entre lui et les conjurés. En outre, elle fut avertie que, dans un conseil tenu par les chefs, l'action avait été résolue pour la nuit du 2 au 3 février. Cette nuit là un grand bal devait avoir lieu aux Tuileries. La famille royale, les ministres, les principaux fonctionnaires y seraient; on comptait les prendre tous, et couper ainsi radicalement la direction de l'Etat.

Au jour dit, tout étant préparé, et rien ne faisant soupçonner de trahison, les conspirateurs se mirent à l'œuvre. Vers dix heures du soir, des groupes s'ébranlèrent, convergeant d'une infinité de points vers les quatre rendez-vous suivants : le canal Saint-Martin, la barrière d'Enfer, le boulevard Montparnasse et la rue des Prouvaires. Tous ces détachements étaient porteurs d'armes cachées, et suivaient avec précaution, et par des rues désertes, un itinéraire tracé d'avance. Ceux qui se rendaient à la rue des Prouvaires étaient pour la plupart en voiture. La police, prévenue de ces mouvements, les laissa s'exécuter, voulant agir simultanément contre chaque colonne réunie. A un signal, de forts pelotons de municipaux coururent aux trois rassemblements des faubourgs, les rompirent, enlevèrent une partie des hommes et dispersèrent le reste. On cite un groupe d'hommes du peuple qui, en se sauvant effarés, demandèrent à une patrouille de les conduire hors de la ville, en leur faisant éviter les municipaux; la patrouille comprit de quoi il s'agissait, et comme elle était trop faible pour arrêter elle-même ces conspirateurs ingénus, elle les mena à un poste de ligne qui les mit en lieu de sûreté.

Mais il y avait dans les colonnes dispersées des hommes moins timides, qui ne croyant qu'à un échec partiel, accoururent à la rue des Prouvaires, où était la direction, pour avoir des ordres ou au moins des nouvelles. Autant il en arriva, autant la police en saisit dans une souricière qu'elle avait tendue autour du point de réunion.

Un ouvrier bottier, M. Poncelet, était le chef du rassemblement de la rue des Prouvaires; cet homme, par la position qu'on lui confiait, par le rôle qu'il avait joué dans les préparatifs, et celui qu'il devait jouer dans l'exécution, pouvait passer pour le commandant en chef de la conspiration; c'était un homme d'une intelligence peu ordinaire et d'une singulière résolution.

Le lieu de réunion était un restaurant, où un repas avait été commandé pour la nuit. Les principaux conjurés étaient avertis de s'y rendre pour s'armer et prendre les dernières instructions. Vers minuit, la plupart étaient au rendez-vous. On vit bientôt arriver un fiacre chargé de caisses de fusils qui furent apportées dans la salle. Sans perdre une minute, chacun songea à s'armer; mais pendant qu'on procédait à cette opération, la police ayant à sa tête le chef de la police municipale, M. Carlier, tombait au milieu des conspirateurs comme le faucon au milieu des éperviers. Un coup de fusil fut tiré contre le courageux fonctionnaire, mais fort heureusement il rata. Alors une mêlée fort chaude s'engagea, où les meubles et la vaisselle volèrent de toutes parts; quelques coups de feu s'y ajoutèrent, dont l'un frappa à mort un sergent de ville. La force publique, commandée par un chef résolu et sûr de ses dispositions, montra une énergie qui mit promptement les comploteurs en déroute. Deux cents personnes furent prises et conduites sur l'heure à la Préfecture de police.

M. Poncelet était du nombre, on l'avait trouvé caché dans une cheminée, porteur d'une forte somme en billets de banque et d'une clef ouvrant les grilles des Tuileries.

Le procès constata que douze à quinze cents conjurés devaient donner, en quatre colonnes, dont le point de jonction était le Louvre. Il était convenu que la première, sous les ordres de M. Poncelet, s'introduirait dans les Tuileries par la

Galerie des Tableaux; tomberait à l'improviste au milieu du bal et s'emparerait ou se déferait de la famille royale et des membres du gouvernement; un des concierges du Louvre était du complot et s'était engagé à livrer l'entrée de la galerie; la seconde devait attaquer par le jardin; les deux autres par le Carrousel. La simultanéité de ces mouvements, beaucoup de mesures particulières qui les appuieraient, l'audace des chefs, l'organisation du parti dans la capitale et la présence de Madame dans la Vendée, donnaient certainement à cette entreprise un caractère redoutable.

Soixante-six accusés furent traduits en cour d'Assises.

Il y eut deux condamnations à mort, mais contre des contumaces, M. Poncelet et cinq autres furent condamnés à la déportation; la même peine fut prononcée contre cinq des principaux conjurés alors en fuite, ainsi contre les comtes de Fourmont et de Brulard; dix-huit autres furent frappés de peines moins graves.

En déclarant que l'affaire se réduisait à un simple repas d'amis troublé par l'inconvenance de la police, M. Antony Thouret se moquait-il de ses lecteurs ou se faisait-il moquer de lui? Le public jugera. Dans les deux cas, il aura la mesure de la véracité des écrivains patriotes.

CHAPITRE IX.

Préparatifs d'insurrection. — Ordre de bataille des Sociétés secrètes. — Dénombrement des forces. — Les Réfugiés politiques. — Tentative d'assassinat sur le général Bem. — La jeune Italie. — M. Mazzini. — Tribunal secret. — Drame épouvantable.

La descente de Mme la duchesse de Berry à Marseille, vers la fin d'avril 1832, et la levée de boucliers qui s'en suivit dans l'Ouest, prouvent que l'espoir des légitimistes avait survécu à l'échec de la rue des Prouvaires. La police sut bientôt, en effet, qu'un nouveau complot s'ourdissait dans ce parti; mais comme des mesures de vigueur furent aussitôt prises, les chefs importants reconnaissant l'inutilité de leurs efforts, abandonnèrent la partie. Néanmoins, les exaltés du parti républicain, tout en affectant de faire fi des légitimistes, ne laissaient pas que de prendre note de leurs mouvements et de s'en prévaloir, pour précipiter le soulèvement que certaines impatiences rendaient imminent. Dans quelques sections des sociétés populaires, il y avait cette fougue furieuse de la meute devant la curée. Il devenait impossible de retenir ces hommes à qui l'on avait montré le pouvoir comme une proie assurée. Pour empêcher une explosion, il eut fallu le veto énergique des principaux chefs. La plèbe révolutionnaire, une fois lancée, n'obéit plus qu'à un brutal instinct; mais avant de s'engager, elle veut être bien sûre de ses commandants. Cela s'explique : avant l'affaire, il y a une réflexion qui démontre aux routiers de la rue leur incapacité de se conduire; tandis qu'au milieu du feu, quand la poudre, le vin et le sang font bouillir les cerveaux, la prudence disparaît et ne laisse place qu'aux inspirations de la violence.

Mais comme au comité des *Amis du Peuple*, quelques membres à peine parlaient raison, et que tout le reste cédait aux fous entraînements, comme les chefs secondaires surtout demandaient à se battre, coûte que coûte, l'insurrection se trouva adoptée en principe dans les premiers jours de mai; il ne fut plus question que de trouver un bon prétexte.

Quand on en est là et que les chefs d'une armée se laissent mener par les caporaux, il faut s'attendre à toutes les inconséquences; c'en était une, il nous semble, de choisir le 5 mai pour occasion d'un soulèvement républicain; c'est cependant ce qui eut lieu. Les sections furent convoquées à la place Vendôme, avec ordre d'apporter des couronnes d'immortelles, et de se tenir prêtes pour le combat. Les chefs s'étaient donnés rendez-vous chez un traiteur, où ils devaient prendre des forces, dans un repas patriotique, avant de donner le signal. La police avait l'éveil; elle se chargea de contremander le banquet et fit arrêter les principaux comploteurs; mais cela n'empêcha pas la *manifestation*. Il y eut des bousculades, des clameurs enrouées et tous les incidents de ces sortes d'affaires. Un émeutier tira sur un sergent de ville un coup de pistolet qui rata; puis sortant une épée hors d'une canne, il essaya d'en frapper l'agent de l'autorité; celui-ci dégaina et n'en eut pas pour longtemps à mettre son homme sur le carreau. Comme de juste, cet acte de défense personnelle lui valut l'épithète d'assassin; s'il eut succombé son meurtrier eût été un héros.

Ce fut encore là une échauffourée; il n'en pouvait être autrement, attendu que l'impulsion était partie de ce que l'on appelle les têtes chaudes, et que l'échauffement de ces têtes ne provient que très rarement du génie.

Le comité des *Amis du Peuple*, qui se fiait peu à MM. Casimir Perrier et Gisquet, s'était contenté, depuis quelque temps, d'une direction à l'aide de brochures, évitant les réunions et les mesures trop compromettantes; mais, à la vue du mouvement impérieux qui emportait le parti, il se décida à prendre une initiative ouverte. Une assemblée des principaux membres eut lieu, le 7 mai, dans le faubourg Saint-Martin, et le principe de l'insurrection, déjà généralement admis dans les groupes, y fut voté d'une manière officielle.

Justement, peu de jours après, un républicain influent, M. Gallois, est tué dans un duel; son convoi sera le prétexte de la prise d'armes. On a reçu la nouvelle que Madame la duchesse de Berry soulève la Bretagne; le gouvernement, occupé de ce côté, n'aura pas sa liberté d'action à Paris; puis, les légitimistes de la capitale offrent leur concours. Le convoi d'un patriote est une occasion naturelle pour rassembler le parti; il faut la saisir et mettre le feu aux poudres. La chose fut ainsi décidée. Afin de prendre les dernières mesures, une grande réunion est arrêtée pour le 1er juin, rue Saint-André-des-Arts, chez un chef de section, appelé Desnuaud. La police avertie, et n'approuvant pas ce conseil de guerre insurrectionnel, avait fait apposer les scellés sur le local. Les conspirateurs arrivent, voient le signe de la loi, et, fort au-dessus de semblables choses, brisent les cachets, s'installent et entrent en séance. Suivis de près par les agents de police, ils sont aussitôt cernés et envahis. On en prend une trentaine, le reste se sauve.

L'affaire n'en resta pas moins décidée pour le jour du convoi, c'est-à-dire pour le lendemain. Mais pendant que le cortége était en marche, des émissaires parcoururent les rangs, répandant la nouvelle qu'un ajournement était ordonné. On venait d'apprendre l'état désespéré du général Lamarque, et l'occasion de ses funérailles paraissait de beaucoup préférable à celle que l'on avait choisie.

Le soir même on apprit la mort du général, et la nouvelle que son enterrement aurait lieu le 5; l'insurrection fut irrévocablement résolue pour ce jour-là.

Le 4 juin le comité des *Amis du Peuple* rassembla les chefs des sociétés et des diverses fractions insurrectionnelles, afin de régler les dispositions de la bataille. Récapitulation faite des corps sur lesquels on pouvait compter, on assigna les points de rendez-vous suivants : Les *Amis du Peuple*, à la place du Louvre; les *condamnés politiques*, place de la Madeleine; les *étudiants*, place de l'Odéon; les *réfugiés*, rue Taranne; l'artillerie parisienne, place du Palais-Royal. C'étaient là les forces plus spécialement soumises aux *Amis du Peuple*. Les *réclamants* de Juillet, sous les ordres de M. O'Reilly, et la *Société Gauloise* commandée par M. Thielmans, avaient également leur rendez-vous. Il en était de même pour les débris peu nombreux des sociétés *Aide-toi*, de *l'Union*, de *l'Instruction libre et gratuite*, etc.

Ces forces réunies pouvaient former un chiffre de deux mille hommes, dont six à sept cents pour les *Amis du Peuple*. L'effectif de tout le parti dans la capitale, ne dépassait pas trois mille hommes. Il ne faut pas oublier que le peuple ne comptait que pour une portion imperceptible dans les sociétés, et que le mot de République lui était à peu près inconnu. Les fauteurs d'anarchie se recrutaient, presque sans exception, dans cette classe de bourgeoisie que j'ai désignée sous le nom *d'Impuissants*.

On s'occupa aussitôt des mesures de détail. Des distributions d'armes et de munitions furent faites; on indiqua certains endroits où ceux qu'on ne pouvait armer sur-le-champ, trouveraient le lendemain ce qui leur fallait; on prépara des masses de brochures destinées à échauffer le peuple, ainsi que les proclamations d'usage. On n'oublia pas une liste de gouvernement provisoire, composée, selon l'habitude, d'hommes à qui on n'a pas demandé leur avis. Ces hommes acceptent toujours quand l'affaire réussit; en cas d'échec, ils désavouent les conspirateurs avec indignation.

Sur cette liste brillaient certains députés qui, après avoir donné naissance au gouvernement nouveau, s'étaient presqu'aussitôt déclarés ses adversaires systématiques, lui reprochant de s'écarter de son origine. Accusation assez étrange, si l'on veut bien y réfléchir. En effet, l'origine de la royauté de Juillet était la révolution, or, que voulait-on ? Instituer un gouvernement révolutionnaire? Il ne fallait pas nommer de roi. Fonder une royauté progressive? Mais on ne sème le progrès que dans le calme, et le nouveau règne mettait tous ses efforts à l'établissement de l'ordre. Le fait est que l'opposition taquine, envieuse, parfois juste, plus souvent aveugle, qui finit par abattre la royauté sans le vouloir et sans s'en douter, que cette opposition pointa dès les premiers jours de juillet. Au mois de mai 1832, elle était assez aigrie pour bâtir contre le gouvernement cette machine de guerre qu'on appela le *compte-rendu*, manifestation qui, tombant de haut, remuait forcément le bas de la société, et échauffa les espoirs anarchiques qui éclatèrent aux 5 et 6 juin.

Si l'expérience n'est pas chose vaine pour les oppositions constitutionnelles, ce double exemple du *compte-rendu*, aidant à amener juin 1832, et des banquets poussant droit à février 1848, servira sans doute de leçon.

Il vient d'être dit que la place des réfugiés politiques était marquée dans l'insurrection du 5 juin. Quelques mots sur la position et le caractère de ces hommes.

La France ayant le malheur de servir de prétexte à toutes les révoltes, il en résulte que les insurgés des différents pays accourent chez nous, après leur défaite, et exigent, en quelque sorte, notre hospitalité. Secourir des malheureux, surtout lorsqu'ils le sont par notre faute, est un devoir d'honneur qu'en ce pays on ne saurait méconnaître; mais il arrive ceci, que les réfugiés, pour pouvoir de nouveau révolutionner l'Europe, travaillent avec ardeur à réveiller la révolution chez nous; de sorte que ces hommes, à qui nous accordons abri et sécurité, viennent mettre presque forcément le péril et le désordre chez leurs bienfaiteurs. Dieu nous garde de blesser, par une mauvaise parole, les vrais représentants des nationalités tombées, ces hommes graves qui ont quitté la terre natale asservie et fondent leur espoir d'affranchissement sur autre chose que la ruine de leurs hôtes; ceux-là méritent assistance et respect. Quant à ceux qui vont de pays en pays, se ruant dans tout désordre allumé, faisant naître tout désordre qui couve; quant aux colporteurs d'engins contre les gouvernements, aux Lucifers chassés de leur patrie et conspirant la désolation du genre humain; quant à tous ces metteurs en scène de révolutions, courtiers de guerre civile et trafiquants de malheurs publics, nous sommes d'avis que la générosité envers eux n'est que de la sottise. Pourquoi donc serions-nous tenus de recevoir chez nous le loup dont le voisin s'est débarrassé?

Les Polonais, à la suite des échecs de 1831, arrivèrent en France en grand nombre. Presque aussitôt, ils formèrent un comité dont les membres prétendaient représenter la patrie et former une sorte de gouvernement de Pologne à Paris. Ils lancèrent une protestation contre des mesures de presse prises en Allemagne, adressèrent un appel à la révolte aux Russes, et se déclarèrent prêts à aider quiconque voudrait entrer en révolution. Tout cela était fort bien de la part de gens n'ayant rien à perdre, mais la France, qui se trouvait responsable de ces actes devant les puissances, avait quelque raison d'y regarder; elle expulsa le comité.

Bientôt on sut que, non contents de fomenter la révolution au dehors, des Polonais s'affiliaient à nos sociétés secrètes. On coupa la subvention aux plus dangereux, et on dispersa le reste dans les dépôts de province. Ce fut une occasion pour la *Tribune* et les journaux de son espèce de tonner contre le despotisme du gouvernement. A les entendre, tous ces réfugiés étaient des gens calmes, inoffensifs et tout-à-fait vierges de projets révolutionnaires. Qu'en savaient-ils? D'ailleurs, le sachant, eussent-ils dit la vérité? Donc, les protestations verbeuses en faveur des réfugiés n'étaient qu'ignorance ou fourberie. Quel homme d'Etat, en France comme ailleurs, serait assez lâche pour persécuter, de gaieté de cœur, des exilés? pour frapper de ses rigueurs des infortunés qui demandent protection en se soumettant aux lois?

Parmi les Polonais importants, on comptait les généraux Bem et Ramorino, lesquels cherchant à utiliser eux et leurs compagnons, proposèrent de former un corps pour aller secourir don Pedro. Ce projet fut d'abord accueilli favorablement, mais bientôt, à l'instigation des révolutionnaires de Paris, les meneurs de l'émigration se mirent à crier à la trahison, prétendant qu'on voulait se défaire d'eux, ou au moins les compromettre au service de la tyrannie. Ces déclamations aigrissant l'esprit de quelques séides, l'un d'eux se porta sur le passage du général Bem, chef de l'expédition, et lui tira un coup de pistolet à bout portant. Ce chef n'échappa à la mort que par un miracle. On jugera par un pareil attentat des dispositions de cette classe d'étrangers.

Quant aux Italiens qui s'étaient aussi abattus sur la France après leurs tentatives révolutionnaires, Paris n'en comptait qu'un petit nombre; ils étaient pour la plupart dans le Midi et se signalèrent par des actes d'un caractère encore plus détestable. Une association existait parmi eux sous le nom de *Jeune Italie*, ayant pour chef un homme que ses antécédents démagogiques et les derniers évènements de Rome, ont marqué d'un cachet sinistre; je parle de M. Joseph Mazzini. Tout membre de l'association était tenu de se procurer des armes, d'être à la discrétion des chefs et de travailler sans relâche à l'extermination des rois; en outre il faisait serment d'assassiner quiconque lui serait désigné par le comité. Et ce n'était pas là un de ces vains engagements, comme il s'en prend dans toutes les sociétés secrètes. Les réceptions n'avaient lieu qu'après un examen rigoureux, qui garantissait un dévouement fanatique et une détermination farouche. Au reste, un fait va montrer ces hommes à l'œuvre.

Quatre réfugiés, MM. Emiliani, Scuriatti, Lazzoreschi et Andriani, qui voulaient bien combattre les *tyrans* de l'Italie, n'acceptaient pas les doctrines sanguinaires de la société mazzinienne, et s'en étaient expliqués ouvertement; ce fut un crime de haute trahison dont la connaissance fut portée aux assises secrètes. M. Mazzini vint de Genève, exprès pour présider au jugement, qui eut lieu à Marseille, dans des formes arrêtées par les statuts. Un nommé La Cécilia était secrétaire, plusieurs chefs siégeaient comme membres du sombre tribunal. Les francs-juges se réunirent la nuit, dans la maison de l'un d'entre eux, constituèrent gravement leur cour de justice souveraine, et procédèrent sur pièces, sans accusés et sans défenseurs, à l'examen de la cause. Sur l'ordre de M. Mazzini, le secrétaire donna lecture des faits de l'accusation. Il en résultait l'inculpation contre les prévenus : 1° D'avoir propagé des écrits contre la société *sainte;* 2° D'être partisans de l'infâme gouvernement papal; 3° De chercher à paralyser les projets de l'association en faveur de la cause sacrée de la liberté.

Les preuves, résultant de plusieurs témoignages écrits, furent produites; on les discuta, et, en l'absence de contradicteurs, on tomba promptement d'accord sur leur énormité. En conséquence, le tribunal faisant application des statuts, condamna MM. Emiliani et Scuriatti à la peine de mort. Quant à Lazzoreschi et Andriani, les charges contre eux étant moins fortes, l'arrêt ne les condamnait qu'à être frappés à coups de verges, « sauf à subir, à leur retour dans leur pa-« trie, un nouveau jugement qui les envoie aux galères *ad* « *vitam,* comme traîtres et brigands insignes. »

Avaient signé : Mazzini, président, et La Cécilia secrétaire. Copie de ce jugement fut saisie et existe. Les condamnés étant domiciliés à Rhodez, la pièce portait comme chapitre additionnel : « Le président de Rhodez fera choix de quatre « exécuteurs de la présente sentence, qui en demeureront « chargés dans le délai de rigueur de vingt jours; celui qui « s'y refuserait encourerait la peine de mort *ipso facto.* »

Voilà bien la procédure sommaire, la pénalité farouche et le caractère impitoyable de certains tribunaux des époques barbares; cette fantasmagorie a été souvent renouvelée pour effrayer les conspirateurs crédules, mais ici il s'agissait d'un drame trop réel. M. Mazzini, ce type de l'Italien froid, perfide et sanguinaire, aspirait dès cette époque à la domination qu'il a fini par imposer à son pays, et son jésuitisme révolutionnaire procédait par les mêmes moyens qu'il reprochait à ses ennemis : les châtiments ténébreux et le saisissement des imaginations.

Peu de jours après le jugement, Emiliani passant par les rues de Rhodez, est attaqué par six de ses compatriotes, qui lui portent des coups de poignards et se sauvent; la victime parvient à échapper à la mort, et les assassins sont arrêtés. On instruit l'affaire, qui ne tarde pas à se dénouer devant la cour d'assises. Les exécuteurs de M. Mazzini sont condamnés à cinq ans de réclusion.

M. Emiliani, tout maladif encore, avait assisté au procès, accompagné de sa femme qui l'entourait des soins réclamés par son état. En sortant, il était fatigué et il entra dans un café avec sa compagne; son ami, M. Lazzoreschi était avec eux. A peine assis, un nommé Gavioli paraît, va à M. Emiliani, et, sans prononcer une parole, lui plonge son poignard dans la poitrine; d'un second coup il renverse M. Lazzoreschi; puis, comme Mme Emiliani se précipite au secours de son mari, il la renverse à son tour en la frappant deux fois de son couteau; alors il prend la fuite, et n'est saisi qu'avec peine par des jeunes gens à qui il oppose une résistance désespérée.

L'effroi du terrible tribunal était si grand, que, deux jours après, aux funérailles des victimes, pas un seul Italien n'osa se montrer.

L'assassin jugé et condamné, porta la peine de son crime. Quant à M. Mazzini, rentré en Suisse, comme le tigre rentre dans sa caverne après une scène de carnage, il se remit froidement à son œuvre de destruction sociale.

Voilà l'espèce d'hommes qui prétendent s'imposer à notre générosité! voilà l'intéressante clientèle pour laquelle les feuilles démagogiques font de si touchants plaidoyers! Des Mazzini qui bâtissent une exécrable influence sur des comédies sanguinaires; des brutes dont il a fait des instruments d'assassinat!

Dans le Midi, ils trempaient lâchement leurs mains dans

le sang d'un compatriote; à Paris, ils s'apprêtaient à nous donner la guerre civile. Leur conduite était-elle plus misérable que celle de leurs hypocrites défenseurs? En vérité, on ne sait que répondre.

Quoi qu'il en soit, nous voici arrivés à cette grande bataille que tout nouveau gouvernement, chez nous, paraît condamné à soutenir; choc terrible, où la révolution déploie un suprême effort avant de s'avouer impuissante, et pour lequel il semble que le mois de juin ait reçu une consécration sinistre.

CHAPITRE X.

Révolte des 5 et 6 juin. — Théorie des insurrections. — Comme quoi le plan de concentration du général Cavaignac est une chose détestable.

En déplaçant une foule d'existences, les révolutions font des vacances pour les fausses capacités, les sottes prétentions et toute la troupe des ambitieux faméliques. Beaucoup de ces gens trouvent des positions très éclatantes dans le premier moment; mais, comme ils conviennent beaucoup moins aux places que les places ne leur conviennent, leur fortune ne dure guères. Autant on en remercie, autant qui deviennent les ennemis acharnés du nouveau pouvoir. Ceux qui n'ont pas eu la subtilité ou la chance de saisir un morceau de la proie, déclarent également la guerre au nouvel état de choses. Du reste, ils ne se plaignent pas pour leur propre compte; Dieu les en garde! Ce qui les force à élever la voix, c'est un violent amour du peuple dont ils se sont trouvés saisis, juste au moment où leurs petits plans ont échoué; ils crient donc;

ils gémissent, ils conspirent à qui mieux mieux. Et comme les pauvres gens souffrent toujours, après un changement de gouvernement, et se persuadent sans peine que leur mal vient de la nouvelle administration; comme il reste dans les esprits, après toute commotion, un germe de fièvre facile à raviver; comme on a traité de héros ceux qui ont fait la révolution et qu'ils se croient autorisés à montrer le même héroïsme en toute occasion; comme le relâchement de l'autorité leur permet de concerter leurs efforts, qu'ils ont pu s'organiser, s'approvisionner, prendre des mesures de toutes sortes, il en résulte que, peu de temps après une révolte heureuse, il y en a toujours une seconde, terrible, acharnée, qui prétend perfectionner la première. C'est ce que nous avons vu après 1848; c'est ce que nous allons voir après 1830.

Les péripéties de l'insurrection de 1832 sont connues, et notre mission n'est pas de les détailler; nous n'en dirons que ce qui entre naturellement dans le plan de cet ouvrage.

Le rendez-vous général était aux alentours de la maison mortuaire, rue Saint-Honoré. Vers dix heures, quand le convoi s'ébranla, toutes les sociétés étaient à leur poste. La curiosité, stimulée par mille rumeurs, par l'attente d'évènements généralement pressentis, avait attiré une multitude immense, à travers laquelle la manifestation se mit à ondoyer bruyamment. Sauf quelques parents, amis ou admirateurs désintéressés du défunt, le cortége n'était composé que de révolutionnaires. Les *Amis du Peuple*, flanqués des étudiants, des artilleurs de la garde nationale, des réfugiés et des condamnés politiques, formaient le gros de l'armée; les *réclamants de Juillet*, la *Société Gauloise* étaient en corps séparés; puis venait une masse où se confondait le reste des fractions disposées au combat. Au-dessus des têtes, flot=

taient un grand nombre de bannières de diverses couleurs; quelques-unes avec des emblèmes significatifs. M. O'Reilly marchait en tête de sa bande avec un drapeau rouge; les réfugiés portaient les couleurs de leur pays.

L'esprit de cette troupe commença à se révéler à la rue de la Paix. Au lieu de suivre le boulevard, le cortége, sur l'ordre des chefs, s'achemina vers la Colonne, sous prétexte de rendre hommage à l'empereur. Au boulevard Montmartre, un incident d'un genre différent signala la marche : on venait de saluer le représentant de la dignité française, on ne vit rien de mieux que d'avilir aussitôt cette dignité; les chevaux du corbillard furent dételés et les patricites se mirent à leur place. Heureuse idée de la part d'hommes qui gémissaient sur l'abaissement de l'espèce humaine!

Tout le long de la route, jusqu'à la place de la Bastille, le passage du cortége fut marqué par des scènes de désordre, peu graves en elles-mêmes, mais qui indiquaient la disposition des esprits. Ici, c'est le cri de : Vive la République! qui sortait d'un groupe; là, un sergent de ville que l'on assommait; plus loin, un citoyen inoffensif à qui l'on jetait des pierres parce qu'il gardait son chapeau. On se faisait la main pour le coup décisif, fixé au pont d'Austerlitz. Là, au moment où le corbillard tournerait vers la barrière pour gagner le lieu de naissance du défunt, il était convenu que ce cri partirait de tous côtés : Au Panthéon! et que l'on feindrait de vouloir retenir le corps. L'autorité refusant et le peuple insistant, une rixe s'engagerait qui servirait de signal au mouvement.

Ce plan était connu; aussi, lorsqu'on en vint à l'exécution, trouva-t-on l'autorité en mesure. Un fort détachement de gardes municipaux avait pris la conduite du corbillard, sous les ordres d'un officier résolu, le lieutenant-colonel Dulac, qui faisait bonne garde. Le cri de guerre poussé, des cailloux tombent aussitôt sur les municipaux qui font face sans bouger. Arrivent des républicains armés qui débutent par une décharge meurtrière. Le lieutenant-colonel est blessé, un capitaine tué, plusieurs gardes mis hors de combat. Le détachement tient bon, et pendant que le gros de ses hommes fait feu; les autres placent le cercueil sur une voiture de voyage qui gagne la barrière et disparaît.

La glace était rompue. Déjà, dans la foule amassée entre la Bastille et la rivière, l'insurrection grondait de toutes parts. Tout à coup un homme à cheval paraît, perçant la multitude avec peine, et secouant les plis d'un grand drapeau rouge, où on lit ces mots : *La liberté ou la mort!* il était porté par un démagogue fougueux du nom de Pieron. A cette vue, il se fait un mouvement caractéristique; les curieux et tous ceux qui venaient de bonne foi rendre hommage à un défunt illustre, devinèrent des projets sinistres; ils quittèrent aussitôt la place, laissant le champ libre aux révolutionnaires.

Une barricade était déjà formée contre le grenier d'abondance; de ce point, ainsi que de l'intérieur de l'établissement, protégé par une palissade, des coups de feu partent bientôt contre un escadron de dragons; ceux-ci vont riposter, mais de braves gens s'interposent, et arrêtent pour quelques instants un conflit inévitable. En effet, tout le régiment, caserné près de là, étant sorti pour secourir ses hommes, une fusillade des plus vives l'accueille, blesse colonel, lieutenant-colonel, tue un commandant, et décime le corps. Il fallait agir. Les cavaliers s'ébranlent mais avec calme, se contentant de charger serré, sans faire feu, ni piquer; ils refoulent ainsi la masse et dégagent les lieux.

Les républicains repoussés de ce point, où du reste ils ne comptaient pas tenir, se divisent en une infinité de petits groupes, et s'éparpillent de tous côtés, chacun vers une position désignée d'avance, qu'ils surprennent et où ils s'établissent. Ils arrivent ainsi dans l'espace de deux heures à tenir plus de la moitié de la capitale.

C'est ici qu'on peut juger des procédés insurrectionnels et se convaincre que, devant des multitudes qui roulent et se répandent avec la rapidité du torrent, le plan du général Cavaignac et tous les systèmes de temporisation, sont radicalement mauvais. L'éparpillement des insurgés est une règle générale qu'indiquent la nécessité et l'instinct : on se divise pour aller chercher des armes et des approvisionnements, puis chacun va à un point qu'il connaît, où il trouvera des camarades, et où il pense pouvoir mieux attaquer ou se défendre. Attendre que l'insurrection ait fait connaître son plan d'attaque pour lui opposer un plan raisonné de défense, c'est tout uniment livrer du terrain à l'ennemi. Les soldats des rues ont une tactique, mais pas de système; cette tactique, qui est toute leur habileté, consiste à prendre des postes ou des casernes pour avoir des armes, et, quand ils en ont, de se retrancher dans les quartiers populaires et difficiles; ils ne savent pas autre chose. Ce qu'il faut faire est donc bien simple; c'est d'empêcher le peuple de se procurer des armes et de se barricader dans les carrefours; pour cela il s'agit de prendre l'insurrection au collet quand elle se lève, et de l'étouffer avant qu'elle ait pu s'étendre.

Cette méthode, la seule bonne, et qui permettra à tout gouvernement, qui a confiance et sait l'inspirer, d'écraser facilement une révolte, ne fut pas assez pratiquée en juin 1832. On était sur une bonne défensive, on avait pris d'excellentes mesures; 24,000 hommes étaient dans Paris prêts à s'échelonner dans toutes les directions; la garde municipale était aux trousses du convoi, avec ordre d'agir au premier acte hostile, et cependant l'insurrection put envelopper Paris dans un clin d'œil; à trois heures de l'après-midi, elle était arrivée à un résultat, que les notions ci-dessus expliquent, mais qui n'en doit pas moins paraître extraordinaire. L'Arsenal, la mairie du 8e arrondissement, le poste de la place Saint-Antoine, ceux de la Galiote, du Château-d'Eau, et beaucoup d'autres tout le long de cette ligne, étaient aux insurgés. Une fabrique d'armes, rue Popincourt, était pillée; la caserne des pompiers, rue Culture-Sainte-Catherine, enlevée. De là, gagnant le centre, les républicains s'étaient répandus avec la même rapidité dans les quartier du Marais, des Lombards, des Arcis, des Halles, Montorgueil, du Cadran, Montmartre, etc. Ils arrivent jusqu'au poste de la Banque qu'ils emportent. Ils veulent en faire autant de celui des Petits-Pères, où la garde nationale tient bon et leur fait essuyer un premier échec. Sur la rive gauche, même promptitude de mouvements, et, presque partout, même succès. La caserne des Vétérans, près du Jardin des Plantes, la Poudrière, beaucoup de postes, et toutes les petites rues de la Cité, tombent au pouvoir des révoltés.

De tous côtés on appelle aux armes et on dresse des barricades. La fougue de l'insurrection est au comble. Déjà les malfaiteurs sont à l'œuvre : des barrières sont livrées à l'incendie, des bâtiments à la dévastation.

Ainsi la capitale, aux trois quarts, se trouvait envahie; et ce travail surprenant, il faut le répéter, avait été accompli dans quelques heures. Comment cela? Par la trop grande confiance du gouvernement. On comptait réduire la révolte, en tout état de cause, et on avait tenu les troupes en réserve au lieu de les déployer à l'avance. Les 24,000 hommes de la garnison, répandus dans les rues dès le matin, une forte colonne postée à la Bastille où l'on savait que la première explosion aurait lieu, des instructions vigoureuses données aux officiers, il n'en fallait pas plus pour couper court aux barricades, aux désarmements de postes, aux enlèvements d'armes et de munitions, en un mot au soulèvement.

L'expérience à cet égard est acquise, il faut l'espérer. S'il en était autrement, disons et redisons jusqu'à satiété que nos insurrections victorieuses ne sont que des surprises, et que tout gouvernement qui ne se laissera pas surprendre aura raison des révolutionnaires. Les agglomérations de troupes, les mesures de police, les arrestations en masse des chefs démagogues, et surtout le déploiement de forces considérables devant tout symptôme de révolte, cela fera crier, inspirera de beaux mouvements d'éloquence et de fureur, soit! Les cris se perdront dans l'air; mais Paris ne nagera pas dans le sang, et une bande de réprouvés ne jettera pas périodiquement la France dans l'anarchie.

On va dire que nous prêchons le despotisme, nous prêcherons simplement le respect de la première chose du monde : la personnification légitime d'un peuple. Qu'un gouvernement ait des torts, cela se voit, même souvent; mais que, sous prétexte de ces torts, quelquefois involontaires, presque toujours réparables, une poignée d'hommes sans aveu, assaillent inopinément le pouvoir, le renversent et en imposent un nouveau de leur façon, sans prévenir, sans consulter le pays, où ils ne comptent presque pour rien; c'est ce qui est intolérable, et ce qu'il faut décidément empêcher. On l'empêchera par ces moyens fort simples : surveillance incessante, force de répression toujours prête, irruption rapide, vigoureuse et en masse contre l'ennemi aussitôt qu'il se montre.

Qu'avec ces procédés, un gouvernement se tienne dans le milieu national, sans entraînement, sans entêtement, et il échappera certainement à une de ces chutes pitoyables qui ont si grièvement blessé l'autorité chez nous.

Paris était donc envahi par l'insurrection; on pourrait croire que la situation était presque désespérée; il ne faut pas voir ainsi les choses. Une invasion de révolutionnaires dans la capitale ne prouve rien en soi; c'est la disposition générale des esprits qui est chose importante. Le mouvement, si cette disposition lui est favorable, peut prendre un grand développement et se changer en révolution; si elle lui est défavorable, l'affaire se tourne promptement en échauffourée. Or, pour tout œil exercé, il fut évident, dès le 5 de bonne heure, que la révolte n'excitait aucune sympathie dans la population. Dès lors, abandonnée à ses uniques ressources, réduite à lutter seule contre les forces du pouvoir, sa défaite n'était pas douteuse.

Vers quatre heures, le maréchal Lobau, qui avait été investi du commandement des troupes et des gardes nationales, donna ordre d'attaquer sur tous les points. Ces soldats que l'on prétendait gagnés à la révolte, parce que quelques caporaux avaient trinqué à la barrière avec des courtiers d'anarchie, marchèrent au feu avec leur résolution ordinaire. La garde nationale, surtout celle de la banlieue, était pleine d'ardeur; elle paya de sa personne avec la plus grande intrépidité. A neuf heures du soir, la rive gauche était déblayée. Le roi rentra à Paris à ce moment; il passa, sur le Carrousel, une revue aux flambeaux, où l'armée éclata en marques sincères de dévouement. Pour resserrer le plus possible la révolte ce jour-là, on continua le combat jusqu'à minuit. A cette heure, les insurgés, chassés de toutes leurs petites positions, se trouvaient cernés dans l'espace compris entre le milieu de la rue Montmartre et le marché des Innocents, s'étendant par la rue du Cadran et la rue Montorgueil jusqu'au cloître Saint-Méry, où ils s'étaient fortement retranchés; ils restaient maîtres, en outre, de quelques barricades à l'entrée du faubourg Saint-Antoine.

Déjà les républicains de sang-froid, et tous ceux qui tenaient davantage à leur sûreté qu'à la gloire, avaient abandonné la partie. L'hostilité ouverte de la population tuait leurs illusions et leur courage.

Tous les avis qui arrivèrent à la Préfecture, pendant la nuit, confirmaient ce découragement et cette désertion. Les insurgés qui restaient, accablés de fatigue, exténués par la boisson, ne pouvaient plus opposer qu'une résistance vaine. A Saint-Méry seulement, un noyau d'hommes fondait des balles, fabriquait des cartouches et semblait disposé à une lutte désespérée.

Pour en finir plus vite, on recommença l'attaque à quatre heures du matin. Le quartier Montmartre fut emporté, puis le faubourg Saint-Antoine, puis toutes les autres positions, à l'exception de Saint-Méry, dont la résistance fut acharnée, et qui ne céda que sous les décharges de l'artillerie.

A six heures du soir, il ne restait plus rien de la révolte, que le sang des victimes, des désastres, des ruines et l'indignation publique!

CHAPITRE XI.

Comme quoi les conseilleurs ne sont pas les payeurs. — M. Jeanne. — Décadence du Parti républicain. — Affaire du pont d'Arcole. — Bonne foi des Démagogues. — Le coup de pistolet du Pont-Royal. — Les *Droits de l'Homme*. — Similitude remarquable. — Nécessité de tuer l'anarchie.

La lutte de juin ne mit pas en relief le courage des chefs des sociétés secrètes et des directeurs de propagandes. Quelques-uns avaient été arrêtés avant le combat, mais beaucoup étaient libres, et dans ces derniers on n'en voit pas qui se soient distingués le fusil à la main. C'est là un fait qui ne saurait étonner beaucoup; divers exemples ont montré que les héros de clubs, les Attila de la plume, perdent beaucoup de leur audace sur le pavé. Il est vrai que les pauvres gens à qui ils ont monté la tête, sont faits pour recevoir des balles à leur place, et qu'ils s'acquittent consciencieusement de ce rôle.

Pour être vrai, disons que les républicains d'intelligence et de poids étaient opposés à l'insurrection, et n'avaient pas à prendre part à une affaire qu'ils désapprouvaient; mais parmi tous ces chefs secondaires qui avaient soufflé le feu de la révolte avec tant d'ardeur, il eût été bon que quelques-uns se fissent voir bien clairement au milieu du feu, se fissent tuer même, pour prouver qu'ils n'entendaient pas se réserver seulement les bénéfices de la République.

On comptait sur quelques gros bonnets qui ne parurent pas; M. Mauguin, entre autres, et le général Clausel. Le premier, à qui on dépêcha des émissaires, fut trouvé tremblant de peur; il ne s'attendait pas à une explosion si terrible, et il n'en voulait entrevoir que les suites, qui l'effrayaient. Le maréchal Clausel, par faiblesse ou désir de popularité, donnait des espérances à tous les partis, mais ne se compromettait pour aucun. Quant au général Lafayette, son goût pour les aventures révolutionnaires était un peu tourné à la monomanie. Il était auprès du pont d'Austerlitz quand la révolte éclata; des insurgés le reconnaissant, le mirent dans une voiture pour le conduire à l'Hôtel-de-Ville, espérant s'en faire une enseigne; il s'abandonna à eux sans objection. Comme ce projet ne put être réalisé, attendu qu'à l'hôtel on faisait bonne garde, les amis du général conçurent un autre plan, d'une originalité un peu féroce: il s'agissait de jeter l'excellent homme à l'eau et de mettre sa mort sur le compte des sergents de ville. Fort heureusement cette idée patriotique ne fut pas poussée jusqu'au bout. Il paraît que plus tard, en rappelant cette circonstance, le général aimait à dire que l'invention n'était pas trop mauvaise; nous ne savons si dans ce moment il voyait la chose du même œil.

On connut par les pièces saisies que d'autres personnages avaient trempé dans les préparatifs. De ce nombre étaient MM. Laboissière, Garnier-Pagès aîné et Cabet, contre qui des mandats furent lancés. On envoya également prendre les rédacteurs des journaux démagogiques; parmi ces derniers on en trouva qui composaient des articles pour prouver que la police avait provoqué la révolte. Un journal affirma très sérieusement la chose, se basant sur ce que Vidocq avait été vu, le 6, sortant de la Préfecture avec une bande armée. Le fait était vrai; seulement, le chef de la brigade de sûreté allait dans la cité saisir un des chefs de l'insurrection, M. Colombat, qui fut pris et condamné à la déportation.

L'état de siège avait été déclaré; les conseils de guerre entrèrent aussitôt en fonctions. Un des premiers accusés qu'il jugèrent était Pépin, qui depuis fut guillotiné avec Fieschi. De la maison de Pépin, à l'attaque du faubourg Saint-Antoine, on avait fait un feu violent contre la garde nationale et la troupe; Pépin lui-même fut trouvé porteur d'un pistolet, dont il voulut faire usage contre ceux qui l'arrêtèrent; en outre, la perquisition faite chez lui avait amené la découverte de 14 fusils encore chauds. Cela ne l'empêcha pas de nier toute participation au combat et d'être acquitté. Il est vrai que la garde nationale manqua de se faire justice elle-même quand l'insurgé rentra dans le faubourg.

Pépin était un conspirateur entêté qui avait la main dans tous les complots; il pérorait peu, mais il agissait, malgré que sa nature fut un singulier mélange, où le courage n'avait pas toujours le dessus.

Un homme montra dans cette triste lutte une bravoure réelle et soutenue; ce n'était pas non plus un arrangeur de phrases, ni un paradeur de clubs, mais un de ces révolutionnaires froids qui deviennent chefs parce qu'ils savent mieux exposer leur vie que les autres; nous parlons de M. Jeanne, le commandant de la barricade Saint-Méry, qui se battit pendant les deux jours et se fit une trouée, les armes à la main, après l'affaire. Il ne fut saisi que quelque temps après.

On sait que, par suite d'une fort étrange interprétation de l'état de siège, la cour de Cassation infirma les jugements des conseils de guerre et renvoya tous les accusés devant la cour d'Assises. Dès lors une multitude de procès s'ouvrirent qui occupèrent le jury pendant plusieurs mois. Il y eut sept condamnations à mort contre les personnes suivantes: MM. Lepage, Cuny, Lacroix, Bainsse, Lecouvreur, Toupriant et Forthoin; quatre arrêts de déportation contre MM. Jeanne, Colombat, Saint-Etienne et O'Reilly; puis des condamnations aux travaux forcés. Cette dernière peine fut généralement commuée; on dut la maintenir toutefois contre certains patriotes qui pratiquaient déjà les maximes extrêmes du socialisme, notamment contre MM. Léger et Didier qui avaient eu maille à partir avec le code Pénal, section du vol.

MM. Thielmans et Marchand, chefs de la *Société Gauloise*, furent condamnés à sept ans de détention.

On voit que dans tout cela il n'y a guère trace des chefs des *Amis du Peuple*, qui avaient poussé si ardemment à l'insurrection par écrits, discours, ordres du jour, instructions, etc. Nous savons bien qu'il y a peu de nos grands hommes de Février qui ne se donnent encore aujourd'hui comme des héros de juin 1832; tout ce que nous pouvons dire, c'est qu'on n'en vit guères sur les barricades, et qu'on n'en retrouva aucun dessous. Il est bon d'appuyer sur ce fait, parce que ces hommes que l'on voit alors allumant le feu, tout en évitant de s'y brûler, sont les mêmes qui recommenceront ce manège jusqu'en février, époque où leur prudence fut tout aussi grande, mais leur chance beaucoup plus heureuse. Sans doute les généraux ne doivent pas s'exposer imprudemment; mais d'abord les généraux en épaulettes ont tous fait leurs preuves, tandis qu'il en est autrement de beaucoup de chefs de conspirations; ensuite cette prudence du général, surtout quand il a montré tant d'ardeur avant la bataille, est un principe dont il ne faut pas abuser. En y regardant, on trouve que, pendant dix-huit ans, une foule de pauvres diables sont morts sur le pavé des rues, la dalle des prisons, ou le sommier des hôpitaux, parce qu'ils ont écouté des gens qui devaient toujours se mettre à leur tête pendant le danger, et qui se sont mis simplement à la tête du gouvernement, le jour du succès.

Nous pourrions profiter de l'occasion pour mettre en regard de ces chefs de conspirations qu'on ne trouve pas à l'heure où leurs hommes se font tuer, quelques chefs du gouvernement qui parurent à cheval dans Paris au plus fort de la fusillade. Le roi d'abord, qui, le 6 à midi, quand le canon écrasait Saint-Méry, traversa la capitale, des Champs-Elysées au faubourg Saint-Antoine, non sans quelque danger, apparemment, puisqu'une décharge de mousqueterie siffla à son oreille sur le quai de la Grève; et puis M. Thiers, que les patriotes cachent toujours au fond d'une cave à l'heure du péril, et qui, ce jour-là, entendit le bruit des balles de plus près que beaucoup d'entre eux.

Comme l'étrange mollesse de certains pouvoirs publics existait toujours, et venait même de se signaler par un nouvel et frappant exemple, en détruisant de fait l'action de l'état de siége, les instigateurs prudents de la révolte, les aboyeurs de la presse républicaine, recommencèrent de plus belle leurs vociférations. Deux condamnations à mort venaient d'être prononcées par la cour d'assises contre MM. Lepage et Cuny; c'étaient les premières; elles furent commuées sur-le-champ. MM. Marrast, Sarrut, Bascans et autres écrivains de la faction le savaient; cependant, ils se posèrent en matamores, défiant le pouvoir de dresser l'échafaud. Impudence et lâcheté! impudence que d'exaspérer les débris de la sédition par un fait faux; lâcheté que de pousser des malheureux à une nouvelle boucherie, et surtout de tenter la colère du gouvernement. Car enfin, si le roi et ses conseillers n'avaient pas eu une justice plus calme que la leur, ne se pouvait-il pas que ce défi ne mît obstacle à leur indulgence? C'est peut-être bien là ce que demandaient ces honnêtes gens. Ils avaient comploté la noyade du général Lafayette au début de l'affaire; pourquoi ne croirait-on pas qu'après la défaite, ils aient essayé de faire tomber le couteau de la guillotine pour réchauffer les fureurs révolutionnaires?

L'affaire de juin fait date pour la faction, non pas seulement à cause de la bataille qu'elle engagea, mais surtout à cause de la décadence où elle entre dès ce moment. On verra effectivement qu'elle n'a jamais remis en ligne, sous la monarchie, une armée aussi considérable.

Le parti légitimiste révolutionnaire avait eu son Waterloo à Paris, dans la rue des Prouvaires; il ne tarda pas à tomber également en province. Il est juste de redire que les hommes les plus considérables de cette cause n'ont jamais approuvé les conspirations de la capitale et la guerre civile de l'ouest. Par le fait, l'héroïsme de Madame et l'impatience de quelques gentilshommes menèrent à des échauffourées qui firent plus de tort que de bien à la famille des Bourbons aînés.

Un reste de l'explosion de juin eut lieu quelques semaines après, au deuxième anniversaire de Juillet. Quelques centaines d'émeutiers échauffés plus que de raison, par les vapeurs du patriotisme et du vin, descendaient la rue Saint-Denis en chantant la République et en criant : A bas Louis-Philippe ! Ils se rendirent ainsi au marché des Innocents, où étaient une partie des tombes de Juillet, au Louvre où d'autres combattants avaient été enterrés, et ne crurent pas pouvoir mieux honorer les victimes, qu'en insultant les agents de l'autorité. Du Louvre ils se dirigent vers le pont d'Arcole, théâtre d'un fait éclatant de la Révolution, qu'il faut célébrer aussi. Tout cela se passait à onze heures du soir, moment fort inopportun, on en conviendra. La police jugea que ce singulier pèlerinage ne pouvait être toléré, et envoya des sergents de ville à la piste des perturbateurs. Ils les retrouvèrent sur le pont d'Arcole, chantant et vociférant de plus belles. Comme ils les abordaient, ils furent accueillis par un cri de : Vive la République! et une attaque à coups de bâtons. Ils durent tirer l'épée et cinq patriotes reçurent des blessures.

Le lendemain on raconta, dans le journal de M. Marrast, que l'extermination des républicains trouvés sur le pont avait été complète; *tous* avaient été laissés pour morts ou jetés dans la rivière. Quelques-uns de ces derniers donnant encore signe de vie, les sergents de ville étaient descendus pour les larder dans l'eau. — Sans doute en se mettant à la nage. — Enfin, comme preuve de la boucherie, on citait trois cadavres retrouvés aux filets de Saint-Cloud, qui n'ont jamais existé!

Bons lecteurs, tous les jours certains gazetiers vous racontent de ces histoires, qui seraient à dormir debout, si elles n'étaient d'une impudence odieuse.

La rixe du pont d'Arcole est comme le dernier acte de la grande phase émeutière qui durait depuis juillet; si les désordres de la rue ne doivent pas encore disparaître, au moins ils auront des intervalles et laisseront respirer Paris. Mais aussitôt que la paix rentre dans la cité par l'impuissance des partis, une autre série d'actes criminels commence. Incapables de lutter en face, les factions trouvent dans leur sein des forcenés qui ont recours à l'assassinat. Leur fureur va poursuivre pendant seize ans, soit le roi dans ses fonctions, soit le père au milieu de sa famille. Il n'y a peut-être pas d'exemple dans les légendes sauvages de cette manie abominable.

Le premier attentat est connu sous le nom d'affaire du Coup de Pistolet. Le 19 novembre 1832, le roi venait de sortir des Tuileries pour ouvrir la session; il était au milieu de son cortége, où de nombreuses acclamations le saluaient. Au bout du Pont-Royal, un groupe se faisait remarquer par des démonstrations bruyantes où le cri de Vive le roi! perçait avec une sorte d'affectation. Tout à coup, de ce groupe part un coup de pistolet, dont la balle va effleurer la figure du prince. En même temps une poussée s'opère à l'endroit du crime; on se heurte, on se bouscule, on a l'air de se précipiter sur l'assassin, et on fait si bien qu'on réussit, dans le désordre, à le faire disparaître sans qu'il soit reconnu. Un pistolet est trouvé à l'endroit même, un second un peu plus loin.

Saisie d'une idée rapide, une femme qui était là, Mademoiselle Boury, court au ministère de l'intérieur, aux Tuileries, et enfin à la Préfecture de police, où M. Gisquet reçoit une déclaration importante qu'elle annonce. A l'en croire, elle s'est touvée à côté de l'homme qui a tiré, et a préservé la vie du roi en dérangeant la direction du pistolet. Elle donne en même temps un signalement qu'elle assure être celui de l'assassin. Minutieusement interrogée par le préfet, la bonne dame se coupe et ne tarde pas à laisser soupçonner sa véracité. Effectivement, au bout de quelques jours on a la certitude qu'elle n'a rien vu ni rien fait, et que, pour sortir d'une position embarrassée, elle a inventé son rôle de protectrice du roi. Laissant là cette fausse piste, la police en prit une, indiquée par des renseignements antérieurs, et qui paraissait beaucoup plus sûre. Quelques jours auparavant, un rapport avait signalé un complot dont les principales circonstances venaient de se réaliser; il s'agissait d'un attentat contre le roi, prémédité par quatre républicains: MM. Bergeron, Benoît, Girou et Billard. Ce dernier devait faire le coup, avec un petit fusil qui pouvait se cacher sous les vêtements; ses complices, ainsi que d'autres amis, étaient chargés de l'entourer et de favoriser son évasion. La dernière partie du plan avait reçu son exécution, mais Billard n'avait pu y prendre part, attendu qu'il était arrêté et son arme saisie. Les recherches se portèrent sur ses trois compagnons qu'on arrêta bientôt. L'instruction fit tomber les griefs qui s'élevaient contre MM. Gireu et Benoît; M. Bergeron parut seul en justice. Outre le rapport dont il vient d'être parlé, plusieurs témoignages le chargeaient gravement, entre autres les paroles d'un M. Planel qui, après avoir vu l'accusé quelques minutes avant l'affaire, avait dit à une autre personne : Bergeron est comme fou, il veut absolument tuer le roi; et puis celui d'un individu à qui M. Planel fit une description des pistolets s'appliquant exactement à ceux du prévenu. Malgré cela, M. Bergeron fut acquitté.

Il est vrai que, quelques mois auparavant, on avait acquitté Pépin, saisi les mains noires de poudre, et que des verdicts de non culpabilité innocentaient chaque jour des écrivains abominables.

La première impression des affaires de juin était passée. Comme le gouvernement ne s'était armé d'aucune loi contre ses ennemis, ceux-ci n'avaient pas perdu de temps pour recommencer la guerre. Les procès politiques se renouvelaient sans cesse, mais sans grand profit pour l'autorité, attendu la tournure hautaine que les républicains savaient se donner sur la sellette, et les étranges jugements qui venaient déconcerter la conscience publique. Les journaux de la faction étaient d'une violence et d'un cynisme que l'on pourrait appeler rares, si l'on ne savait que la presse débridée s'est toujours livrée chez nous à la même orgie de mensonges et de fureurs. La *Tribune* attaquait hommes et choses en roulant des yeux farouches ou en grimaçant une ironie vénimeuse; le *Charivari* et *la Caricature*, Triboulets grossiers, fouillaient de la plume ou du crayon la prétendue vie intime du roi et de sa famille, les montrant sous des formes grotesques ou odieuses; la propagande des brochures recommençait, insufflant son poison à la masse ignorante; tout indiquait que le démon révolutionnaire s'était remis en haleine et faisait ses préparatifs pour une nouvelle campagne.

Effectivement, nous sommes au moment de la création des *Droits de l'homme*.

Cette société célèbre semblait, tant par son organisation et son nombre, que par son personnel et son audace, devoir broyer la royauté au premier effort; mais c'est là qu'on peut voir l'impuissance radicale des sociétés secrètes devant un pouvoir vigilant et résolu.

Les *Droits de l'homme*, comme on le verra, aboutissent aux affaires d'avril 1834, une échauffourée qu'on peut appeler ridicule, si on la compare au grand bruit que fait la conspiration avant d'éclater; c'est en même temps la dernière grande convulsion du monstre révolutionnaire.

Franchissons quatorze années, et arrivons en 1848; nous voyons une similitude de faits étonnante : d'abord la révolution, encore dans toute son effervescence, livre la bataille sanglante de juin qui correspond à celle de juin 1832; bientôt la démagogie, qui attribue sa défaite à l'absence de direction, se remet à l'œuvre cherchant à lier dans un grand faisceau, à assouplir à une forte discipline, tous les éléments du parti; un beau jour, ce travail est fait, ou à peu près; l'impatience populaire poursuit les chefs, on décrète la prise d'armes et on aboutit au 13 juin 1849, digne pendant du 4 mai 1834. A partir de ce moment, la cité respire; d'abord, parce que la fièvre anarchique tombe peu à peu d'elle-même, mais surtout parce que le gouvernement a placé l'ordre sous la sauve-garde de lois sévères et qu'il se sent désormais, non seulement le droit, mais le devoir de frapper la démagogie au cœur.

Répétons-le jusqu'à satiété, nos révolutions ne sont que des accidents, des coups de main criminels, des vols à main-armée du pouvoir; la masse crédule ou craintive a beau les acclamer le lendemain, elle ne fait que se ployer à la loi du plus fort, ou que céder à un pitoyable entrainement. Donc il faut, à tout prix, empêcher les insurrections. Sans doute, le premier moyen est de mettre le gouvernement d'accord avec l'idée générale de la nation; on a grand tort, dans un pays aussi irritable que le nôtre, aussi vieux déjà dans la liberté, de suivre le système des princes du Nord, qui consiste à étouffer l'opinion, au lieu d'adopter le procédé anglais qui fait céder le gouvernement à toute exigence raisonnable; mais comme cette harmonie du pouvoir et de la majorité des citoyens n'a jamais empêché les révolutionnaires de faire leur métier, et que même plus elle est grande, plus leur influence est petite et leur fureur ardente, il est indispensable que désormais l'autorité ait une énergie qui ne soit surpassée que par sa vigilance, et que l'arsenal des lois soit toujours assez fourni pour permettre une victorieuse riposte à toute attaque.

CHAPITRE XII.

Formation de la société des *Droits de l'Homme*. — Noms des membres du Comité. — M. Millon, cocher-publiciste. — Ordres du jour. — Les forts détachés. — Complot. — Pourquoi il avorte. — Procès. — Violence des accusés et surtout de M. Vignerte.

Déjà, du temps des *Amis du Peuple*, il y avait une section révolutionnaire qui s'appelait les *Droits de l'Homme*; les républicains les plus sérieux s'y étaient réfugiés; cette fraction devint le noyau de la grande association dont nous allons faire l'historique.

Vers la fin de 1832, les hommes les plus capables du parti, pour ne plus être traînés à la remorque des conspirateurs secondaires, décidèrent de se mettre à la tête des *Droits de l'Homme*, et d'y rattacher tous les révolutionnaires. Ils élaborèrent un plan d'organisation, qui fut adopté sur les bases suivantes : Un comité composé de onze membres, appelés directeurs; sous les ordres des directeurs, douze commissaires, un par chaque arrondissement; puis, quarante-huit commissaires de quartiers, subordonnés aux commissaires d'arrondissement. Les commissaires de quartiers étaient chargés de former des sections composées d'un chef, d'un sous-chef, de trois quinturions et de vingt membres au plus. Ce chiffre de vingt membres était fixé pour éluder la loi; dans le même but, chaque section devait porter un nom différent. A la rigueur, on pouvait admettre que c'était autant de sociétés différentes, se tenant par leur nombre dans les prescriptions du code.

Un certain nombre de sections furent immédiatement

organisées; elles nommèrent leurs chefs, puis ceux-ci furent invités à élire les directeurs. Le scrutin donna la majorité aux personnages suivants, qui furent proclamés membres du comité : MM. Audry de Puyraveau, Voyer-d'Argenson, députés; Kersausie, G. Cavaignac, Guinard, N. Lebon, Berryer-Fontaine, J.-J. Vignerte, Desjardin, Titot et Beaumont.

Dirigée par ces hommes, dont les uns avaient une position sociale élevée, les autres une grande intelligence, tous du zèle ou de l'activité, l'association prit un développement rapide. La police avait alors deux hommes sûrs, MM. Gisquet et Carlier, qui éventèrent promptement la conspiration et la dénoncèrent au parquet; mais il leur fut répondu que la magistrature n'y pouvait rien, les sectionnaires étant en règle; la police en fut réduite à suivre passivement les progrès de l'association.

On croira facilement que cette tolérance fut mise à profit; des sections nouvelles se créaient tous les jours; trois mois ne s'étaient pas écoulés, qu'on parlait déjà de l'armée des *Droits de l'Homme* comme d'une chose formidable; on citait des chiffres fort exagérés, mais que les chefs se gardaient bien de démentir, sachant qu'il n'est meilleur appeau que le grand nombre pour attirer les gens dans de pareilles entreprises.

Au reste, on ne se gênait pas; la qualité de membre des *Droits de l'Homme* était avouée hautement; des républicains qui écrivaient aux journaux plaçaient fort tranquillement ce titre sous leur signature.

Bientôt le système des ordres du jour est adopté; on les imprime et on en remet un exemplaire à chaque chef de section, qui est chargé d'en donner lecture. Ces pièces paraissent à intervalles réguliers, et les réunions elles-mêmes ne tardent pas à prendre le caractère de périodicité prévu par la loi. Alors seulement le parquet commence à s'émouvoir; certes il était temps. Ces écrits, lus avec une mystérieuse solennité, à des hommes ignorants ou fanatiques, suintaient le poison des doctrines communistes; on y bégayait déjà tous les lieux-communs nauséabonds de la langue démocratique sociale: l'exploitation de l'homme par l'homme, les vampires qui sucent la sueur des peuples, etc. Dans un des premiers ordres du jour, on montre comment la république doit assurer le bonheur de tous « sans excepter la « clique des fripons qui nagent dans l'opulence »; on leur promet de « les dépouiller des biens, des trésors qui leur « causent tant de soucis, qui les dégradent aux yeux du vrai « patriote, et de leur rendre, par la pauvreté, le bonheur « et les vertus de la fraternité. »

Le parquet paraissant enfin décidé à sévir, la police lui livra les premiers sectionnaires qui lui tombèrent sous la main; c'était un groupe ayant pour chefs le cocher Millon, l'avocat Petit-Jean et plusieurs autres patriotes qui furent traduits en justice.

M. Millon, cocher, était un bel esprit dont le patriotisme brillait beaucoup plus que le langage. Il confectionnait de belles œuvres qu'on lisait aux sections, et dans lesquelles se trouvaient des passages comme celui-ci : « C'est assez! le « flambeau de la liberté a dévoilé le repaire du crime. Plus « de roi! le temps est venu où nous devons compter avec les « vils fainéants qui s'engraissent des produits de nos travaux, « et partager égale moitié du bien qu'ils nous ont volé. » On voit que M. Millon est un des précurseurs du célèbre gérant de la Banque du Peuple. Au reste, le cocher publiciste est bon prince, il demande seulement à partager par moitié; les socialistes modernes n'ont pas eu de peine à démontrer que c'est là un désintéressement inconsidéré. Du temps de M. Millon, on avait découvert aussi la profonde scélératesse des classes moyennes, qui ont l'impudence de tenir à l'ordre, parce que l'ordre les fait travailler et que le travail les fait vivre; aussi le cocher leur décroche-t-il un coup de fouet violent : « Il faut poursuivre tous les débris de cette « menue aristocratie qui s'est reformée sous la dénomina- « tion de bourgeoisie, et l'extirper jusque dans ses fonde- « ments. »

M. Millon et ses trois amis furent condamnés à 200 fr. d'amende, ce qui n'est pas exorbitant; mais, par le même arrêt, la société des *Droits de l'Homme* fut déclarée illicite et dissoute. Cette satisfaction, donnée à l'opinion publique après tant de scandales, ne fut aucunement du goût de la *Tribune* qui s'écria avec une suprême amertume : « Que ces « Messieurs ont soif de guerre civile! Ils peuvent être tran- « quilles, le jour de l'insurrection arrivera toujours trop tôt « pour eux; il ne faut qu'une heure pour leur faire regret- « ter leurs imprudentes paroles; elle sonnera! » Le journaliste rouge cherchait à faire un peu de terreur, mais malheureusement l'autorité, dans son ensemble au moins, ne tremblait guères à de pareilles menaces.

La feuille de MM. Marrast et Sarrut avait bien tort, au reste, de prendre souci; les républicains n'avaient-ils pas assez d'imagination et d'audace pour éluder la loi et se moquer d'elle, surtout quand ils savaient la magistrature généralement si circonspecte? Une chose certaine c'est que la dissolution prononcée par les tribunaux fut vaine et que la propagande ne s'arrêta pas un instant. Les orateurs populaires continuèrent leurs déclamations; les brochures s'écoulèrent par charretées à Paris et en province; les commis-voyageurs poursuivirent leurs pérégrinations patriotiques;

bref, la démagogie poussa aussi activement que jamais son siége contre la société.

Ainsi qu'il était convenu, chaque section prenait un nom différent; on se doute bien que ces noms étaient en rapport avec l'œuvre. Dans la liste des désignations, nous remarquons les suivantes: la section *Robespierre*, les *Montagnards*, *Mort aux Tyrans*, la *Gamelle*, *Marat*, les *Gueux*, *Babeuf*, les *Truands*, *Louvel*, le *Tocsin*, le *Bonnet phrygien*, l'*Abolition de la Propriété mal acquise*, *Couthon*, *Lebas*, *Saint-Just*, le *Niveau*, le *Ça ira*, l'*Insurrection de Lyon*, le *Vingt-et-un Janvier*, la *Guerre aux Châteaux*, etc.

On était aux approches des 5 et 6 juin, anniversaire que les *Droits de l'Homme* crurent devoir célébrer, comme successeurs des *Amis du Peuple*. A cet effet, un ordre du jour fut lu dans les groupes. Cette pièce, dont nous donnons la principale partie, émanait du comité des onze et fait connaître le ton, les vues et les espérances de la faction.

« Citoyens,

« L'anniversaire des 5 et 6 juin ne nous demande pas de
« vaines douleurs; les cyprès de la liberté veulent être ar-
« rosés avec du sang et non pas avec des larmes. Voyez!
« combien de fois, depuis quarante ans la canaille aristocra-
« tique n'a-t-elle pas battu des mains à la chute des plus
« nobles têtes! combien de fois n'a-t-on pas annoncé que le
« génie révolutionnaire était écrasé, et pourtant toujours,
« toujours nous l'avons vu se relever plus fort et plus terri-
« ble. Pour un frère qu'on nous tue, il nous en vient dix,
« et le pavé de nos rues imbibé de carnage, fume au soleil
« d'été l'insurrection et la mort! Rappelez-vous ces jours qui
« ont suivi le combat de Saint-Méry; nous étions disper-
« sés et le gouvernement nous menaçait de toutes les per-

« sécutions de sa lâcheté victorieuse; qu'avions-nous pour
« nous défendre ? Rien que notre force morale et la sainteté
« de nos principes. Eh bien! le gouvernement n'a pas osé
« agir; il a hésité, non pas par générosité, mais par lâcheté. »

Arrêtons-nous un instant sur cette fin, où le mot de lâcheté est prodigué si libéralement. Il est bon de voir quelle reconnaissance les républicains portaient à la magistrature si réservée à leur égard, et au gouvernement qui n'avait pas su profiter de sa victoire. On les avait ménagés, on n'avait pas demandé aux Chambres d'armer l'autorité contre eux; ce qu'ils en infèrent, ce n'est pas que le gouvernement de Juillet est généreux et pousse à l'excès le respect de la liberté, c'est tout simplement qu'il est lâche. Eh! Messieurs, vous aviez donc bien peu de cœur vous-mêmes pour que ce gouvernement si lâche vous ait vaincus!

Poursuivons : « Maintenant, qu'il fasse ce qu'il voudra,
« la République a pris racine en France, et toutes les forces
« de nos aristocrates de bas étage ne suffiront pas à l'ébran-
« ler. Il y a un an elle a été vaincue, aujourd'hui elle est plus
« puissante qu'avant le combat, car elle a acquis la force
« d'unité et de discipline qui lui manquait. Le gouverne-
« ment ne tend qu'à renfermer et resserrer les existences
« dans les limites que leur ont assignées les hasards ou les
« infamies de notre organisation sociale; aux uns la richesse,
« aux autres la misère; aux uns le bonheur oisif, aux autres
« la faim, le froid et la mort à l'hôpital! Les larmes ne sont
« pas pour nous, elles sont pour nos ennemis; car, après leur
« mort, il ne subsistera plus rien d'eux, qu'un souvenir de
« malédiction. Bientôt le bras du souverain s'appesantira
« terrible sur leur front; alors, qu'ils n'espèrent ni grâce ni
« pardon! Quand le peuple frappe, il n'est ni timide ni gé-
« néreux, parce qu'il frappe non pas dans son intérêt, mais

« dans celui de l'éternelle morale, et qu'il sait bien que per-
« sonne n'a le droit de faire grâce en son nom.

« Salut et fraternité. »

Ceci est d'une autre force et d'une autre importance que les excroissances littéraires de M. Millon; c'est pensé par un révolutionnaire qui connaît son métier, et rédigé par un homme qui sait tenir la plume. Ceux qui connaissent la manière de M. G. Cavaignac, prétendent que c'est là sa fougue sombre et sa touche énergique; le fils du conventionnel vivait, à cette époque, dans un milieu assez désordonné pour laisser croire qu'il a pu rédiger cette pièce; toutefois, certaines idées d'égalité absolue qui percent dans un endroit, et les menaces sanglantes qui flamboient dans un autre, si elles ont pu se trouver au bout de sa plume, n'étaient pas dans son cœur. En tous cas, ce n'est pas le rédacteur qu'il faut voir ici, c'est le chef de démagogues qui parle à ses hommes le langage qu'ils comprennent et qu'ils attendent. Cet ordre du jour montre à quel degré la tête des sectionnaires était montée six mois après la création de la société, et combien il serait difficile de tenir long-temps de pareils hommes sous la discipline. Avec des excitations de ce genre, il faut que les chefs soient décidés à conduire prochainement leurs hommes dans la rue, s'ils ne veulent pas qu'ils y descendent sans eux.

Vers le mois de juillet 1833, la question des forts détachés tomba dans la presse, comme une roche dans une flaque d'eau, et y produisit un large rejaillissement. Chaque journaliste se transforma en stratégicien consommé, prouvant que les ouvrages de guerre proposés, inutiles pour la défense intérieure, ne pouvaient avoir pour but que la ruine de Paris. On ajournait les incrédules au premier mouvement populaire. Nous avons vu comment ces prédictions se sont réalisées : depuis la construction des forts, deux batailles ont eu lieu dans la capitale, et aucun des deux partis n'a seulement eu l'idée de s'en servir.

C'était là un prétexte comme il en faut aux oppositions; les braves gens qui s'époumonaient à crier contre les forts, jouaient leur rôle ordinaire : ou ils ne savaient ce qu'ils disaient, ou ils disaient le contraire de ce qu'ils savaient; neuf fois sur dix, cela arrive aux docteurs du journalisme opposant.

Quoi qu'il en soit, cette question passionna vivement les esprits; la clabauderie devint assez générale, pour que les boute-en-train des *Droits de l'Homme*, en quête d'un prétexte, crussent avoir trouvé leur affaire. L'anniversaire des journées de Juillet était proche; le roi devait passer une revue, des cris contre les forts s'élèveraient de toutes parts, tant des rangs de la milice que de la foule; une collision éclaterait, soit d'elle-même, soit au moyen de préparatifs habilement combinés, et les sections, profitant du désordre, feraient une irruption armée dans Paris. Tel est le plan qui fut conçu, non pas précisément par le comité, dont les principaux membres ne trouvaient pas l'heure venue, mais par un noyau d'impatients à la tête desquels étaient MM. Kersausie, Barbès, Sobrier, etc. La queue emportait la tête, comme d'habitude. Les Onze, n'osant pas s'opposer ouvertement à la tentative, laissèrent libre cours aux préparatifs, espérant que la réflexion, ou quelque incident, arrêterait l'explosion. C'est ainsi que des hommes, respectables à de certains points de vue, ont le tort de s'allier à des fous qui leur font porter la responsabilité de leurs sottises. M. G. Cavaignac eut ce destin toute sa vie.

Les meneurs se mirent à l'œuvre. Comme on n'était pas

certain des sentiments anti-fortificationnistes de la garde nationale, on imagina de faire inscrire un grand nombre de républicains dans les compagnies commandées par des patriotes, afin de rendre les cris imposants, au moins en de certains endroits. Ces clameurs organisées devaient figurer l'expression éclatante des sentiments de la bourgeoisie. Les étudiants, grands amateurs de bruit, promirent, de leur côté, une collection de voix vigoureuses. Toutes les autres mesures d'usage furent prises : on affirma aux sections que les frères de province avaient le mot et devaient accourir sur Paris; la propagande des imprimés et des journaux fit rage; on eut soin d'appuyer sur les histoires de patriotes torturés, assommés, pourissant sur la *paille humide;* bref, on tourna avec vigueur cette vieille mécanique à l'aide de laquelle on monte la tête des simples ou des ambitieux.

En même temps, il fut ordonné de tenir prêtes les armes et les munitions. Ce dernier point, bien entendu, n'empêchait pas les journaux de présenter la manifestation comme très pacifique. Le fait est que beaucoup de manifestations pareilles restent pacifiques, ou à peu près, grâce au pouvoir qui prend ses mesures. En soutenant la parfaite innocence de ses amis, la *Tribune,* dont les rédacteurs avaient la haute main sur les *Droits de l'Homme,* mentait avec son impudence ordinaire; quant aux feuilles de simple opposition, elles croyaient pouvoir affirmer solennellement et en toute loyauté, un fait dont elles n'avaient pas la moindre connaissance; c'est leur habitude.

En toute circonstance pareille, le Paris émeutier tourne les yeux vers sa sœur de désordres, la capitale du Midi; répondant à cette sollicitude, la *Tribune* annonça que la situation de Lyon était des *meilleures* : les ouvriers meurent de faim, dit-elle, et sont prêts à se lever; tout marche à merveille.

Le 24 juillet, ordre du jour au sujet de la manifestation. Le langage du comité est plein de confiance et d'une sorte de fatuité révolutionnaire. Il promet qu'après la victoire justice rigoureuse serait faite à chacun. Ces paroles et d'autres d'un ordre du jour précédent, ne tombent pas, comme on le voit, dans la naïveté de la philanthropie; on ne parle pas alors de l'abolition de la peine de mort. C'est là, certes! un des côtés les plus odieux de la tactique des chefs; ils savent que certaines vengeances, excitées par l'envie, sourient à la masse grossière, et ils n'ont pas honte de faire appel à ces détestables passions.

L'ordre du 24 juillet prescrit la permanence pendant les trois jours commémoratifs; les sections sont averties d'être à leur place de bataille et d'attendre les instructions du comité. Un écrit est répandu, dans le même moment, parmi les troupes; on leur promet l'élection des officiers; de la gloire, de l'honneur; plus de passe-droits, de consignes avilissantes; des généraux de vingt ans et la guerre générale!

Ces dispositions étaient assez complètes, mais deux causes vinrent arrêter leur effet : d'abord l'intervention de la police qui, sachant fort bien où trouver les sections, prévint leur attaque, en cernant et enlevant toutes celles qu'elle trouva; puis l'absence du prétexte même qu'on avait choisi. La *manifestation* devait éclater aux cris de la garde nationale contre les forts; justement il n'y eut pas de cris. L'immense majorité des gardes nationaux parut même si décidément suspecte aux patriotes, que les frères entrés dans les rangs par contrebande n'osèrent desserrer les dents. C'était un échec pitoyable; aussi s'empressa-t-on de donner le change. Un nouvel ordre du jour fut griffonné et jeté à la hâte dans les sections; il portait en substance que le comité n'avait ordonné la permanence que pour éprouver la discipline des patriotes; que le résultat avait répondu à ses espérances, et qu'il offrait ses sincères félicitations aux membres de la société.

La police avait fait de la prévention; en raison de cette prévention même et de la sagesse de la bourgeoisie, la conspiration ayant avorté, les feuilles démagogiques, et surtout la *Tribune*, qui avait les deux pieds dans l'affaire, se récrièrent avec violence : la tyrannie était intolérable; on arrêtait arbitrairement des citoyens; la police était au-dessus de la loi; on traitait la France à la cosaque; que sais-je? Pauvre police! quoi qu'elle fasse, ses torts sont tout formulés d'avance. Empêche-t-elle le complot, le complot n'existait pas; le saisit-elle en pleine exécution, c'est elle qui l'a préparé. Les feuilles factieuses ne sortent pas de ces deux conclusions, et les journaux de couleur intermédiaire les appuient sottement. Des conspirateurs sont pris la main dans le sac, ils jurent leurs grands dieux qu'ils sont innocents; rien de plus simple; leurs amis de la presse transcrivent la protestation en gros caractère, c'est bien le moins après avoir inspiré les coupables. Mais on se demande quel intérêt peut avoir l'opposition sérieuse à reprendre ces lamentations impudentes? Elle entend un démagogue vociférer, elle ignore les faits, et, entre cet homme, coutumier du désordre, qui se pose en martyr sur le code Pénal, et la police, chargée d'un devoir délicat et rigide; toute sa sympathie est pour l'anarchiste! En vérité, nous sommes un peuple pitoyable. Au lieu de respecter l'autorité dans son grand caractère de protection générale, nous nous amusons à l'éplucher constamment dans son rôle ingrat de répression, à lui lier les bras, à la rendre odieuse. Aussi, voyez le résultat : dans d'autres pays il y a une société; en France nous avons des socialistes.

Plus de cent membres des *Droits de l'Homme* furent compromis dans cette affaire; les principaux étaient MM. Kersausie, Raspail, Noël Parfait, Latrade, Kaylus, Langlois, Chavot. Ce dernier se retrouvera plus loin dans ce récit, au sujet d'une tentative d'assassinat.

Parmi leurs moyens de propagande, les républicains ont toujours mis les procès en première ligne. Dans l'affaire en question, l'audace des accusés, jointe à la réputation agressive des avocats, promettait un beau contingent de scandale; l'attente des amateurs ne fut pas trompée. M. Raspail prit la parole pour dénoncer l'abomination de la police. Dès cette époque, la monomanie de ce singulier homme était déjà fort développée; il était convaincu que les patriotes n'étaient jamais en faute, et que tout prévenu politique était victime des provocations de M. Gisquet. Parmi les avocats qui, sous prétexte de défendre les accusés, profitèrent de la circonstance pour outrager le pouvoir et attaquer les lois, M° Michel (de Bourges), M° Pinard et M° Dupont, montrèrent un zèle exemplaire qui reçut une double récompense; le parti républicain leur décerna ses grands honneurs; quant au tribunal, qu'ils avaient insulté, il les suspendit de leurs fonctions; M° Dupont pour une année, M°° Pinard et Michel pour six mois.

Mais l'incident le plus caractéristique du procès et de l'époque fut celui qui marqua le réquisitoire de M. l'avocat général. Ce magistrat, passant en revue les doctrines des accusés et prouvant, par des citations, qu'elles tendaient au partage des biens, M. Vignerte, qui n'était que témoin dans l'affaire, bondit sur son banc et s'écria, le poing tendu vers l'avocat général : Tu en as menti, misérable! On amena ce patriote poli devant la Cour, et un arrêt, succinctement libellé, l'envoya pendant trois ans pratiquer son beau langage en prison.

Il est à présumer que M. Vignerte avait un agacement de nerfs qu'il voulait soulager à tout prix; car sa grande colère, au sujet des paroles de M. Delapalme, n'était aucunement justifiée, comme on va le voir. Quelque temps auparavant, une scission ayant éclaté dans les *Droits de l'Homme*, il en était résulté des professions de foi qui classèrent les sociétaires en Girondins et Montagnards. Les premiers, représentés par le *National*, que dirigeait M. Carrel, entendaient diplomatiser avec la bourgeoisie, et l'engager insensiblement dans une résistance armée, sous le couvert de la Charte; les seconds ne reconnaissaient ni Charte, ni loi, et ne voyaient dans la classe moyenne qu'une nouvelle aristocratie qu'il fallait terroriser. D'alliances bâtardes, d'atermoiements, ils n'en voulaient pas entendre parler. Leurs idées, certes! allaient bien au-delà de l'horizon mesquin de leurs confrères. Dans une pièce qu'ils firent paraître, on lit en toutes lettres : « Ce que nous voulons, nous, « c'est l'égale somme de bien-être pour tous, le *nivellement* « des fortunes, le *nivellement* des conditions. » Ceci ressemble fort à la loi agraire, avec perfectionnement de communisme; qu'en pense M. Vignerte? Or, ces idées étant celles des Montagnards, et M. Vignerte, Dieu l'en garde! n'ayant jamais eu rien de commun avec les Girondins, pourquoi donc se fâchait-il si fort?

On est sans doute en peine de savoir ce que devinrent ces prévenus, chefs pour la plupart d'une société secrète redoutable, et organisateurs d'une révolte qui manqua par des circonstances indépendantes de leur volonté; tous ces hommes furent déclarés innocents et renvoyés à leur conspiration.

CHAPITRE XIII.

Déclaration des Droits de l'homme de Robespierre, publiée comme évangile. — Comité d'action. — Son Chef. — Revues des Sections. — Les Crieurs publics. — M. Delente. — Émeute. — Sottes accusations. — Moralité des conspirateurs. — Loi sur les Associations. — La bataille est décidée.

Le comité des Onze, pour rallier les dissidents et mettre de l'unité dans les principes, voulait formuler un corps de doctrines; toute réflexion faite, il reconnut qu'il n'inventerait rien de mieux que Robespierre, et la *Déclaration des droits* de ce très célèbre citoyen fut admise comme base des opinions de la société. Seulement les nouveaux éditeurs de l'œuvre jugèrent convenable d'y joindre un commentaire. Ce commentaire réussit à dépasser le radicalisme du texte, ce qui pouvait sembler difficile. On sait que dans la déclaration de Robespierre se trouve l'article suivant : « La pro-
« priété est le droit qu'a chaque citoyen de jouir et de dis-
« poser, à son gré, de la portion de bien qui lui est garantie
« par la loi. » Et cet autre : « Toute institution qui ne
« suppose pas le peuple bon, et le magistrat corruptible, est
« vicieuse. » Ces doctrines sont d'un assez haut goût, pour se passer d'assaisonnement.

La *déclaration*, flanquée du commentaire, fut loin d'atteindre le but de fusion; elle allait beaucoup au-delà des idées du *National*. M. Carrel, homme froid et résolu, la repoussa ouvertement. Lui et ses confrères, au reste, professaient en toute occasion des principes anti-socialistes qui les séparaient des *Droits de l'Homme*; leurs accointances avec cette société n'avaient jamais été bien intimes. A partir de ce moment, le désaccord fut plus tranché. Les chefs pourtant continuaient à se voir, et dans plus d'une circonstance M. Carrel influa sur le comité par l'estime qu'il inspirait à MM. Cavaignac, Guinard, Voyer-d'Argenson et autres membres importants.

Quant à la masse de la société, composée d'énergumènes, elle accueillit le manifeste avec enthousiasme; chacun déclara s'y rallier comme à la vraie formule de l'avenir. Il y eut parfait accord sur ce que l'on nomme l'idée; en apparence c'était beaucoup, au fond ce n'était rien. Il existait d'autres terrains : ceux de l'amour-propre et des prétentions, où l'union ne tarda pas à se rompre. L'influence de quelques chefs était jalousée par des meneurs subalternes, qui cachaient leur envie sous un patriotisme exalté. Les hommes réfléchis du comité n'étaient pour eux que des trembleurs, des demi-révolutionnaires qui n'osaient pas parler bataille et se permettaient même de douter de la victoire, ce qui approchait fort de la trahison. Pour mettre ordre à cet état de choses, les impatients résolurent de former dans les *Droits de l'Homme* une sorte de vieille garde, chargée des affaires décisives et composée de patriotes à l'épreuve. On comptait que ce corps prendrait vite l'influence et entraînerait les modérés aux mesures extrêmes. Un des membres du comité, le capitaine Kersausie, se fit le chef de cette scission. Gentilhomme démocratisé, riche, d'un caractère aventureux, et d'un esprit des plus inconséquents, c'était l'homme qu'il fallait aux cerveaux brûlés de l'association. Il avait pour principaux partisans, qui devinrent ses officiers, MM. Sobrier, Barbès et d'autres de même trempe, dont la première qualité n'a jamais été le jugement. M. Kersausie déclara qu'il voulait être seul chef, répondant à ce prix seulement de la sûreté des hommes et du succès de l'entreprise. Ce point lui ayant été accordé, il s'occupa aussitôt de former des sections. Son corps, appelé *Société d'action*, était divisé en *centuries, décuries* et *quinturies*. Le capitaine communiquait uniquement avec quelques officiers principaux, lesquels faisaient descendre les ordres hiérarchiquement jusqu'aux simples membres, appelés *éclaireurs*.

A de certains jours, les passants trouvaient le boulevard et d'autres lieux de grand passage occupés par des groupes de promeneurs silencieux, que rassemblait quelque but inconnu. Personne n'y comprenait rien, si ce n'est la police, dont le métier est de comprendre toute chose. C'était une revue que passait le chef de la société d'action. Il arrivait, accompagné d'un ou deux aides-de-camp, allait au chef de l'un des groupes qu'un signe lui faisait connaître, jetait avec lui un coup-d'œil sur les sectionnaires, recevait les nouvelles, donnait ses ordres et suivait son chemin pour recommencer plus loin le même manége. Les agents, mis à ses trousses, le voyaient glisser à travers la foule et jouer son rôle de général-inspecteur avec une prestesse surprenante. Aussitôt la revue finie, il disparaissait dans une voiture tenue prête, allait frapper à quelque maison, ayant une double issue, s'esquivait par derrière et finissait par s'enfermer dans un logement d'où il ne sortait pas de quelques jours. Il possédait trois ou quatre domiciles et se faisait appeler de plusieurs noms; ses lieutenants, les plus sûrs, pénétraient seuls chez lui; il n'avait pour serviteurs et agents que des hommes éprouvés dont il payait largement le zèle. C'était un de ces conspirateurs décidés, mystérieux, pittoresques, tels que les lecteurs de romans les aiment.

Le comité des Onze, dont le capitaine Kersausie était toujours resté membre, le manda pour avoir des explications. On pouvait croire en effet qu'il voulait rattacher toute l'association à sa dictature et déposséder ses collègues. Il s'expliqua sans réticence : la direction des *Droits de l'Homme* lui semblait trop molle, beaucoup de sections n'étaient pas sûres, la police voyait clair dans les réseaux de l'association; il lui avait paru indispensable de remédier à ces trois vices. La société d'action ne voulait pas dissoudre, mais fortifier l'armée des *Droits de l'Homme*.

Le capitaine étant assez puissant pour agir seul, et les membres du comité sentant que rompre avec cet homme c'était se priver des forces vives du parti, on passa un compromis par lequel il était accepté comme chef du corps d'action, mais à la condition de s'entendre avec ses collègues du comité, et de ne prendre les armes que sur une décision de tous les membres.

Grâce à ce traité, les deux corps d'armée s'entendirent ou à peu près. Demander un accord parfait entre des hommes dont le moins orgueilleux se croit un Colbert, dont le moins altéré ferait honte au poète Ennius, dont le moins avide n'aurait pas trop du trésor et du sérail d'un roi de l'Inde, c'est exiger plus que de raison.

Peu après cette fusion, deux membres principaux : M. Voyer d'Argenson et M. Audry de Puyraveau renoncèrent aux honneurs du comité. Le ménage des *Droits de l'Homme* était un peu trop agité pour ces deux honorables, qui n'étaient plus à l'âge où l'on aime le bruit pour le bruit; et puis il y avait dans l'air une vapeur d'insurrection qui leur semblait peu rassurante.

Quelques mois auparavant, le comité s'était déjà radoubé de deux membres : MM. Desjardins et Titot avaient fait place à M. Delente, crieur public, et à M. Recurt, médecin. Ce dernier, avant d'arriver à ce poste éminent, était chef de la section des *Gueux*.

L'entrée de M. Delente était la récompense des services de ce sectionnaire dans son métier de crieur, en même temps qu'un hommage à tous ses confrères. Il faut se rappeler qu'à cette époque la vente publique des brochures et dessins avait atteint un développement qui n'a pas été surpassé au plus fort de notre orgie républicaine. Un chiffre en donnera l'idée : six millions d'imprimés démagogiques avaient été jetés au public dans un espace de trois mois !

Disons que le parquet semblait favoriser tout spécialement ces vendeurs de poison public. La loi régissant la matière n'exigeait, il est vrai, que la déclaration préalable; mais, par une autre loi, il était dit que tout écrit politique était astreint au timbre. Les imprimés de la propagande républicaine devaient-ils être soumis à cette mesure? Les crieurs disaient : Non; M. Gisquet disait : Oui; et il faisait saisir les brochures. Mais l'administration, par un désintéressement bizarre, refusait d'appliquer l'amende. Il en résultait, outre le détestable effet moral, cette anomalie que les journaux, présentant déjà la responsabilité du cautionnement, du gérant et de l'imprimeur, étaient soumis au timbre, tandis que des écrits n'offrant aucune garantie y échappaient.

Chose incroyable! chaque jour, des pamphlets dont le titre seul était une offense à l'autorité ou à la Constitution, étaient apportés effrontément au visa de la police; sur l'un on lisait comme intitulé : *A la potence les sergents de ville!* Sur l'autre : *La déclaration des droits de Robespierre*, etc. Le commissaire refusait de viser, et il en résultait, d'abord un torrent d'injures de la part des journaux républicains, puis un affront à l'autorité qui voyait vendre à sa barbe les infamies qu'elle avait refusé d'apostiller. On arrêtait les crieurs, et pour cette fois, à ce qu'il semble, la justice allait sentir le besoin d'imposer le respect du pouvoir; nullement. Les crieurs étaient acquittés par la raison que, s'ils avaient vendu sans le visa, c'est que la police l'avait refusé. Ainsi la brochure : *A la potence les sergents de ville!* d'après la jurisprudence d'alors, avait droit d'exiger l'approbation du préfet de police, pour mieux faire son chemin dans le monde patriote! Vit-on jamais plaisanterie plus lamentable?

Un jour M. Delente se présente à la Préfecture avec un pamphlet républicain qui est rejeté : « Soit! dit-il, je me suis « soumis à la loi, je suis en règle. Je vendrai, et, si l'on « veut m'arrêter, comme l'arrestation sera arbitraire, j'ai « droit d'opposer la résistance; je le ferai. »

Il vendit et on l'arrêta, sans se soucier de ses menaces. Traduit en police correctionnelle, il s'en tira avec un verdict d'acquittement. Seulement, comme il avait eu la patriotique idée de paraître au tribunal avec un bonnet rouge, on le garda en prison.

L'absolution de M. Delente livrait la voie publique à l'entière merci des crieurs; ils voulurent célébrer leur victoire par une manifestation éclatante. Trois jours après le procès, M. Rodde, rédacteur du *Bon Sens,* annonça solennellement qu'il viendrait lui-même crier ses brochures sur la place de la Bourse. En effet, il parut armé de deux pistolets et suivi d'estaffiers qui pliaient sous les ballots d'imprimés. La police avait les bras liés, elle dut se laisser souffleter sans mot dire. M. Rodde se retira avec tous les honneurs du triomphe. Ce qu'il avait vaincu, ce n'était pas M. Gisquet, qui avait évité d'entrer en lutte, non par crainte des pistolets de M. Rodde, c'était le principe même d'autorité. Fort heureusement la mesure du scandale était au comble, et enfin la représentation nationale s'émut. Les plaintes du courageux magistrat, portées à la tribune, provoquèrent la présentation et le vote d'une loi contre les crieurs. Cette loi se résumait en un article fort simple : « Les vendeurs publics d'écrits et dessins auront à se pourvoir d'une autorisation à la police. »

L'autorité, dès lors, se trouva maîtresse du pavé de Paris, arraché à la plus cynique exploitation.

Si l'on veut connaître l'opinion d'un homme compétent sur cette race de propagandistes en plein air, qui, grâce à la latitude de la loi, se recrutait dans les classes les plus suspectes, on n'a qu'à lire les paroles suivantes : « Les crieurs « lancés sur les places publiques et dans les rues par les en- « nemis du pouvoir, ne furent souvent que des colporteurs « de scandales, que les hérauts d'armes de l'émeute. Dans « les libelles qu'ils distribuaient, la mauvaise foi des atta- « ques le disputa plus d'une fois à la grossièreté du langage « et à je ne sais quelle flagornerie démagogique. Or, flatter « le peuple est une lâcheté, le tromper est un crime. »

Louis BLANC. *(Histoire de dix ans.)*

La loi sur les crieurs fut mise en vigueur le 20 février 1834; ce fut, comme on le devine, une cause de désordre pour les républicains. Nous disons une cause, cette fois, et non un prétexte, car le parti était visé au bon endroit; avec un second coup pareil, celui que lui porterait bientôt la loi sur les associations, on allait enfin avoir le bout de ses scandales et de ses fureurs.

Les *Droits de l'Homme* comptaient M. Delente dans leur comité; presque tous les crieurs étaient sectionnaires; or, par l'effet de la nouvelle loi, l'immense et redoutable propagande de l'association se trouvait coupée. Il n'en fallait pas tant pour voir l'émeute rugir et se ruer dans la rue.

Une coïncidence vint accroître l'agitation : Lyon était retombé dans sa vieille querelle de tarifs, compliquée alors des mauvais éléments qu'y avait introduits la politique; on pensa qu'une simultanéité de mouvements entre les deux villes pourait faire aller les choses au-delà d'une simple démonstration. Le comité n'était pas décidé à l'attaque, mais on sait que la société d'action pouvait l'entraîner beaucoup plus loin qu'il n'eût voulu. D'ailleurs le capitaine Kersausie lui-même, malgré son autorité sur ses hommes, se trouva bientôt débordé. Des sections s'impatientèrent et exigèrent impérieusement la bataille.

Le jour de la promulgation de la loi, les vendeurs du *Bon Sens* et du *Pilori* se présentèrent dans la rue d'un air de bravade; on les saisit au premier cri qu'ils poussèrent. Quelques autres les imitèrent et ne furent pas plus marchandés. Ce fut une affaire faite; toute la bande rentra dans l'ombre. Mais si on ne vit plus de crieurs, on vit des émeutiers; ils s'en furent déposer leurs brochures, leur costume, et revinrent se mêler aux groupes de factieux.

Pendant plusieurs jours le boulevard Saint-Denis, lieu classique de sédition, fut occupé par des rassemblements qui criaient à tue-tête : A bas la censure! Vive les Lyonnais! C'était des sections des *Droits de l'Homme*, cherchant à ameuter la population. Vains efforts; le vrai peuple de Paris, avide de paix après tant de tumultes ruineux, n'avait pour les perturbateurs que mépris et colère.

Cependant, la badauderie parisienne aidant, les choses prirent des proportions sérieuses. Le 24 février, deux à trois mille individus étaient rassemblés sur la place de la Bourse, armés pour la plupart de poignards ou de bâtons, et affectant l'attitude la plus menaçante. Un individu, monté sur une borne, lisait un article de M. Cabet, où il était question des soixante mille ouvriers de Lyon, que la tyrannie était peut-être en train de foudroyer, parce qu'ils avaient faim. C'était un appel indirect, mais fort clair, à la révolte. L'arrestation du lecteur donna lieu à une rixe, où un officier de paix et plusieurs sergents de ville furent grièvement blessés. Alors on fit venir de la troupe et on balaya la place, non sans une résistance des plus vives. En plusieurs endroits, les sectionnaires se jetèrent sur les baïonnettes qu'ils tordirent, et tombèrent sur les sergents de ville à grands coups de canne; ceux-ci ne se laissèrent pas assommer sans répondre, et plus d'un émeutier reçut deux coups pour un. Un *Droit de l'Homme* avait été tué dans l'affaire; d'autres avaient eu la mauvaise chance de recevoir des horions quand ils cherchaient à en donner; il est clair que le lendemain la police devait voir grêler sur elle les accusations de scélératesse et d'assassinat. A l'odieux des accusations, en ces sortes de cas, presque toujours, du reste, il se mêlait du ridicule. Un député, M. Salverte, ramassa les griefs des journaux démagogiques pour les porter à la tribune, et au milieu de beaucoup de contes pitoyables, il trouva le moyen de dire que des *cadavres* gisant sur le pavé, s'étaient relevés pour fuir à l'approche des assommeurs. C'est là un trait caractéristique.

M. Gisquet, à qui l'on donnait gracieusement les épithètes de chef de forçats et de coupe-jarrets, aurait eu beau jeu pour riposter à Messieurs des *Droits de l'Homme*. La composition de ce corps illustre était irréprochable, au dire de ses patrons; ainsi, dans une lettre publiée par quatre membres du comité, on lisait : « Placés à la tête de la société des « *Droits*, nous apprécions chaque jour ce qu'elle offre de « moralité; la vie de nos membres ne craint pas l'examen. » C'était parler d'or; mais la police se permettait d'apprécier, d'une manière un peu différente, la moralité de certains conspirateurs; elle savait des histoires édifiantes sur plus d'un, par exemple, sur un chef de section nommé Stévenot, qui, dans ses loisirs, pratiquait le vol à main-armée dans la banlieue de Paris.

La loi sur les crieurs arrivait trop tard, le mal était fait. Des millions d'imprimés avaient été répandus, troublant l'ignorance et fouettant les passions de la tourbe révolutionnaire. Les *Droits de l'Homme* s'étaient emparés de tous ces gens, grisés par des lectures furieuses, et les avaient enrôlés facilement dans l'association. Au commencement de 1834, des statistiques portaient le chiffre des sectionnaires de Paris à 3,500; un grand nombre d'affiliations existaient en province, et il y avait dans l'armée quelques pelotons de sous-officiers ambitieux et de soldats indisciplinés. On était arrivé à ce point fatal où la pression des exaltés détermine forcément une explosion. En tout état de choses elle était inévitable. Au besoin, on se serait servi du premier prétexte venu, mais une bonne occasion était préférable. Cette occasion se présenta dans des conditions qui devaient satisfaire les plus exigeants : la loi sur les associations, qui fut présentée au mois d'avril, était une menace de mort contre les *Droits de l'Homme;* il ne s'agissait plus d'attaquer, mais de se défendre. La question était réduite à deux termes impérieux : ou se laisser frapper d'une dissolution honteuse après tant d'efforts et de bravades, ou prendre le fusil pour de bon.

Le comité ne pouvait montrer d'hésitation; il décida que la promulgation du nouveau code serait le signal de l'insurrection.

Que la loi sur les associations mît les *Droits de l'Homme* en fureur et les poussât aux mesures désespérées, cela n'a rien que de naturel, puisqu'il s'agissait de leur existence; mais que le gouvernement ait eu plein droit et indispensable devoir de s'armer de la nouvelle législation, c'est ce qui est clair comme le soleil. La république criarde de la presse et le troupeau à sa suite nous répondront, comme ils l'ont fait alors, par des vociférations; à leur aise! Seulement nous les avertissons qu'un homme de la démocratie sociale, un docteur du parti, déjà cité plus haut, a encore écrit les paroles suivantes : « Sans la loi contre les associations, telle que le « gouvernement la demandait, c'en était fait de la monar- « chie constitutionnelle; rien de plus certain. »

Louis BLANC. *(Histoire de dix ans.)*

Ces lignes nous suffisent et suffiront à tous les hommes de bonne foi.

Précisons en quelques mots la portée de la mesure. Un seul article du code Pénal, l'article 291, s'occupait des associations ; il proscrivait celles qui dépassaient vingt personnes, et c'était tout. Plusieurs procès où le tribunal crut devoir s'astreindre à la lettre de la loi, n'avaient que trop démontré son insuffisance radicale; un fait écrasant complétait la démonstration : la société des *Droits de l'Homme*, malgré un arrêt de dissolution, se prétendait dans des conditions légales, et était arrivée à se faire reconnaître comme telle par la jurisprudence. Par quels moyens? nous l'avons déjà dit : les sections se renfermaient dans le chiffre de vingt membres, et prenaient chacune un nom particulier. On savait fort bien que ces sections, reliées entre elles, et dirigées par un comité ostensible, ne formaient qu'une seule et vaste association; mais il fallait le prouver, et les tribunaux, à ce qu'il paraît, n'y tenaient pas. Saisissait-on des sectionnaires et leur intentait-on un procès en association illicite, ils soutenaient ne faire partie que d'une société de vingt personnes, appelée le *Ça ira*, la *Gamelle* ou les *Gueux*. L'explication était admise et on les renvoyait. C'était peut-être se tenir dans le texte étroit du code, mais ce n'était certainement pas entrer dans son esprit. Quoi qu'il en soit, une législation conduisant à des résultats pareils, avait besoin de la plus sérieuse refonte. La nouvelle loi déclarait coupables, non seulement les associations, mais les fractions d'associations. L'article 291 n'atteignait que les réunions périodiques, ne frappait que les chefs et portait les infractions devant le jury; il fut déclaré que la justice n'aurait plus à tenir compte de la périodicité, que tous les membres d'une association illicite seraient poursuivis, et que la police correctionnelle remplacerait le jury dans le jugement de ces affaires.

Ces mesures furent accueillies avec une joie sincère par tous les hommes du gouvernement et tous les citoyens honorables; c'est-à-dire par l'immense majorité du pays.

CHAPITRE XIV.

Un grand patriote. — M. Cavaignac voué aux poignards. — Préparatifs d'insurrection. — Tableau des forces du parti républicain en 1834.

Les *Droits de l'Homme* avaient tiré de leur longue impunité, une audace telle qu'ils se crurent en état de faire reculer le pouvoir. A la nouvelle du projet de loi, ils firent savoir aux associations de province que Paris ne se soumettrait pas et qu'il fallait proclamer de toutes parts la résistance. Ces instructions furent suivies; on vit les journaux démagogiques noircir leurs colonnes de protestations indignées, au bout desquelles se dressait uniformément une menace de révolte. Le *Patriote Franc-Comtois* ouvrit la marche par un factum qui fit le plus grand honneur à son rédacteur, M. Miran. Qu'était-ce que M. Miran? On va le savoir. Dans un banquet, M. Garnier-Pagès l'aîné, répondant au rédacteur Franc-Comtois, s'était exprimé ainsi : « Quand « un long et pénible voyage ne m'aurait procuré que l'a« vantage de connaître un si honorable citoyen, je ne re« gretterais pas de l'avoir entrepris. » Voilà, certes, un certificat en forme. Or, ce très honorable citoyen avait pour vrai nom Gilbert, et possédait dans les sommiers judiciaires les notes suivantes :

1813. Prévenu de faux, acquitté.

1817. Accusé d'escroquerie; condamné à six ans de travaux forcés; exposé et marqué.

1828. Condamné pour outrage à la morale publique, à cinq ans de prison.

1834. Poursuivi pour faux, et envoyé pour vingt ans au bagne.

En dehors de tout cela, trois ou quatre condamnations politiques. Le dossier, comme on voit, était aussi complet que possible.

A la suite de celle du patriote Miran, arrivèrent les protestations d'une trentaine de localités, toutes décalquées du même modèle, et trahissant le lien des associations de province avec celles de Paris. En même temps, des chefs de chaque affiliation arrivèrent dans la capitale pour s'entendre sur une résolution définitive. Ce congrès prit les décisions suivantes qui furent publiées : maintien des associations existantes; création de nouvelles; organisation du refus de l'impôt; mise en œuvre de tous les moyens inspirés par le patriotisme et le courage pour avoir raison du gouvernement. Ces révolutions étaient surtout à l'adresse des gens qui vont aux manifestations et crient à la violation de la

Constitution sur la foi des journaux; le fin mot ne fut prononcé que dans les sections, c'était la résistance à coups de fusil.

On se mit aux préparatifs avec zèle; de la poudre, des fusils furent achetés, des balles fondues, des cartouches confectionnées; les amis des régiments fêtés et largement gratifiés de promesses; enfin, on ordonna une revue générale des forces. Cette récapitulation ne répondit pas à l'attente : Paris comptait 163 sections qui devaient fournir un effectif de 3,260 hommes, à 20 par section; mais ce chiffre ne fut pas atteint, à beaucoup près. D'un autre côté, les hommes vraiment considérables du parti : MM. Lafayette, Voyer-d'Argenson, Garnier-Pagès, Carrel, mis en mesure d'appuyer une prise d'armes, avaient reculé, jugeant les chances trop mauvaises. Au comité, plus d'un membre hésitait aussi devant la responsabilité; M. Cavaignac était du nombre. Instruit comme il l'était des misères morales et de la force comparativement insignifiante de son parti, il se sentait saisi d'une profonde méfiance que sa loyauté l'empêchait de taire. Non qu'il conseillât de reculer, il n'était pas de ceux qui, après avoir poussé le peuple aux violences, se perdent dans l'ombre; mais dans la prévision d'une défaite qui frapperait la République au cœur, d'un sacrifice d'hommes dont le sang retomberait en partie sur lui, il n'osait se décider. Ses scrupules furent très mal interprétés; bientôt on en vint à des accusations contre lui. Celle de modérantisme fut hautement articulée, celle de trahison fut murmurée tout bas; l'exaltation des esprits, qui était extrême, donnant à ce dernier bruit l'importance d'un fait, quelques furieux ne proposèrent rien moins que de se défaire de l'homme qui était la personnification la plus loyale et la plus intelligente du parti. Pitoyable spectacle! sévère leçon donnée à ces hommes qui rêvent la domination de la foule, et qui en deviennent bientôt l'instrument ou la victime.

Donc, ni la désapprobation formelle des uns, ni les incertitudes des autres ne pouvaient empêcher une affaire; il restait convenu qu'on prendrait les armes le jour de la mise en vigueur de la loi. Justement ce jour là, c'est-à-dire le 11 avril, une nouvelle tomba au milieu des sections comme une étincelle sur la poudre : la province se levait de toutes parts; Lyon se battait depuis deux jours! ce fut aussitôt une agitation extraordinaire. Les cabarets s'emplirent d'une foule grouillante, les rues furent sillonnées de figures sinistres ou fiévreuses; l'air s'imprégna d'une odeur de sang et de poudre. Le 12 avril la *Tribune* écrivait : « Le peuple de Lyon
« est resté maître du terrain; les troupes sont à peu près
« découragées, et une trêve de quelques heures a été de-
« mandée et obtenue par le général. » Autant de mensonges que de mots, mais ne perdons pas de temps à relever ces sortes d'impudences devenues banales. Le lendemain, le même journal fait l'historique de toutes les insurrections victorieuses dont il a reçu ou composé le bulletin : Châlons, Beaune, Dijon, sont au pouvoir des patriotes; les autorités sont en prison; dix mille habitants de Saint-Etienne se sont portés au secours de Lyon; toute la ligne entre cette dernière ville et Paris est en conflagration; enfin un régiment, le 52e, en garnison à Béfort, s'est mutiné au cri de : Vive la République! A ces nouvelles, qui s'adressent à l'enthousiasme, on en joint qui doivent pousser à la fureur. Le général Bugeaud, s'écrie la *Tribune*, a adressé l'allocution suivante aux officiers : « Le gouvernement sait ce qu'il vous
« doit, et si les républicains remuaient, souvenez-vous qu'il
« faut tout tuer à la baïonnette; point de prisonniers, point
« de quartier. » La feuille rouge ajoutait : « Il n'y a pas

« un genre de provocation que ces gens-là ne se permet-
« tent. » Cette dernière phrase était de mise dans la circonstance, mais tout le monde l'a déjà renvoyée à son adresse,
c'est-à-dire au parti qui l'employait avec une pareille effronterie.

La bataille fut décidée pour le lendemain, 13 avril. En
un pareil moment, le capitaine Kersausie, comme chef de
la société d'action, devait concentrer l'influence; c'est effectivement de lui et de ses fougueux lieutenants, plutôt que
du comité, que vint la résolution d'attaque; d'ailleurs, ce
comité, comme on va le voir, n'était plus en mesure de diriger l'insurrection.

Les forces que le parti républicain allait mettre en ligne
ne se composaient pas uniquement de l'armée des *Droits
de l'Homme;* différentes sociétés révolutionnaires existaient
alors, dont le concours était acquis à tout mouvement démocratique. Un tableau de ces sociétés, gravitant comme
des satellites autour du soleil des *Droits de l'Homme,* ou se
confondant dans son foyer, trouve naturellement sa place
en cet endroit.

Les deux plus importantes étaient la *Société pour la défense de la Presse,* et la *Commission de Propagande.* La première, qui s'occupait de secourir les écrivains condamnés
pour politique, comptait dans son comité la plupart des
démocrates importants : MM. G. Cavaignac, Carrel, Cor-
menin, Lafayette, Kersausie, Marrast, Raspail, Charles
Teste, Voyer-d'Argenson, Etienne Arago, de Briqueville,
Cabet, Dupont de l'Eure, Garnier-Pagès, etc. Ces noms,
dont presque tous se retrouvent dans l'état-major des *Droits
de l'Homme,* indiquent que ce n'était là qu'une succursale
de la grande société. M. Marchais était secrétaire du comité,
et avait fort à faire pour répondre aux exigences des publi-

cistes, grands et petits, qui le harcelaient de demandes. Dans les pièces saisies chez lui, on retrouve des listes fort curieuses de démocrates qui réclament la subvention patriotique; il y en a de MM. Marrast, Dupoty, Trélat, Antony Thouret, Philippon, Noël Parfait; tous établissent leurs droits de la manière la plus touchante.

La *Société de Propagande* ne s'occupait ni plus ni moins que de fomenter des coalitions d'ouvriers; tâche monstrueuse, pour laquelle s'employait avec une ardeur infatigable, un comité de vingt-deux membres, où nous distinguons MM. Recurt, Dufraisse, N. Lebon, Vignerte, Berryer-Fontaine. Les coryphées des *Droits de l'homme* se retrouvent encore là, et la société n'était effectivement qu'une machine à émeutes, fonctionnant sous l'impulsion du comité des Onze. On restera frappé d'indignation en songeant à l'œuvre de ces hommes qui, sous prétexte de l'intérêt des ouvriers, mettaient la division entre eux et les maîtres, et les poussaient sur le pavé de la grève, en attendant le pavé de la révolte. Peut-être croira-t-on qu'une pareille tâche devait rester stérile, à cause de son infamie; hélas! non. Le pauvre et bon peuple à qui les charlatans promettent des panacées, et qui n'en sait pas plus long, n'est-il pas condamné fatalement à leur influence? Vers la fin de 1833, les entrepreneurs de coalitions avaient si bien fait que presque tous les corps d'état de Paris avaient déclaré la grève. La désertion était dans les ateliers de typographes, de mécaniciens, de tailleurs de pierres, de cordiers, de cochers de fiacre, de cambreurs, de gantiers, de scieurs de long, d'ouvriers en papiers peints, de bonnetiers, de serruriers. On compta parmi les coalisés 8,000 tailleurs, 6,000 cordonniers, 5,000 charpentiers, 4,000 bijoutiers, 3,000 boulangers. Qu'on suppute ce que cela faisait d'armoires vides, d'enfants en pleurs, de mères désespérées! et qu'on retienne, si on le peut, un mouvement de haine contre les hommes qui bâtissaient ainsi leurs projets sur la famine du peuple! Un jour, sachant le comité réuni chez MM. Vignerte et Lebon, la police y fut et le prit presqu'en entier. A l'instant même les grèves cessèrent; les bons ouvriers n'attendaient, pour reprendre le travail, que d'être débarrassés de la tyrannie des mauvais. Dans le procès qui résulta de cette affaire, MM. Lebon, Mathé et Lemonnier furent condamnés à cinq ans de prison, Vignerte à deux ans, Recurt et Dufraisse à un an.

Excellent peuple parisien, réjouis-toi d'avoir vu à la tête du gouvernement, ces hommes que la justice frappait pour avoir fait profession de t'affamer.

Outre ces deux sociétés il y avait: 1° celle du *Père André*, occupée spécialement de la publication, du colportage et de la vente des écrits démagogiques; son personnel assez nombreux se reliait également aux *Droits de l'Homme*; ses directeurs étaient MM. Roux, Hadot-Desages et Rion; 2° la *Société pour le Soulagement des détenus politiques*; elle venait en aide à toute espèce de démocrates, différant en cela de la *Société pour la Défense de la liberté de la presse*, qui ne s'occupait que des écrivains; 3° la *Société pour l'Instruction libre et gratuite du peuple*; elle prenait ses professeurs où bon lui semblait, ne s'inquiétant pas des règlements universitaires. Un homme honorable avait eu l'idée de cette institution, et le ministre l'avait tolérée; mais depuis, le fondateur s'étant retiré, les écoles étaient devenues des foyers de républicanisme. C'était chose grave, attendu que cette prétendue instruction s'adressait principalement aux ouvriers; plus ou moins directement tous ces élèves, qui avaient barbe au menton, trempaient dans les machinations des *Droits de l'Homme*; 4° les *Loges maçonniques*, où s'étaient organisés plusieurs corps d'action, ayant échangé leur but philanthropique contre un but révolutionnaire; 5° la *Société Aide-Toi*, vieille queue de l'association libérale de la Restauration, renouvelée, transformée et arrivée à la nuance rouge du républicanisme; 6° le *Carbonarisme*, autre débris maigre et disloqué, auquel l'ancienne réputation de MM. Charles Testes et Buonarotti conservait à grand'peine un reste d'existence; enfin quelques réunions, adoptant différents prétextes et faisant profession ouverte d'anarchie, entre autres le cours d'histoire de M. Laponneraye, fondé pour la glorification des immortels citoyens Robespierre, Marat, Couthon, etc.

Toutes ces aggrégations, dont la plupart dépendaient entièrement des *Droits de l'Homme*, dont les autres subissaient son influence, devaient fournir leur effectif dans la grande bataille du 13 avril.

CHAPITRE XV.

Effectif de guerre des *Droits de l'Homme*. — Forces du pouvoir. — Préparatifs de lutte. — Revue de la *Société d'action*. — Arrestation du capitaine Kersausie. — Insurrection des 13 et 14 avril. — Pourquoi la déroute des républicains y fut complète.

Nous avons exposé les ressources de l'insurrection, sauf le chiffre de l'effectif; des approximations aussi exactes que possible permettent de l'établir ainsi : Société d'action, 1,000 hommes; sections soumises au comité des Onze, 2,000; associations diverses et révolutionnaires isolés, 1,000; ce qui fait 4,000 hommes. C'était là, au plus large, la population républicaine de Paris; de celle au moins qui, en parlant de République, savait ce qu'elle voulait dire. Maintenant, parlons des forces du pouvoir.

En dehors de l'armée, il en avait deux qui en valent cent : l'expérience et la confiance. Il savait comment Juin avait commencé, que cette révolte, en éparpillant simultanément ses groupes dans tous les quartiers, avait alarmé la population et embarrassé la défense; les mesures étaient prises en conséquence. On s'était pénétré de trois nécessités principales : arriver sur le terrain avant l'ennemi; le percer résolument aussitôt qu'il paraîtrait, et l'empêcher de toucher aux pavés, ces gabions de la guerre civile.

Quarante mille hommes de troupes furent tenues prêtes, tant à Paris que dans la banlieue. La garde nationale, avertie à domicile, était sur le qui-vive, prête à accourir au premier signal. L'artillerie était braquée aux points découverts, et de nombreux détachements gardaient les positions stratégiques. Le maréchal Lobau, chargé du commandement général, avait organisé ces mesures, de concert avec ses lieutenants, parmi lesquels figurait le général Bugeaud.

Du côté de la police, la surveillance et le zèle avaient redoublé. Depuis les symptômes de l'orage, un remaniement ministériel avait eu lieu, et M. Gisquet trouvait, dans M. Thiers, un supérieur d'un esprit prompt et décidé. Déjà un grand nombre de chefs de sections avaient été pris dans les émeutes précédentes; MM. Delente, Dufraisse, Eugène L'héritier, Vignerte, Guignot, Herbulet, Pornin, Chilman, Schirman, Petitjean, Landolphe étaient sous les verroux. Ce dernier, chez qui une visite domiciliaire avait été faite sans résultat, publia une lettre où le préfet de police était taxé de lâcheté ignominieuse pour avoir violé, *sans motif*, le domicile d'un citoyen. M. Gisquet, qui n'avait pas le temps de répondre en paroles à ces aménités, y répondit par un fait concluant : il fit saisir M. Landolphe six jours plus tard, avec plusieurs paquets de cartouches.

Toute incertitude sur les projets des républicains ayant cessé, les appels furibonds de la *Tribune* et des chefs des *Droits de l'Homme* ayant chauffé les sectionnaires à blanc, et les rapports de police s'accordant à fixer l'affaire pour le 13, le préfet de police décida de frapper un coup décisif sur l'association : une razzia résolument combinée et exécutée, eut pour résultat la capture des chefs principaux, à l'exception de MM. G. Cavaignac et Kersausie. La *Tribune*, cette furie anarchique, fut muselée, et le brevet de son imprimeur, M. Mie, confisqué; ce qui empêcha l'apparition d'un placard rédigé par un des chefs restés libres et appelant le peuple aux armes.

Ces dispositions essentielles, ainsi qu'une foule de mesures particulières étaient prises quand se leva le soleil du 13 avril, qui devait éclairer l'Austerlitz ou le Waterloo de la République.

L'insurrection n'ayant pour corps d'armée que les *Droits de l'Homme*, et cette armée, travaillée par les divisions, se trouvant privée de sa principale force par la capture de ses officiers, l'affaire était perdue d'avance pour elle. Parmi les plus exaltés, ceux qui conservaient quelque raison, sentaient cela et ne s'entêtaient à descendre que par amour-propre; mais l'association comptait une catégorie d'énergumènes, infatués d'espérances folles, et que rien ne pouvait désabuser. Leurs chefs, nous les connaissons: c'est d'abord le capitaine Kersausie; puis une troupe de démagogues, parmi lesquels brillent MM. Barbès, Sobrier, Blanqui, etc.

Le capitaine Kersausie, que l'on n'avait pu prendre, réglait les dispositions du combat. Il avait donné rendez-vous à la *Société d'Action*, de midi à quatre heures, sur le boulevard;

Les autres sections devaient être convoquées pareillement, autant que leur état de désorganisation le permettrait. Mais ni M. G. Cavaignac, qui voyait la partie perdue d'avance, ni les autres membres du comité, n'ayant donné d'ordres positifs, cette portion considérable du corps d'armée se trouva réduite à sa propre impulsion. Des groupes furent réunis isolément, sans lien d'action; d'autres s'en allèrent à la débandade où l'instinct les poussait; beaucoup ne reçurent aucun avertissement.

A l'heure dite, la société d'action était sur le terrain, répandue sur les boulevards et les rues latérales, depuis la Chaussée-d'Antin jusqu'à la Bastille; elle attendait que le capitaine Kersausie arrivât et passât l'inspection. Il parut, escorté de quelques amis sûrs, porteurs comme lui d'armes cachées, et il commença sa revue. En passant devant chaque section, il prenait le nombre d'hommes, indiquait les postes d'attaque, recommandait la précision, l'énergie, et s'éloignait en promettant pour le soir le triomphe de la République.

Aux environs de la porte Saint-Denis, un évènement vint arrêter sa marche et ses espérances. Quelques minutes avant son arrivée sur ce point, un officier de paix, M. Tranchard, s'y était installé avec une section d'une autre espèce que celle du capitaine, mais non moins aguerrie aux coups de main de la rue. L'officier de paix, entouré à distance de son monde, jetait du côté du boulevard Poissonnière un regard qui épluchait avidement la foule. Dans ces milliers de têtes, il en guettait une que son œil exercé lui fit découvrir aussitôt qu'elle parut. D'un signe, ses gens avertis, s'ébranlèrent sur les pas de leur chef, qui se porta vivement à la rencontre de l'homme attendu. Le capitaine n'avait pas eu le temps de voir le danger que déjà, saisi à bras-le-corps par le courageux fonctionnaire, il était enlevé de terre et transporté hors du groupe qui le gardait. Il voulut tirer un pistolet et faire un appel à ses amis, mais ce fut un effort vain. Arraché du milieu de sa troupe, que les agents maintinrent l'épée au poing, il fut emporté à la mairie du 7ᵉ arrondissement.

Les sectionnaires n'avaient pas osé tenter la délivrance de leur chef; pour s'en venger, ils donnèrent immédiatement le signal du combat. Le cri : Aux armes ! retentit dans les groupes voisins, et la sédition s'alluma dans les quartiers Saint-Denis et Saint-Martin.

La difficulté des petites rues où les émeutiers s'engagèrent, empêcha de les pourchasser assez vite pour leur ôter le temps de se reconnaître. Ils réussirent à se barricader et à s'enfermer dans une sorte de camp, compris entre les rues du Temple et Saint-Martin, d'une part, des Gravilliers et Saint-Méry, de l'autre; toujours le vieux terrain de l'insurrection. Plus tard, les rues Sainte-Hyacinthe et d'Enfer furent aussi coupées de quelques barricades, élevées par les étudiants et autres sectionnaires du quartier. Hormis ces deux points qu'on ne put couvrir à temps, vu la précipitation de l'attaque, attendue seulement pour le soir, tout Paris fut préservé. Des bandes se montrèrent dans les rues Montmartre, Saint-Honoré, Montorgueil, Saint-Eustache, mais chassées la baïonnette aux reins, elles n'osèrent ni remuer un pavé ni faire face à la troupe.

Les barricades de la rive gauche, attaquées sur-le-champ par un détachement de troupes et de garde nationale, furent bousculées sans résistance sérieuse; un seul incident marqua sur ce point la défaite des républicains, et ce fut un lâche assassinat. M. Bailliot, chef d'escadron d'état-major, arrivait rue Sainte-Hyacinthe, porteur d'un ordre du maréchal Lobau; on le cribla, à bout portant, de huit coups de fusil!

Pendant ce crime odieux, d'autres sections du douzième délibéraient, le verre à la main, au café des **Neuf-Billards**, rue des Mathurins; la police força l'établissement dont la porte était barricadée, et enleva soixante individus ainsi qu'un arsenal d'armes et de munitions.

Sur la rive droite, les révoltés avaient affiché vers six heures la proclamation suivante :

« Elle est enfin rompue cette trop longue chaîne de « tyrannies humiliantes, de perfidies infâmes, de trahisons « criminelles. Nos frères de Lyon nous ont appris combien « est éphémère la force brutale des tyrans contre le patrio- « tisme républicain. Ce que les Mutuellistes ont commencé « avec tant de succès, les vainqueurs de juillet hésiteront-ils « de l'achever? Laisseront-ils échapper une si belle occa- « sion de reconquérir cette liberté chérie pour laquelle le « sang français a tant de fois coulé? Citoyens, tant de gé- « néreux sacrifices ne seront pas rendus stériles par une « lâcheté indigne. Aux armes! républicains, aux armes! »

La pauvre imagination, la fureur flasque de ce morceau, produisirent le plus médiocre effet. Le peu d'exemplaires qu'on en afficha fut immédiatement lacéré par les agents de police.

Sans un chef important, sans un ordre, abandonnés à des inspirations subalternes, les sectionnaires montraient une hésitation qui présageait une prompte déroute. Quelques meneurs, pour essayer de leur rendre courage, décidèrent de former un nouveau comité directeur; à cet effet, ils se rendirent rue Saint-Germain-l'Auxerrois, chez une blan- chisseuse honorée de l'amitié de l'un des conspirateurs. La police y arriva presque aussitôt qu'eux. Tous les membres du conciliabule furent arrêtés, et le nouveau comité détruit avant d'avoir pris naissance.

La troupe et la garde nationale n'avaient pas perdu de temps pour balayer les quartiers du centre. Les barricades de la rue Saint-Martin furent enlevées les premières; on prit ensuite celles des rues du Poirier, Saint-Méry, Transnonain, Chapon et Geoffroy-Langevin. A la nuit, quand le général en chef ordonna aux troupes de cesser le feu et de prendre du repos, la sédition acculée dans un coin du quartier Beaubourg, n'offrait plus aucune inquiétude. La force publique bivouaquait tout à travers Paris; elle avait ses communications libres et ne pouvait douter des sympathies de l'immense majorité de la population.

Dans la nuit, M. Thiers, accompagnant le général Bugeaud, poussa une reconnaissance autour du camp des insurgés; des décharges les accueillirent sur différents points. A côté d'eux, un auditeur au conseil d'État, un capitaine de la ligne et trois soldats furent frappés à mort.

Dès cinq heures du matin, quatre colonnes, commandées par les généraux Bugeaud, Lascours, Bourgon et le colonel Boutarel, fonçaient sur le pâté de maisons resté à la révolte. Après une première résistance assez vive, ils culbutaient les retranchements, dispersaient les insurgés et s'emparaient de la position. C'est dans cette attaque qu'eut lieu un de ces faits déplorables pour lequel il faut donner, non pas des excuses, mais des explications. Le 35° avait fait des pertes graves; deux de ses capitaines venaient d'être blessés mortellement; l'un avait été frappé par un soupirail d'un coup lâche et doublement criminel. Un instant après, de la maison n° 12, rue Transnouain, part une nouvelle décharge qui renverse un soldat. A la fin, ce genre d'attaques, de la part d'ennemis cachés et insaisissables, était fait pour mettre en fureur de braves soldats luttant en plein pavé et la poitrine découverte; une compagnie s'élança dans la maison d'où le coup était parti, et comme le coupable, cette fois encore, ne put être saisi, les soldats se firent justice sur tout ce qui se rencontra. Les républicains auront beau proférer éternellement des imprécations à ce sujet, les honnêtes gens les leur renverront sans relâche et sans pitié. Le sang innocent a été versé, oui; mais qu'il retombe sur ceux qui en sont cause, sur les bandits qui tuent, dans l'ombre, par des trous, des hommes de cœur qui les attaquent en face!

Vers six heures du soir, les ducs d'Orléans et de Nemours, traversant à cheval le théâtre du combat, essuyèrent plusieurs coups de feu, heureusement mal dirigés; ce fut l'épilogue du drame; Paris n'eut plus qu'à laver le sang de ses pavés.

La troupe et la garde nationale eurent onze hommes tués, quatorze blessés; du côté de l'insurrection, on compta quatorze morts et une douzaine de blessés.

Telle fut l'œuvre du parti républicain, résumé dans les *Droits de l'Homme;* la fameuse société qui devait dévorer Paris, fut écrasée, moins par la force que par sa propre impuissance et l'indignation publique.

CHAPITRE XVI.

Les *Droits de l'Homme* et les *Mutuellistes* à Lyon. — Insurrection. — Rôle théâtral de M. Lagrange. — Eclipse des principaux chefs.

C'est au signal de Lyon que Paris s'était levé; racontons comment la seconde cité du royaume, et plusieurs villes de l'Est et du Midi, avaient été livrées à la guerre civile.

En 1828, s'était formée à Lyon, sous le nom de *Mutuel-*

listes, une société de tisseurs qui devint bientôt fort nombreuse; l'autorité civile et le clergé s'en firent les patrons, ce qui fut vu avec grand plaisir par les ouvriers, alors exclusivement préoccupés du but philanthropique de l'institution. Grâce à cette haute influence et à l'admirable sagesse des fondateurs, qui avaient interdit toute discussion politique et religieuse, les membres vivaient en paix et en prospérité. Que de tentatives récentes, dans nos corporations ouvrières, eussent atteint le succès, si le premier chapitre de leur association eût posé le sage principe des *Mutuellistes!* Que de braves artisans, égarés par des sophistes sans cœur, n'eussent pas cherché la misère dans une utopie, quand ils pouvaient saisir le bien-être dans la réalité! Le palais de la fortune leur est fermé, dit-on: sans doute l'entrée de ce palais n'est pas banale; mais des centaines de mille ouvriers, devenus maîtres, ne sont-ils pas là pour dire que cette porte s'ouvre devant l'intelligence et le labeur!

La société des *Mutuellistes* était divisée en loges de moins de vingt personnes; un certain nombre de loges marchaient ensemble et nommaient chacune deux délégués qui formaient une loge centrale; le comité se composait de tous les présidents de ces loges centrales. La pression du comité s'était fait sentir plusieurs fois dans les querelles industrielles de la cité, notamment en 1831, mais aucune arrière-pensée politique, ni socialiste, ne s'était mêlée au débat. Nous disons socialiste dans le sens moderne du mot; il est bien clair, en effet, que les ouvriers, dans leurs démêlés avec les fabricants, cherchaient l'amélioration de leur état, mais ils ne songeaient pas au chaos social qu'on rêve aujourd'hui.

Vers le milieu de 1833, les *Droits de l'Homme* de Paris s'occupant d'affilier la province, n'oublièrent pas la bonne ville de Lyon, toujours si fidèle au drapeau révolutionnaire.

Pour lui témoigner en quelle estime on la tenait, le principal membre du comité parisien, M. G. Cavaignac, alla lui-même présider à son organisation. Une réunion des républicains influents fut formée aux bureaux du *Précurseur*, et eut pour résultat la nomination d'un comité, composé de MM. Jules Favre, Baune, Charassin, Rivière, Perrier, Poujol, Lortet, Jules Seguin, Berthollon et A. Martin. Comme résolution capitale, il fut décidé qu'on mettrait toute l'ardeur possible à républicaniser la classe ouvrière et à l'attirer dans les *Droits de l'Homme*; les *Mutuellistes* surtout devaient être travaillés chaudement et débarrassés de leurs préjugés anti-révolutionnaires. Le comité prit le nom de *Comité invisible*; qualification qu'il pouvait réaliser facilement, attendu que ce n'était qu'un état-major sans soldats. Quand la propagande eut amené quelques recrues, la direction fit un changement dans son personnel; les peureux, parmi lesquels comptait M. Jules Favre, se retirèrent, et le comité resta définitivement composé de MM. Baune, Berthollon, A. Martin, Albert, Court, Poujol et Hugon. L'embauchage se fit alors avec une grande activité; la plus notable partie des patriotes fut enrôlée dans l'espace de quelques mois.

Un groupe faisait scission, et quoique professant les mêmes principes, s'entêtait à conspirer sous la vieille forme maçonnique; mais il y eut bientôt entre les membres une division qui les força de se dissoudre. M. Lagrange faisait partie de cette secte; il en rassembla les débris et les réorganisa sous le nom de *Société du Progrès*.

Ce fut cette *Société du Progrès* avec celle des *Droits de l'Homme*, surtout la dernière, qui entreprirent la conversion des *Mutuellistes*. Ils n'y réussirent que trop. La conséquence fut un appoint considérable pour les révolutionnaires et une anarchie immédiate parmi les ouvriers tisseurs. Avec la politique, l'esprit de désordre, les exigences, les débats haineux, les coalitions arrivèrent promptement. Le premier fait qui révéla ce changement fut la désorganisation du comité. Les anciens membres furent cassés et on les remplaça par une commission exécutive, nommée et décidant de tout au scrutin. A peine installé, ce nouveau pouvoir ayant à se prononcer dans une question de salaire, céda à l'esprit de désordre qu'on lui avait soufflé, et posa à la fabrique un ultimatum menaçant; les maîtres résistèrent, et sur l'ordre du comité, on déclara la grève. Deux jours après, tous les ateliers de soieries étaient déserts.

Dans ce terrible jeu des grèves, où l'ouvrier jette le pain de sa famille plutôt par colère que par espoir de bénéfice, la tyrannie de quelques meneurs force généralement la main au grand nombre; il en était ainsi dans le cas actuel; aussi, se révoltant contre les instigateurs du chômage, les tisseurs paisibles témoignèrent-ils le désir de rentrer au travail; les frères patriotes s'y opposèrent et battirent ceux qui demandèrent à gagner tranquillement leur vie.

Les *Droits de l'Homme* de Lyon, comme ceux de Paris, avaient un noyau de furieux, ne rêvant que destruction et à qui l'agitation de la classe ouvrière parut un bon prétexte à coups de fusil; mais le comité fut loin d'être de leur avis. Ce comité montrait alors une prudence qui pourrait peut-être s'appeler d'un autre nom. Jusque-là, il n'avait pas été avare de bravades et d'excitations, mais se trouvant à ce point délicat qu'on nomme le pied du mur, il était d'une réserve fort peu héroïque.

Ne sachant comment se tirer d'affaire avec les tisseurs qui s'entêtaient à la grève et les sectionnaires qui voulaient mettre le feu aux poudres, il se décida à demander secours à Paris. Un agent fut expédié avec mission de ramener avec lui quelque médiateur influent. Sur le récit qui leur fut fait, deux hommes, qu'animaient des intentions différentes, mais qui, tous les deux, voulaient éviter un coup de tête : MM. G. Cavaignac et Carrel, se décidèrent à partir. Justement comme ils allaient se mettre en route, la nouvelle de la cessation de la grève arriva. La difficulté se trouvant levée, le voyage n'eut pas lieu.

Mais, presque aussitôt, le feu éteint se ralluma violemment à l'annonce du projet de loi contre les associations. Les *Mutuellistes*, alors presque tous engagés dans les *Droits de l'Homme*, prirent la chose à la façon révolutionnaire. Leur organe, l'*Echo de la Fabrique*, publia une protestation qui était déjà un acte de révolte, il déclara qu'on n'obéirait pas à la loi.

Le pouvoir comprit qu'il était temps de prendre des mesures de défense. Une expérience avait été faite à Lyon en 1831; on avait parlementé avec les ouvriers, on s'était laissé aller à des concessions et on avait si bien fait que, enhardie par une générosité où elle n'avait vu que faiblesse, l'émeute s'était emparée de la ville et avait amené les autorités à capitulation. Cette fois on s'y prit différemment : comme il fallait d'abord faire voir que la loi sur les coalitions était chose sérieuse, on arrêta, parmi les *Mutuellistes*, six des principaux instigateurs de la grève. Ce fut l'huile qui allait développer l'incendie; mais il y avait nécessité de faire acte de vigueur. A la nouvelle de l'arrestation, les faubourgs bondissent de fureur; plusieurs *Mutuellistes* vont trouver les magistrats, déclarant qu'ils sont décidés à partager le sort de leurs camarades; d'autres, n'écoutant que leur colère, s'écrient qu'il est temps de prendre les armes et d'en finir. Les chefs les retiennent à grand'peine par la promesse d'un mouvement général dont on va arrêter les dispositions. Effectivement, une sorte de conseil de guerre est convoqué, où assistent les divers corps d'état, conjointement avec les sociétés secrètes. On compte dans la réunion, les chefs des *Mutuellistes* et des *Droits de l'Homme* réunis, ceux de la *Société du Progrès*, des *Indépendants*, de l'*Association pour la Liberté de la Presse*, des *Hommes libres*, des *Francs-Maçons*, des *Unionistes*, des *Concordistes*, des *Ferrandiniers*, etc.; toutes ces sociétés, que menace la nouvelle loi et dont la plupart cèdent à des inspirations contraires à leurs statuts, sont prêtes à ensanglanter la ville. Un comité d'ensemble est formé en vue de l'action. Le procès des *Mutuellistes*, qui avait été appelé le 5 avril, est remis au 9; c'est ce jour là qu'on descendra; la résolution en est formellement arrêtée.

Le comité d'ensemble, où dominaient les membres des *Droits de l'Homme*, beaux parleurs et grands vantards, n'osa pas toutefois décréter ouvertement l'attaque; il se contenta de proclamer la résistance à l'agression. Comme il était convenu que toutes les sociétés se porteraient au tribunal le jour du procès, cela revenait à peu près au même; seulement on espérait amoindrir ainsi la responsabilité.

Ces précautions des chefs n'étonneront pas ceux qui savent les choses. Pour tous les comités de sociétés secrètes et de conspirations quelconques, le moment de l'action est ce qu'on nomme trivialement le quart-d'heure de Rabelais; les meneurs ont réussi à inspirer à leurs hommes une confiance aveugle qu'ils ne partagent pas, et quand la force des choses amène l'heure de la lutte, ils en donnent le signal à leur corps défendant. Quelques-uns ont du cœur et vont au sacrifice par amour-propre; la plupart s'éclipsent et ne reparaissent plus. Il n'y a que le troupeau des conjurés qui aille résolûment au feu, fanatisé qu'il est par d'incessantes excitations, plein de foi dans un succès qu'on lui a montré comme certain, et de sécurité dans des chefs qui désespèrent ou qui tremblent. Et cela est si vrai que, dans le cas actuel, nous en voyons plusieurs exemples à la fois : ainsi, ce que faisait Lyon en s'abritant sous son droit de défense, Paris le faisait en se retranchant derrière l'initiative de Lyon; ici on attendait que le pouvoir eut commencé, là bas on attendait que Lyon fut à l'œuvre; l'hésitation des meneurs était la même. C'est qu'il ne s'agissait plus de belles paroles dans les clubs, et que les coups de fusil dans la rue ont d'autres conséquences.

Comme toujours, les révolutionnaires de Lyon comptaient ou affectaient de compter sur la troupe, qui devait passer avec la révolte, et rendre la victoire facile; c'est là une de ces illusions dont les conspirateurs ne se guérissent pas, si souvent que l'expérience leur en montre la puérilité. Nous avons dit et nous répèterons à satiété que nos soldats, avec leur forte discipline, marchent toujours contre la révolte, quand ils sont bien commandés.

Malgré la résolution prise de se battre le 9, le comité conservait une incertitude que plusieurs circonstances démontrent. Ses pouvoirs avaient toute la régularité possible, cependant il exige qu'on le soumette à une réélection. On peut supposer, sans trop d'insolence, que plus d'un membre espérait ne pas être réélu; cet espoir fut trompé, tout le monde fut confirmé dans ses fonctions. Au surplus, l'indécision existait ailleurs que dans chefs des *Droits de l'Homme*; M. Lagrange, directeur principal de la *Société du Progrès*, tergiversait également; son dernier mot fut que l'affaire était mauvaise, mais qu'il l'appuierait, puisque le parti se trouvait engagé.

Le 9 avril, les sections convoquées, et ayant pour mot d'ordre : *Association, Courage, Résistance*, se portent en masse aux alentours du Palais de Justice. On voit circuler, à travers les groupes, différents membres du comité, entre autres, M. E. Baune. Voyant ses hommes pleins de la plus belle ardeur, il les en remercia emphatiquement au nom de la démocratie qui allait triompher. Cela fait, M. Baune se trouva malade et rentra chez lui pour ne plus reparaître.

Aussitôt le gros des forces insurrectionnelles réuni, les cris : Aux armes! s'élèvent, et sans autres préliminaires, tous les bras se mettent aux barricades; quelques instants après, les premiers coups de feu retentissent. Trois ou quatre membres du comité étaient dans une maison voisine, délibérant et ayant grand'peine à prendre une résolution. On vient leur apprendre que l'affaire est commencée : « Soit! disent-ils, allez annoncer que le signal du combat est donné. » Ils eussent commandé la retraite que l'affaire n'en éclatait pas moins. Le peuple, dans ces circonstances, prend son rôle un peu plus au sérieux que ses chefs.

La troupe ne laissa pas long-temps d'incertitude sur ses intentions; conduite au feu par des officiers énergiques, elle fit son devoir sans hésitation. La canonnade l'appuya presqu'aussitôt, car on comprenait l'importance d'une répression expéditive. Les choses furent menées de telle sorte que l'invasion des faubourgs, refoulée de toutes parts, n'avait plus à la nuit qu'une seule position dans la ville, la place et l'église des Cordeliers.

Cette journée fut chaude; les vingt mille hommes de garnison et les généraux Aymar, Fleury et Buchet, n'eurent pas trop de tout leur courage et de toute leur habileté. Les vieux moyens en usage dans les séditions avaient été mis en œuvre par les révolutionnaires : un placard, collé à profusion, annonçait la proclamation de la République à Paris, la fuite du roi, le soulèvement des principales villes, la désortion de la troupe, l'arrivée de vingt mille Dauphinois, etc. Ces impudents mensonges sont d'un emploi et d'un effet éternels. En outre, une tactique odieuse fut pratiquée : des femmes, animées du fanatisme farouche qu'engendrent ces luttes, se mettaient aux croisées, cachant leurs maris, qui, derrière ce rempart, décimaient les rangs de la troupe. Les soldats frémissaient de rage, mais respectaient l'égarement de ces malheureuses. Il fallut monter dans les maisons et y laisser des détachements, ainsi que dans chaque barricade, car tout point abandonné par les troupes était aussitôt repris par l'insurrection. On n'apercevait ni chefs, ni direction, ni ensemble, mais seulement une animosité sinistre, un courage désespéré.

Chassée de la ville, la révolte regagne les faubourgs qu'elle soulève et où elle soutient pendant trois jours une lutte non moins acharnée. Deux canons, dont elle s'est emparée, sont pointés sur une plate-forme de Fourvières et foudroient les quais de la Saône et la place Bellecour. L'intrépidité des troupes arrête et abat partout la sauvage énergie des assaillants. Le 12, la force emporte les différentes positions des faubourgs, ainsi que l'église des Cordeliers, dernier et redoutable retranchement de la révolte.

C'est aux Cordeliers qu'était M. Lagrange, il y fit beaucoup d'effet par son costume, son attitude et ses discours qui paraissaient tendre surtout à bien constater son rôle supérieur. La vérité est qu'il donnait beaucoup d'ordres et prenait beaucoup d'agitation, mais ses compagnons lui trouvaient l'air d'un conspirateur de théâtre, et ne l'écoutaient guères. L'un des vrais commandants de la position était M. Callès, fabricant de cordonnerie en soie; celui-là n'avait rien de majestueux, mais il dirigeait la défense avec un sang-froid sombre et une conscience dont les troupes se souvinrent. Il resta jusqu'au bout à son poste; le canon avait crevé les portes de l'église que, réfugié dans les encoignures avec une petite troupe de forcenés, il faisait encore pleuvoir des balles sur les assiégeants.

On remarqua plusieurs autres chefs, qui restèrent à la tête de leurs hommes pendant le combat; ainsi, M. Reverchon, à Vaise; M. Despinasse, à la Guillotière, MM. Carrier et Gauthier, à la Croix-Rousse. Quant à MM. Sylvain Court, Antide Martin, Albert, Hugon et E. Baune, formant le comité des *Droits de l'Homme*, et qui pouvaient passer pour les organisateurs de la révolte, on ne vit trace de leur présence nulle part où il y avait des coups de fusil à tirer ou à recevoir.

CHAPITRE XVII.

Conspirations de Lunéville, Saint-Etienne, Châlons, Clermont, Grenoble, Vienne et Marseille. — Procès d'avril. — Les Accusés. — Les Défenseurs. — Evasion de Sainte-Pélagie. — Jugement. — M. Marrast en prison. — Illumination odieuse. — Révolte dans les cabanons. — Tentative d'assassinat sur M. Carrel.

Cent trente et un soldats, dont un colonel et douze officiers furent tués dans la révolte de Lyon; il y eut 192 blessés; du côté des insurgés, on compta 170 morts; le nombre des blessés est resté inconnu. Tel fut le funèbre trophée des *Droits de l'Homme* dans la seconde ville du royaume.

Les arrestations se montèrent à 400; parmi lesquelles quelques légitimistes, entre autres M. Saint-Genest et l'abbé Noix, qui comparurent devant la cour des Pairs.

La propagande de la trop fameuse société s'était étendue

à beaucoup de villes qui avaient sections, comités, et recevaient le mot d'ordre de Paris. Parmi les principales affiliations, il faut mentionner celles de Saint-Etienne, menée par la famille Caussidière; de Perpignan, dirigée par les Arago; d'Arbois, d'Epinal, organisées par MM. Desperey et Mathieu; de Dijon, commandée par M. James de Montry, et le lieutenant Demay; de Clermont, de Marseille, de Grenoble, de Metz, dont MM. Trelat, Imbert, Saint-Romme et Dornez étaient les chefs; enfin celles de Lunéville et de Nancy, ayant leur noyau dans quatre régiments de cuirassiers qui tenaient garnison dans le département de la Meurthe et des Vosges.

Cette dernière conspiration avait quelque chose de particulièrement grave, en raison de l'élément militaire qui s'y trouvait mêlé. M. de Ludre, le député, était allé à Nancy pour monter l'affaire avec les maréchaux-des-logis Clément-Thomas, Tricotel, Bernard et Regnier. La loi sur les associations étant survenue, on tint un conseil dont le résultat fut que les quatre régiments, enlevés par les sous-officiers, se porteraient, en soulevant les populations, au secours de l'insurrection de Paris. Les maréchaux-des-logis avaient joué à la popularité avec leurs inférieurs, et s'imaginaient n'avoir qu'à parler pour mettre la révolte dans les escadrons; malheureusement leurs projets étaient connus et leurs démarches surveillées de près. Le général Gusler fit venir M. Thomas, à qui il se contenta d'adresser une sévère admonestation; c'était y mettre une indulgence dont l'ambitieux sous-officier se montra peu reconnaissant. Quelques jours après, le 16 avril, le faux bruit d'un soulèvement dans la garnison de Béfort s'étant répandu, M. Thomas et ses collègues arrêtèrent l'exécution immédiate de leur projet. M. Tricotel se rend à Nancy au galop pour donner le signal ses trois complices se répandent dans les chambrées, haranguent les hommes, leur font les belles promesses d'usage et ne doutent pas que tout le monde ne les suive. Ils rassemblent ensuite les maréchaux-des-logis, les entraînent hors de la ville, dans un lieu désert, et leur font l'exposition du plan, des moyens et des magnifiques avantages que promet le succès. Les sous-officiers du 10° refusent net; les autres écoutent froidement sans manifester leurs impressions; un très petit nombre accueille favorablement la communication. Les meneurs rentrent à la caserne, suivis de leurs collègues, et s'apprêtent à monter à cheval pour enlever les régiments; mais cette tentative audacieuse avait été poussée assez loin. Les chefs de corps, instruits de tout, avaient pris leurs mesures; les cours étaient pleines de soldats qui attendaient les conspirateurs et qui les saisirent au premier ordre des officiers. Au lieu du cortége triomphal que les rebelles attendaient de leurs camarades, ils n'en reçurent qu'une escorte pour aller en prison.

A Saint-Etienne, le contre-coup du mouvement de Lyon se fit sentir le 11 et le 12. Le premier jour, on vit défiler devant l'Hôtel-de-Ville, au refrain des chansons républicaines, divers rassemblements se montant à 4,000 personnes; c'étaient des mineurs et des rubaniers embrigadés dans les *Droits de l'Homme* de l'endroit, et répondant à l'appel général. M. Caussidière le père, ses deux fils et une de ses filles, avaient organisé l'association; mais M. Marc Caussidière, arrêté dès le mois de février à la suite de désordres graves, ne fut point mêlé dans l'affaire; son père y fit le coup de feu, son frère y fut tué. L'émeute n'eut rien d'héroïque; on assomma des soldats isolés, on essaya une attaque contre la manufacture d'armes, et on réussit à dresser quelques barricades; ce fut tout, avec le pillage de trois ou quatre armuriers et le bris des portes d'une église. Non pas que la troupe de pauvres ouvriers, traînée au désordre par les démagogues, ne fut disposée à de plus grands excès; mais de vigoureuses charges de cavalerie y mirent ordre. Le 12, il restait quelques ferments d'agitation qui furent facilement étouffés.

Châlons-sur-Saône avait sa société des *Droits de l'Homme* et devait fournir sa scène dans le drame insurrectionnel. Les sectionnaires barricadèrent le pont de la Saône et se mirent à sonner le tocsin. En même temps on criait aux armes! à travers la ville, et on s'emparait de l'Hôtel-Dieu. Une simple compagnie de voltigeurs lancée contre les émeutiers, les mit en déroute et délivra la ville. Mais la société avait des ramifications dans la banlieue; les communes se lèvent au son des cloches; on arrête les malles; un détachement de soldats est cerné et on lui arrache son drapeau qu'on jette au feu; noble exploit! Des émissaires sont expédiés dans tous les environs, annonçant le triomphe des Lyonnais et acclamant la République dans les campagnes. Cela dura jusqu'au 14; la chute de Lyon étant alors officiellement connue, les chefs des *Droits de l'Homme* s'enfuirent, laissant leurs hommes aux soins de la Providence.

A Clermont-Ferrand, grande agitation parmi les sectionnaires, grands discours dans les cafés, et grande envie d'agir; mais point d'exécution; la prudence l'emportant sur le reste. Seulement, un officier pris de vin, tira son sabre au défilé de la garde, et le brandissant, poussa un large cri de vive la République. Cet acte insensé fut l'unique signe de vie de la démocratie auvergnate.

Il y eut également velléité de sédition à Grenoble, Vienne et autres villes des environs de Lyon. On entendit hurler : Vive la République! aux armes! volons au secours de nos frères ! et autres clameurs connues. Aux cris succédèrent le pillage de quelques boutiques, des voies de fait contre quelques agents et quelques coups de fusil; le menu de toute émeute.

M. Imbert, principal chef des *Droits de l'Homme* de Marseille, et les commandants de la *Cougourde*, société de sacripans recrutée dans les antres de la ville, ne montrèrent pas moins de bonne volonté pour le désordre. Le comité des *Droits* avait publié la déclaration suivante : « La société de « Marseille s'engage sur l'honneur à désobéir et à résister à « la loi, pour n'obéir qu'à sa conscience. » Le 14, le *Peuple souverain*, dirigé par M. Imbert, donnait un de ces bulletins impudents qu'on sait par cœur : le roi était assiégé dans les Tuileries, la reine et les princesses s'étaient évadées, les troupes tournaient. Tout cela fut insuffisant pour émouvoir la population. Les patriotes jetèrent leur exaspération dans un pauvre appel aux armes qui tomba sans écho.

Comme il était certain que tous ces mouvements ne formaient qu'un complot, dont l'inspiration était partie des *Droits de l'Homme* de Paris, le gouvernement prit le parti de réunir toutes les causes en un seul procès, qui fut porté devant la cour de Pairs. Le compte-rendu de cette formidable affaire n'entre pas dans notre plan; nous allons en tracer un simple historique, à cause des personnages qui y figurent, et qu'il est bon de suivre dans leur route jusqu'en Février.

Les accusés n'entendaient point faire une défense ordinaire, mais une prédication solennelle et triomphante de leurs doctrines. Dans ce but, ils appelèrent à eux, non comme avocats, mais comme aides dans leur confession, tous les républicains de quelque notoriété. Il en vint des quatre coins de la France, et la vérité permet de dire qu'une bonne partie d'entre eux méritaient de paraître devant la Haute-Cour autrement que comme avocats. Dans cette armée de prétendus défenseurs, on remarque les noms suivants pour Paris: MM. Barbès, Blanqui, Flocon, Bergeron, Vignerte, Martin Bernard, Buonarotti, Marc Dufraisse, Raspail, Charles Teste, Grouvelle, Laponneraye, Latrade, Carrel, Dussard, Hyppolite Fortoul, Charles Ledru, Ledru-Rollin, Pierre Leroux, Jean Reynaud, Voyer-d'Argenson, Carnot, Auguste Comte, Dupont, Garnier-Pagès, F. Gérard, Lamennais, Landrin, L'Héritier, Marie, Moulin, Ploque, Virmaître, Vervoort, Thomas, Lebreton.

Pour la province nous trouvons MM. Jules Favre, Degeorge, Dornès, James de Montry, Michel (de Bourges), Trélat, Saint-Romme, Joly, Coppens, Coralli, Demay, Senard, Antony Thouret, Voirhaye.

Un comité fut formé dans chacune de ces deux catégories pour diriger les travaux; celui de Paris fut composé de MM. Chilmann, G. Cavaignac, Granger, Lebon, Marrast, Pichonnier, Guinard, Vignerte et Landolphe; celui de Lyon de MM. Tiphaine, Caussidière, Martin, Taillefer, Baune et Lagrange.

On comptait faire entendre, de la sellette du tribunal, un enseignement encyclopédique de la démocratie, et pour que les questions fussent traitées *ex professo*, on assigna à chacun sa partie: l'un fut chargé de la question administrative, l'autre des problèmes économiques, celui-ci de la philosophie, celui-là de la politique extérieure. Ces messieurs daignèrent même comprendre les beaux-arts dans leur programme; un des accusés devait abandonner ses hautes études de barricades et de machines insurrectionnelles, pour professer les vrais principes de la littérature, de la science et des arts.

Ce beau projet, dont le but était de montrer la supériorité en toutes choses du parti républicain, rentrait dans un certain domaine que la Haute-Cour n'avait pas à surveiller, celui du ridicule; mais ce qui la touchait de près, c'est la prétention avouée des prévenus de faire solennellement le procès aux juges. La cour des Pairs décida qu'elle ne souffrirait pas cette interversion des rôles, et récusant l'étrange défense qu'on voulait lui imposer, désigna d'office des avocats aux accusés. Il était bien entendu, d'ailleurs, que tout membre du barreau pouvait leur prêter son ministère; ce que les Pairs voulaient empêcher c'est que le premier venu, sous un titre sacré, vint attaquer les lois et glorifier la révolte. Plaintes, clameurs, protestations éclatèrent de toutes parts à cet arrêt. Conseils et prévenus déclarèrent qu'ils ne présenteraient pas de défense. Cette résolution, toutefois, ne fut pas générale; quelques accusés qui voulaient faire figure devant la justice, et quelques avocats qui espéraient y produire de l'effet, plaidèrent chaudement pour qu'il y eut défense et défenseurs; de ce nombre étaient M. Lagrange, qui a toujours pris son rôle politique au point de vue pittoresque, et Mᵉ Jules Favre qui n'a jamais perdu l'occasion d'un de ces discours piqués de bile, dont il a la spécialité.

Sur l'autorisation qui leur en fut donnée, les prévenus et leurs conseils eurent une grande réunion à Sainte-Pélagie; la décision fut que la République ne devait pas céder, et qu'il fallait forcer la Cour a admettre la défense telle que les républicains l'entendaient. M. Ledru-Rollin, alors passablement inconnu, s'éleva contre cette résolution, qui fut énergiquement soutenue par Mᵉ Michel (de Bourges) dont la réputation était faite. Mᵉ Jules Favre s'étant prononcé pour l'opinion de la minorité avec sa bienveillance habituelle, l'avocat de Bourges, qui ne lui cède pas en aménité, le rembarra en termes tels que ces deux robes noires faillirent s'entredéchirer.

C'est au milieu de ces dispositions que s'ouvrit le procès. Les colossales proportions de l'affaire avaient exigé une instruction de treize mois; la cour des Pairs n'appela les prévenus que le 5 mai 1835. Les différentes catégories comprenaient cent vingt et un accusés. Voici les noms des principaux : MM. Cavaignac, Marrast, Guinard, Recurt, Kersausie, Clément Thomas, Berryer-Fontaine, de Ludre, Lagrange, Baune, Reverchon, Caussidière, N. Lebon, Vignerte, Landolphe, Maillefer, Mathé, Imbert, Delente, Villain, Mathieu (d'Epinal), Crevat, Beaumont, Pornin, Chilmann, Chancel.

Les accusés parisiens refusèrent de répondre; ceux de Lyon acceptèrent le débat. L'audience fut dramatisée par des protestations et des scènes de violence que tout le monde connaît. La Cour, pour maintenir la dignité de la justice, fut obligée de rendre un arrêt pour disjoindre les causes; les accusés lyonnais furent jugés les premiers. Pendant ce temps, les Parisiens enfermés à Sainte-Pélagie, préparaient une évasion qui réussissait et les tirait d'embarras. Il y a lieu de croire que le gouvernement ne fut pas affligé outre mesure de leur disparition.

A propos de cette évasion, nous relaterons un fait assez caractéristique : avant l'arrivée des Lyonnais à Paris, deux d'entre eux, trouvant la surveillance de leurs gardiens en défaut, profitèrent de l'occasion pour se sauver. Les sévères républicains de Paris publièrent une protestation contre leur déloyauté : « Il est indigne, disaient-ils, de fuir le débat. » Cette pièce était signée : Marrast, Guinard, Cavaignac, Berryer-Fontaine, N. Lebon, Landolphe, Vignerte, Delente,

Lecomte, Pichonnier, Crevat, Delaquis et Caillet; or, tous ces messieurs faisaient partie, quelque temps après, des évadés de Sainte-Pélagie, et en se sauvant, avaient publié une pièce où on lisait : « Il est temps que des hommes de « cœur rendent l'oppression vaine et ridicule, en s'y déro- « bant. » Explique qui voudra comment les mêmes hommes trouvaient aujourd'hui déloyal de fuir le débat, et le lendemain prétendaient qu'on doit rendre l'oppression ridicule en s'y dérobant.

Le jugement général, rendu le 13 août, tant contre les accusés présents que contre les contumaces, condamna à la déportation : MM. Cavaignac, Guinard, Marrast, de Ludre, Kersausie, Berryer-Fontaine, C. Thomas, N. Lebon, Vignerte, Delente, Beaumont, Baune, Reverchon, Antide, Martin, Albert et Hugon; à vingt ans de détention : MM. Lagrange et Bernard; à dix ans : MM. Caussidière, Landolphe, Mathé, Stiller et Tricotel; les autres à des peines moins fortes.

L'insurrection et le procès d'avril avaient dispersé la fameuse association des *Droits de l'Homme*; mais avant d'expirer, les tronçons du serpent devaient se tordre en quelques convulsions désespérées.

Pendant l'instruction, des priviléges de toutes sortes avaient été accordés aux prisonniers de Sainte-Pélagie; ils recevaient librement femmes, parents et amis; on leur accordait de sortir sur parole, et on tolérait des festins dont la république lacédémonienne aurait été fort scandalisée. Leur prison avait quelque peu l'air d'un hôtel. Tous y pourrissaient sur de bons lits en guise de paille humide, et du matin au soir, festoyaient avec des visiteurs qui arrivaient chargés de provisions. M. Marrast surtout traînait une captivité largement nourrie de truffes et arrosée de champagne, ce que les frères, moins bien choyés, voyaient d'un œil louche et d'une bouche terriblement envieuse. Comme l'illustre rédacteur de la *Tribune* s'inquiétait peu de ces petites gens, et se gobergeait d'un air insolent à leur barbe, on avait fini par le prendre en haine et à lui promettre une bonne lanterne dans la république future. C'est de là que date la sourde inimitié que les patriotes ont voué depuis à ce personnage; inimitié qui l'isolait dans l'exil, qui l'a suivi au *National*, et qui ne s'est pas certainement amortie depuis Février.

Donc, les prisonniers de Sainte-Pélagie, prévenus d'avoir organisé et tenté la subversion de la France; d'avoir commandé la lutte fratricide de Paris et inspiré celle de Lyon, crimes sérieux entre tous, devaient en conscience de beaux remerciements au pouvoir qui leur montrait tant d'égards; mais non, on faisait trop peu; il eut fallu les traiter en princes malheureux et raffiner sur les égards. C'est la prétention habituelle des conspirateurs; parce qu'ils ont commis des actes plus criminels que d'autres, ils entendent qu'on leur prodigue les plus fines prévenances. Il est vrai que certains administrateurs ont encouragé cette prétention, et que les criailleries des journaux démagogiques sont de nature à effrayer les gens timides; cependant, il faudra bien qu'on en arrive à appliquer aux anarchistes le principe d'égalité dont ils se disent si amoureux, et à ne voir, quels que soit l'espèce et l'individu, qu'un crime dans un crime, un criminel dans un criminel. D'ailleurs, la partialité en ces sortes de choses vient généralement d'un sentiment indigne : on se dit que nul ne peut répondre, en ces temps de tempêtes, de n'être pas poursuivi à son tour et livré aux représailles. C'est ainsi qu'on se perd; ces lâches ménagements, cette défiance que l'on a de sa durée et de son droit, font la force de l'ennemi et éternisent la révolution.

Nous venons de dire l'indulgence qu'on montrait aux chefs des *Droits de l'Homme:* on va voir comment ils y répondaient, et par quelle noble conduite ils relevaient leur captivité.

Le 20 mai, pendant l'instruction, le général Lafayette meurt; les républicains, selon l'exemple déjà donné à la mort de M. Casimir Perrier, illuminent leurs cabanons! Un journal ayant prétendu que cette indignité avait excité des protestations parmi les prévenus, M. Vignerte dément cette nouvelle avec indignation et soutient que la manifestation est un acte d'honneur auquel tous les accusés d'avril se glorifient d'avoir pris part. M. Vignerte se vantait d'un fait faux, car il y avait parmi ses camarades des gens de cœur qu'il gratifiait d'une lâcheté; mais telle était la fièvre des esprits que personne ne réclama.

Quelque temps après, les prisonniers font une de ces requêtes, fréquemment renouvelées, et qui avaient l'air d'une plaisanterie effrontée; on n'y répond pas. Tout aussitôt ces messieurs se révoltent, s'enferment dans les corridors, brisent les meubles et y mettent le feu. Arrivent des agents de la force publique qui somment les perturbateurs de rentrer dans l'ordre; on les insulte, on les brave. Il fallait cependant avoir raison de ces forcenés : les municipaux ont ordre de charger leurs armes. Cela donne à réfléchir aux patriotes, qui s'apaisent, sauf à se dédommager amplement dans leurs journaux. La *Tribune*, cette furie musclée un instant et qui venait de reprendre ses vociférations, épuise son vocabulaire d'outrages contre M. Gisquet, coupable de n'avoir pas abandonné Sainte-Pélagie à la révolte. Un homme qui, depuis, a été vainement appelé à connaître les devoirs d'un préfet de police, M. Gervais (de Caen), médiocrité remuante et venimeuse, déclare dans un factum plein de sottises, que la police a provoqué les prisonniers, et formé l'infernal complot de renouveler sur eux les massacres de septembre.

Les manifestations aux chandelles étaient de mode. Le 21 janvier 1835, les prévenus décidèrent de fêter la mort de *Capet* par une illumination générale. M. Carrel, condamné récemment pour outrage à la cour des Pairs, était détenu avec les hommes d'avril, il refusa de s'associer à cette parade cynique. Les épithètes de faquin, de gant jaune, d'aristocrate, lui sont prodiguées par les *purs;* non contents des injures, ils se portent à sa chambre, en criant qu'il faut le pendre. Sans l'arrivée des gardiens, on assassinait un homme de cœur, dont le crime était d'avoir fait rougir des malheureux qui déshonoraient son parti.

CHAPITRE XVIII.

Encore l'émeute. — M. Raspail et M. Gisquet. — Complot de Neuilly. — La famille Chaveau. — Attentat de Fieschi. — M. Recurt et Pépin. — Rôle des *Droits de l'Homme.*

On a vu le rôle des *Droits de l'Homme* dans la prison. Ceux qui avaient échappé à la justice devaient marquer d'un sceau plus sinistre encore l'agonie de l'association.

L'arrestation ou la fuite des chefs avait mis une désorganisation complète dans les sections; quelques groupes à peine s'étaient reformés, conservant leurs espérances et cherchant de nouveaux prétextes de soulèvements. C'est l'une de ces fractions qui, pendant les débats, fit l'émeute des boulevards Saint-Denis et Saint-Martin. Pendant quatre jours, il y eut des rassemblements qui, s'enhardissant peu à peu, en vinrent à un commencement de barricades. L'autorité forma un grand cordon autour des sectionnaires, et en prit trois cents d'un coup; cette rafle dégoûta les autres et rendit la paix au quartier.

Selon l'usage, l'émeute fut attribuée à la police. Un journal s'était fondé, quelque temps auparavant, sous ce titre : *Le Réformateur*; M. Raspail en était le rédacteur en chef. Cet homme a toujours eu la monomanie de l'agent de police; il voyait des espions partout; l'honnête M. Dupoty, son collaborateur, fut plus d'une fois l'objet de ses soupçons. Un jour, trouvant à un individu qui entrait aux bureaux quelque chose de suspect, il le prit par les épaules et le mit brutalement à la porte; c'était tout simplement un brave homme qui venait payer son abonnement. M. Raspail s'était donné, dans son journal, la mission de prouver l'ignorance crasse de tous ses confrères en chimie, et de dénoncer les perpétuelles provocations de la police. Deux ivrognes ne se battaient pas dans la rue, une langue de vieille femme n'annonçait pas une nouvelle ridicule, que le *Réformateur* n'y vît une machination de police. Fidèle à son système, M. Raspail déclara péremptoirement et s'offrit de prouver que les désordres du boulevard étaient l'œuvre de la rue de Jérusalem; M. Gisquet le prit au mot et le pria de venir donner ses preuves en police correctionnelle. Le grand homme ne put les fournir péremptoires, à ce qu'il paraît, car il fut condamné, dans la personne de son gérant, à trois mois de prison et trois mille francs d'amende.

Les troubles du procès d'avril, ne furent qu'une émeute dans les conditions ordinaires; ce vieux procédé d'agitation si fréquemment employé depuis Juillet, était désormais émoussé, et nous n'en reverrons plus que de rares réminiscences. Seulement, les attaques au grand jour et en ligne vont faire place au régicide, qui deviendra à son tour périodique; les *Droits de l'Homme*, avant de disparaître, ajoutent à leurs hauts faits deux de ces abominables tentatives.

Dans une des sections échappées à la déroute d'avril, se trouvait un groupe d'énergumènes ayant pour chefs Messieurs Charles et Gabriel Chaveau, le dernier déjà compromis dans les désordres de juillet 1833. Ces deux malheureux convoquèrent différents conciliabules où l'assassinat du roi, après mûre délibération, fut jugé chose sainte et indispensable; en conséquence, il fut décidé qu'on se dévouerait pour frapper le tyran. Les deux frères Chaveau, dont l'un avait dix-neuf ans, et l'autre dix-sept, avaient pour complices MM. Huillerie, Huber, Husson, Leroy, Leglantine, Delont, Combes, Dulac, Duval et Boireau, tous d'un âge aussi respectable que leurs chefs, tous pauvres ouvriers ayant fait leur éducation politique dans *la Tribune* et les imprimés à deux sous. Il faut y joindre Mme Chaveau mère, Cornélie de faubourg, très fière des projets de ses deux garçons, auxquels elle s'associait. C'est cette réunion de graves personnages qui se prétendait le droit de changer les destinées de la France par un crime exécrable. Il serait puéril de voir, dans un pareil projet, conçu par de tels hommes, autre chose qu'une de ces infernales soifs de célébrité qui ont cloué le nom d'Erostrate au pilori de l'histoire; mais si détestable que soit le motif, le projet n'en fut pas moins sérieusement arrêté.

Il fut convenu qu'on se tiendrait sur la route de Neuilly; qu'au passage du roi on se précipiterait sur l'attelage dont on couperait les traits, et puis qu'on massacrerait la famille royale à coups de poignards ou de pistolets.

Jour fut pris, et chacun fut à son poste. On s'était assuré

de l'heure de la sortie du roi, du chemin qu'il suivait d'habitude, et on attendait armé jusqu'aux dents; mais un émissaire vint annoncer que le cortége avait pris une autre route. Il fallut rentrer dans Paris, ce que l'on fit d'un air de bravade, en gens qui ont fait reculer l'ennemi, et qui se promettent bien de le rattraper. Pour ne pas être dérouté une seconde fois, on résolut d'attendre la voiture sur la place de la Concorde, et d'attaquer au moment où elle prendrait l'une des trois routes des Champs-Elysées.

A l'heure et au jour dits, les assassins se retrouvèrent au rendez-vous. Pendant qu'ils prenaient position, le roi, averti de tout, mais ne croyant pas à cette fureur sanglante d'une bande d'enfants, ou bien se sentant le courage d'affronter le danger, montait en voiture malgré les supplications de sa famille et de ses officiers. La reine, n'ayant pu vaincre sa résolution, voulut au moins partager son péril; elle prit place à son côté. D'autre part, M. Thiers, ministre de l'intérieur, comme premier gardien de la sûreté publique, sollicita l'honneur d'accompagner l'auguste couple, qu'il n'avait pu détourner d'une grave imprudence.

La voiture partit avec l'escorte ordinaire; seulement, les cavaliers qui l'entouraient étaient prévenus et prêts à recevoir les assaillants de la bonne manière. Un de ces derniers, ayant aperçu le cortége, fit un signe aux autres pour indiquer l'approche du moment décisif. Quelques-uns s'avancèrent rapidement, d'autres y mirent moins de promptitude; il y en eut qui firent semblant de n'avoir pas aperçu le signal. Ceux qui étaient les premiers se retournèrent vers les seconds pour hâter leur arrivée; ceux-ci en firent autant pour ceux qui étaient derrière; on s'attendit réciproquement, on s'apostropha en termes fort durs; bref, on donna le temps à la voiture de passer.

Ce misérable résultat d'un plan si fièrement résolu ne calma pas l'esprit des conjurés. Le projet fut maintenu, et, peu de jours après, dans une nouvelle réunion chez la dame Chaveau, on s'occupait d'arrêter encore une fois le projet de régicide. La police avait fini par voir clair dans les ténèbres de ce complot; elle connut le conciliabule, et y envoya ses agents; mais la porte leur fut refusée et ils durent se faire passage de force. Ils trouvèrent dans le logement MM. Huber, Husson, Leroy, Huillerie et la dame Chaveau, qu'ils se mirent en devoir d'emmener. Pendant ce temps, M. Charles Chaveau s'étant présenté fut saisi et jeté avec ses compagnons qu'il se mit à invectiver avec colère, leur reprochant de s'être laissé prendre comme des lâches. Le fait est que ces messieurs avaient de quoi se défendre, car on trouva un instant après, sous un lit, une douzaine de pistolets chargés à balles, avec des poignards, des fusils et des munitions. Les reproches de M. Charles, animant ses compagnons, toute la bande, y compris M*me* Chavau, se prit à pousser des vociférations patriotiques, coupées de couplets du *Chant du Départ* et de cris de Vive la République! Tout cela était déplorablement triste. Les agents emmenèrent au plus vite ces fous furieux.

M. Gabriel Chaveau, resté libre et voulant montrer qu'il ne s'arrêtait pas pour si peu, continuait les préparatifs et avait fait l'acquisiton d'un petit baril de poudre qui devait être lancé dans la voiture du roi. On prit M. Gabriel, avec son baril, et on les déposa tout deux en lieu sûr.

Cinq de ces malheureux furent condamnés à des peines sévères et méritées.

Voici maintenant, parmi les hauts faits des *Droits de l'Homme*, celui qui couronne l'œuvre.

On sait qu'aux affaires de juin 1832, un marchand du

faubourg Saint-Antoine, nommé Pépin, fit de sa maison une place d'armes au compte de l'insurrection; cet homme depuis n'avait cessé de conspirer, et quoique d'un caractère craintif et irrésolu, s'était toujours mêlé aux révolutionnaires les plus violents. Il était de la société d'action de M. Kersausie, et dut de n'être pas compromis, à sa position peu éclatante dans la conspiration; toutefois, il n'était pas simple membre, un groupe de quelque importance marchait sous ses ordres. Voyant l'association détruite, les patriotes démoralisés, et reconnaissant que le temps des attaques ouvertes était passé, il jugea que quelque évènement extraordinaire était seul capable d'émouvoir le parti et de rendre des chances à la République. Entre tous les évènements, l'assassinat du roi lui parut le plus admirable. Cette idée s'était logée dans sa tête et y fermentait, lorsqu'un de ses camarades, sectionnaire comme lui, vint un jour lui parler d'un plan de régicide qui paraissait infaillible et sans danger. Cette dernière considération avait son importance; Pépin était un patriote éprouvé, mais d'un courage qui avait ses défaillances, c'est ce que savait fort bien l'ami qui venait le trouver. Cet ami, c'était Morey, le bourrelier, débris d'homme usé par l'infirmité et l'âge, dans lequel survivait une organisation de fer, fanatiquement vouée à la destruction. Un scélérat de profession, Fieschi, s'était adressé au vieillard, quelques jours auparavant, offrant de mettre à sa disposition une machine sanglante dont il était l'inventeur; Fieschi avouait que, perdu d'honneur et sans ressources, il était prêt à sacrifier sa vie dans quelque grand attentat politique; il ne demandait, disait-il, que d'être pourvu des moyens d'action, et soutenu de quelque argent pour subsister jusqu'au moment de l'exécution. Au fond, il était bien décidé à risquer sa vie; cependant, il conservait des arrière-pensées de salut et même d'ambition, qui n'échappèrent pas au vieux Morey, et auxquelles celui-ci se promit de mettre ordre.

Pépin, instruit de ce projet, l'accepta sans hésiter. On fit venir le Corse, dont les conditions furent acceptées, et l'engagement de mort fut pris entre les trois conjurés. Une occasion ne tarda pas à s'offrir : le roi devait passer une revue le 29 juillet, au sujet de l'anniversaire des trois jours; il fut décidé que le crime serait consommé pendant la cérémonie.

Pépin s'occupa aussitôt de prendre ses mesures et de prévenir les révolutionnaires. Il partit pour les départements, visita les principaux chefs d'association, et sans leur donner connaissance du complot, leur fit entendre qu'un grave évènement était sur le point d'éclater qui rendrait leur concours nécessaire. De retour à Paris, il mit dans la confidence quelques anciens chefs des *Droits de l'Homme*, entre autres M. Recurt, son ami, dont il partageait souvent la table. Tout le plan, ainsi que le nom des complices, fut connu de l'ex-ministre du Gouvernement provisoire; les aveux de Pépin à l'heure où on ne ment plus, en font foi. C'est un soir, entre deux verres de vin, que l'odieuse machination lui fut confiée, avec offre d'y prendre part; il refusa, trouvant le jeu trop gros. C'était se mettre en règle avec la prudence; mais la probité sociale et l'humanité n'ont-elles pas un terrible compte à demander à M. Recurt pour n'avoir pas dénoncé les assassins? Eh quoi! il a vu dans l'ombre s'allumer la mèche de Fieschi, et il n'a pas arrêté ce misérable qui, à la place marquée d'avance, et à l'heure convenue, a pu faire son épouvantable abattis de cadavres! La justice n'a pas appelé M. Recurt à son tribunal; mais que les hommes de cœur et de loyauté se souviennent! Ce républicain, qui a été l'un des chefs du gouvernement et espère le redevenir, autorise la destruction de ses ennemis par l'assassinat.

Des débris des *Droits de l'Homme* se formait, dès cette époque, une nouvelle association, qui prit le nom de *Société des Familles*, et dont MM. Blanqui et Barbès étaient les principaux chefs. Pépin était lié avec ces conspirateurs, à qui il donna également le mot. On croira facilement que MM. Blanqui et Barbès n'eurent pas les scrupules du médecin du faubourg Saint-Antoine, et firent mieux que de ne pas dénoncer les assassins. En vue de la réussite du projet, ils avaient même préparé une proclamation qui fut saisie chez M. Barbès, et dont l'écriture était de sa main. C'est un échantillon monstrueux de démagogie; on y lisait comme résumé cette phrase atroce : « Peuple, mets nus tes « bras, et qu'ils s'enfoncent tout entiers dans les entrailles « de tes bourreaux! » Fieschi, comme on le voit, avait des hommes qui le comprenaient.

D'autres furent encore initiés au complot; on croit que M. Godefroy Cavaignac fut du nombre. C'est à lui, du moins, que Pépin fut adressé pour avoir les principales pièces de la machine. Il s'agissait, on s'en souvient, de vingt-cinq canons de fusils, qu'on devait ajuster sur une charpente et faire partir ensemble au moyen d'une traînée de poudre. M. Cavaignac, que Pépin alla trouver à Sainte-Pélagie, avait encore à sa disposition plusieurs dépôts d'armes amassés pour les *Droits de l'Homme*; il fit une réponse évasive, et en fin de compte ne livra pas les fusils.

Soit que la confidence du crime vint de M. Cavaignac, qui a pu en être instruit, soit qu'elle eut une autre origine, il est certain que les *Droits de l'Homme*, prisonniers à Sainte-Pélagie, furent informés, pour la plupart, d'une catastrophe prochaine, qui pourrait changer leur destinée. Il se peut que cette nouvelle ait poussé à l'idée d'une évasion, autant que le désir d'échapper à la justice; dans tous les cas, elle fut pour quelque chose dans le retard que les évadés mirent à s'éloigner de France. Ce retard, en effet, ne fut pas suffisamment expliqué par les difficultés de la fuite; or, quelle autre cause pouvait-il avoir que l'espoir de profiter d'une éventualité attendue? Cette opinion se confirme d'un rapprochement de dates fort simple : c'est le 11 juillet que les républicains s'échappaient de prison et c'est le 28 que l'attentat eut lieu.

Pépin n'ayant pu obtenir des canons de M. Cavaignac, donna de l'argent à Fieschi pour en acheter; il se pourvut ensuite du bois nécessaire à la charpente et fit transporter le tout dans un galetas de la maison, 50, boulevard du Temple, où Fieschi s'était installé, sous le nom de Girard. Ce dernier se mit à l'œuvre et monta résolument son instrument de carnage, visité par le vieux bourrelier, qui suivait les travaux d'un regard stoïque, laissant seulement tomber de temps à autre quelques mots haineux qui entretenaient la résolution diabolique du Corse. Bientôt les canons furent enchâssés dans de solides pièces de bois, ajustés dans la croisée, et prêts à remplir leur terrible office. On avait déjà essayé l'effet de la traînée de poudre, il restait à s'assurer de la hauteur de la visée; Pépin décida un quatrième complice, M. Boireau, alors poursuivi pour l'affaire de Neuilly, à passer à cheval sur le boulevard du Temple, afin de permettre à Fieschi de faire son pointage d'une manière sûre. Cette épreuve eut lieu le 27. Le soir, veille du jour suprême, Morey vint à la maison n° 50 et y passa la nuit à charger les armes; il s'entendait à cette besogne, et attente, qui était double : d'abord et avant tout, il voulait exterminer la famille royale, puis, par une haute conception de prudence, il avait jugé bon d'envelopper le Corse dans le massacre; ce supplément de victimes devait s'obtenir par certaine irrégularité calculée dans le chargement des armes. Ce vieux Morey n'était pas un conspirateur de fantaisie, il faisait son métier avec réflexion et conscience; aussi ne faut-il pas s'étonner du culte que les bons patriotes ont voué à sa précieuse tête qui roula dans le panier d'osier. L'un des grands citoyens de la république d'alors, M. Marc Dufraisse, actuellement représentant du peuple, écrivait le lendemain de l'exécution, que la presse patriote avait fait preuve de lâcheté insigne, en ne glorifiant pas hautement la tuerie du 28 juillet et l'héroïsme des assassins, surtout de Morey, « cet héroïque vieillard, si sublime dans « l'acte qu'il a prémédité, si sublime dans les débats ! ce « vieillard si brave, si *bon*, si *généreux*, qui est mort sans « que la foule stupide lui eût lancé un mot d'admiration!...»

Circonscrit entre quatre complices et quelques chefs des *Droits de l'Homme*, le complot ne parvint aux oreilles de la police, que le 28 au matin, par une indiscrétion de M. Boireau. Les renseignements qu'on prit aussitôt avec tout le soin et l'ardeur imaginables, ne firent rien découvrir; et comme l'indication était des plus vagues, on jugea inutile de contremander la revue. Le rapport qui avait donné l'éveil, parlait du boulevard Saint-Martin comme du lieu où le coup devait se faire, on se borna à fouiller et à éclairer minutieusement ce point.

Le roi se mit en marche, entouré de ses fils, et commença l'inspection des gardes nationales. Lorsqu'il arriva au boulevard Saint-Martin, il y eut serrement de cœur autour du cortége, et redoublement de surveillance de la part des agents, mais tout se passa bien; et à la faible montée du boulevard du Temple chacun respirait à l'aise; quand tout à coup, d'une croisée qui venait de se démasquer, sortit une fumée accompagnée d'une décharge qui craqua comme un feu de peloton; au même instant une moisson de cadavres tombait tout autour du roi, miraculeusement préservé ainsi que ses enfants.

Le chef-d'œuvre de la démagogie était accompli! La société des *Droits de l'Homme* venait de s'exprimer cette fois clairement; elle donnait et pratiquait son dernier mot, l'assassinat, la destruction en masse, la tuerie! Logique épouvantable, mais juste, de ces hommes qui ont fini par croire sérieusement que la société leur appartient, et qu'ils ont droit de s'en emparer par tous les moyens.

Pendant que Morey, le vieux démon, se cramponnait à Fieschi à la dernière heure, l'enveloppant de sa fascination, et le clouant pour ainsi dire à cette machine, dont quatre canons étaient chargés pour lui; Pépin arpentait les faubourgs Saint-Antoine et Saint-Marceau, rassemblant les sectionnaires qui devaient se ruer dans Paris, à la nouvelle du succès, et pousser le cri de révolte sur le cadavre du roi. Mais bientôt, avec la foule qui s'était éparse dans les mille rayons de la capitale, le bruit de la conservation de la famille royale s'étant répandu, le conspirateur, saisi d'épouvante, abandonna ses hommes et courut se blottir dans quelque retraite préparée d'avance.

On sait le reste: les trois principaux complices furent guillotinés, le quatrième condamné à vingt ans de détention.

Ce qu'on ne sait pas peut-être, c'est que le lendemain de la mitraillade républicaine qui abattit pêle-mêle un maréchal de France, un général, plusieurs officiers supérieurs,

des gardes nationaux, un vieillard, une jeune fille de 15 ans, une pauvre ouvrière, etc. C'est qu'un journal démagogue, une de ces choses hideuses qu'on devrait détruire, comme les vipères et les louves, écrivait d'un air enjoué les lignes sans nom qu'on va lire : « Toutes les classes semblent cé-
« der à l'attrait d'une belle soirée, partagées entre une par-
« faite indifférence pour l'accident de la veille et la curio-
« sité. »

Cela n'empêchera pas que demain, si ce n'est aujourd'hui, des patriotes sensibles traiteront de cannibale le gouvernement qui refuse la liberté aux amis et collègues des assassins du général de Bréa.

Les *Droits de l'Homme* rendent l'âme dans la mare de sang du boulevard du Temple. Deux mois auparavant, la *Tribune* avait succombé sous une masse de procès accumulés depuis plusieurs années. Notre opinion bien arrêtée, c'est qu'un gouvernement régulier doit toujours avoir le droit de tuer d'un coup des journaux comme l'ancienne feuille de MM. Marrast, Sarrut et compagnie. Quand un chien enragé paraît dans la ville, on l'abat sans miséricorde, les feuilles hydrophobes sont bien pires, puisqu'elles mordent chaque jour, et répandent leur rage sur des milliers d'individus.

CHAPITRE XIX.

Lois de Septembre. — Leur nécessité. — Les mauvais journaux font plus de mal que les bons ne font de bien. — Il n'est pas vrai que la fermeture des Clubs engendre les Sociétés secrètes. — Folie de la liberté illimitée.

Les *Droits de l'Homme* s'étaient fondés et avaient presque toujours travaillé au grand jour; la loi sur les associations, rendue précisément pour empêcher ce scandale, avait poussé les sections dans la rue et amené une dissolution, comme il arrive toujours après une de ces prises d'armes où les chefs sont saisis ou dispersés; ainsi, à la rigueur, on pourrait ne pas qualifier de *secrète* la fameuse association. Si la plupart de ses actes avaient le caractère de la conspiration, il se trouvait que la loi, ou ses interprètes, autorisaient ces actes, permettant à des hommes organisés et armés pour la révolte de se dire simplement des hommes d'opposition. C'était là une moquerie véritablement insupportable, et qui ne devait plus se reproduire. Avec la législation récente, force était aux conspirateurs d'adopter la société secrète pure; ce changement va frapper dans les nouvelles associations. Désormais, plus de chefs connus, de journaux qui se font les *Moniteurs* des conspirations, de brochures spéciales pour les sectionnaires, de propagandes bruyantes, d'affiliations sans examen; tout va devenir ténébreux, sévère et enveloppé de précautions. C'est au point que, quatre ans plus tard, en mai 1839, quand les *Saisons* feront leur invasion dans Paris, le *National*, journal républicain, ignorera jusqu'à l'existence de la conspiration républicaine qui vient le réveiller en sursaut.

C'est surtout dans la discrétion absolue imposée aux membres, discrétion qui ne devait être rompue qu'avec une grande prudence, même vis-à-vis des néophytes, et puis dans les formalités d'affiliation que va se révéler le caractère des nouvelles associations. La différence se fera aussi remarquer au sujet des ordres du jour et autres communications imprimées, qui seront interdites. Du reste, quant au personnel, il sera encore le même pendant quelque temps, c'est-à-dire tiré principalement de la jeunesse ambitieuse et turbulente de la bourgeoisie. Un fait assez caractéristique, c'est que les conspirateurs qui, depuis 1830, ont voulu refondre la France au nom des ouvriers, n'ont trouvé ni appui, ni soldats dans cette classe. Aux *Amis du Peuple*, il n'y avait pas de blouses; dans les *Droits de l'Homme*, il y en avait très peu, si ce n'est pourtant à Lyon, grace à l'embauchage pratiqué dans les mutuellistes; cela explique les déroutes misérables de la faction républicaine, et montre la bonne foi de ces prétendus mandataires stipulant pour des gens qui ne les connaissent même pas.

N'oublions pas, avant de reprendre notre narration, de signaler un fait politique important qui se place après l'attentat de Fieschi, c'est-à-dire le vote des lois, dites de septembre. Trois projets furent présentés par M. Persil. L'un permettait au ministre, au sujet des crimes d'Etat, de former autant de tribunaux que le besoin l'exigerait, et aux procureurs généraux d'abréger les formalités de la mise en jugement; il autorisait aussi les présidents à faire emmener de force les accusés qui troubleraient les débats et à procéder en leur absence. L'autre statuait qu'à l'avenir le vote serait secret et que le nombre de voix nécessaire pour la condamnation serait réduit de huit à sept. Le troisième, déclarait punissable de la détention et d'une amende de 10,000 à 50,000 francs, toute attaque par voie de publication, contre la personne du roi et le principe du gouvernement; en même temps, il défendait de prendre la qualification de républicain, de mêler la personne du roi aux discussions politiques; de publier les noms des jurés ailleurs que dans le compte-rendu des procès, de faire connaître les délibérations intérieures du jury, d'organiser des souscriptions en faveur des journaux condamnés, de souffrir des signatures en blanc de la part des gérants, d'exposer, publier et mettre en vente des dessins, emblèmes, gravures, lithographies, et de jouer des pièces de théâtre sans le visa de l'autorité. Les chambres votèrent ces lois sans hésitation; elles y ajoutèrent des dispositions contre les attaques à la propriété et le manque de respect aux lois; en outre elles décidèrent qu'à l'avenir le cautionnement des journaux quotidiens de Paris serait porté de 48,000 à 100,000 francs, et que le gérant serait tenu d'être propriétaire sérieux d'un tiers de ce cautionnement.

La tempête que cette législation souleva est encore dans toutes les mémoires; une indignation sans bornes s'empara des républicains. Ce n'était pas cette fois comédie ni calcul, mais le vrai cri de la bête frappée à mort. Il nous importe peu de savoir si les lois de septembre étaient plus ou moins draconiennes, comme on dit en style démocratique, nous nous contenterons d'affirmer que les républicains les avaient rendues nécessaires. Il n'est pas de voleur qui ne trouve aussi le code Pénal draconien, mais personne n'est forcé de voler. Chacune de ces lois avait pour but d'éviter le renouvellement de quelque grand scandale, soit dans la justice, soit dans la morale, soit dans la politique. Celle qui fit le plus crier, parce qu'elle s'attaquait justement à une race criarde par excellence, c'est la loi qui augmentait le cautionnement des journaux; on la trouva exorbitante; c'est possible, mais pourquoi les journaux avaient-ils perdu toute mesure? La répression ou la prévention, en affaires d'Etat, n'a qu'une règle : les faits qui la déterminent. L'Angleterre, dit-on, et les Etats-Unis ont des lois politiques cent fois plus douces que les nôtres; c'est vrai, parce que l'esprit public, dans ces pays, est cent fois plus paisible que chez nous. Des logiciens soutiendront, au sujet du cautionnement, que l'élever trop c'est manquer le but, attendu qu'ainsi on tue les bons journaux en même temps que les mauvais; objection mal étudiée : les bons journaux ne font presque pas de bien, et les mauvais font énormément de mal. Il est certain que tous les abonnés des *Débats* seraient des gens d'ordre sans leur journal, tandis qu'un grand nombre de démagogues ne le seraient pas sans les feuilles rouges. Les lecteurs des journaux modérés ont une opinion faite, les journaux anarchiques donnent de détestables opinions à de pauvres diables, qui, sans eux, ne s'occuperaient que de gagner honnêtement leur vie.

Comment se fait-il, dira quelque socialiste, que nos feuilles soient si courues, si elles sont si détestables? Cela se fait de la manière que je vais dire. Vous avez affaire à des gens passionnés, ignorants, et vous les grisez perpétuellement de mensonges et d'excitations; vous leur parlez de mille droits chimériques, jamais de leurs devoirs; vous avez pour eux toutes sortes de flatteries grossières, jamais une vérité; vous affirmez imperturbablement que leur bonheur est dans le creux de votre main, et jamais cette main ne s'ouvre de peur de laisser voir son néant; ou bien si l'on vous voit à l'œuvre, comme après février, vous calomniez vos adversaires en leur imputant vos échecs. Vous êtes des charlatans, et vous obtenez créance, comme les gens de votre profession, en mentant avec impudence, en faisant grand tapage, en apostant des compères qui s'extasient sur votre vulnéraire. Vous prenez un masque de générosité, de patriotisme, de loyauté, et vous tendez les bras à la foule qui vient à vous, enthousiaste, ne se doutant pas que vous êtes des hommes sans cœur, sans conviction et sans foi. Vous soufflez le fanatisme dans l'âme des gens simples, et vous avez bien soin de diffamer les hommes de jugement, pour que vos créatures ne les écoutent pas; enfin, vous ne procédez que par le dénigrement et n'employez que le libelle, ce qui plaît au grand nombre; vous avez des formes grossières, ce que la masse regarde comme un hommage à ses habitudes, et vous ne prêchez que le renversement, vœu instinctif du pauvre peuple, qui aime les révolutions, parce qu'il croit n'avoir qu'à y gagner, et puis que c'est chose amusante pour les gens qui n'ont rien, de voir tout sens dessus dessous, et flatteuse que de s'entendre appeler le grand peuple, le lion populaire, etc. Voilà comment cela se fait; vous le savez bien, ou si vous ne le savez pas, vos chefs qui se frottent les mains le savent pour vous.

L'effet des nouvelles lois fut prompt : une trentaine de feuilles démagogiques expirèrent sur le coup; c'était un résultat de quelque importance. Si nous portons les yeux sur la période qui suit 1834, nous voyons que le parti républicain est impuissant à ressusciter un organe quotidien. La société respire jusqu'en 1843, à peine troublée par les aboiements du *National*. A cette époque seulement la *Réforme* parvient à naître, mais pour végéter jusqu'à la révolution dans un maigre chiffre de mille à deux mille souscripteurs.

Nous savons bien qu'une autre objection nous attend : La belle avance! dira-t-on, vous avez étouffé la démocratie sur le pavé et dans la presse; elle s'est réfugiée dans les sociétés secrètes où elle a creusé une mine qui a fait sauter votre trône. — Oui, l'on raconte cela, que les sociétés secrètes ont fait la révolution; mais c'est un des chapitres de la mythologie de Février que nous effacerons, comme beaucoup d'autres.

Voici ce qui arrive et arrivera inévitablement d'une législation vigoureuse sur les associations, les clubs et la presse: Les factieux, dans le premier moment, ont tous l'idée de se réfugier dans les complots; les meneurs cherchent à y entraîner leurs hommes avec toute l'ardeur d'un dépit violent; mais la masse, qui se laissait conduire à des conciliabules légaux, n'entraînant aucun danger et n'imposant aucune gêne, ne s'habitue pas aussi facilement à une vie secrète, qui oblige à la contrainte et présente des périls; la différence lui paraît grande entre ce régime terne, sans stimulant, et celui des assemblées publiques pleines de variété et d'émotion. Les moins fervents se rebutent à la première épreuve; les autres cèdent peu à peu au découragement, et la débandade se met dans cette troupe que, du haut de sa tribune, un orateur de club tenait si étroitement unie. Quant aux chefs eux-mêmes, ce grand enthousiasme qu'ils tiraient d'un rôle public, d'un auditoire passionné, ne tarde pas à s'amortir dans l'incognito des réunions secrètes; la plupart abandonnent la partie et rentrent insensiblement dans un milieu normal, où l'âpreté de leurs opinions s'efface. L'agitation entretient l'agitation; en détruisant le foyer du bruit on empêche l'écho, ces deux vérités sont incontestables. Notre conviction, appuyée sur l'expérience, est que, d'un club public, forcé de se transformer en société secrète, il ne restera pas le cinquième des membres au bout de six mois; et ce cinquième, perdu dans les ténèbres, n'aura aucune influence démoralisante; telle est la vérité. Et si des écrivains ou des orateurs viennent dire qu'il faut laisser pleine liberté aux partis, parce qu'autrement ils conspireront, répondez hardiment que les conspirations sont un jeu d'enfant dont la police peut toujours voir le bout, tandis que la prédication des clubs et des écrits, ainsi que les associations au grand jour, sont des taches d'huile qui pénètrent dans le cœur même de la société et ne s'enlèvent ensuite que par le feu.

Il y a des docteurs d'une autre espèce qui prêchent la liberté illimitée, en affirmant que le mal se guérit par le mal, et qu'on peut s'en rapporter à la licence du soin de se détruire elle-même; cela pourrait peut-être bien arriver à la longue, mais nous croyons très fermement que nos démagogues, livrés à eux-mêmes, auraient le temps, avant de prendre vergogne, de bouleverser dix fois la France et toute l'Europe.

Ne nous fions pas à ces méthodes romantiques; il y en a une, vieille comme le monde, qui consiste à protéger chaudement les bons et à châtier énergiquement les mauvais; tenez nous-y.

CHAPITRE XX.

Les *Légions révolutionnaires*. — L'assassinat politique: — Alibaud.— M. Sobrier. — M. Recurt. — M. Flocon; — M. Barbès. — M. Martin-Bernard.

La société secrète qui rassemble les principaux débris des *Droits de l'Homme* et lui succède, est la société des *Familles;* mais il se forme, en même temps qu'elle, sous le nom de *Légions révolutionnaires*, une association dont il est nécessaire de dire un mot.

Le gouvernement de juillet prenant chaque jour des forces, et l'impuissance des républicains contre lui devenant manifeste, les énergumènes en vinrent à rêver sa destruction par les moyens les plus extravagants et les plus féroces; la fièvre de l'attentat saisit les têtes, et ce n'est plus sur quelques furieux que le régicide souffle ses tisons, c'est sur des bandes entières. Les *Légions révolutionnaires* n'étaient autre chose que des légions d'assassins. La phrase suivante d'un ordre du jour qu'ils firent paraître ne laisse pas de doute à cet égard : « Sous notre titre, sachez-le bien, vous « ne formerez pas seulement une société régicide, mais sur- « tout le corps exterminateur par lequel, après la victoire, « doivent être anéanties les menées secrètes des nouveaux « exploiteurs qui ne manqueront pas de se présenter. » Rien de plus clair: il s'agit de tuer le roi, la famille royale, et enfin les nouveaux exploiteurs, c'est-à-dire tous les gens qui s'opposeront à l'autocratie des bras nus; cela revient à massacrer les dix-neuf vingtièmes de la France.

Un plan d'organisation fut rédigé, d'après lequel la société devait compter vingt-cinq mille membres; ce qui n'eût pas laissé que d'être alarmant; mais ces redoutables légions ne s'alignèrent que sur le papier. M. Gisquet, instruit de cette folie sauvage, l'arrêta à son début; il fit prendre les meneurs, et les jeta en prison; l'affaire n'alla pas plus loin.

Ce n'est pas la seule fois qu'on a tenté d'organiser ainsi l'assassinat; quand les forces du monstre révolutionnaire sont à bout, son génie le pousse aux guet-apens et aux massacres. Après juin 1848, la police a vu surgir de ces bandes de scélérats qui veulent faire triompher leurs principes à la pointe du poignard; peut-être bien qu'à cette heure, plus d'un de nous coudoie encore, sans s'en douter, quelques-uns de ces séides du vieux de la Montagne moderne. Les plans de destruction en masse sont éventés trop facilement pour arriver jusqu'à l'exécution; mais de ces bandes farouches il se détache, par intervalles, un fanatique, qui s'en va seul accomplir l'œuvre de sang. C'est ainsi qu'au mois de juin 1836, lorsque le noyau des légions révolutionnaires s'était déjà fondu dans les *Familles,* un ouvrier nommé Alibaud, homme d'une résolution extraordinaire, alla se poster au guichet des Tuileries, d'où, à quatre pieds de distance, il déchargea une arme sur le roi. Un coup de Providence sauva encore le chef de l'Etat. Alibaud déclara avoir agi de son propre chef, et ne s'être confié à personne, ce qui était vrai. Il ne témoigna qu'un seul regret, celui de n'avoir pu réaliser son assassinat. On livra ce forcené au bourreau. En sortant de la cour des Pairs, il trouva une personne qui lui jeta le mot d'admiration que M. Dufraisse regretta tant de n'avoir pas vu donner au sublime Morey; cette personne, c'était une femme, Mlle Laure Grouvelle; démagogue en jupons qui, l'année suivante, fut condamnée à son tour dans une affaire d'attentat. Cette femme, depuis, est devenue folle.

L'idée de la création des *Familles* est due à MM. Blanqui et Barbès; ce dernier était alors étudiant; M Blanqui ne paraît jamais avoir eu d'autre profession que celle de conspirateur.

Toute la race des révolutionnaires qui a tant agité le pays depuis 1830 disparaît à cette époque; les uns sont condamnés, les autres en fuite; un bon nombre jugeant la cause de la République perdue, se retire. On se trompe quand on s'imagine que cette troupe de champignons politiques produits par Février, a toujours été fourrée dans les conspirations; après les affaires d'avril beaucoup de ces hommes, restés libres, sont pris de dégoût pour leurs collègues, ou de désespoir dans le succès, et abandonnent les menées secrètes. De ce nombre est M. Sobrier, un de ces jeunes gens à tête de liège, que l'imprévoyance des parents laisse à Paris libres de leurs volontés, et qui deviennent la proie d'exploiteurs quelconques, politiques ou autres. M. Sobrier déserta les sociétés secrètes et n'y reparut plus, non pas qu'il se fût défait de ses idées et eût corrigé son caractère. Ce pauvre jeune homme qui a toujours eu plus besoin de médecins que de juges, est affligé d'une de ces natures fausses qui ne se tiennent jamais dans une assiette normale. Sa vie n'a été qu'une exagération; ou il écume, ou il est dans un état de prostration; s'il parle, il arrache ses paroles avec paresse, ou bien il s'emporte en violences extravagantes. Vers 1846, il en était arrivé à une misanthropie âcre, qu'il étourdissait tant bien que mal, entre la fumée et les parties de dominos d'un estaminet de la rue Notre-Dame-des-Victoires. Ses opinions, confites en quelque sorte dans la bile, exhalaient une vapeur repoussante; son dernier mot, en politique, c'est qu'il fallait tout guillotiner; en socialisme, tout incendier. Notez que c'était là des propos sans réflexion; au fond, M. Sobrier n'a pas plus de méchanceté qu'un enfant. C'est un homme contrefait au moral, d'une éducation détestable, et qui s'est figuré que le signe d'une forte conviction c'est un air épileptique et des paroles farouches. Au reste, sa position matérielle contribuait à le rendre insupportable : brouillé avec sa famille, il avait pris pour vivre une de ces professions bâtardes que Paris seul possède, il s'était fait placeur d'assurances. Certes, il valait mieux que cet état, et la nécessité de le remplir, contribuait à épaissir son humeur. A la fin, n'y pouvant plus tenir, il laissa ce sot métier et s'abandonna à la Providence. Le maître de l'établissement de la rue Notre-Dame-des-Victoires pourvut à ses principaux besoins. C'est dans cette position que l'héritage d'une de ses parentes vint le trouver, et le fit possesseur de dix mille francs de rentes. Si son parti ne réussit pas à abolir la propriété, il en aura plus tard deux fois autant. Cette fortune eût été le bonheur pour tout autre, mais désormais sa vie était fanée; il alla s'ensevelir dans un quartier lointain, où quelques prétendus amis purent seuls l'approcher, et trouvèrent moyen, en l'exploitant, d'accroître encore son hypocondrie. Malheureux par sa nature, malheureux par ses relations, il a fallu que la tempête de Février vînt le prendre, et après l'avoir fait tournoyer un instant dans son tourbillon, le précipitât broyé et à moitié fou, dans un abîme horrible.

D'autres conspirateurs rentrèrent encore dans la vie commune à cette époque : ainsi, MM. Recurt, Flocon, Raspail, Trélat, etc. M. Recurt, sorte de paysan raffiné, cauteleux, finassier; politique de cette école du *National*, dont le système est d'être toujours prêt, non pas à se battre, mais à profiter de la bataille, comprit que les conspirations n'étaient pas son affaire. Déjà il avait retiré dextrement son épingle du jeu, en donnant sa démission du comité des *Droits de l'Homme* au moment de la loi sur les associations; il jugea que la sagesse consistait désormais à faire au pouvoir une guerre sourde, persévérante, mais légale. Sa profession de médecin lui permettait de se rendre populaire, il alla s'établir dans le faubourg Saint-Antoine, et, en reconnaissance des services qu'il rendait aux pauvres gens, il ne leur demanda que de partager sa haine contre le gouvernement de Juillet. Il fut jusqu'à la révolution le mauvais génie politique de ce quartier.

M. Flocon est un homme qui se donne une peine inimaginable pour paraître fin, et qui ne sait pas que le premier soin d'un homme habile, c'est de ne pas le paraître; M. Flocon a la prétention d'être un homme d'Etat, et il s'est montré aux affaires plus pitoyable encore que les hommes du *National*, ce qui est en dire assez; M. Flocon a la certitude d'être un des grands publicistes de Paris, et les gens qui prétendent s'y connaître le placent au niveau de MM. Durrieu et Bareste, ce qui n'est pas une hauteur considérable. La fortune passagère de M. Flocon pourrait paraître inexplicable, si l'on ne savait que la *Réforme* a passé, et passe encore pour la principale machine de la révolution, et que M. Flocon était rédacteur en chef de la *Réforme*. En effet, au maigre mérite qui le recommande, il joint la plus complète impopularité dans son parti. Il faut savoir que ses diverses prétentions à la finesse, à la science politique et à l'art littéraire, non seulement se révèlent à tout propos, mais s'imposent. Comme il a le geste épique, la parole froidement tranchante, l'œil quelque peu olympien, et, qu'après avoir parlé, il s'arrête comme pour dire: Répondez à cela! On le prit d'abord pour un homme *fort*, et on lui fit une réputation après Juillet. Il ne s'en montra point trop indigne d'abord; nous l'avons vu à la tête de la bande qui voulut jeter les députés par les fenêtres au 4 août; depuis, il fut mêlé activement à la besogne des *Amis du Peuple*, et il se plaît à faire l'aveu qu'il était de la fameuse barricade Saint-Méry, au 6 juin 1832. Cela se peut; mais nous l'avons dit, les patriotes qui prétendent avoir assisté à cette chaude affaire se comptent par milliers, et le chiffre réel des compagnons de M. Jeanne ne dépasse pas une centaine d'hommes. A la chute des *Amis du Peuple*, M. Flocon suit ses compagnons dans les *Droits de l'Homme*; mais déjà on connaissait ses prétentions, son humeur, et on ne se souciait pas d'un homme si supérieurement désagréable. Donc, il ne joue dans la nouvelle association qu'un rôle effacé, et n'a qu'une influence très médiocre dans les évènements d'avril. Quand les *Familles* succèdent aux *Droits de l'Homme*, on se garde bien de lui faire des avances; froissé de cet oubli dédaigneux, il abandonne à leur malheureux sort des hommes assez aveugles pour ne pas chercher à utiliser sa capacité. Ce n'est qu'en 1843, comme nous le verrons, qu'il rentre un instant dans les sociétés secrètes; dans cet intervalle de neuf ans, il est forcé d'écouter et de reproduire, comme sténographe, les discours de pauvres hommes d'État tels que MM. Guizot, Thiers, etc.; triste conséquence de notre organisation sociale! Quand M. Flocon s'est flatté, à la Constituante, d'avoir conspiré toute sa vie, ses confrères avaient raison de lui dire que c'est là une misérable gloire; nous lui dirons, nous, que cette gloire il ne la mérite même pas; il n'a pas conspiré toute sa vie, à beaucoup près : il se vantait.

M. Trélat, dont nous avons déjà dit quelques mots, était bon pour l'époque où la République s'appuyait principalement sur la parole. Nature faible, entraînée dans la révolution, par l'instinct plus que par le courage, sa place n'était pas dans des associations disciplinées militairement et ne comptant que sur la violence.

M. Raspail ne voyait plus, parmi les hommes échappés au désastre d'avril, de personnages assez importants pour frayer avec lui; et puis son opinion était que là où des hommes de sa sorte avaient échoué, il ne restait plus rien à faire. Il déclara qu'à l'avenir tout membre de sociétés secrètes devait être à peu près tenu pour un agent provocateur. M. Raspail partageait avec M. Flocon une réputation d'homme beaucoup trop sûr de son fait; on le laissa se draper dans son importance et on passa outre.

Beaucoup d'autres membres des *Droits de l'Homme*, d'un rang secondaire, abandonnèrent encore les menées occultes; ainsi MM. Cahaigne, Bonnias, Avril, etc. Le char de la

République était embourbé et ces hommes se reconnaissaient impuissants pour le remettre en marche; ils avaient d'autant plus raison que jusque-là ils ne lui avaient servi que de cinquième roue.

Les deux figures révolutionnaires les plus importantes de la période où nous entrons, sont celles de MM. Blanqui et Barbès. Le premier, loup fauve, cauteleux, poursuivant sa proie dans les ténèbres; le second, lion sombre, audacieux, aimant à secouer sa crinière au soleil; dangereux au plus haut point, celui-ci par son énergie indomptable, celui-là par son machiavélique esprit, tous deux par leur frénésie révolutionnaire. Ce sont, à vrai dire, les deux types de conspirateurs les plus complets du dernier gouvernement. M. G. Cavaignac, beaucoup plus populaire qu'eux, n'a jamais eu sur les masses leur influence décisive, par la raison que son caractère lui interdisait l'emploi de certains moyens que ses successeurs employaient hardiment, excusés d'avance par ce principe jésuitique proclamé par M. Barbès: la souveraineté du but. Ces deux hommes avaient entièrement confondu leur personnalité dans le but qu'ils poursuivaient, et leur union constituait un terrible type. M. Blanqui n'est pas brave devant les balles, M. Barbès n'a qu'une intelligence ordinaire, mais ces deux natures réunies formaient un être capable de concevoir et d'exécuter les plus terribles entreprises.

La figure de ces hommes les peint : M. Blanqui est petit, maigre, roussâtre; il a des yeux inquiets, soupçonneux, sur lesquels pèse fortement le sourcil, et des lèvres serrées toujours prêtes à se plisser sous un sourire amer; on sent que dans ce personnage débile et d'un calme nerveux, il y a pour le moins autant de haine que d'ambition. M. Barbès, au contraire, est d'une grande taille, droit, l'œil franchement ouvert, et d'une austérité calme qui témoigne d'un esprit convaincu; beaucoup plus fort par le cœur que son compagnon, celui-ci doit le dominer par la tête; porté par sa nature aux grandes choses, l'influence qui pèse sur lui l'entraînera aux plus détestables excès. C'est le docteur Faust, avide de saisir le secret de Dieu, et qui se confie pour le trouver à Méphistophélès.

La tête d'un autre conspirateur qui surgit à ce moment, celle de M. Martin Bernard, se place comme intermédiaire entre celles de MM. Blanqui et Barbès; elle est moins accentuée, mais elle semble faite exprès pour composer un triumvirat harmonique, où il y aura l'homme de conception, l'homme d'exécution et l'homme d'organisation; c'est au nouveau venu que ce dernier rôle échoit, et il y fera des prodiges d'activité, de zèle et de prudence. Simple ouvrier imprimeur, on va le voir, sa journée finie, ou à ses heures de repas, glisser par les rues d'un pas infatigable, et ne pas dérober une minute à son œuvre de propagande. Il représente, en outre, dans la nouvelle entreprise, l'élément vraiment populaire qui, jusque-là, n'a presque pas paru dans les associations. C'est l'origine d'un déplacement qui va s'opérer peu à peu dans les *Familles* pour se compléter dans les *Saisons*. M. Blanqui rallie les éléments les plus violents des *Droits de l'Homme;* M. Barbès, les étudiants, deux noyaux composés de la bourgeoisie déclassée ou turbulente; M. Martin Bernard cherche son monde au cœur de la population ouvrière dont il fait partie. Cette trinité, qui réunit une force redoutable par les qualités diverses de ses membres, eût pu, dans certains moments d'oscillations du pouvoir, réussir à le jeter bas; mais elle arrivait trop tard; ses efforts n'ébranlèrent même pas la base du gouvernement de Juillet.

CHAPITRE XXI.

Organisation de la *Société des Familles*. — Formulaire de réception. — Despotisme des chefs. — Détails secrets.

La *Société des Familles* commença son organisation à la fin de 1834. Autour de MM. Blanqui et Barbès, les fondateurs, se groupèrent d'abord M. Martin Bernard, qui prit bientôt part à la direction, puis comme principaux lieutenants MM. Hubin de Guer, Dubosc, Beaufour, Raisant, Nettré, Troncin, Lebeuf, Dussoubs, Lisbonne, Guignot, Lamieussens, Seigneurgens, Schirmann, Spirat, presque tous de la classe moyenne, étudiants, commis, rentiers, etc., ayant déjà conspiré dans les *Droits de l'Homme*.

La réception qui, dans les sociétés précédentes, ne donnait lieu à aucun apparat et consistait simplement en un acte d'adhésion aux statuts, était chose importante et entourée d'une solennité mystérieuse dans les *Familles*.

L'adepte, soumis à une enquête préliminaire sur sa vie et ses opinions, recevait avis, quand le résultat lui était favorable, de se tenir prêt à l'initiation. Le sociétaire qui le présentait allait le prendre, le conduisait dans un lieu inconnu et ne l'introduisait qu'après lui avoir bandé les yeux. Là, sans savoir à qui il avait affaire et ce qui allait se passer, il attendait. Trois hommes généralement formaient le jury d'examen : un président, un assesseur et l'introducteur. Le président prenant la parole prononçait cette formule :

« Au nom du comité exécutif, les travaux sont ouverts...
« Citoyen assesseur, dans quel but nous réunissons-nous?
« — Pour travailler à la délivrance du peuple et du genre

« humain.—Quelles sont les vertus d'un véritable républi-
« cain? — La sobriété, le courage, la force, le dévouement.
« — Quelle peine méritent les traîtres? — La mort. — Qui
« doit l'infliger? — Tout membre de l'association qui en a
« reçu l'ordre de ses chefs. »

C'était le prologue de la pièce; une scène d'exposition faite pour frapper l'esprit du récipiendaire. Le rôle de ce dernier ne commençait qu'après ces formalités.

Le président l'interpellait en ces termes :

« — Citoyen, quels sont tes noms et prénoms, ton âge,
« ta profession, le lieu de ta naissance? — Mais, avant d'al-
« ler plus loin, prête le serment suivant : « Je jure de gar-
« der le plus profond silence sur ce qui va se passer dans cette
« enceinte. » — « Tu dois croire qu'avant de t'admettre
« dans nos rangs nous avons pris des renseignements sur ta
« conduite et ta moralité; les rapports adressés au comité
« te sont favorables. Nous allons t'adresser les questions
« voulues :

« Est-ce ton travail ou ta famille qui te nourrit?

« As-tu fait partie de quelque société politique?

« Que penses-tu du gouvernement?

« Dans quel intérêt fonctionne-t-il?

« Quels sont aujourd'hui les aristocrates?

« Quel est le droit en vertu duquel il gouverne?

« Quel est le vice dominant dans la société?

« Qu'est-ce qui tient lieu d'honneur, de probité, de vertu?

« Quel est l'homme qui est estimé dans le monde?

« Quel est celui qui est méprisé, persécuté, mis hors la
« loi?

« Que penses-tu des droits d'octroi, des impôts sur le sel
« et sur les boissons?

« Qu'est-ce que le peuple?

« Comment est-il traité par les lois?

« Quel est le sort du prolétaire sous le gouvernement des « riches?

« Quel est le but qui doit servir de base à une société ré-« gulière ?

« Quels doivent être les droits du citoyen dans un pays « bien réglé ?

« Quels sont ses devoirs ?

« Faut-il faire une révolution politique ou une révolution « sociale? »

On devine les réponses du récipiendaire : le gouvernement était traître au peuple et au pays; il fonctionnait dans l'intérêt d'un petit nombre de privilégiés; les aristocrates, c'étaient les hommes d'argent, banquiers, agioteurs, monopoleurs, gros propriétaires, enfin tous ceux qu'on appelle aujourd'hui les exploiteurs de l'homme par l'homme. Le droit du gouvernement ne consistait que dans la force; le vice dominant s'appelait l'égoïsme; ce qui tenait lieu d'honneur, de probité, de vertu, c'était l'argent; l'estime ne s'accordait qu'au riche et au puissant; le mépris, la persécution formaient le lot du pauvre et du faible. Dans les droits d'octroi, impôt sur le sel et les boissons, il ne fallait voir que des moyens odieux d'engraisser le riche au dépens du pauvre. Le peuple, c'était l'ensemble des citoyens travailleurs; sa condition, c'était l'esclavage; le sort du prolétaire n'était autre que celui du serf et du nègre. La base d'une société régulière, consistait dans l'égalité. Les droits du citoyen se résumaient ainsi : existence assurée, instruction gratuite, participation au gouvernement; les devoirs du patriote lui commandaient le dévouement à la société et la fraternité envers les citoyens. Quant à la révolution qu'il fallait faire, c'était une révolution sociale.

Le président continuait en ces termes :

« Le citoyen qui t'a fait des ouvertures, t'a-t-il parlé de
« notre but? Tu dois l'entrevoir par mes demandes; mais
« je vais te l'expliquer plus clairement encore. Les oppres-
« seurs de notre pays entendent maintenir le peuple dans
« l'ignorance et l'isolement; notre but est de répandre l'ins-
« truction et de former un faisceau des forces du peuple.
« Nos tyrans ont proscrit la presse et les associations; notre
« devoir est de nous associer avec une nouvelle persévé-
« rance, et de remplacer la presse par la propagande de
« vive voix; car tu penses bien que les armes dont nos op-
« presseurs nous interdisent l'usage, sont celles qu'ils re-
« doutent le plus. Chaque membre est tenu de répandre,
« par tous les moyens possibles, les doctrines républicaines,
« et de faire une propagande active, infatigable.

« Plus tard quand l'heure aura sonné, nous prendrons les
« armes pour renverser un gouvernement qui est traître à
« la patrie... Seras-tu avec nous ce jour-là? Réfléchis bien.
« C'est une entreprise périlleuse : nos ennemis sont puis-
« sants; ils ont une armée, des trésors, l'appui des rois étran-
« gers; ils règnent par la terreur. Nous autres, pauvres
« prolétaires, nous n'avons pour nous que notre courage et
« notre bon droit... Te sens-tu la force de braver ces dan-
« gers?...

« Quand le signal du combat sera donné, es-tu résolu à
« mourir les armes à la main pour la cause de l'humanité? »

Le récipiendiaire ayant répondu affirmativement à cette
dernière question, le président l'invitait à se lever, et repre-
nait ainsi :

« Citoyen, voici le serment que tu dois prêter : « Je jure
« de ne révéler à personne, pas même à mes proches pa-
« rents, ce qui s'est dit ou fait parmi nous. Je jure d'obéir

« aux lois de l'association; de poursuivre de ma haine ou de
« ma vengeance, les traîtres qui se glisseraient dans nos
« rangs; d'aimer et de servir mes frères, de sacrifier ma li-
« berté et ma vie. »

Le néophyte prononce le serment, et on le proclame membre de l'association. Le président alors l'invite à s'asseoir, et reprend : « As-tu des armes, des munitions? Cha-
« que associé, en entrant dans notre entreprise, doit avoir
« une quantité de poudre quelconque, un quarteron au
« moins. En outre, il doit s'en procurer deux livres pour
« lui-même. Il n'y a rien d'écrit dans l'association; tu ne
« seras connu que par le nom de guerre que tu vas choisir.
« En cas d'arrestation il ne faut jamais répondre au juge
« d'instruction. Le comité est inconnu; mais au moment du
« combat, il est tenu de se faire connaître. Il y a défense
« expresse de descendre sur la place publique si le comité
« ne se met pas à la tête de l'association. Pendant le com-
« bat, les membres doivent obéir à leur chef, suivant toute
« la rigueur de la discipline militaire.

« Si tu connais des citoyens assez discrets pour être ad-
« mis parmi nous, tu dois nous les présenter; tout citoyen
« qui réunit discrétion et bonne volonté, mérite l'entrée
« dans nos rangs, quel que soit d'ailleurs son degré d'ins-
« truction; la société achèvera son éducation. »

Sur ces derniers mots, l'associé était débarrassé de son bandeau, et n'avait plus, pour compléter la cérémonie, qu'à indiquer le nom de guerre qu'il entendait porter.

Une remarque que le lecteur aura faite, c'est que, dans ce formulaire, le bouleversement social est indiqué comme but de la révolution; c'était le moyen de se poser dans la masse; mais, sauf le mot d'égalité et quelques principes vagues, M. Blanqui se garde bien d'entrer dans les détails d'un système social, sachant que donner à ergoter à des conspirateurs, c'est tuer la conspiration en détruisant la discipline. Sous ce rapport, M. Blanqui a montré sa supériorité révolutionnaire et l'instinct des héros de place publique, qui est la dictature. Comment voulez-vous que ces chefs, connaissant l'ignorance et les passions désordonnées de leurs bandes, n'arrivent pas logiquement à leur imposer un joug de fer? Le comité de salut public n'a-t-il pas fondé sa puissance sur un épouvantable despotisme? On croit que les clubs et manifestations populaires sont de principe absolu chez les directeurs de révolutions; loin de là, ce n'est qu'un moyen qu'ils ont hâte de briser quand ils en ont fait usage, attendu que d'autres pourraient le lendemain l'employer contre eux. Ceux qui ont étudié l'*art* révolutionnaire n'ignorent pas que son idéal consiste à inspirer le culte exclusif de quelques dogmes vagues et la soumission absolue au commandement. En voyant M. Blanqui réveiller si terriblement les clubs après février, bien des gens se demandent où se serait arrêtée cette lave de démagogie en cas de triomphe de la République sociale; elle se serait arrêtée par ordre même de ceux qui l'avaient mise en ébullition. M. Blanqui, devenu dictateur par la grâce des clubs, aurait fermé les clubs beaucoup plus vite que le dictateur du *National*. Nos Catilina connaissent leur monde; tenez pour assuré qu'il n'est pas de vieux marquis, momifié dans son château, qui ose rêver, au nom du droit divin, l'absolutisme qu'ils réclameraient au nom de la souveraineté du peuple.

Donc, les sociétaires des *Familles*, ce point établi qu'ils travaillaient à fonder l'égalité par une refonte sociale, étaient tenus de n'entrer dans aucune controverse ni discussion de systèmes, et devaient se contenter d'obéir avec la soumission d'un soldat. La révolution faite et le terrain déblayé, leur disait-on, les docteurs du parti se mettront à l'œuvre, et rien ne sera plus facile que de formuler la science nouvelle. Nous avons vu que la chose n'est pas aussi facile qu'on le prétendait; c'est au point que la confusion de Babel pourra bien passer quelque jour pour lumineuse auprès de celle des constructeurs du socialisme.

Le néophyte reçu, son parrain, qui devenait généralement son chef immédiat, achevait de le pénétrer de ses devoirs : le premier était de se fournir de poudre et de munitions; le second d'être prêt à suivre les ordres qui lui seraient donnés; le troisième de garder une discrétion absolue; et le quatrième de faire de la propagande. On l'avertissait ensuite que, de temps en temps, il serait convoqué aux réunions de la *Famille* dont il était membre. Ces réunions étaient le seul acte par lequel l'association se reliait; les revues, assemblées nombreuses et ordres du jour étant supprimés.

Dans ces assemblées de *Familles*, le chef se faisait rendre compte des démarches de ses hommes, tant pour leur approvisionnement que pour la propagande; il recevait avis des demandes d'affiliations, et prenait jour pour les réceptions. Quand le groupe devenait trop nombreux, un membre était désigné pour en fonder un nouveau. Le chiffre de chaque *Famille* ne devait pas dépasser une douzaine d'hommes. Par une défense expresse, il était interdit de se rassembler dans les endroits publics, cafés, marchands de vins, places, etc. L'un des membres de la *Famille* devait prêter son logement pour les réunions. Aussitôt les affaires de l'association traitées, le chef faisait une courte allocution et levait la séance.

Un certain nombre de *Familles* recevaient la direction

d'un chef appelé Chef de section; les chefs de section relevaient d'un commandant de quartier, lequel était sous les ordres d'un agent révolutionnaire qui devait communiquer avec le comité; mais ce comité n'était autre que les agents révolutionnaires eux-mêmes, c'est-à-dire, MM. Blanqui et Barbès, auxquels s'adjoignit M. Martin Bernard. Ce comité devait rester totalement inconnu jusqu'au jour de la bataille, où il apparaîtrait pour mener les hommes au feu.

Cette association était fort simple; mais par sa simplicité même, sa discipline et ses mesures de prudence, elle semblait devoir prendre une force très sérieuse. Le soin que M. Blanqui avait mis à isoler en quelque sorte ses soldats, et à ne leur laisser rien connaître des actes importants, le rassurait contre les trahisons. Un simple membre ne connaissait que les hommes de sa *Famille*, et le secret qu'il eût pu vendre se réduisait à peu de chose. Quant aux commandants de quartier, on les avait choisis parmi de vieux patriotes dont la fidélité était à l'épreuve; c'est au moins ce que l'on croyait; mais les plus anciens démocrates, ceux mêmes qui ont pourri dans les prisons, ne sont souvent, hélas! que des limiers retors qui prennent la peau du loup pour mieux l'étrangler. Il arriva qu'en dépit de mille précautions, M. Blanqui, sa conspiration et ses mesures mystérieuses, furent presqu'aussitôt éventés et livrés à la police.

CHAPITRE XXII.

Fabrique clandestine. — Affaire des poudres. — Complot de l'Arc-de-Triomphe. — Projet contre les Tuileries. — Retraite de M. Gisquet. — Affaire de Strasbourg.

Les *Familles* ayant trouvé dans les débris des *Droits de l'Homme* des éléments nombreux et tout préparés, n'avaient pas tardé à atteindre un chiffre important. Dans les premiers mois de 1836, les calculs du comité l'élevaient à un millier d'hommes. Jusqu'en février, nous verrons le total des sociétés secrètes, flotter autour de ce chiffre. Les quatre mille sectionnaires des *Droits de l'Homme* ne se retrouveront plus, grâce au salutaire effet des lois nouvelles.

Le comité comprit bientôt que la sévère organisation de la société, le forçait à ne pas différer l'attaque sous peine de dégoûter les hommes. Déjà, au mois d'août 1836, des symptômes d'impatience s'étaient révélés : au sujet du convoi d'un amputé de juin, plusieurs sections avaient parlé de descendre; la police, qui les guettait, dut mettre ordre à ces velléités en arrêtant un des meneurs, M. Leprestre Dubocage, chez qui l'on trouva une douzaine de membres réunis et des munitions en assez grand nombre. Les chefs songèrent donc à activer les préparatifs. Ils avaient promis, pour le jour du combat, des munitions et des armes, c'est vers ce point que leur préoccupation se tourna. Des armes, on sentait la difficulté et le danger d'en préparer des dépôts, aussi se réserva-t-on simplement d'indiquer les endroits où on en trouverait; quant aux munitions, on crut devoir en former un amas considérable, qui pût subvenir aux plus larges besoins. Des sociétaires se répandirent dans les barrières, circonvenant les soldats et les excitant, soit par des libations, soit pour quelqu'argent, à livrer leurs cartouches; c'était les entraîner à un abus de confiance et à l'infraction de leurs devoirs militaires, mais que sont ces considérations devant le grand principe de M. Barbès, la souveraineté du but? Ce moyen, du reste, ne produisit pas tout le résultat désiré; quelques paquets de munitions s'obtenaient par ci par là d'un soldat ivre, mais il eût fallu faire long-temps le brocantage avant de monter l'arsenal insurrectionnel. Pour arriver plus vite au but, on décida d'organiser une fabrique de poudre. MM. Blanqui, Martin Bernard et Beaufour, ce dernier ancien commerçant ruiné, se chargèrent de diriger l'opération. Ayant loué, rue de l'Oursine, une maison isolée, portant le n° 113, ils y firent construire un séchoir, se pourvurent des ustensiles nécessaires ainsi que des matières premières, et se mirent à la besogne. M. Beaufour était conducteur des travaux ayant sous ses ordres trois ou quatre sociétaires sûrs. Les procédés avaient été fournis par M. Blanqui, qui chaque jour, se glissait furtivement dans le laboratoire pour inspecter la fabrication. Le soir, entre onze heures et minuit, M. Martin Bernard, après avoir fini sa tournée dans les faubourgs, arrivait à la maison mystérieuse; au lieu de frapper, il avertissait de sa présence par une poignée de sable qu'il jetait dans les carreaux; la porte s'entre-baillait, et on le voyait disparaître dans un corridor noir. Une fenêtre s'ouvrait alors, et on apercevait un homme qui éclairait soigneusement les alentours; cette inspection faite et le pavé reconnu libre, M. Martin Bernard reparaissait avec une charge de poudre, filait lestement le long des murailles, traversait le quartier Latin, et s'arrêtait rue Dauphine, à la maison portant les n°s 22 et 24. C'est là qu'était le dépôt général, on y fabriquait des balles, puis des cartouches, que l'on remettait aux chefs de quartier pour les distribuer à leurs hommes.

Ces allées et venues nocturnes à la maison de la rue de l'Oursine, le bruit insolite qu'on entendait dans l'intérieur, la présence dans le quartier de figures suspectes, tout cela, aidé des indications des faux frères, mit M. Gisquet sur la trace du complot et des coupables. Des agents furent postés autour du n° 113, et quand on fut certain de la présence des conspirateurs, une escouade cerna le local, pendant qu'un officier de police bien escorté pénétrait dans l'intérieur. M. Beaufour était à l'œuvre avec ses acolytes, trois étudiants, MM. Robier, Canard, Daviot et un ouvrier qui se trouvait justement avoir construit la charpente de la machine Fieschi. On s'empara d'eux, puis on visita les pièces où tout l'attirail de la fabrique fut découvert. Outre la poudre confectionnée, les appareils et les instruments, on trouva une quantité considérable de matières destinées à la fabrication.

La même opération fut pratiquée au dépôt de la rue Dauphine. Des jeunes gens, en blouse, les mains noires, y étaient occupés, les uns à fondre des balles autour d'un fourneau, les autres à fabriquer des cartouches sur une table; on s'empara de M. Cabet, neveu de l'ex-député, de MM. Guillemain, Grooters et Génin; et puis de 15,000 balles et d'un dépôt de poudre énorme. On assure qu'il y avait de quoi confectionner 200,000 cartouches.

En même temps que cette razzia de munitions, une expédition avait lieu pour s'emparer des chefs principaux dont la police avait la liste fort exacte. On se rendit au domicile de M. Barbès, qu'on trouva justement en compagnie de M. Blanqui, ce qui permit de faire d'une pierre deux coups. M. Blanqui, selon des renseignements que le fait justifia, portait d'habitude sur lui la liste des membres de l'association; on le pria de donner son portefeuille, ou plutôt, pour éviter un refus, les agents le lui arachèrent et le remirent au commissaire; mais celui-ci ne l'avait pas entre les mains que le conspirateur, par un mouvement rapide, le ressaisissait et trouvait le moyen, avant d'en être empêché, d'y prendre quelques pièces et de les avaler. Malheureusement, la fameuse liste resta dans le portefeuille qui fut repris. M. Barbès avait dans son logement des cartouches, des moules à balles et des papiers dignes de ce matériel, entre autres la proclamation rédigée en vue de l'attentat de Fieschi, et qu'on gardait sans doute pour quelque circonstance pareille. C'est dans cette pièce que se trouvait cette phrase déjà connue mais qu'il n'est pas inutile de répéter : « Peuple, mainte- « nant pas de pitié; mets nus les bras et qu'ils s'enfoncent « tout entiers dans les entrailles de tes bourraux! »

Avec ces deux chefs principaux, furent arrêtés MM. Martin Bernard, Nettré, Dubosc, Guignot, Lamieussens, Dussoubs, Raisan, Lebeuf, Troncin, Hubin de Guer, Robert, Spirat, Lisbonne, Hertfort, Payet, Legeret, Gravel, Venant, Dupuis, Villedieu, les frères Seigneurgens, Schirman, Léon, Quétin, Houtan, Lacombe, Molly père, Voiturier, Geoffroy, Rousset, Palanchon, Deligny, Halot, Gay, Gallien, tous chefs de *section*, de *quartier* ou de *famille*. On trouva chez la plupart des munitions et des armes.

Ces arrestations avaient eu lieu dans le mois de mars 1836; les accusés, au nombre de 43, parurent en justice au mois d'août. MM. Blanqui, Beaufour, Lisbonne, Robert, Rabier et Genin furent condamnés à deux ans de prison; Barbès, Herfort, Lamieussens, à un an; Palanchon, Canard, Villedieu, Grivel, Gay, Venant, à dix mois; Dupuis, à huit mois.

Au moment de quelque procès dans le genre de celui-ci,

il court toujours dans l'air des vapeurs révolutionnaires plus intenses; les camarades des accusés s'exaltent, et, avant de se débander ou de recommencer une autre association, cherchent à marquer leur fin par un acte éclatant. L'attentat de Fieschi est le râle des *Droits de l'Homme;* les *Familles* aussi ont rêvé de s'ensevelir dans une catastrophe publique.

Quelques semaines avant les débats, une grande cérémonie était annoncée pour l'inauguration de l'Arc-de-Triomphe de l'Étoile; le roi avait choisi cette occasion pour passer une nouvelle revue des gardes nationales. Malgré les attentats multipliés dont il avait failli être victime, sa nature se révoltait contre la séquestration que ses conseillers lui imposaient. Vivre derrière des murailles ou des baïonnettes, comme un nouveau Louis XI, était contraire à toutes les habitudes de sa vie. L'histoire considèrera certainement comme une des monstruosités de ce siècle, la série d'assassinats tentés contre ce prince, qui n'avait de la tyrannie ni les formes ni le fond, qui ne fit pas couler une seule fois le sang des ennemis qui l'avaient attaqué en face, et qui a abandonné son trône plutôt que de tirer un coup de fusil contre la garde nationale, c'est-à-dire contre la bourgeoisie, dont il était l'élu.

Que ce fut imprudence ou non, le roi voulait passer la revue. Instruits de ce dessein, les chefs des *Familles* restés libres résolurent de profiter de l'occasion pour essayer un nouvel attentat. Il s'agissait de former dans l'association plusieurs pelotons de gardes nationaux qui se présenteraient à la revue, les armes chargées, et qui, au défilé, feraient feu sur le roi. La police, instruite, prévint le monarque, qui persista dans son projet, en prescrivant toutefois certaines mesures qui lui paraissaient écarter le danger. Il fut convenu qu'on entourerait l'Arc-de-Triomphe d'une enceinte de tribunes formant une muraille extérieure assez haute et assez solide pour arrêter une attaque; le roi serait placé au centre de cette enceinte, et les gardes nationaux défileraient par deux espaces libres ménagés aux faces de l'Arc; chaque compagnie, avant de passer devant le prince, aurait ses armes scrupuleusement visitées. Ces précautions semblaient suffisantes, et l'on croyait pouvoir d'autant mieux s'y fier, que la police avait fait saisir les chefs du complot et tous les membres des *Familles* connus par leur exaltation. Mais de nouveaux périls se révélèrent avant la cérémonie : on apprit que les conspirateurs, au moyen de fausses cartes, devaient pénétrer dans les tribunes, et, à un signal, se précipiter sur le roi, armés de poignards et de pistolets. Le caractère de ce projet est tel que les républicains ont quelque chance d'être crus en le traitant de calomnie; ce que nous pouvons dire, c'est que l'invention était audacieusement folle, mais rigoureusement vraie; les ministres finirent par contraindre le roi à renoncer à la revue.

Nous entrons dans une série de faits machinés ou accomplis dans les ténèbres, et dont la plupart n'ont éveillé l'attention que de la police; comme leur véritable caractère n'a pu être fixé par la justice, nous sommes bien aise d'avertir que, pour n'être pas de notoriété publique, ces évènements n'en sont pas moins d'une entière exactitude.

Si les cartons de la rue de Jérusalem étaient ouverts aux gens naïfs qui prennent pour argent comptant la pudeur vraie ou feinte des entrepreneurs d'anarchie, ils verraient des masses de complots et de projets de sang ou de dévastation, dont ils n'ont jamais entendu parler, mais qui sont appuyés de preuves si concordantes et si détaillées, que leur existence ne peut donner lieu au moindre doute.

Ainsi, peu de temps avant celui qui précède, un autre plan de régicide avait été conçu, discuté et arrêté : c'était une attaque sur les Tuileries qui devait être exécutée par les *Familles* de concert avec un certain nombre de sous-officiers. Ces derniers prétendaient s'emparer de leurs officiers, enlever les troupes, et se porter sur le château en plusieurs colonnes. Les *Familles* arriveraient de leur côté, et le palais pris au dépourvu, cerné de toutes parts, céderait, livrant ses hôtes à la fureur des assaillants. Le coup devait être fait à quatre heures du matin. Les ouvriers se rendant au travail seraient entraînés dans la conspiration; le pouvoir n'aurait pas le temps de réunir ses forces; le succès était certain; tout le promettait. Tout, excepté le bon sens public, et cet homme aux mille regards de la rue de Jérusalem, qui souriait de pitié à des rêves dont l'odieux n'était dépassé que par le ridicule.

On enleva les sous-officiers, et on les envoya conspirer en Afrique.

Il y eut des gémissements et des plaintes amères dans la presse républicaine: on traitait les frères de l'armée en cosaques, on tyrannisait leurs généreux instincts; on les envoyait se faire tuer par des barbares; que sais-je? C'était chose fâcheuse, sans aucun doute, que de ne pas permettre à ces braves militaires de massacrer la famille royale, et de bouleverser l'État; cependant, il est des pays où les complots de cette nature coûtent généralement la vie à leurs auteurs. A tout prendre, les *braves* sous-officiers n'avaient donc pas trop à se plaindre.

A cette époque le ministère se retira; M. Gisquet qui avait partagé ses travaux, crut devoir partager sa retraite. Certes, c'était le cas cette fois pour les républicains d'illuminer: ils étaient débarrassés de leur adversaire le plus rude. Déjà

M. Carlier, son lieutenant, avait quitté la Préfecture à la grande satisfaction des patriotes; la police se trouvait veuve des deux hommes qui avaient fouillé avec le plus d'activité et d'acharnement la sentine démagogique. De 1831 à 1836, on a vu quelle effrayante masse d'émeutes, d'insurrections et de complots ont été accumulés contre le gouvernement; on a vu aussi avec quelle infatigable persévérance les machinations secrètes ont été poursuivies, avec quelle foudroyante énergie les séditions ont été écrasées; ce résultat est dû à deux forces qui se sont confondues dans une résolution simultanée : la force de direction représentée par MM. Casimir Périer, Guizot, Thiers, et la force de surveillance incarnée dans M. Gisquet.

Comme la plupart de ces magistrats qui ont le courage de ne pas transiger avec un devoir rigoureux, M. Gisquet était loin d'avoir au fond du cœur la sorte de férocité qu'on lui prêtait. C'est un homme ardent, susceptible, mais sans animosité; tous les patriotes raisonnables qui ont passé par ses mains le savent. Il fut le premier à demander la grâce d'hommes dont il savait la tête plus mauvaise que le cœur, et, pour leur rendre ce service, il ne s'inquiétait pas de savoir si certains d'entre eux ne l'avaient pas attaqué avec impudence. Aux premiers temps de la révolution, la franchise de ses conseils arracha à leur perte maints pauvres jeunes gens qui sont devenus des citoyens honorables, et qui sans lui, battraient à l'heure qu'il est le pavé démocratique social. Ceux qui savent ce que c'est qu'une révolution à museler, et dont les idées d'ordre ne sont pas faussées par des passions mesquines, tiendront toujours en estime, non seulement les services, mais la personne de l'ex-préfet de police. Les grands crimes qu'on lui a reprochés, se réduisent, tout compte fait, à quelques mouvements de générosité irréfléchis, et l'on peut dire hautement qu'il y eut inintelligence et ingratitude dans les déboires dont on l'abreuva au sortir de sa carrière.

Laissons cela. M. Gisquet a su donner, de ses convictions, une de ces preuves qu'on n'a pas le droit de contester et qui sont le suprême éloge de l'homme d'Etat : il a continué de respecter et de servir fidèlement un gouvernement qui a cherché à le déshonorer.

Au moment où les *Familles,* dispersées par l'affaire des poudres, vont se reconstituer sous un autre nom, éclate la conspiration de Strasbourg. Cette affaire, couvée en Suisse par le prince Louis-Napoléon, MM. de Querelles, Gricourt, Mme Gordon, le commandant Parquin, etc., se ramifiait à Paris dans la classe des vieux officiers de l'Empire et dans un certain cercle de républicains qui voulaient faire du prince un instrument, mais surtout avait ses principaux moyens d'action à Strasbourg, parmi trois régiments d'artillerie et un bataillon de pontonniers qui y tenaient garnison. M. Vaudrey, le colonel d'un de ces régiments, était gagné et devait livrer l'arsenal dont il avait les clés; les pontonniers obéissaient aveuglément à M. Laity, leur lieutenant; on croyait pouvoir compter au moins sur la neutralité du commandant de la division, M. le général Voirol.

Le mouvement éclata le 30 octobre 1836. Les régiments qui avaient promis leur concours tinrent parole; le nom magique de Napoléon, jeté dans leurs rangs, y produisit un élan d'enthousiasme. On arrêta le général Voirol, sur le compte duquel on s'était trompé, puis le préfet et d'autres fonctionnaires. Il ne restait plus, pour être maître de la ville et se porter sur Paris, comme on en avait l'intention, qu'à enlever un régiment d'infanterie qui faisait également partie de la garnison. Les fantassins qui voyaient les artilleurs saluer le prince à grands cris, étaient prêts à en faire autant quand le bruit se répandit qu'on se jouait d'eux et que le prétendu parent de l'empereur n'était autre que le neveu du colonel Vaudrey; ce fut le signal de la déroute. Un officier s'élança pour saisir le prince; ce dernier, par un coup de pistolet, pouvait peut-être retenir la fortune; certains conspirateurs n'auraient pas hésité; il eut la sagesse de s'abstenir et tout fut perdu.

Le roi Louis-Philippe le fit embarquer pour l'Amérique; ses compagnons furent acquittés par le jury de l'Alsace.

Le prince a fait depuis, dans la prison même où une seconde tentative de ce genre le conduisit, une confession noble et touchante qui absout les inspirations de sa jeunesse; en outre, il lui a été donné d'être l'instrument du rétablissement de l'ordre au 10 décembre; le devoir des bons citoyens est de l'encourager et de le suivre dans sa nouvelle vie sans revenir inutilement sur l'ancienne.

CHAPITRE XXIII.

Organisation des *Saisons*. — Nouveau personnel de conspirateurs. — Revues. — Mesures de prudence. — M. Martin Bernard. — Régicides. — Amnistie. — Quel est son effet. — Recrudescence de propagande. — Nouveau formulaire de réception. — Haine contre la bourgeoisie.

La conspiration bonapartiste, malgré ses quelques accointances avec des aventuriers démocrates, était une affaire de dynastie, ne se rattachant en rien au parti républicain, et surtout aux associations secrètes qui voulaient joindre au changement des personnes le renversement de la société. Ces dernières, résumées alors dans les débris des *Familles*, ne tardent pas à rassembler leurs groupes et à se reconstituer sous le nom de *Saisons*.

L'organisation resta à peu près la même : six membres, sous les ordres d'un septième appelé *Dimanche*, formaient une *Semaine*; quatre *Semaines*, commandées par un *Juillet*, composaient un *Mois*; trois *Mois* obéissaient à un chef de *Saison* nommé *Printemps*; quatre *Saisons* à un *Agent révolutionnaire*; c'était le calendrier appliqué à la conspiration. La force d'un bataillon se trouvait être de 336 hommes. Quant aux *Agents révolutionnaires*, considérés comme les lieutenants directs du comité, ils n'étaient, comme dans les *Familles*, que le comité lui-même. Le même mystère enveloppa les actes de l'association; toutefois, il y eut plusieurs changements importants : le système d'isolement pratiqué dans les *Familles* fut abandonné et fit place à des réunions indéterminées, soit de *Semaines*, soit de *Mois* ou de *Saisons*. Ces réunions étaient visitées par des chefs de différents grades, qui donnaient leurs ordres et exaltaient les esprits par des allocutions énergiques. Cela ne pouvait se faire sur la voie publique, et comme les patriotes n'avaient pas de logements suffisants, on eut recours aux salles de marchands de vins. C'est de cette époque que la conspiration entre dans les cabarets et s'y traîne jusqu'à la révolution.

Le manque d'emplacement ne fut pas la seule cause de cette seconde modification : à ce moment, le cadre des sociétés secrètes se renouvelle presque entièrement; le recrutement qui s'était fait dans les mauvaises couches de la bourgeoisie, va s'opérer exclusivement dans les bas-fonds de la classe populaire; or, on sait que la conspiration, dans le peuple, se plaît beaucoup le verre à la main.

C'est une date remarquable que celle où l'élément bourgeois abandonne tout-à-fait les menées illégales; c'est l'aveu d'une impuissance désormais radicale de la part de tous ces ambitieux qui ont déchiré le pays pendant six ans; pour les sociétés secrètes, c'est le moment d'une existence réellement en rapport avec leur nom, c'est-à-dire sans traces extérieures, sans bruit, sans agitation, mais qui semble contenir dans sa concentration et son mystère des menaces plus sérieuses.

M. Martin Bernard, acquitté dans le procès des poudres, renoue immédiatement ses relations et devient le directeur des *Saisons*; c'est lui qui, voyant l'ancien noyau des agitations usé et las d'un rôle stérile, comprend que le peuple offre, comme discipline et crédulité, d'excellentes ressources qui n'ont pas encore été exploitées. Le mot d'ordre est donc donné, et la propagande s'adressera désormais aux faubourgs. La tactique de M. Blanqui, consistant à allécher les gens simples avec des principes vagues sur lesquels la discussion est interdite, sera pratiquée avec grand soin. Il y a la masse des hommes ardents et déréglés, que l'amour-propre et l'espoir d'avantages chimériques plieront au commandement, et qui offriront ce grand avantage de n'avoir rien à perdre dans un bouleversement; cela vaut bien des étudiants braillards, des commis ambitieux, des avocats avides et toute cette bande de bourgeois besogneux avec laquelle on n'a rien fait de bon.

Outre les réunions partielles, il y avait dans les *Saisons* des revues générales passées par les agents révolutionnaires. Voici le procédé qui s'employait dans ces occasions: on choisissait quelque rue longue et parsemée d'aboutissants; par exemple la rue Saint-Honoré; les hommes étaient disséminés sur toute la longueur dans les rues latérales, les chefs seulement se tenaient au bord de la ligne principale attendant le dignitaire; celui-ci commençait son inspection, et à chaque coin jusqu'au bout de la rue, visitait une série de chefs qui lui rendaient compte de l'effectif de leur troupe et du nombre de manquants. Comme le formulaire de réception enjoignait à chaque membre d'être toujours prêt, l'avertissant qu'il serait appelé au combat sans avis préalable, les *Saisons* pouvaient croire, à chaque convocation, qu'il s'agissait de prendre les armes; ensuite, par l'exactitude qu'elles mettaient à répondre à l'appel, les chefs se fixaient sur le nombre d'hommes qu'ils pourraient mettre en ligne.

La question des munitions et des armes, mûrement examinée, reçut une solution différente de celle des *Familles*. Il fut reconnu prudent de n'amasser de provisions de guerre que peu de temps avant la bataille, et de ne les livrer aux combattants que sur le terrain même; par ce moyen on évitait les poursuites de police, et on empêchait qu'une imprudence ou une trahison donnât lieu à quelque razzia dans le genre de celle qui avait désorganisé les *Familles*.

En outre, il était rigoureusement interdit à tout membre et chef, d'écrire ou de conserver une seule ligne relative à l'association; il fut déclaré que les contrevenants à cette règle seraient considérés et traités comme traîtres.

Ces combinaisons révélaient une habileté déduite d'une longue expérience; elles étaient l'œuvre des anciens chefs des *Familles*, réorganisateurs de la société nouvelle. M. Martin Bernard trouvait moyen, soit par lui-même, soit par des intermédiaires sûrs, de communiquer fréquemment avec M. Blanqui; il se concertait avec lui sur les mesures à prendre, et lui rendait compte de la marche des travaux. Leur double effort donnait l'impulsion à cette machine dont les rouages restèrent assez ténébreux, ou assez insaisissables, pour produire un jour une explosion sanglante et inattendue.

Tant à cause de la lassitude des révolutionnaires, que du milieu nouveau où la société se recrutait, les *Saisons* ne prirent d'abord qu'un médiocre développement. Les ouvriers ne sentaient pas le besoin, leur journée finie, de se livrer à des exercices politiques qui offraient des dangers clairs et des avantages fort obscurs. Après plusieurs mois d'une propagande active, M. Martin Bernard et ses lieutenants n'avaient groupé que quatre à cinq cents individus, jeunes gens sans cervelle pour la plupart, et qui voulaient jouer à la conspiration.

Le secret le plus rigoureux était observé. Rien ne pouvait faire soupçonner au public la mine qui se creusait de nouveau sous Paris. Une certaine classe de républicains ignorait même l'existence de la société. Dans la majorité du parti, on eût blâmé cette nouvelle tentative, si on l'eût connue, tant l'idée des associations occultes était discréditée. L'armée des *Droits de l'Homme* en masse avait fait retraite, reconnaissant qu'il y avait sottise désormais à toute attaque armée. Il fallait attendre et s'en remettre à la providence démocratique.

Cette démission de la République intelligente mit le désespoir dans les natures violentes. Se confondre dans les rangs clair-semés des *Saisons*, sous des chefs sans éclat, parut un rôle trop mesquin à quelques énergumènes qui ne tardèrent pas à ruminer de nouveaux plans de régicide. Un ouvrier mécanicien, nommé Champion, est saisi au moment où il allait exécuter un de ces attentats. Il sut mettre à profit la négligence de ses gardiens pour s'étrangler dans la prison. On ne saurait dire s'il avait des complices.

Quelque temps après, un autre de ces crimes odieux, celui de Meunier, échouait également. Le roi daigna pardonner à ce malheureux qui est allé mourir misérablement en Amérique. Meunier avait fait partie des *Familles;* on trouva son nom sur les listes de M. Blanqui.

D'autres symptômes apparurent à cette époque, témoignant d'une impuissance qui se tournait en accès de rage : c'était tantôt des placards contenant des calomnies cyniques contre la famille royale, ou des menaces sanglantes contre les membres du gouvernement; tantôt des projets de destruction en masse contre les personnes et les propriétés. Il n'y avait là que le rêve de quelques furieux tenus par la police au bout de sa longue-vue, et arrêtés aussitôt qu'un fait matériel donnait prise à l'action des lois.

Les hommes au courant du monde révolutionnaire, apercevaient clairement dans ces convulsions le râle de la république militante. Par le fait, après les efforts redoutables qu'il avait brisés, le gouvernement pouvait tenir pour vains et impuissants, les complots de démagogues isolés et le bataillon ténébreux des *Saisons.*

Cependant, au moment où les menées anarchiques semblaient devoir disparaître, un acte politique vient leur rendre une vie nouvelle; ce n'était pas, comme on pourrait se l'imaginer, un acte de rigueur de la part du pouvoir, c'était une mesure de clémence.

Les démocrates ont toujours ardemment réclamé des amnisties; or ce qu'on nomme amnistie, chez nous, n'est autre chose qu'un jeu de dupes de la part du pouvoir. Faire grâce à des gens repentants et qui montreront de la reconnaissance, c'est au mieux; mais rendre libres des furieux, qui doivent abuser le lendemain de leur liberté, n'est pas œuvre de raison. Si nous avons bonne mémoire, on s'est fort emporté contre la prétention de certains gouvernements, d'exiger une demande en grâce des prisonniers qu'ils destinaient à leurs faveurs. Nous trouvons qu'une demande de cette espèce est insuffisante. A l'homme tenu sous les verroux pour avoir attaqué le gouvernement, et qui ne prendrait pas l'engagement écrit d'éviter de nouvelles attaques, tout le monde a le droit de dire qu'il se moque. Pourquoi donc voulez-vous que je vous lâche si vous êtes toujours mon ennemi? Suis-je forcé, par hasard, de moins estimer ma sûreté que la vôtre. L'humanité, la clémence et beaucoup d'autres belles choses n'ont que faire ici; la véritable humanité consiste à préserver le grand nombre, la vraie clémence à pardonner au repentir.

L'amnistie eut lieu le 8 mai, à l'avènement du ministère Molé. Elle ouvrit les portes de la prison à diverses catégories de condamnés, entre autres à MM. Barbès et Blanqui, de l'affaire des poudres. Le lendemain MM. Barbès et Blanqui allaient retrouver M. Martin Bernard, leur ancien complice, et reprenaient dans les *Saisons* le rang qu'ils occupaient dans les *Familles*. Est-il un homme de sens qui approuvera l'étrange générosité qui se résume, aussitôt la levée de l'écrou, en des prisonniers de moins et en des conspirateurs de plus? Notez qu'on n'en saurait vouloir aux républicains, car ils n'ont jamais caché leur hostilité; il n'y a à redire qu'à l'erreur du gouvernement. Pour faire plaisir à des journalistes, ou à ce qu'on nomme des philanthropes, il déchaîne des individus qui, à l'instant, deviennent d'acharnés agresseurs.

Les trois chefs réunis, et le cadre des officiers notablement renforcé, toujours par suite de la clémence royale, l'association se développe aussitôt à vue d'œil. La propagande, sous une direction multiple et des agents exercés, fouille les recoins les plus obscurs. L'atelier est surtout obsédé d'émissaires, car le principe de M. Martin Bernard est reconnu excellent : c'est dans la classe ouvrière, crédule et facile aux impressions, que l'armée insurrectionnelle trouvera ses meilleurs soldats. Pour mieux la plier à l'inflexible discipline qu'on exige d'elle, on décide de caractériser davantage le cérémonial de réception et les doctrines au nom desquelles la société travaille. Il faut tenir les esprits sous une impression violente; faire que le sentiment du devoir révolutionnaire devienne un fanatisme, l'hostilité politique une frénésie.

Le formulaire des *Familles* que nous avons fait connaître sert de base au nouveau; mais on va voir que celui-ci est d'une âpreté de termes beaucoup plus grande, et d'un appareil propre à saisir plus fortement les têtes faibles. En voici le texte, avec les réponses que le récipiendaire devait faire, et qui lui étaient soufflées par son parrain, en cas d'embarras.

Le récipiendaire est introduit les yeux bandés.

Le président, après avoir demandé son nom au présentateur :

« Citoyen (le nom), quel est ton âge? ta profession? le
« lieu de ta naissance? ton domicile? Quels sont tes moyens
« d'existence? As-tu réfléchi sur la démarche que tu fais en
« ce moment? sur l'engagement que tu viens contracter?
« Sais-tu bien que les traîtres sont frappés de mort?

« Jure donc de ne révéler à personne rien de ce qui se
« passera dans ce lieu?

« Que penses-tu de la royauté et des rois?

« — Qu'elle est exécrable, que les rois sont aussi funestes
« pour l'espèce humaine que les tigres pour les autres ani-
« maux.

« Quels sont maintenant les aristocrates?

« — L'aristocratie de naissance a été détruite en Juil-
« let 1830; maintenant les aristocrates sont les riches, qui
« constituent une aristocratie aussi dévorante que la pre-
« mière.

« Faut-il se contenter de renverser la royauté?

« — Il faut détruire les aristocrates quelconques, les pri-
« viléges quelconques, autrement ce ne serait rien faire.

« Que devons-nous mettre à la place?

« — Le gouvernement du peuple par lui-même, c'est-à-
« dire la République.

« Ceux qui ont des droits sans en remplir les devoirs,
« comme maintenant les aristocrates, font-ils partie du
« peuple?

« — Ils ne devraient point en faire partie; ils sont pour le
« corps social ce qu'est un cancer pour le corps humain. La
« première condition du retour du corps à la santé, c'est
« l'extirpation du cancer. La première condition du retour
« du corps social à un état juste, est l'anéantissement de
« l'aristocratie.

« Immédiatement après la révolution, le peuple pourra-
« t-il se gouverner lui-même?

« — L'état social étant gangrené, pour passer à un état
« sain il faut des remèdes héroïques. Le peuple aura besoin,
« pendant quelque temps, d'un pouvoir révolutionnaire.

« En résumé, quels sont tes principes?

« — Qu'il faut exterminer la royauté et toutes les aristo-
« craties, substituer à leur place la République, c'est-à-dire le
« gouvernement de l'égalité; mais pour passer à ce gouver-
« nement, employer un pouvoir révolutionnaire qui mette
« le peuple à même d'exercer ses droits. »

« Citoyen, les principes que tu viens d'énoncer sont les
« seuls justes, les seuls qui puissent faire marcher l'huma-
« nité vers le but qui lui est fixé; mais leur réalisation n'est
« pas facile; nos ennemis sont nombreux et puissants; ils
« ont à leur disposition toutes les forces sociales. Nous, ré-
« publicains, notre nom même est proscrit; nous n'avons

« que notre courage et notre bon droit. Réfléchis, il est en-
« core temps, sur tous les dangers auxquels tu te voues, en
« entrant dans nos rangs. Le sacrifice de la fortune, la perte
« de la liberté, la mort peut-être, es-tu décidé à les braver?

« Ta réponse nous est la preuve de ton énergie. — Lève-
« toi, citoyen, et prête le serment suivant :

« Au nom de la République, je jure haine éternelle à
« tous les rois, à tous les aristocrates, à tous les oppresseurs
« de l'humanité. Je jure dévouement absolu au peuple, fra-
« ternité à tous les hommes, hors les aristocrates; je jure
« de punir les traîtres; je promets de donner ma vie, de
« monter même sur l'échafaud, si ce sacrifice est néces-
« saire, pour amener le règne de la souveraineté du peuple
« et de l'égalité. »

Le président lui met un poignard à la main.

« Que je sois puni de la mort des traîtres, que je sois percé
« de ce poignard, si je viole ce serment. Je consens à être
« traité comme traître, si je révèle la moindre chose à quel-
« que individu que ce soit, même à mon plus proche parent,
« s'il n'est point membre de l'association. »

Après que le néophyte a juré :

« Citoyen, assieds-toi, la société reçoit ton serment; main-
« tenant tu fais partie de l'association, travaille avec nous
« à l'affranchissement du peuple.

« Citoyen, ton nom ne sera point prononcé parmi nous;
« voici ton numéro d'inscription dans l'atelier. — Tu dois
« te pourvoir d'armes, de munitions. Le comité qui dirige
« la société restera inconnu, jusqu'au moment où nous pren-
« drons les armes. — Citoyen, un de tes devoirs est de ré-
« pandre les principes de l'association; si tu connais des
« citoyens dévoués et discrets, tu dois nous les présenter. »

A ces mots, le récipiendaire était rendu à la lumière.

15

Cette pièce parle d'elle-même. Remarquons que l'auteur, tout en posant comme doctrine quelques formules générales, au fond ne s'attache qu'à une chose : tourmenter, fouetter jusqu'au sang la haine des basses classes contre la classe moyenne maîtresse du pouvoir. Que fait cependant la bourgeoisie dans la société moderne? Evidemment, elle représente la tradition du travail, de la moralité et de l'ordre, toutes choses qui sont devenues la force des États. Peut-on dire qu'il y a entre elle et l'ouvrier une barrière qu'elle fortifie avec un orgueil jaloux, comme autrefois la noblesse? Tout le monde sait que non. Le travailleur salarié devient d'un jour à l'autre le travailleur qui salarie, car il n'y a pas d'autre différence, le patron ayant sa tâche pour le moins aussi rude et beaucoup plus chargée d'ennuis que l'ouvrier. Si les chefs de la démagogie s'acharnent donc à vouer à la destruction cette classe paisible, laborieuse, sans orgueil, sans intolérance, ce milieu du pays qui en est incontestablement la sagesse et la puissance, quel peut être leur motif, si ce n'est une haine jalouse contre des hommes dont les qualités sérieuses font rougir leur prétentieuse nullité? Quel peut être leur but, si ce n'est d'arracher le pouvoir à ceux qui l'occupent à si juste titre? Ces choses là sont si claires qu'il devrait être inutile d'en parler, et que le peuple les sentirait le premier, si les vapeurs d'une prédication entêtante ne grisaient pas sa raison.

CHAPITRE XXIV.

Le *Moniteur républicain*. — *L'Homme libre*. — M. Joigneaux. — Saisies de poudres. — Habileté du Comité des *Saisons*. — Préliminaires du 12 mai. — M. Barbès hésite. — Comment M. Blanqui le décide. — Contre-ordre de bataille. — Choix du terrain.

A la fin de 1837, M. Huber, que nous avons déjà vu dans le complot de Neuilly, perd un portefeuille où l'on découvre le plan d'une nouvelle machine infernale contre le roi; ses deux principaux complices étaient M. Steuble et Mlle Laure Grouvelle. M. Huber fut condamné à la déportation, les deux autres à cinq ans de prison. On sait ce qu'est devenu depuis M. Huber; quant à M. Steuble il s'est coupé la gorge; Mlle. Laure Grouvelle, l'admiratrice d'Alibaud, est folle.

Un procès de conspirateurs donne ordinairement un élan aux conspirations, mais les *Saisons* n'avaient pas besoin de stimulant; les amnistiés tenaient à récompenser le gouvernement en travaillant consciencieusement à sa ruine; la propagande des faubourgs poussée avec une extrême ardeur produisait son fruit; la remonte révolutionnaire s'opérait dans les plus belles proportions.

Cependant il y avait des esprits indisciplinés qui répugnaient à ensevelir leur importance dans un rôle muet et ne voulaient conspirer qu'à la condition de faire parler d'eux; quelques-uns se réunirent et formèrent le projet de dire tout haut, dans un journal clandestin, le fond de la pensée révolutionnaire. Les chefs n'approuvèrent pas cette dérogation à la règle, mais on ne tint compte de leurs observations. Les dissidents se procurèrent par différents moyens, le vol entre autres, des caractères d'impression, s'assurèrent d'un typographe et firent paraître, en guise d'essai, quelques pièces de vers, dont voici des échantillons :

> Demain le régicide ira prendre sa place
> Au Panthéon, avec les dieux.
> . . . .
> De vols, d'assassinats, eût-il l'âme flétrie,
> Il redevient sans tache et vierge d'infamie
> Dès qu'il se lave au sang des rois.

Cette poésie fit l'admiration de la canaille démagogique, et les auteurs, flattés, résolurent d'entreprendre une publication suivie. Ils lancèrent le *Moniteur républicain*, œuvre de ténèbres qui, à époque indéterminée, sans nom d'auteur, ni d'imprimeur, sortait de quelque laboratoire inconnu et courait, sous la blouse, les bouges démocratiques. Ce n'était pas de la discussion hardie, de la conviction violente qu'on trouvait sur ce chiffon de papier gris, décalqué d'une forme en têtes de clous; c'était de la folie nerveuse, une sorte d'érétisme révolutionnaire. Le premier numéro, portant la date du 3 frimaire, an XLVI (novembre 1837) s'exprimait ainsi :

« Le journal doit paraître sans aucune des entraves fis-
« cales apportées à la liberté de penser par les renégats de
« 89 et de 1830. Nous parlerons contre la royauté; nous
« attaquerons le principe et la forme du gouvernement,
« nous protesterons contre le ridicule respect dû à la Charte,
« aux lois bâclées contre le peuple par MM. les ventrus tri-
« colores; nous ferons l'apologie des faits politiques quali-
« fiés crimes et délits par les gens du roi; nous provoquerons
« même, sans aucun scrupule, à la haine, au mépris, au
« changement et à la destruction du gouvernement et des
« classes aristocratiques; nous ferons, en un mot, tout ce

« qui est défendu sous peine d'amende, prison et guillotine
« par les *salutaires* lois de septembre. »

Le deuxième numéro paraît en décembre et s'adresse aux jeunes gens; il leur glisse des insinuations propres à les conduire au bagne ou à l'échafaud :

« Chacun de vous est sur un théâtre immense où il ne
« tient qu'à lui de jouer un grand rôle, ce théâtre où tant
« de Brutus et d'Alibaud ont déjà légué leur mémoire à tous
« les siècles du monde, en immolant ou cherchant à immo-
« ler la tyrannie. »

Le *Moniteur républicain* aurait pu s'appeler le *Moniteur du Régicide*; l'assassinat du roi y revient sans cesse comme le fond de la politique de l'auteur. Dans le sixième numéro, consacré spécialement à ce sujet, on lit en tête les trois sentences suivantes :

« On ne juge pas un roi, on le tue. » (BILLAUD-VARENNES.)

« On ne peut régner innocemment. » (SAINT-JUST.)

« Le régicide est le droit de l'homme qui ne peut obtenir justice que par ses mains. » (ALIBAUD.)

Le septième numéro s'occupe du procès de Huber, condamné « par suite du témoignage de gens infâmes vomis
« par le bagne et accourus au secours de la royauté agoni-
« sante. »

Le *Moniteur républicain* meurt de lui-même au huitième numéro; il était tiré à quelques centaines d'exemplaires, jeté sous les portes-cochères, dans les ateliers, mais surtout lu et dévoré dans les groupes des *Saisons*. Les malheureux qui composaient cette société, s'imaginant que le meilleur patriotisme est le plus furieux, applaudissaient avec enthousiasme. Le comité ne voyait pas d'un trop mauvais œil ce résultat; pourtant, la publication gênait un peu ses plans. Il comprenait que le public en général n'avait pas besoin d'en savoir aussi long. En effet, l'établissement d'une république telle qu'on la laissait voir ne devait flatter que peu de monde. On parvint à faire comprendre cela aux directeurs de la fameuse feuille, et la publication fut abandonnée, ou plutôt transformée en une nouvelle, qui prit le titre de l'ancien journal de Babeuf : *L'Homme libre*. Les rédacteurs restèrent les mêmes, et le fond des idées ne reçut aucune modification; seulement, la forme devait être un peu adoucie. C'est ce que fait connaître le premier numéro, en disant que « dans l'intérêt même des principes, on évi« tera de froisser trop rudement de stupides préjugés. » Par le fait, *L'Homme libre*, plus sobre d'inepties sanglantes, abordait un ordre de provocations non moins odieuses : au lieu de pousser à l'assassinat, il poussait au vol et à la dévastation. Le quatrième numéro contient cette apostrophe : « Guerre à mort, entre vous, qui jouissez d'une insolente « oisiveté, et nous, qui souffrons depuis si long-temps ! Le « temps approche où le peuple exigera, les armes à la main, « que les biens lui soient restitués; ce que le riche possède « n'est le plus souvent que le fruit de la rapine. »

La police, après mille recherches, finit par découvrir la retraite de la feuille incendiaire; c'était une loge de portier, dont le titulaire, M. Fomberteaux père, aidait à la publication. Le principal rédacteur était M. Fomberteaux, fils, cordonnier de son état, lequel avait pour collaborateurs MM. Joigneaux, actuellement représentant du peuple, Minor-Lecomte, devenu l'époux de la veuve Pépin, Guillemin et Houdin. Ces cinq publicistes furent condamnés chacun à cinq années de prison et à cinq ans de surveillance de la haute police.

Attisée par le zèle infatigable de ses chefs, chauffée à blanc par le journal de MM. Fomberteaux, Joigneaux etc., la société des *Saisons* arrive vers le milieu de 1838, à cet état de surexcitation, qui force le comité à préparer le dénouement. Il avait été dit que les affiliés ne s'occuperaient pas de dépôts d'armes, ni de munitions, et que chacun d'eux seulement tâcherait d'avoir sa provision personnelle, le comité s'engageant à prendre ses mesures pour armer et approvisionner tout le monde à l'heure du combat. Malgré cette recommandation, des membres trop zélés en revinrent à la vieille méthode : ils firent des dépôts de poudre et fondirent des balles; ce fut une proie nouvelle pour la police. Un matin, M. Rouyon, chef secondaire dans la société, est visité par un commissaire qui l'expédie à la Préfecture, avec onze cents cartouches, saisies dans son logement; peu de jours après, on va chez M. Danguy qui est invité à venir également rendre compte d'une provision de poudre trouvée chez lui. Presque en même temps on apprend qu'un graveur du Palais-Royal, M. Raban, a transformé sa maison en un véritable arsenal; on s'y rend en force, et on s'empare de dix mille balles, ainsi que d'une grande quantité de poudre et de cartouches déjà confectionnées. Pendant que la saisie s'opère, arrivent MM. Dubosc et Lardon, qui apportent de nouveaux paquets de munitions; le tout, hommes, poudre et balles, est conduit en lieu sûr.

Ces saisies amènent des procès qui ne font qu'accroître l'exaltation des sociétaires. Le comité sait que la pression va devenir intense, et qu'une promesse positive est nécessaire pour arrêter les impatiences. On est à la fin de 1838, il annonce que l'hiver est une mauvaise époque pour l'insurrection, que d'ailleurs, quelques mois sont encore indispensables aux préparatifs, mais qu'au printemps toutes les dispositions seront prises pour livrer bataille. Cette décision calme les exaltés. On pousse la propagande avec une nouvelle vigueur; les affiliations s'accroissent; des revues fréquentes habituent les hommes à la discipline; de toutes parts on redouble d'activité.

Fidèle à sa promesse, le comité, dès les premiers mois de 1839, s'occupe des préparatifs du combat. La fabrication de la poudre offre trop de dangers, il est décidé qu'on s'en procurera chez les marchands. Ordre est donné dans les groupes, aux citoyens qui ont quelqu'aisance d'en acheter par petites portions, et dans différentes boutiques, pour ne pas donner l'éveil. Cette contribution ne laisse pas que d'être productive; pourtant, vu la pénurie de la plupart des membres qui sont de simples ouvriers, la mesure est insuffisante. M. Barbès, M. Dubosc du *Journal du Peuple*, et d'autres se cotisent alors et forment un fonds qu'on remet à des hommes sûrs, chargés de continuer les achats. On arrive ainsi à compléter la provision. La poudre est remise aux agents révolutionnaires, qui s'en font le partage et choisissent dans leurs groupes des hommes à l'épreuve pour confectionner les cartouches.

Quant aux armes, le comité s'est chargé d'en fournir au moment de l'attaque, et il se met également en mesure de tenir parole; mais pour parer aux surprises, il évite d'en rassembler d'avance. Il existe dans l'association quelques *semaines* composées de jeunes gens des écoles ou de la presse, c'est un reste de bourgeoisie égaré dans cette armée d'hommes des faubourgs; ils ont de la tenue et peuvent remplir certaines missions que leurs confrères en blouse rendraient suspectes; c'est à cet état-major qu'on confie le soin de savoir où trouver des fusils. A cet effet, ils visitent les différents magasins d'armuriers, feignent de faire un achat, et pendant qu'on les croit occupés du marché, prennent note de ce que contient le magasin, de l'état des armes et de la disposition des lieux.

Tout cela s'opère avec sang-froid et habileté; la police a vent des menées, sait qu'on achète de la poudre, et qu'on inspecte des boutiques d'armuriers, mais ne peut prendre personne sur le fait; quant à l'insurrection elle la voit poindre, elle devine qu'elle est proche, mais le secret est entre les mains des trois chefs qui ne s'en dessaisissent envers personne, et qui d'ailleurs, s'ils ont marqué une époque pour le mouvement, n'ont pas encore désigné de date et attendent une circonstance pour se décider.

Cette conspiration des *Saisons* est peut-être, avec celle du général Mallet, la plus étonnante de ce siècle; c'est la seule depuis 1830 qui ait pris le gouvernement au dépourvu. Elle a gardé son dernier mot jusqu'à la fin. Quoique connue, elle a pu fixer son heure et faire son irruption sans que la police ait été avertie.

Sa défaite, si misérable, prouve bien ce que nous avons déjà dit, à savoir que les conspirations populaires même les mieux machinées, ne peuvent atteindre leur but, et qu'aucune révolution ne vient de là. Les *Amis du Peuple*, les *Droits de l'Homme* ont conspiré à ciel ouvert, et leur explosion prévue, a trouvé le pouvoir sur une défensive terrible. Les *Saisons* ont préparé leur mine dans l'ombre et l'ont fait éclater comme un coup de foudre; mais s'ils ont étonné le pouvoir, ils n'ont pas moins surpris la population; la plus grande partie des républicains eux-mêmes sont restés dans la stupéfaction. Il en est résulté que cette tentative, imprévue pour tout le monde, n'a trouvé de soutien nulle part, et a avorté au milieu de l'indifférence des uns et de l'indignation des autres.

M. Barbès, qui est propriétaire dans l'Aude, était à se reposer dans ses terres, lorsqu'au mois de mars 1839, une lettre de M. Blanqui le rappela. Cette lettre annonçait une circonstance favorable et la résolution d'agir immédiatement. M. Barbès se mit en route, annonçant qu'il allait faire un tour en province, où l'appelait un ami, et il poussa effectivement jusqu'à Narbonne; mais arrivé là, il rebroussa chemin; et fila droit sur Paris.

M. Blanqui lui fit le détail de la situation : les hommes avaient reçu parole d'une affaire pour le printemps; ils y comptaient d'une manière formelle; des murmures d'impatience s'entendaient déjà. La société était dans le plus bel état de discipline et de confiance dans ses chefs, mais son organisation datait de trois ans; une plus longue attente pouvait, d'un jour à l'autre, amener une débandade. Les préparatifs étaient achevés; il y avait des cartouches pour approvisionner largement les hommes; quant aux armes, on savait où les trouver. Pour surprendre le pouvoir, il fallait éviter les vieux procédés; ne pas se servir d'une occasion précise, quelque fête, quelque solennité, mais seulement se placer dans un milieu de circonstances avantageuses. Cette condition se présentait : une crise ministérielle, prolongée au-delà de toute prévision, agitait vivement le public, et troublait l'action du gouvernement. Il ne s'agissait donc que d'une chose, arrêter le jour de la bataille.

M. Barbès arrivait dans la prévision d'un combat prochain; les précautions dont il avait entouré son retour le prouvent; cependant, plus brave que MM. Blanqui et Martin Bernard ses collègues, il ne voulait s'engager qu'après réflexion, attendu que, l'engagement pris, il se savait incapable de reculer. Il ne montra donc pas l'ardeur que ses amis attendaient; il fit même des objections qui ne témoignaient pas d'une grande confiance dans le succès La société avait un total d'environ douze cents membres; les revues passées récemment ne permettaient de compter que sur les deux tiers de ce total; était-ce assez pour engager une affaire? Oui; pour remporter la victoire? Non. Quelles étaient les dispositions du peuple de Paris; quel concours fallait-il en attendre? Là était la question.

Il fut répondu que la population se lèverait; que tout autorisait à y compter. M. Barbès ne vit là qu'une affirmation dont rien ne lui donnait la preuve; mais M. Blanqui, dévoré par une farouche impatience et brûlant d'en venir aux mains avec un pouvoir qu'il daignait regarder comme son ennemi personnel, savait comment abattre les scrupules de son collègue :

« Il est une considération, dit-il, que tu oublies; notre honneur comme chefs est engagé; si nous retardons le combat, cet honneur est perdu; nous passons pour des lâches ou des traîtres, et nos hommes se dispersent. »

M. Barbès ne répliqua pas une parole; son assentiment était donné.

Ceci se passait au milieu d'avril. Immédiatement les trois membres du comité, sous leur titre d'agents révolutionnaires, convoquèrent une revue générale des sections. Chaque *mois*, réuni par son *juillet* chez un marchand de vins, fut inspecté sévèrement par le chef supérieur. Plusieurs de ces réunions eurent lieu chez M. Charles, rue de Grenelle-Saint-Honoré, lequel avait lui-même le grade de *printemps*; c'étaient les *Saisons* de M. Barbès. Ce chef y vint, prit le compte des hommes présents, et dans une courte allocution, fit en sorte de mettre son monde en éveil, sans rien livrer de son secret :

« Vous savez, dit-il, que quand le comité vous appelle, ce

peut être pour commencer l'action; à toute heure votre devoir est donc d'être prêts. Le comité a une grande responsabilité, il la justifiera, mais chaque membre est également responsable vis-à-vis de ses chefs : que chacun fasse son devoir au moment où il sera appelé, le comité fera le sien. »

Le résultat de cette revue parut satisfaisant; l'effectif était nombreux et chaque groupe plein de résolution. M. Barbès en prit de l'espoir; il avait vu un millier d'hommes, rudes et disciplinés, qui lui avaient promis de marcher au signal; il comptait les trouver tous sur le terrain. Ses deux confrères, que le génie de la haine et de l'impuissance poussait à la lutte, ne partageaient pas ses illusions. Ils savaient que beaucoup de ces malheureux, enrôlés par obsession ou par amour-propre dans une entreprise terrible, ne paraîtraient pas au moment décisif et laisseraient le poids de l'affaire à une petite troupe déterminée; mais cela leur suffisait. Ils comptaient sur la surprise qu'ils allaient jeter dans la population et sur l'enlèvement de quelque point capital, d'où ils attendraient les évènements. Et puis, au surplus, c'était un pari engagé; il fallait le tenir.

La crise ministérielle continuait; M. Blanqui, pensant qu'une explosion républicaine trouverait le pouvoir désorganisé, décida ses collègues à hâter le jour du combat. Comme on voulait attaquer à l'improviste, il fut reconnu que le dimanche, à l'heure où les citadins sont sortis de Paris, était le moment le plus favorable. Une autre raison faisait préférer un jour de fête : le plan de M. Blanqui consistait à marcher droit à une position centrale où on se retrancherait fortement, et dont on ferait l'état-major de l'insurrection; cette position, c'était la Préfecture de police; or, on calculait que le dimanche, en raison de l'absence des employés et de la solitude de l'hôtel, la surprise serait beaucoup plus facile. En conséquence, le mouvement fut décidé pour le dimanche 5 mai.

Les agents révolutionnaires ordonnèrent aux *Printemps* de rassembler les *Saisons* pour une nouvelle revue de rigueur, les avertissant que la plus grande exactitude devait être apportée dans cette réunion. Quelques-uns de ces *Printemps*, MM. Meillard, Nettré, Dubosc, du *Journal du Peuple*, Charles, avaient l'entière confiance des chefs et purent deviner de quoi il s'agissait; cependant, le dernier mot ne leur fut pas dit; les trois membres du comité avaient juré de garder leur secret jusqu'à la fin.

Les groupes devaient se tenir réunis à midi sur une multitude de points et attendre des ordres. Chacun fut à son poste; le *Dimanche*, à la tête de sa *Semaine*, attendait des instructions du *Juillet*, lequel en attendait du *Printemps*. Vers une heure, on fit savoir que le comité était satisfait du zèle de l'armée révolutionnaire, et qu'il ferait prochainement une nouvelle convocation où il comptait retrouver le même empressement. Pour ce jour-là, il n'y avait pas d'autre communication.

On voit que c'était un contre-ordre; il avait été motivé par une mutation de régiments qu'on annonçait pour la semaine suivante. La guerre des rues comme toute autre, demande la connaissance du terrain, — c'est cette pratique du champ de bataille révolutionnaire qui rendait si terrible l'ancienne garde municipale; — on comptait que des troupes nouvellement arrivées s'embarrasseraient dans leurs mouvements et donneraient un avantage à l'insurrection.

Vers le milieu de la semaine, les convocations recommencèrent. Ces réunions coup sur coup laissaient deviner quelqu'évènement, mais la réserve des chefs était toujours la même et les groupes en étaient réduits aux conjectures.

Le comité avait fait confectionner des cartouches, moitié pour armes de chasse, moitié pour fusils de munition; les trois membres s'en firent le partage et s'occupèrent de placer ces provisions à proximité du point de l'attaque. Ce point, comme d'habitude, était au cœur de Paris, dans un quartier populeux et enchevêtré. Les visites faites chez les armuriers avaient appris qu'au magasin de Lepage, rue Bourg-l'Abbé, il y avait de quoi armer toute l'association; cet endroit, se trouvant d'ailleurs merveilleusement situé, fut choisi pour lieu de rassemblement général. Chaque chef fit donc transporter son arsenal aux environs.

Avant ces dispositions, le comité avait eu soin de rallier tous ses hommes et de faire rentrer les absents. Au nombre de ces derniers était un jeune homme, alors à Angers, à qui un de ses amis écrivait une lettre, dont voici quelques lignes : « J'ai appris qu'enfin tu tournais tes regards « du côté du soleil levant, du côté de cet astre du monde « dont pour le moment j'ai l'honneur d'être un sublime « rayon; hâte-toi, si tu ne veux pas le voir échancrer sans « assister à la fête; car tout me dit qu'ici il se prépare un « jour de jubilation et de fièvre, où nous pourrons nous « enivrer du parfum de la poudre à canon. » Galimathias pitoyable ! et qui caractérise l'ordre d'idées de ces malheureux. On voit par cette lettre que le destinataire, un enfant, appelé Maréchal, venait d'être entraîné tout récemment dans les rangs des conjurés; il répondit à l'appel et fut une des premières victimes de la sédition. Combien sa famille a du bénir ceux qui l'ont attiré dans cet abominable guet-apens !

CHAPITRE XXV.

Les chefs des *Saisons* et leur état-major. — Inspection de M. Blanqui. — — Tout est prêt. — Appel aux armes. — Le magasin de Lepage. — On demande le Comité. — Perplexité de M. Blanqui. — M. Barbès. — Le poste du Palais de Justice. — Proclamation. — Le forçat Mialon. — M. Tisserant. — Courage suspect de plusieurs chefs.

Le dimanche 12 mai, vers midi, les groupes étaient rassemblés dans des salles de marchands de vins, ou des logements particuliers, aux alentours des quartiers Saint-Denis et Saint-Martin. Le but de la réunion restait inconnu. A une heure, les *Printemps* firent savoir que l'ordre du comité était de masser les hommes dans les rues Bourg-l'Abbé et Neuve-Bourg-l'Abbé. Pas d'autres instructions; rien qui divulguât le secret des chefs.

A l'heure même où ce commandement était communiqué aux groupes, une de ces *semaines* dont nous avons parlé, qui se composaient de jeunes gens d'une condition supérieure, attendait aussi des instructions dans un café de la rue Mandar, au coin de la rue Montorgueil; il y avait parmi eux M. Napoléon Gallois, rédacteur du *Journal du Peuple*; M. Noyer, propriétaire; M. Dupouy, homme de lettres, et plusieurs autres. Ils virent bientôt arriver messieurs Barbès, Blanqui, Martin Bernard, Guignot, Meillard et Nettré. M. Blanqui s'adressant aux jeunes gens, leur dit en les regardant entre les yeux :

« Vous savez de quoi il s'agit : nous allons en découdre. »

Comme ces paroles ne furent pas bien comprises, il ajouta :

« Oui, dans un moment, nous nous battons. »

Ceci était clair. Il fut répondu qu'on s'était engagé à obéir, et qu'on était prêt. Le comité, les *Printemps* et le groupe, après avoir causé un instant, sortirent d'un air calme; ils se rendirent, en se coupant en trois fractions, au café qui fait le coin du passage Bourg-l'Abbé et de la rue de ce nom. Cent pas au plus les séparaient du magasin de Lepage et du lieu de réunion. Là, M. Blanqui se détacha pour aller faire une dernière inspection. Ses deux confrères et leurs compagnons firent apporter de la bierre et entamèrent une conversation sur des sujets sans importance, essayant de faire un peu de stoïcisme; tout le monde bavarda d'un air de gaieté qui trahissait facilement son affectation. M. Barbès seul causait naturellement, sans feindre une joie qui n'était pas de saison, mais sans laisser paraître une peur qu'il ne ressentait pas; il avait la tranquillité de l'homme courageux.

Vers deux heures et demie, M. Blanqui rentra :

« Tout va bien, dit-il, pas un chat n'a l'éveil. »

Il venait de visiter les alentours de la Préfecture de police, où régnaient effectivement le calme et la sécurité. M. Delessert était en ce moment aux courses du Champ de Mars.

Les trois chefs et leurs lieutenants sortirent du café et se trouvèrent au milieu d'une foule qui grossissait à vue d'œil; des groupes débouchaient par six issues, dont ce point était le centre. L'heure fixée pour le rassemblement était déjà passée; tous ceux qui devaient venir étaient là. Un homme sachant compter les têtes d'une masse confuse, aurait porté à cinq à six cents le nombre de sectionnaires présents; c'est à peu près le chiffre de cette armée de républicains qui venaient livrer bataille au gouvernement.

Tout le monde savait en ce moment de quoi il était question; quelques-uns l'avaient appris en se rendant au lieu de réunion, d'autres sur le terrain même. Il y avait des figures pensives et inquiètes, mais la plupart montraient de l'animation et de l'énergie.

C'était l'heure pour les chefs de se faire connaître, selon leur promesse formelle; mais ils n'ignoraient pas que l'on comptait sur des personnages importants; et comme une déception à cette heure pouvait tout compromettre, ils essayèrent d'escamoter la situation en précipitant l'attaque. Conduite ordinaire de ces gens qui n'ont que de grands mots de loyauté à la bouche, et procèdent par une impudente duplicité.

A peine au milieu de la foule qui attendait, l'inquiétude dans le regard, la fièvre dans l'âme, M. Martin Bernard leva ses bras en l'air en s'écriant d'une voix forte : Aux armes! Ses deux collègues et la petite troupe qui les accompagnait, répétèrent le cri, et tous se précipitèrent sur le magasin de Lepage qui était devant eux. Une porte cochère servait d'entrée; elle était ouverte et on pénétra dans la cour sans résistance; mais en l'absence de l'armurier, un domestique qui avait les clefs, refusa de les livrer. Il fallut enfoncer les portes pour arriver jusqu'aux dépôts d'armes. MM. Barbès et Blanqui dirigèrent cette opération, qui ne fut pas longue; aussitôt entrés, ils ouvrirent des fenêtres donnant sur la rue et commencèrent la distribution. Pendant ce temps, M. Martin Bernard, plus particulièrement connu des sociétaires, était interpellé par eux et sommé de dire les noms des chefs; sentant que ce n'était pas l'heure des hésitations, il répondit, tout en courant rejoindre ses collègues :

« Le comité, c'est nous! Nous sommes à votre tête comme

« nous l'avons promis. Il y a d'autres membres qu'une pro-
« clamation va faire connaître. »

Ce n'est pas ce qu'on attendait. Plus d'un conspirateur désappointé se mit à l'écart, décidé à voir la tournure des choses avant de s'engager. Cinq à six cents membres de l'association parurent sur le terrain, trois cents au plus prirent les armes; le reste se détacha peu à peu, gagna le large et disparut.

Le matin même du 12, M. Meillard, chargé des munitions de la troupe de M. Martin Bernard, avait fait porter, rue Bourg-l'Abbé, chez un de ses hommes nommé Bonnet, une grande malle pleine de cartouches; aussitôt le cri de guerre poussé, la malle fut descendue, ouverte, et le contenu distribué à qui de droit. Au même moment un *Juillet*, M. Brocard, ouvrier emballeur, arrivait portant une caisse sous le bras; on fit cercle autour de lui, croyant à une nouvelle distribution de cartouches; le *Juillet* tira gravement un costume et un armement de théâtre qu'il revêtit à la stupéfaction de ses camarades.

Les fusils, pendant ce temps, étaient tendus ou jetés des fenêtres de Lepage; il y avait cohue pour les prendre, et plus d'un fut disputé avec acharnement.

Au bout d'une heure de désordre, de cris et de violences, pendant laquelle quelques chefs, pour tromper l'impatience des groupes, entonnèrent le *Chant du Départ*, les magasins furent vidés; alors les trois membres du comité reparurent dans la rue, cherchant leurs hommes qu'ils ne retrouvèrent pas. Beaucoup avaient disparu, et, dans le nombre, certains patriotes soigneux qui n'oublièrent pas d'emporter les armes de Lepage; c'étaient des fusils ou des pistolets de prix dont il y avait bon parti à tirer.

M. Barbès, entouré d'hommes qui manquaient de munitions, s'élança à leur tête et courut au domicile de la dame Roux, rue Quincampoix, où il avait déposé les cartouches de son armée. Cette dame, qui ignorait l'importance et le but du dépôt, était absente. On enfonça sa porte et on emporta la caisse dont le contenu approvisionna largement la troupe. M. Barbès revint aussitôt rue Bourg-l'Abbé pour s'entendre avec ses collègues. Il n'y trouva que M. Blanqui, haletant, bouleversé et se débattant au milieu d'une bande qui criait à la trahison, disant qu'il n'y avait ni comité ni plan et qu'on voulait conduire les patriotes à la boucherie. M. Barbès regarda un instant d'un œil sombre cette scène qui lui montrait un abîme; puis, prenant son parti, il cria aux hommes de cœur de le suivre et partit avec une petite troupe vers la Préfecture de police. Il arrive bientôt, par le pont Notre-Dame, sur le marché aux Fleurs où il s'arrête pour faire charger les armes; cela fait, il pousse droit au poste du Palais de Justice qui est à quelques pas. Un médecin, M. Levraud, avait averti les hommes de garde de se mettre en mesure parce que les révoltés arrivaient; mais cette insurrection, dont le bruit commençait à circuler, était chose si étrange qu'on hésitait à y croire. Tant il y a que le chef du poste, malgré l'avis qu'il venait de recevoir, ne prit pas la peine de faire charger les armes de son détachement.

M. Barbès s'adressant aux hommes de garde sortis à la hâte, les somme de se rendre et de livrer leurs armes; l'officier, M. Drouineau, répond comme il le devait. On parlemente une minute, puis tout à coup les fusils des insurgés s'abaissent, des détonations retentissent, et le chef du poste, avec la moitié de ses hommes, tombent frappés à mort; on se précipite sur le reste qu'on enveloppe et qu'on désarme.

L'accusation a fait peser sur M. Barbès l'assassinat du malheureux Drouineau, M. Barbès a nié. Tel que nous connaissons M. Barbès, nous croyons que sa parole doit être de quelque valeur; mais si le coup n'est pas parti de sa main, il est parti de la main d'un de ses hommes, et c'est déjà une lourde responsabilité. Il faut dire ensuite que, dans une proclamation dont il va être parlé, ce chef a prêté la main à un mensonge; c'était, constatons-le, avant le danger et dans un intérêt qui ne lui était pas personnel. Peut-être est-il vrai qu'à l'heure du péril, et quand il n'a que lui à défendre, M. Barbès ne ment pas. Cet homme est ainsi fait : il a l'orgueil et la fanatique énergie de certains chefs de peuplades dont parlent les ouvrages de Cooper. On pourrait même croire qu'il s'est inspiré de ces exemples. Devant la cour des Pairs, comme on lui demandait de s'expliquer sur l'accusation portée contre lui, il répondit que le sauvage vaincu donne sa tête à scalper et ne s'excuse pas. L'avocat général eut raison de dire qu'en se comparant à un sauvage, il se rendait justice.

Le poste assassiné et désarmé, on se précipita sur la Préfecture de police; mais l'éveil était donné; le peu d'hommes disponibles avaient préparé une défense qui mettait la place à l'abri d'un coup de main. Une petite troupe d'insurgés tira quelques coups de fusil dans la rue de Jérusalem; ce fut tout; on n'osa pas essayer une attaque en règle.

Ralliant ses hommes, M. Barbès se porta sur l'Hôtel-de-Ville, dont le poste composé de gardes nationaux était désert. A ce moment la population de Paris ignorait encore la révolte. Quelques officiers et le factionnaire se trouvant seuls en face de la troupe d'insurgés, ne jugèrent pas de défense possible; ils rendirent les armes. Aussitôt, le chef républicain monta sur le perron de l'hôtel, et donna lecture de la proclamation suivante, qui n'eut pour auditeurs que les assaillants et quelques groupes de curieux :

« Aux armes, citoyens!

« L'heure fatale a sonné pour les oppresseurs.

« Le lâche tyran des Tuileries se rit de la faim qui dé« chire les entrailles du peuple, mais la mesure de ses cri« mes est comblée. Ils vont enfin recevoir leur châtiment.

« La France trahie, le sang de nos frères égorgés, crie « vers vous et demande vengeance; qu'elle soit terrible, car « elle a trop tardé; périsse enfin l'exploitation, et que l'éga« lité s'asseye triomphante sur les débris confondus de la « royauté et de l'aristocratie! Le gouvernement provisoire « a choisi des chefs militaires pour diriger le combat; ces « chefs sortent de vos rangs; suivez-les; ils vous mèneront « à la victoire.

« Sont nommés :

« Auguste Blanqui, commandant en chef; Barbès, Mar« tin Bernard, Guignot, Meillard, Nettré, commandants des « divisions de l'armée républicaine.

« Peuple, lève-toi, et tes ennemis disparaîtront comme « la poussière devant l'ouragan. Frappe, extermine sans « pitié les vils satellites, complices volontaires de la tyran« nie; mais tends la main à ces soldats sortis de ton sein, qui « ne tourneront point contre toi des armes parricides.

« En avant! Vive la République!

« Barbès, Voyer-d'Argenson, Aug. Blanqui,
« Lamennais, Martin Bernard, Dubosc,
« Laponneraye. »

Cette pièce est coulée dans le moule ordinaire et donne

lieu à ces observations qui viennent à tout le monde. Elle usurpe le nom de plusieurs personnes qu'elle compromet gravement, et se joue avec impudence de la bonne foi des sociétaires et de la population. Trois noms de la liste, ceux de MM. Lamennais, Voyer-d'Argenson et Laponneraye, constituent un faux; ces citoyens pouvaient désirer le succès de l'insurrection, mais n'ont pas été consultés sur l'apposition de leur signature; c'est un fait reconnu. Le choix de ces noms, plutôt que d'autres qui semblent se présenter naturellement, s'explique ainsi : M. Voyer-d'Argenson, comme grand propriétaire, devait rassurer les classes aisées; M. Lamennais, comme prêtre, les campagnes; quant à M. Laponneraye, ex-apologiste des héros de la terreur et alors rédacteur d'un journal communiste appelé l'*Intelligence*, on le prenait comme représentant de la presse radicale; M. Dubosc était dans le même cas en sa qualité de rédacteur du *Journal du Peuple*. Ce qui se remarque encore dans la proclamation c'est, quant à la troupe, ce mensonge éternel, cette singerie d'affection grossièrement perfide. Les *armes parricides* qu'elle ne doit point faire sentir aux démagogues; il faut qu'elle les leur livre n'est-ce pas, pour qu'ils saccagent la société? « Tends la main à ces soldats sortis de ton sein, » oui, s'ils veulent se déshonorer en te cédant; mais s'ils font leur devoir, tu les massacreras, comme nous l'avons vu au Palais de Justice et comme nous l'allons voir au marché Saint-Jean.

La troupe de M. Barbès était trop faible pour tenir l'Hôtel-de-Ville; le chef décide de courir sur chaque mairie, d'y désarmer les postes et d'exécuter une série de surprises qui étonnent et finissent par émouvoir la population.

Sur la place Saint-Jean il y a un poste qu'on veut emporter en passant; un insurgé, M. Nouguès, se détache et s'adresse aux soldats les invitant à ne pas tenter une résistance inutile. Sur la réponse énergique qu'il reçoit, la bande s'approche, essaie de se jeter sur les baïonnettes, et, furieuse de se voir repoussée, fait une décharge qui abat sept soldats. Un ancien forçat, Mialon, est parmi les assaillants, c'est un des plus féroces; il s'acharne sur les victimes tombées et les achève en proférant des propos hideux. Ce Mialon, vieillard aux instincts sanguinaires, tue encore froidement, dans la même journée, un maréchal-des-logis de la garde municipale; c'est ainsi qu'on tend la main aux frères de l'armée! Ces braves soldats, qui pouvaient prendre l'offensive et détruire légalement une bande de révoltés, se contentent d'une résistance passive; on profite de leur générosité pour les égorger d'une manière infâme.

Après d'autres attaques dans différents quartiers, la troupe de M. Barbès rabat sur la rue Saint-Martin, et se mêle à un combat qui se livre dans la rue Grenéta, défendue par une forte barricade. Là, les insurgés trouvent un homme qui, non pas du bout d'un fusil et derrière un retranchement, mais entre les yeux et à la longueur d'une épée, les attaque avec une valeur héroïque; je parle du lieutenant de garde municipale Tisserant, aujourd'hui commandant dans ce corps d'élite. L'armée à ce moment, c'est-à-dire vers cinq heures du soir, n'était pas encore entrée en ligne; toute la troupe envoyée contre la sédition se réduisait à des détachements de garde municipale. L'un de ces détachements commandé par l'officier dont je viens de dire le nom, est chargé de combattre la révolte dans le quartier Saint-Martin, où elle paraît vouloir se concentrer. En chemin, on l'arrête pour lui dire qu'il va être écrasé, que c'est folie de s'engager avec si peu de monde; l'avis n'obtient aucun succès, attendu qu'il peut être donné au profit des séditieux, et qu'il s'adresse à un homme peu sensible au danger. M. Tisserant arrive à la barricade de la rue Grenéta, et fait aussitôt commencer le feu. Une fusillade terrible lui répond; abrités derrière un rempart solide, les insurgés comptaient, selon l'habitude, fusiller à l'aise de braves soldats dont les balles viendraient s'aplatir sur des pierres, mais tel ne fut pas le cas. Le chef du détachement, après avoir adressé quelques paroles à ses hommes, s'élança au pas de course vers la barricade, qu'il escalada le premier. Un insurgé, M. Austen, l'ajuste de son fusil; l'arme fait long feu, celui qui la porte est renversé d'un coup d'épée. Le lieutenant saute dans la barricade, et au premier pas qu'il fait, trouve le canon d'un nouveau fusil qui se braque sur lui, d'un second coup d'épée il se débarrasse de l'assaillant; mais celui-ci, en tombant, le saisit par la jambe et le fait trébucher; l'officier se relève vivement, serre l'ennemi et lui enfonce son épée dans la poitrine. Les gardes ne restent pas en arrière de leur chef : dans un terrible combat à bout portant ou à la baïonnette, ils renversent tout ce qui leur résiste. Les révoltés abandonnent la première barricade et se réfugient derrière une seconde, qui est à quelques pas, dans la même rue; le détachement de municipaux y arrive et ne leur laisse pas le temps de se reconnaître; ils se replient successivement derrière trois autres retranchements, reliés entre eux, et dont on les déloge avec la même vigueur.

C'est à la fin de ces divers combats, commandés par des chefs subalternes, que M. Barbès arrive et se met de la partie; son courage ne change rien au résultat; en combattant dans la mêlée, il reçoit plusieurs blessures, une entre autres à la tête, qui le renverse sanglant. Il est pris dans le renfoncement d'une porte, où il s'était traîné à grand'peine.

Une dernière position qui restait aux insurgés dans le

quartier Saint-Méry, est encore enlevée par la troupe de M. Tisserant; les quelques efforts isolés que fait ensuite la révolte, n'ont pas d'importance et tombent d'eux-mêmes.

Telle est l'affaire militaire du 12 mai. Un homme de cœur et une poignée de vieux soldats, l'ont terminée en un instant. M. Barbès s'y est montré ce qu'il avait promis; quant à MM. Blanqui et Martin Bernard, c'est autre chose. Un accusé, M. Nouguès, qui croyait M. Martin Bernard tué, a déclaré d'abord l'avoir vu à la tête de toutes les attaques; le but de cette espèce de dénonciation était de mettre la responsabilité du sang sur un homme qui n'en pouvait plus répondre; quand M. Nouguès a su que M. Martin Bernard était sain et sauf, il s'est repris et a dit ne l'avoir vu nulle part. Cette dernière version est beaucoup plus vraie que l'autre. Plusieurs témoignages donnent à croire que ce chef était parmi les tueurs de la place Saint-Jean; nous ne dirons ni oui, ni non. Quoi qu'il en soit, sa présence sur le champ de bataille n'a pas laissé de traces. Pour ce qui est de M. Blanqui, nous affirmons que s'il a combattu glorieusement, il n'y a que lui qui le sait.

M. Martin Bernard avait été caché par un de ses *Juillet*, M. Charles, chez un nommé Ardiot, rue Mouffetard; il y fut pris six semaines après. On s'aperçut, par ses papiers, qu'il s'occupait déjà de reconstituer une association. Le sang n'était pas encore lavé, qu'il songeait à le faire couler de nouveau. Il est vrai que le sien ne s'était pas épuisé jusque-là.

M. Blanqui ne fut arrêté que quelques mois plus tard, au moment même où il montait en voiture pour quitter la France.

Des arrêts rigoureux furent prononcés par la cour des Pairs contre les chefs de la révolte. M. Barbès, déclaré coupable d'assassinat sur le lieutenant Drouineau, fut condamné à mort; la cour condamna ensuite : MM. Martin Bernard et Blanqui, à la déportation; Mialon, aux travaux forcés à perpétuité; Delsade et Austen, à quinze ans de détention; Charles, à huit ans; Nouguès et Philippet, à six ans; Rondil, Guilbert, Lemière, à cinq ans de prison.

Les débris des *Saisons*, sous les ordres de MM. Dubosc, N. Gallois et Noyer, formèrent un complot pour délivrer M. Barbès après sa condamnation. Il y eut à ce sujet permanence dans les bureaux du *Journal du Peuple*, dont les deux premiers étaient rédacteurs; mais le roi fit grâce de la vie au coupable, et cette tentative n'eut pas de suite.

FIN DU PREMIER LIVRE.

LIVRE SECOND.

Une partie des évènements contenus dans le livre Ier de cet ouvrage, sont à la connaissance plus ou moins exacte du public; j'entre maintenant dans un ordre de faits entièrement inconnus où j'ai joué un rôle que je ferai connaître avec une entière franchise. Les quelques révélations contenues dans ma brochure *La Naissance de la République*, n'ont été contredites par personne; le seul républicain qui devait m'écraser sous une réfutation terrible, le représentant Miot, est réduit à constater beaucoup de mes assertions, à se taire sur d'autres et à ne pouvoir contester aucun point important. Je me suis bien gardé d'adresser un mot de réponse à cet excellent homme, qui n'eût pas fait son livre autrement s'il avait été mon compère.

L'exactitude scrupuleuse qui a marqué ce travail accessoire se retrouvera dans les détails tout nouveaux que je vais faire connaître; les noms des personnages et les dates, d'ailleurs, seront accolés à chaque évènement, et les contradicteurs auront beau jeu pour répondre si je fausse la vérité.

Je ne dirai ici qu'un seul mot sur moi, c'est que j'aime sincèrement la liberté et que j'ai une profonde aversion pour les trafiquants d'idées révolutionnaires et les spéculateurs de misères publiques. J'ai vu ces hommes de près; j'ai examiné leur vie misérable, leurs mœurs équivoques, leurs capacités douteuses, leurs projets tendant à la ruine morale et matérielle du pays, et je me suis dit que ce serait un acte, sinon de moralité ordinaire, au moins de véritable civisme, que de les démasquer et de saisir leur influence pour la détruire. Je n'ai pas fait autre chose; la suite de cet ouvrage, où je vais entrer en scène pour ma part, le montrera.

CHAPITRE PREMIER.

Réorganisation des *Saisons*. — Comité provisoire. — Les quatre *Agents révolutionnaires*. — Les ordres du jour reparaissent. — Mon procédé avec les patriotes.

M. Martin Bernard s'occupait de réorganiser les *Saisons* dès le lendemain de la catastrophe de mai, mais son procès et son envoi à Doullens arrêtèrent ce zèle obstiné. En sa place, M. Napoléon Gallois, M. Noyer et M. Dubosc, saisirent les fils de l'association et s'occupèrent de les renouer. Aucun d'eux n'avait l'ambition de conduire la nouvelle société. M. Gallois, écrivain obscur, cherchait à se faire place dans la presse démocratique. C'était un jeune homme de vingt ans, patriote par tradition de famille, mais trop peu sérieux pour s'adonner résolument à la conspiration. M. Noyer, petit homme sec, nerveux, énergique, n'avait pas l'esprit d'intrigue nécessaire aux menées secrètes; d'ailleurs, malgré sa nature méridionale, il était d'habitudes paisibles et aimait à mener sa vie sans tracas. M. Dubosc, avait eu occasion de reconnaître qu'il est désagréable, quand on a de bonnes rentes, d'être logé entre les quatre murs d'une prison; il voulait bien aider à rassembler les débris de l'association, mais il n'entendait pas trop se mettre en évidence.

Ce comité provisoire apporta une certaine activité dans son travail. Nous avons déjà dit qu'après tout mouvement insurrectionnel, il y a comme un sentiment de dépit et d'amour-propre qui pousse les conspirateurs à se raidir contre la défaite, et à rebâtir aussitôt leur édifice détruit; cette fois encore ce sentiment se manifesta. La plupart des membres des *Saisons*, troupeau têtu et imbécile, furent prêts à s'atteler au joug de nouveaux chefs, faire la courte-échelle à de nouveaux exploiteurs.

Au moment du 12 mai, il se formait une association qui ne put prendre part à la révolte, parce qu'elle n'était pas organisée sérieusement, et que, d'ailleurs, on ne jugea pas utile de réclamer son concours; elle s'appelait la société des *Montagnards*. Un de ses chefs était M. Louis Gueret, dit Grand-Louis; on rallia cet homme, qui avait quelque influence, et il devint, avec trois membres des *Saisons*, qui groupèrent autour d'eux un assez grand nombre de *Semaines*, le pivot de la nouvelle entreprise. Ces chefs prirent le nom d'*Agents révolutionnaires*. Nous venons d'en nommer un, les trois autres étaient MM. Boivin, Dutertre et Chaubard. M. Boivin n'était qu'un homme d'action, exerçant l'état de tourneur en cuivre; M. Dutertre, doreur sur porcelaine, avait bonne apparence et ne manquait pas de finesse; M. Chaubard, fils d'un maître-d'hôtel de Toulouse, qu'une brouille avec sa famille réduisait à la condition de cuisinier, n'avait rien qui le distinguât des conspirateurs ordinaires. Louis Gueret était le plus remarquable des quatre; quoique simple ouvrier ébéniste, il avait lu beaucoup, pérorait avec facilité, et ajoutait à ces avantages une belle figure et des manières moins communes que ses pareils. De ces personnages, le plus ignorant, M. Boivin, était le plus sincère; il conspirait depuis 1830, sans trop savoir pourquoi; mais néanmoins, il faisait son métier en conscience; M. Dutertre travaillait dans un but particulier que nous connaîtrons plus tard; M. Chaubard obéissait au besoin d'action de sa nature méridionale; M. Grand-Louis au désir de jouer un rôle.

Au-dessous de ces quatre chefs supérieurs, étaient des

commandants subalternes, parmi lesquels nous citerons MM. Albert, l'ex-membre du Gouvernement provisoire, velles David, Rozier, Marchand, Vellicus, Dorgale, etc.

Il fut question d'une organisation nouvelle pour la société : c'était encore une des habitudes du métier; après une déroute, on essayait toujours de donner le change par de nouvelles appellations et de nouveaux modes de recrutement.

Quelques tentatives furent faites, mais le comité par intérim n'y mit pas le zèle voulu; les choses restèrent dans l'état où elles étaient, c'est-à-dire que l'on continua tout doucement à rassembler les anciens sociétaires, sauf à prendre ensuite un parti. Provisoirement les quatre chefs principaux gardèrent le nom d'Agents révolutionnaires; leurs lieutenants prirent celui de Chefs de groupes; quant aux membres on les désigna sous ce nom générique : les Hommes.

Quand les principaux tronçons du serpent se furent rejoints, que la propagande eut jeté son premier feu et que la société fut à peu près reconstituée, le total des forces pouvait se monter à cinq ou six cents hommes.

Naturellement, les anciens sociétaires étaient admis de droit dans la réorganisation; les nouveaux furent soumis aux anciennes formalités de réception; toutefois, pour les patriotes connus, cette épreuve était bien simplifiée.

La méthode des ordres du jour, abandonnée par les *Familles* et les *Saisons*, fut reprise. On sentit le besoin de ce moyen énergique pour suppléer à l'organisation que l'on reconnaissait fort défectueuse. Outre l'effet propre de ces communications dont le succès avait été si grand dans les *Droits de l'Homme*, on les savait de nature à soutenir la confiance en faisant croire à un comité lettré et composé d'hommes importants. Le peuple émeutier, malgré sa jalousie contre les classes supérieures, sent fort bien qu'il a besoin de prendre des chefs hors de son sein; on a même remarqué que son principal souci est de savoir s'il a pour commandants des hommes d'une condition élevée. L'habit et les bonnes manières ne sont pas aussi mal vus qu'on croit dans les conspirations, à la condition que l'habit sera porté par un patriote et que les manières n'auront pas de morgue. Tant qu'il s'agit seulement d'organiser les insurrections, les bourgeois, voire ce qui s'appelle dans le faubourg les aristocrates, sont très bien reçus à mettre la main à l'œuvre; on les accueille, on suit leurs ordres avec la plus belle soumission. L'affaire engagée et les fumées de la lutte montées au cerveau, c'est autre chose. Il a déjà été question de ce sujet, je n'en parlerai pas davantage.

Comme les ordres du jour, lorsqu'ils étaient imprimés, produisaient un effet beaucoup plus grand, on s'occupa d'organiser une imprimerie clandestine. Il en existait une quelque part dans les groupes, que l'on chercha et que l'on finit par découvrir. C'était une simple boîte en acajou, de la dimension d'un grand nécessaire de toilette, et contenant de quoi composer une page in-4°. On se mit en rapport avec l'homme qui en était détenteur, et qui ne demandait pas mieux que de s'en dessaisir, attendu qu'il avait lieu de se croire dénoncé. La question était de déplacer sans encombre cet objet dangereux; c'est ce que l'on fit de la manière suivante.

Le jour de l'expédition, on requit un certain nombre de sociétaires qui furent mis de faction autour de la maison du dépositaire. Les lieux bien explorés, M. Noyer arriva en fiacre, enveloppé d'un grand manteau, monta et redescendit presque aussitôt, sans que rien parût changé dans son apparence : la boîte était sous le manteau, parfaitement dissimulée. Le cocher partit sur-le-champ, brûlant le pavé, selon l'ordre qu'il avait reçu.

Les sentinelles s'ébranlèrent et suivirent la voiture pendant quelque temps; sa rapidité étant trop grande pour des gens à pied, et aucun fait de nature inquiétante ne se présentant, l'escorte ralentit le pas et laissa bientôt le fiacre se perdre dans le dédale de Paris. Il paraît que cela ne faisait pas l'affaire d'un des hommes de faction; car, alléguant tout à coup un prétexte, il quitta ses compagnons, prit un chemin qui devait le rapprocher du fiacre, et quand il fut hors de vue, se mit à courir à toutes jambes. Après une course d'un gros quart d'heure, il s'arrêta ruisselant de sueur et hochant la tête comme un homme qui a manqué une affaire importante.

Mais la boîte n'était pas perdue pour tout le monde; au moment où cet homme se désolait d'avoir perdu ses traces, elle arrivait rue Notre-Dame-des-Victoires, dans un lieu où elle était aussi bien qu'à la Préfecture de police; elle était chez moi.

Je connaissais les réorganisateurs de la société, et j'avais toute leur confiance; comment je l'avais acquise est chose que je puis dire. Tout en me déclarant républicain, je blâmais les témérités du parti et les menées secrètes; j'étais prêt à aider les hommes sérieux, mais non à m'associer aux entreprises des écervelés; quant à la conspiration nouvelle, je refusais d'y entrer, cependant je mettais mes services à sa disposition. Ma combinaison était de paraître extrêmement circonspect et soigneux des intérêts de la cause; j'avais la certitude que ce moyen me vaudrait les confidences intimes des chefs et me rendrait peu à peu nécessaire. Pour mieux conserver l'influence dont j'avais besoin, je ne voulais l'acquérir qu'insensiblement et sans la demander. Les hommes de la force de M. Miot, sont convaincus qu'il faut constamment rouler les yeux, faire des gestes et expectorer

17

des phrases montagnardes pour piper les patriotes; chacun sa manière; ce n'était pas la mienne.

Les ordres du jour paraissaient tous les mois; leur rédaction provenait de M. Gallois ou de M. Dubosc. La copie était remise par M. Noyer à un sectionnaire, imprimeur de son état, qui venait faire la composition dans mon appartement. Une vingtaine de copies étaient tirées et distribuées aux principaux chefs de groupes, chargés d'en faire lecture.

On dira que, pour éviter tout reproche de provocation, il eût fallu détruire aussitôt la boite et faire arrêter, rédacteur, imprimeur et propagateurs de ces pièces coupables. Non, car c'eût été à recommencer tous les jours. Quelques livres de caractères sont faciles à trouver, pour des chefs de conspiration, surtout quand ils ont parmi leurs hommes des typographes qui les fournissent aux dépens de leurs patrons. En saisissant chaque fois, corps de délit et délinquants, la police s'astreignait sans cesse à la réorganisation d'une surveillance compliquée; elle mettait dans le pays l'agitation qui résulte d'un complot découvert, et surtout apprenait à certaines gens l'existence des conspirations. Dans un pays de têtes ardentes et d'ambitions désordonnées, il est extrêmement essentiel de faire croire à la paix des esprits, car il suffit d'y montrer l'agitation en un endroit, pour qu'en dix autres les cerveaux se montent. L'ineptie débitée cent mille fois, que la police trafique du désordre politique, fait hausser les épaules aux gens qui savent les choses; jouer ainsi avec le feu peut paraître un métier fort simple aux bons lecteurs de journaux, et même à leurs habiles rédacteurs, mais les hommes qui ont été appelés à la très difficile corvée du gouvernement français, ont toujours reconnu que les obstacles naturels suffisaient et qu'il était inutile d'en créer à plaisir. D'ailleurs, il a déjà été dit que les répressions éclatantes, auxquelles les complots donnent lieu, offrent les plus graves inconvénients : elles ont pour premier effet de faire croire à la force d'un parti que ses adhérents eux-mêmes finissaient par oublier, et ensuite de poser en héros de pauvres diables qui donnent à d'autres l'idée de les imiter. En temps de calme, une excellente tactique est d'éviter de donner à un parti la publicité et le prestige des persécutions; on le réduit ainsi presqu'inévitablement à la consomption. C'est ce que le gouvernement et le préfet de police d'alors comprenaient fort bien. M. Delessert était animé d'un esprit de conciliation et de douceur précieux dans la phase de paix où l'on était entré. Ce qui restait d'exaltation anarchique était relégué dans un coin qu'il fallait, à petit bruit, surveiller, cerner et rétrécir, tant que le cercle fût réduit à rien; l'humanité, autant qu'une bonne politique, indiquaient ce procédé, qui fut mis en pratique et atteignit son but, ainsi qu'on le verra.

CHAPITRE II.

Deux aventures. — M. Dourille. — Il devient chef des *Nouvelles Saisons*.— Le *Journal du Peuple*. — M. Dupoty. — Son portrait.

Les ordres du jour remis aux quatre agents révolutionnaires, ces chefs convoquaient leurs subordonnés dans des cabarets, les divisaient en fractions de quinze à vingt, et, à une heure convenue de la soirée, arrivaient pour faire la lecture. Quelques marchands de vins, reconnus pour patriotes, étaient mis dans le secret; d'autres étaient censés ne rien connaître, mais en savaient tout autant que leurs confrères, attendu que la figure de ce genre de clients portait un cachet fort reconnaissable. Au reste, les mesures de prudence n'étaient pas négligées : un homme, posé de faction au dehors, éclairait la rue; un autre, à la porte extérieure de la salle, avertissait de l'arrivée des gens de la maison et reconnaissait les affiliés. On se faisait servir du vin au litre; des jeux de cartes étaient apportés; et en cas d'alerte, tout le monde se mettait au jeu, ou causait bruyamment de choses indifférentes. Quand la réunion était complète, l'agent révolutionnaire recommandait le silence, tirait son papier, et le dissimulant derrière un journal, le lisait tout en ayant l'air de donner connaissance d'un article de polémique. Quelques explications brèves suivaient, après quoi le chef se retirait. Les discussions et controverses étaient toujours interdites; ce système à la cosaque était nécessaire pour la discipline.

Malgré les précautions qu'on vient de décrire l'alarme était souvent donnée dans ces conciliabules. Un jour, l'homme de faction du dehors rentre brusquement, annonçant que des allées et venues suspectes ont lieu aux environs; presque en même temps, une de ces figures froides et pénétrantes que les conspirateurs reconnaissent de loin, apparaît, suivie de deux individus dont le type n'est pas moins connu. D'une porte vitrée, au fond d'un corridor, on les aperçoit, et le même mot sort de toutes les bouches : Un commissaire et deux agents! L'ordre du jour est aussitôt livré au feu; mais la flamme de la chandelle ne le dévorant pas assez vite, et la frayeur gagnant celui qui en était porteur, il jette à terre le morceau de papier enflammé, met le pied dessus, puis éteint la lumière; il cherche alors à retrouver l'écrit pour le mâcher. A ce moment, un des trois hommes suspects étant sorti, on ne doute pas qu'il ne soit allé chercher main-forte. La panique gagne les sectionnaires; malgré les recommandations d'avoir bonne contenance, l'idée d'un danger imminent, le sentiment de malaise que donne, en de pareils cas, l'obscurité et un endroit sans issue, l'emportent sur toute considération; on force la porte de la salle, on se houle dans le corridor, et le flot, trouvant sur son passage les deux hommes cause de la débandade, on les renverse et on les foule aux pieds avant qu'ils aient pu se reconnaître.

Tous les conspirateurs gagnent le large avec la conviction d'avoir échappé à un grave danger. Cependant, quand l'un d'eux vient le lendemain pour avoir des nouvelles, le marchand de vins lui apprend que le prétendu commissaire et ses agents ne sont autres qu'un architecte et deux ouvriers qui venaient s'entendre sur des réparations.

Une autre fois, un groupe était rassemblé à la barrière, chez un traiteur; un jeu de siam était au fond de la cour, sous un hangar; c'est là que l'ordre du jour devait être communiqué. A l'heure du rendez-vous, deux ouvriers mécaniciens se présentent, demandant un de leurs camarades du nom de Joseph; justement, un des principaux chefs de groupes portait ce nom; on laisse entrer les mécaniciens sans explications. Ils se mêlent à la foule, cherchent leur camarade et ne le trouvent pas; mais voyant une partie de siam engagée, ils se mettent comme les autres à regarder les joueurs. Tout à coup la partie s'arrête, et ils sont fort étonnés de voir des regards inquiets se porter vers les issues, en même temps qu'un homme tire un morceau de papier et impose silence. Ne sachant que penser, l'un des deux dit :

— Tiens! où sommes-nous donc?

Cette parole est entendue par un voisin qui la trouve singulière; toutefois, la lecture étant commencée, il la laisse finir, ignorant si l'exclamation a de l'importance, et se réservant, en tout cas, d'éclaircir le fait. L'ordre du jour lu, il va trouver Joseph, qu'on lui donne comme connaissant les étrangers, et lui fait part de ce qu'il vient d'entendre; Joseph ne connaît pas ces deux hommes. Grande agitation que l'on cache avec soin à ceux qui en sont cause, résolution prise de savoir qui sont les intrus et quels peuvent être leurs desseins.

On les suit, et leur demeure découverte, on établit une surveillance sur leurs démarches. Bientôt l'homme chargé de les épier, rapporte qu'il a vu l'un d'eux entrer à la Préfecture de police. Nul doute, on a eu affaire à des *mouchards*. Avis du fait est donné à un agent révolutionnaire qui le communique au comité; celui-ci recommande aux chefs de groupes de bien désigner les mécaniciens pour que les hommes puissent les éviter; il annonce en même temps qu'il prendra des mesures contre les espions. Mais cela ne satisfait pas certains patriotes qui décident d'infliger une correction exemplaire aux traîtres. Jour est pris pour les attendre dans une rue déserte qu'ils prennent d'habitude en sortant de leur atelier, six hommes s'y mettent en embuscade avec des bâtons ferrés, bien décidés à laisser leurs gens sur le carreau; malheureusement pour ces justiciers ténébreux, les deux ouvriers avertis, avaient quitté la veille leur atelier et la capitale.

La vérité sur tout cela, c'est que les mécaniciens s'étaient trouvés au jeu de siam par hasard, et que la visite de l'un d'eux à la Préfecture de police n'avait pas pour but une dénonciation. Tout le rôle de la police dans cette affaire fut d'éviter un crime en faisant partir les deux hommes qu'elle savait menacés.

On comprendra l'inutilité de mettre à la poursuite des conspirateurs, des agents assez peu expérimentés pour faire des observations pareilles à celles du mécanicien; ce n'est pas par des gens en dehors de l'affiliation que les renseignements arrivaient à la Préfecture; trois ou quatre chefs de la société envoyaient eux-mêmes les ordres du jour, cela était suffisant.

Nous avons dit que l'association avait pour réorganisateurs trois hommes qui n'entendaient pas garder la direction, et ne l'avaient prise que provisoirement. Sur ces entrefaites, un ancien libraire du Dauphiné, qui cherchait fortune, M. Dourille, arriva dans la capitale et fut présenté à MM. Gallois et Noyer. C'était un individu d'une trentaine d'années, d'une complexion sèche et nerveuse, plein de vivacité, et montrant de la faconde, de la variété et un certain aplomb. Il ne donnait au premier aspect que l'idée d'un de ces types méridionaux fort connus; toutefois, en examinant ses petits yeux bleus toujours en mouvement, on y remarquait une sournoiserie qui donnait à penser. A travers sa barbe fauve à tous crins, on voyait son museau pointu, son nez fin et son regard inquiet, se détacher comme une figure de renard. En réalité, il ne manquait ni d'intelligence ni d'un certain savoir. Il se faisait surtout remarquer par ses qualités de locomotion. Sa jambe était raide, son corps élastique; toute son apparence, celle d'un marcheur déterminé. Ses opinions radicales se trahissaient aux premiers mots; ayant la mémoire farcie des évènements de la première révolution, il les racontait à tout propos, avec enthousiasme. On reconnaissait qu'hommes et faits de cette époque dansaient dans sa cervelle et y donnaient la fièvre à son ambition.

Activité d'esprit et de corps, radicalisme ardent, ambition fougueuse, tout cela convenait à un chef de conspiration. Le comité provisoire ne tarda pas à s'aboucher avec lui. L'offre lui ayant été faite de prendre part à la direction, il accepta sans hésitation. Au zèle qu'il y mit, on put voir que ses fonctions s'accordaient parfaitement avec ses goûts; épreuve faite, on reconnut pourtant qu'il y apportait plus de zèle que de véritable capacité; il manquait de la première qualité d'un conspirateur : la discrétion. On trouvait en lui cette singularité d'un homme, prêchant constamment la prudence, et violant sans cesse son précepte. Il avait un besoin d'épanchements politiques, expliqué par une prétention un peu naïve : il tenait à passer pour un artiste révolutionnaire, et afin de faire apprécier ses combinaisons, il les exposait à tout venant.

Pendant les premiers mois il se grisa de son rôle, si bien qu'il avait à peine le temps de s'apercevoir que sa femme et sa petite fille mouraient de faim et que lui-même ne vivait qu'aux dépens de ses camarades. Il était venu me trouver sur l'indication de M. Gallois, et je dus, à différentes reprises, lui donner de quoi dîner. Sa compagnie habituelle se composait d'étudiants, parmi lesquels figuraient M. André, devenu un démocrate social à tous crins, et M. Bordellet, qui depuis s'est occupé de choses sérieuses. Le chef les avait affiliés et les employait en guise d'état-major. La besogne révolutionnaire faite, il allait se délasser avec eux à la chaumière, et fêtait la bouteille comme un simple mortel. Ses compagnons, bien entendu, payaient toujours la dépense. Il ne venait pas à l'esprit de ce pauvre homme qu'il menait là une vie d'écorniflage et de fainéantise opposée à tous les principes de la morale républicaine ou autre. Il fallut que des observations désobligeantes lui fissent ouvrir les yeux et sentir le besoin de se créer des ressources. Il s'adressa au *Journal du Peuple* qui l'accepta, moitié comme collaborateur, moitié comme courtier d'annonces. M. Dupoty, dans son procès devant la cour des Pairs, a jugé utile de le rabaisser au simple rôle d'employé d'administration, M. Dourille était plus que cela; il a écrit dans le journal une série d'articles intitulés : *Fastes révolutionnaires*. Le rédacteur en chef semble avoir fait dans ce cas acte de dédain aristocratique; telle n'était pas sa pensée : M. Dupoty avait peur, et de là cette injustice envers l'un de ses collègues, écrivain médiocre, c'est possible, mais qui, sous ce rapport, avait son pareil dans plus d'un de ses collaborateurs.

M. Dupoty, républicain de bonne foi, mais timide, déclarait s'en remettre pour l'avènement de son parti à la seule force des principes; en attendant il donnait à son journal un caractère souverainement dangereux. La bonhomie du ton, la trivialité du style, étaient une facilité pour son public, et la mesure gardée dans la forme, ne donnait que plus de portée aux doctrines du fond. Le *Journal du Peuple* était le plus considérable élément de désorganisation de l'époque; agissant en temps de calme, il se conformait en apparence à la réserve des esprits, et faisait passer la prédication la plus anarchique et la plus obstinée. Sans prêcher ouvertement aucune des idées du communisme, l'esprit du journal les encourageait toutes; sans adresser d'appel à l'insurrection, tous les articles échauffaient l'instinct révolutionnaire; c'était une propagande de désordre marquée d'une apparence de sagesse triviale, de logique débonnaire. Et notez que le chef du journal se tenait en toute candeur, dans cette ligne, qu'on pouvait prendre pour de la tactique transcendante; il faisait de sa feuille la simple expression de la nature, amalgame de qualités paisibles et d'opinions violentes. A voir l'homme, on se rendait compte de cette tenue réservée de la phrase au milieu de sujets incandescents; il était proprêt, souriant et d'une coquetterie dont ses collègues s'amusaient volontiers. Toujours rasé de frais, coiffé symétriquement, bien ganté, portant manchettes, breloques et bijoux, il représentait avec ses quarante-cinq ans, un de ces damerets surannés, dont le costume est toujours d'une grande correction sinon d'une grande élégance. Son esprit et ses mœurs répondaient à ces dehors clinquantés; il aimait les joyeusetés, les charges, le calembourg, et le soir, ne dédaignait pas de suivre les grisettes, et de lorgner les figurantes aux petits théâtres. Sous ce côté, c'était véritablement un bon homme, pétri d'une argile épicurienne qui n'avait rien d'effarouchant, et il faut dire que, comme homme politique, il n'était pas, au fond, plus méchant; sa tête ne roulait aucune des sombres idées de ses confrères; il avait une aversion sincère pour les mesures sanglantes. Son procès qui fit si grand bruit, étonna pour le moins autant qu'il indigna ses amis. Une chose certaine c'est que M. Dupoty manifestait ouvertement sa répugnance pour les conspirations, et que ce sentiment n'était pas joué. Par opinion, il n'en pouvait blâmer le principe, mais par organisation, il refusait d'y jouer aucun rôle. D'un autre côté, il n'est pas moins vrai que son entourage était tout composé de conspirateurs, parmi lesquels brillaient MM. Gallois, Dubosc, Dourille, et que les tendances du journal conduisaient directement à l'anarchie populaire; ce qui explique la persécution dont il a été l'objet.

Au reste, on a pu voir que depuis février M. Dupoty n'a pas été mêlé aux scènes de l'orgie révolutionnaire. Depuis long-temps, sa figure s'était effacée de la politique. Les patriotes d'action, qui avaient commencé par rire de sa tenue, avaient fini par se moquer de ses idées par trop pacifiques; quelque temps avant février cet homme, dont on avait fait un saint du calendrier démocratique, était devenu parmi les siens l'objet d'un dédain insultant; à la *Réforme* on alla jusqu'à répandre le bruit qu'il était fou. *Sic transit gloria.*

CHAPITRE III.

M. Cabet et le Communisme. — Banquet de Chatillon. — Les républicains donnent signe de vie. — Banquet de Belleville en réponse au banquet de Chatillon.

Vers 1840, le communisme commença à infecter sérieusement Paris. Des idées tendant plus ou moins à cette doctrine, avaient été répandues, au temps des *Droits de l'Homme*, par MM. Godefroy Cavaignac, Raspail et d'autres. Les *Familles* et les *Saisons* avaient aussi posé des formules concluant à la communauté; dès lors, on déclarait que la propriété devait être, non pas détruite, mais fortement modifiée; en bon français cela voulait dire qu'il fallait la changer de mains. C'était la route pour arriver au vrai principe qui est celui-ci : mettre tout l'avoir du pays entre les mains de l'Etat et livrer l'Etat aux chefs populaires. Par chefs populaires, nous n'entendons pas les gens comme M. Ledru-Rollin et certains journalistes, qui stipulent chaque jour si carrément au nom du peuple; en dehors de ces meneurs ostensibles, il y a des révolutionnaires froids, haineux, qui n'admettent les marchands de paroles et les brocheurs de phrases que comme des fourriers chargés de leur préparer la place. Ces gens savent le pouvoir de l'éloquence et du libelle, et ils entendent s'en servir pour fonder leur domination; mais comme ces choses pourraient ensuite se tourner contre eux, ils comptent les détruire bien vite après s'en être servi. D'ailleurs, comme ils le disent fort bien, le talent est encore une aristocratie, et toutes les aristocraties doivent être abattues. Leur idéal est la puissance populaire pure, les lois sortant d'une acclamation et l'autorité résidant en quelques mains complètement inféodées au peuple. Il est toujours bien entendu que le peuple pour eux est la populace de Paris, c'est-à-dire dix à quinze mille individus, dont un quart est de bonne foi, et dont le reste est formé de gens de sac et de corde, tels que les héros du procès Bréa. Il n'est pas moins convenu que ces quelques hommes, dignes de composer le nouveau comité de salut public, ce sont eux-mêmes, à l'exception de qui que ce soit.

Ces idées, qui avaient pour représentant principal M. Blanqui, suffirent d'abord aux plus exigeants; mais elles ne formaient qu'un programme, et des ergoteurs surgirent qui invoquèrent la nécessité d'un plan complet de révolution sociale. Il y avait bien le système de Babeuf, réédité et toujours professé sourdement par MM. Buonarroti et Charles Teste, mais ces deux vieux chefs entremêlaient leur doctrine de prescriptions religieuses qui semblaient ridicules aux néophytes de la foi nouvelle. D'ailleurs, certains Maître-Jean parmi eux, s'accordaient l'étoffe de chefs d'école et voulaient produire eux-mêmes un Évangile. MM. Laponneraye et Lahautière, dans le journal l'*Intelligence*, qui parut du temps des *Saisons*, commencèrent le mouvement communiste, mais sans y mettre cette hardiesse et ce grand dehors de conviction qui entraîne les masses. C'est le procès du 12 mai, où quelques accusés posèrent avec aplomb les principes d'égalité absolue, qui developpa les germes du communisme et amena l'éclosion du monstre. On vit surgir de régions inconnues des Messies, qui se répandirent dans le peuple, prêchant avec audace la subversion de tout ce qui est accepté par la raison humaine et l'expérience. D'une part étaient les initiateurs professant avec la plume et la parole : MM. Pillot, ex-prêtre de l'Eglise française; Savary, ouvrier cordonnier; Desamy, ravageur littéraire sorti on ne sait d'où; J.-J. May, Charassin, Pelletier; puis les propagateurs prêchant la doctrine dans les cabarets et conventicules *ad hoc*; MM. Rozier, Vellicus, Lionne, qui abandonnent, l'un son établi, l'autre son aiguille, le troisième son peigne pour prendre l'apostolat.

L'acte le plus éclatant de ces hommes fut le banquet de Belleville. La République d'alors, voulant donner signe de vie, organisa à Chatillon, près Paris, un repas qui compta un milliers de convives; les communistes y répondirent par la réunion de Belleville dont le chiffre fut à peu près égal. La police crut pouvoir tolérer cette fête anti-sociale, jugeant que les idées qu'on allait y émettre se tueraient d'elles-mêmes. Elle avait raison en partie; à cette époque les folies de la convoitise et de l'orgueil tombaient devant le bon sens général, et l'on vit des hommes, connus par leur radicalisme, le docteur Lesseré entre autres, se retirer en répudiant avec énergie les doctrines du banquet; toutefois, même en temps de santé générale, il n'est pas bon de permettre aux charlatans de vendre du poison.

Les rapsodies de Babeuf, augmentées de beaucoup d'autres, furent mises en ordre par M. Desamy, et publiées sous ce titre : *Code de la Communauté*; le pauvre homme aurait pu ajouter : *pour les sauvages*. M. Desamy voulait la communauté rigoureuse, mathématique et immédiate; cela ne l'empêchait pas de dire un jour, qu'après la révolution, il comptait se porter chez M. Rosichild, emplir ses poches et s'en aller. S'en aller, où? Emplir ses poches, pourquoi, si tout doit immédiatement entrer en partage? Toucher à ces difformités morales est chose répugnante; si laides qu'elles soient, cependant, la laideur physique de ce M. Desamy les surpasse; on ne peut s'imaginer rien de plus agaçant que cette physionomie, composée d'un front fuyant, d'un petit œil insolemment timide, d'une bouche venimeuse et d'une peau qui sent le cadavre. Il y a là un caractère d'orgueil lâche et d'avidité grossière qui fait qu'on se détourne avec dégoût.

M. Desamy avait ramassé les guenilles des utopistes ses devanciers; bientôt un autre Messie, M. Jean Joseph May, paraît, et dans le prospectus du journal *L'Humanitaire*, formule le programme suivant :

« 1°. Nous devons dire toute la vérité;

« 2°. Il a été adopté que le journal serait, en principe, ma-
« térialiste;

« 3°. Nous demandons l'abolition de la famille;

« 4°. Nous demandons l'abolition du mariage;

« 5°. Nous adoptons les arts, non comme délassement,
« mais comme fonction;

« 6°. Nous proscrivons le luxe;

« 7°. Nous voulons l'abolition des capitales ou centres de
« direction;

« 8°. Nous voulons la distribution des corps d'état dans
« les communautés d'après les localités et les besoins;

« 9°. Nous voulons le développement des voyages. »

Comme idéal de communisme, ceci ne manque point de vigueur, et des amateurs difficiles pourraient s'en contenter; au reste, M. Jean Joseph May, qui est mort — le Dieu de la communauté garde son âme ! — n'était pas un homme ordinaire, puisque M. Proudhon a daigné lui prendre ses idées. Le fameux système du gouvernement an-archique, c'est-à-dire du gouvernement sans gouverneurs ni gouvernés, n'est ni plus ni moins que la propriété de feu M. May.

Un beau jour que toutes ces belles idées, bien mâchées et remâchées, semblaient devoir se perdre dans le Montfaucon intellectuel, survint M. Cabet à qui le génie de l'invention n'a jamais fait pousser un cheveu blanc, et qui voulant bâtir une spéculation sur le communisme, s'empara tranquillement des données de ses voisins, sur lesquelles il échafauda son système; le tout était contenu dans un ouvrage, en forme de roman, qu'il donna pour le dernier mot de la question, et qui avait pour titre : *Voyage en Icarie*. Craignant une saisie, l'auteur, en procureur fort au courant des expédients de la chicane, produisit son œuvre d'une façon anodine, ne l'entourant d'aucune publicité, et n'en laissant courir qu'un petit nombre d'exemplaires. Cette publication ayant tout l'air d'aller se perdre promptement dans les ombres de l'oubli, le pouvoir se garda bien de lui donner des chances de vie par un procès. Le pouvoir fut dupe; une fois le terme légal de la saisie expiré, l'édition fut tirée du magasin, affichée et distribuée à profusion.

C'est un rôle passablement misérable que celui de ce prétendu bienfaiteur de l'humanité. Les grossières singeries des sorciers du moyen-âge donnent à peine l'idée de ses manœuvres. Finassier et retors, il prit un grand air de franchise, et ne fit sortir que des mots de candeur de sa bouche habituée à toutes les subtilités. Sachant fort bien la puissance que donne, sur des gens simples, l'expérience cachée sous des dehors de bonhomie, il organisa un piège amorcé avec toutes sortes de beaux appâts, qu'il eut soin de ne tendre qu'aux esprits innocents. Son livre était un prospectus préparant une vaste association qu'il s'agissait de monter, et qu'il organisa en partie à l'aide des moyens suivants.

Ses premiers adhérents, fascinés par une parole austère

et fanatique, furent tenus de s'absorber dans la volonté et la glorification du maître. Répandre la doctrine par tous les moyens, vanter l'homme sur tous les tons, tel fut le mot d'ordre. Une foule de brochures d'une forme triviale, mais pleines d'une singulière exagération de raisonnement et d'éloges, furent remises aux affidés, avec ordre d'en trouver le placement. Toutes étaient de la main du maître. Les personnes de bon sens, dont l'œil tombait sur ces œuvres, haussaient les épaules, tant elles y trouvaient d'ineptie ou de mauvaise foi; tant surtout l'auteur y témoignait d'une avidité d'hommages intéressés. Ce n'était que tableaux d'un bonheur impossible, tracés avec un sérieux bouffon; que témoignages de vénération adressés à l'apôtre sous forme d'épîtres. L'emphase de ces missives, signées de noms inconnus ou supposés, était faite pour déconcerter le front le plus aguerri; M. Cabet les réimprimait avec un calme stoïque.

Aux premiers fonds qui arrivèrent, des agents furent expédiés en province pour organiser la propagande; ils emportaient des ballots de brochures dont le débit était confié à leur patriotisme. Il est bien entendu que ces imprimés se vendaient à beaux deniers comptant; leur produit était même un des points que M. Cabet prenait le plus au sérieux. Dans un pamphlet qu'il publia vers 1843, sous ce titre : *Les masques arrachés,* il s'occupe de faire connaître les mauvais patriotes. Et quels sont, à ses yeux, les plus criminels, les plus indignes? Ceux qui nuisent d'une manière quelconque à la vente des brochures. Tel individu avait entrepris le placement de la denrée icarienne et l'a abandonné, c'est un démocrate douteux; tel autre a fait crédit et la caisse a subi une perte, c'est un homme suspect; un troisième a décrié ouvertement la marchandise, c'est un traître. Ce pamphlet est un véritable monument d'impudence.

Le directeur de l'industrie icarienne, connaissant son terrain, ne s'égarait pas dans des localités réfractaires; il ne s'adressait qu'aux centres de populations ouvrières. Tant par lui que par ses agents, il institua des noyaux de communistes à Lyon, Toulouse, Limoges, Marseille, Mulhouse, Saint-Quentin, etc. C'était partout le même personnel, composé, comme état-major, d'ambitieux et de fanatiques de bas étage, et comme soldats, de pauvres hères séduits par les visions de bonheur et d'égalité dont on les berçait.

Si l'on est curieux de connaître la doctrine en elle-même, nous pouvons l'exposer en peu de mots : Il s'agit à peu près de prendre la société et de l'enfermer dans une caserne. Au lieu d'aller à l'exercice, hommes, femmes et enfants iront à un travail quelconque, sous le commandement d'un caporal. La nourriture sera en commun, ainsi que le coucher. Les noms deviendront inutiles, on s'appellera d'un numéro. La famille sera facultative, c'est-à-dire que d'un nouveau-né on fera son fils si l'on veut, ou bien un être quelconque dont la société s'arrangera. En fait de religion, il y a plein libre arbitre; ceux qui voudront s'occuper de ces misères sont libres, la direction sociale n'a rien à édicter à cet égard. L'abolition de la propriété va de soi; la personnalité étant abolie, tout ce qui s'y rattache disparaît. Au reste, de beaux articles de justice réglementent la vie icarienne : les vieillards habiteront le premier étage, comme le plus confortable; les hommes mariés seront au second, les jeunes gens, qui sont ingambes, percheront dans les mansardes, etc. D'organisation politique, il est inutile d'en parler dans un pareil état de choses : l'utopie se place au point de vue de tout le globe icarianisé; dès lors, les états ont disparu, et avec eux tous les intérêts nationaux. Il y a des aggrégations dont les membres ont tout au plus à s'occuper de ce qui se passe parmi eux, encore n'est-ce que par simple curiosité, attendu que leur action morale est nulle, même dans ce cercle restreint. Aucune des influences actuelles ne doit exister dans l'ordre nouveau : êtes-vous artiste, peintre, orateur, il vous sera permis d'exercer votre talent, mais à heure dite, dans des conditions données, et sur l'ordre de votre caporal; vous faites partie d'une autre section que le planteur de choux, votre voisin, mais vous n'êtes qu'un numéro comme lui; quand l'heure de la soupe sonne, vous mangez à la même gamelle, vous jouissez forcément de sa gracieuse compagnie, et vous êtes tenu de n'avoir pas un goût, une habitude plus relevés que les siens, car ce serait de l'aristocratie, et vous rompriez le beau niveau sur lequel repose toute l'institution.

On a peine à croire que de pareilles folies, dont la première conséquence est la destruction de toute liberté, puissent être prêchées sérieusement, et surtout qu'il se trouve un homme pour s'en faire le disciple; aussi n'existe-t-il pas, nous en répondons hautement, un seul icarien dans les hommes éclairés, de bonne foi, ou tenant à quelque chose. C'est en réfléchissant à cet instinct qui porte les êtres infimes à rabaisser à leur taille ce qui les entoure, en songeant à l'appât qu'une existence assurée, en dehors des tracas de la famille, doit offrir à certains malheureux dont la vie a toujours été précaire, qu'on peut arriver à comprendre l'existence d'un public pour ces doctrines.

L'icarianisme fit donc des prosélytes; mais des hérésies éclatèrent bientôt et mirent la division dans l'église. M. Cabet dont la doctrine tendait au bouleversement complet de la société, accusait des vues fort pacifiques: ses disciples étaient les agents d'une idée de paix et de fraternité; l'excellence de cette idée prévaudrait d'elle-même; il ne s'agissait que de la faire luire aux yeux du monde. Que l'apôtre eût la simplicité de croire à cela, c'est douteux; mais toujours est-il que ce principe de propagande toute morale, était inscrit en tête du code icarien, et que les vrais fidèles s'y conformaient. On comprend, toutefois, que des gens plus hardis, ou plus francs, ne devaient pas s'accommoder de cette marche pacifique; de là des dissidences, des sectes, orthodoxes ou peu s'en faut quant aux dogmes, mais en désaccord quant à la façon d'établir le système. La plupart entendaient procéder par les moyens révolutionnaires. Elles n'avaient certainement pas tort en logique; vouloir détruire par de simples raisonnements les instincts, les goûts et les intérêts de la société, est une prétention que tout le monde a le droit de trouver inacceptable.

Il se forma donc dans le communisme, diverses petites écoles composées de gens résolus, pour la plupart anciens conspirateurs. M. Cabet, dont ils ne reconnaissent pas la suprématie, les excommuniait dans ses brochures; c'était peine perdue; ces gens voulaient sérieusement un résultat, et ne se gênaient pas pour dire que l'inventeur de l'Icarie se moquait du monde.

A ces groupes dissidents se joignirent quelques sections de l'ancienne société secrète. La discipline que les lois de septembre avaient rendue nécessaire, et que les comités des *Familles* et des *Saisons* étaient parvenus à établir, gênait fort la plupart des sectionnaires; l'obéissance passive et l'interdiction de tout débat dans les réunions officielles, blessait surtout certaines vanités à qui l'on ôtait l'occasion de se produire. Quelques chefs endoctrinèrent leurs hommes en s'élevant contre ce manque de discussion qui arrêtait la propagande, et décidèrent des désertions. La masse pourtant résista, et se tint dans l'état de demi-organisation où nous l'avons montrée. Les sectes communistes restèrent isolées les unes des autres, se jalousant, se déchirant et formant de petits conciliabules, où chacun luttait d'exaltation et d'extravagance.

CHAPITRE IV.

La grève. — Impatiences révolutionnaires. — Les Communistes d'action. — MM. Rozier, Lionne, Vetticus. — M. Dourille fait parader sa troupe. — Harangue sur le boulevard. — Equipée de M. Rozier. — Arrestations.

Le recrutement des nouvelles *Saisons* continuait. M. Dourille, inconnu l'année d'auparavant, avait tant couru, tant vu, tant bavardé, qu'il connaissait son Paris révolutionnaire sur le bout du doigt; un homme seul savait peut-être mieux que lui le nom de tous les émeutiers, c'est M. Martin Bernard; un autre homme les eût peut-être dénichés plus vite au fond de leurs bouges, c'était le préfet de police.

Mais tous les amis de M. Dourille ne s'enrôlaient pas dans la société secrète; les vieux patriotes avaient été échaudés et se méfiaient. Le recrutement n'était plus guère possible que parmi les étourneaux et surtout parmi ceux des ateliers; là seulement se trouvaient encore l'obéissance naïve et le respect des vieilles formes. Un groupe d'étudiants que l'infatigable propagandiste découvrit dans les estaminets du quartier Latin, et qu'il affilia pour représenter la *jeunesse des écoles*, ne fit pas à l'association l'honneur qu'il espérait; ces messieurs voulaient bien avoir le titre de conspirateurs, ce qui flatte les jeunes gens au sortir du collége, mais ils préféraient faire des parties de billard que du prosélytisme;

quant à la discipline, on devine qu'ils n'en poussaient pas la pratique jusqu'à l'abus.

Toujours est-il que M. Dourille était parvenu à former une armée imposante; par ce dernier mot, il ne faut pas entendre cependant des masses comme celles des *Droits de l'Homme:* depuis la loi sur les associations et le code de septembre, il n'était plus question de sociétés secrètes, à l'effectif de quatre mille sectionnaires. Les *Saisons* n'avaient jamais compté plus de douze cents sociétaires; M. Dourille, avec leurs débris réorganisés, et ses nouvelles recrues, était arrivé à un total d'environ quinze cents hommes, dont huit à neuf cents disciplinés, et le reste prêt à prendre les armes quand l'affaire serait engagée.

Entre les mains d'un autre chef, c'était là une force; le comité Blanqui avait attaqué avec des ressources plus faibles, mais M. Dourille n'avait ni la tête ni l'audace de ses prédécesseurs. Toutes ses recrues, en dehors des quatre sections commandées par les agents révolutionnaires, se rattachaient à lui par des rapports plus ou moins réguliers, mais sans lien solide; une cause fortuite, l'emprisonnement ou la retraite du chef, devait réduire l'association aux quatre grands bataillons disciplinés.

D'ailleurs, M. Dourille savait grouper, mais ne savait pas organiser; c'était un homme d'un zèle extrême, mais sans règle. En se confiant à beaucoup d'anciens patriotes, par pure gloriole, puisqu'il les savait dégoûtés des pratiques secrètes, il livrait à la notoriété publique l'existence de la conspiration, lui ôtait son prestige et préparait sa ruine. Ce résultat, opéré involontairement alors, est celui que je poursuivais et que j'ai réalisé plus tard en partie.

A cette époque, arriva un évènement fort grave. On se souvient de la grève qui se déclara dans Paris en 1840;

trente mille ouvriers, désertant les ateliers, se répandirent sur les quais, les places et les alentours de Paris, posant le siége devant l'industrie et répandant cette terreur qu'inspirent les débordements populaires. Des meneurs des divers états, inspirés par les idées communistes, s'étaient entendus et formaient une sorte de congrès pour maintenir la résolution des ouvriers. Cette habitude des grèves, dont la France a tout l'honneur, triste honneur qui pousse à sacrifier un intérêt fort clair contre un qui ne l'est pas, cette étrange pratique n'offrit peut-être jamais un caractère plus alarmant et plus déplorable. Les circonstances étaient certainement fort mauvaises pour les factions; l'indignation contre l'attentat du 12 mai était encore chaude, et le misérable avortement de cette tentative n'était pas fait pour donner espoir; toutefois, si les révolutionnaires devaient renoncer à un soulèvement, au nom d'une forme politique, ils avaient comme moyen d'excitation la cause même du débat, ce que l'on appelle aujourd'hui la question sociale. Des hommes populaires et audacieux avaient là une occasion pour provoquer de grands malheurs. M. Dourille, et c'est un de ses mérites, ne se trouva pas de taille à donner à cette foule le signal de l'irruption. Il alla aux buttes Saint-Chaumont, où, pendant deux jours, campa l'armée industrielle; de là Paris se déroulait aux regards, et plus d'un tentateur montra sans doute à la foule l'amas de richesses étendu à ses pieds, lui disant qu'elle n'avait qu'à vouloir pour tout posséder, mais la sagesse générale résista aux sollicitations. D'ailleurs, il faut le répéter, les chefs qui eussent pu lancer cette masse contre la société, manquaient; M. Dourille, le seul représentant de la force populaire organisée, se sentit étouffé au milieu de la sérieuse préoccupation de ces hommes qui croyaient plaider justement pour le pain de leur famille. Il se borna à des pourparlers avec les meneurs, essayant de prêcher des vieilleries démocratiques qui ne furent pas écoutées, et ne trouvant rien de bon à dire dans ce malentendu terrible.

Ceux qui ont vu cette armée suspendue sur la capitale, comme une avalanche, et qui se fondit d'elle-même sans laisser de traces, peuvent dire combien le vrai peuple des travailleurs est grave, et quel cas il fait, quand on lui laisse sa raison, des vains espoirs qu'on cherche à substituer à ses vrais intérêts. A la vue de cet instinct de droiture qui est au fond de son cœur, on ne peut que le plaindre sincèrement quand il s'égare, et surtout maudire les hommes qui font profession de le tromper.

Ainsi, de la direction de M. Dourille, date la décadence des sociétés secrètes. D'une part, le zèle étourdi du chef ôtait à l'association sa puissance mystérieuse; de l'autre, le système de discussion des communistes y introduisait un élément de division; d'autres causes, parmi lesquelles il faut placer la découverte des trahisons, et surtout l'incertitude où les hommes étaient laissés quant à l'époque de l'insurrection, contribuèrent à cet affaiblissement.

On conçoit que, dans toutes ces natures avides ou crédules, entrevoyant le renversement du pouvoir comme le but de leur ambition, ou le terme de leurs maux, il y eut une vive impatience, cependant cette date qu'ils demandaient, à supposer qu'elle fut fixée, ne pouvait être livrée à la foule, c'est ce que l'on comprenait bien d'abord; mais quand plusieurs années se passaient sans soulèvement, la lassitude, l'insouciance prenaient le dessus. Dans ses ordres du jour et ses entretiens, M. Dourille se répandait hardiment en paroles creuses et en belles espérances; mais le mot positif que cherchaient les conspirateurs n'était jamais prononcé.

Le chef savait trop bien la terrible importance de ces déclarations formelles; l'exemple de M. Barbès, entraîné par l'engagement de ses collègues, dans une catastrophe qu'il avait prévue, était un bon enseignement.

Pour faire prendre patience aux hommes, le chef les entretenait de ses plans stratégiques et d'une foule de belles inventions dont il était l'auteur, cela était fort insuffisant. Les vieux émeutiers, chaque jour étourdis d'explications auxquelles ils ne comprenaient rien, finissaient par prendre leur chef pour ce qu'il était, c'est-à-dire pour un assez pauvre homme.

Piqué d'amour-propre, et voulant au moins faire montre de ses forces, s'il n'osait les mener au combat, M. Dourille cherchait depuis quelque temps une occasion de parade qui lui fut présentée par la mort de M. Garnier-Pagès. Le convoi de ce député radical offrait un de ces prétextes à manifestations qui devenaient trop rares pour que le parti républicain les négligeât. Le *National*, alors seul organe important de la démocratie, convoqua son groupe de partisans, y compris un certain nombre d'étudiants qu'il tenait en lesse par la main de quelques meneurs. En dehors du *National*, le parti montagnard donna le mot à ses hommes, alors fort clair-semés, et bien revenus de leur ancienne audace. Puis vint la société de M. Dourille, d'opinion républicaine, tirant au socialisme; et enfin les communistes des deux nuances, les uns pacifiques sous la bannière icarienne, les autres révolutionnaires sous les ordres de MM. Rozier, Lionne, Vellicus, etc. Nous avons déjà signalé ces trois Luther de faubourg, dont l'impiété osait s'attaquer à la Rome icarienne; ajoutons un mot sur leur caractère. M. Vellicus, ouvrier tailleur, avait d'abord marché résolument sous la bannière du chef, mais ayant montré un peu de froideur,

M. Cabet, vindicatif comme un dieu, foudroya l'apôtre rebelle. Il savait que le pauvre M. Vellicus avait subi à Londres un emprisonnement pour attentat aux mœurs, il placarda le fait tout en grand dans un pamphlet. Naturellement le tailleur passa aussitôt à l'ennemi; il se fit communiste révolutionnaire. M. Rozier était un petit jeune homme horriblement nerveux et violent qui avait déserté la société Dourille, parce que ce chef n'entendait pas le premier mot de la science communautaire, et avait l'insolence d'empêcher les discussions sur ce grave sujet; il était considéré avec raison comme un des dissolvants les plus actifs de l'association secrète et de la secte cabétiste. M. Lionne, ainsi qu'il le déclarait lui-même, exerçait la profession d'artiste en coiffure; c'est un homme blond, fade, d'une nature douce, et qui ne se distingue en rien de tous ces pauvres ouvriers qui se posent en prophètes

Des conciliabules avaient été tenus la veille dans le camp de M. Dourille et dans celui des communistes révolutionnaires. Ces derniers, tout bien compté, pouvaient rassembler cent cinquante hommes, mais comme ils avaient tout Paris pour eux, — c'est la prétention ordinaire de ces pauvres hères, — M. Rozier n'hésitait pas à opiner pour l'insurrection; il déclara même qu'il se battrait tout seul, si on l'abandonnait. M. Dourille et ses lieutenants n'étaient pas aussi résolus; cependant ordre était donné dans les groupes de se tenir prêts, quelque évènement imprévu pouvant déterminer un signal d'attaque. Au fond, on n'avait nullement l'intention d'en venir aux mains et personne ne croyait à une affaire.

Le convoi fut nombreux et offrit un appareil solennel. Toute l'opposition de gauche, députés et bourgeois, s'y porta en masse. Ce fut, avec le grand contingent de désœuvrés qui se mêlent à ces cérémonies, le principal noyau du cortége. La république ne manqua pas de classer ces deux catégories dans son effectif; la vérité est qu'elle y comptait trois ou quatre mille hommes, montant de ses forces réunies et qui n'ont guères varié pendant l'ancien gouvernement. Les amis du défunt, c'est-à-dire les hommes du *National*, s'y reconnaissaient à leur air suffisant et à leur tenue parlementaire; les montagnards, bandes Flocon, Raspail et autres débris des vieilles conspirations, à leur apparence inculte et leurs mines de grognards; les fractions populaires à leurs blouses et signes habituels. En tête de celles-ci était la troupe de M. Dourille, marchant en bon ordre, avec toute l'apparence d'un corps organisé. Les sociétaires en rang, bras dessus bras dessous, formaient des sections, sous le commandement de chefs faciles à reconnaître; ces derniers se portaient d'un point à l'autre, maintenant la symétrie de la marche, et prenant du chef suprême des instructions qu'ils transmettaient à leurs subordonnés. Rien dans tout cela qui eût un caractère bien dangereux. La petite troupe de conspirateurs, et leur chef surtout, paraissaient beaucoup plus avides d'effet que de bataille. On comprendra néanmoins que la police, en présence de ce bataillon révolutionnaire qu'elle connaissait, eut à prendre ses précautions. Ennuyée de ces allées et venues des chefs, et sachant que certaines velléités d'action s'étaient manifestées la veille, elle prit le parti d'observer de près ce corps suspect; des gardes municipaux à cheval reçurent ordre de faire la haie autour de lui. Un des cavaliers ayant par mégarde troublé les rangs, des invectives lui furent adressées, et un désordre s'en suivit qui appela M. Dourille et lui donna occasion de montrer son autorité. Il monta sur une borne, donna ordre de faire halte et prononça une harangue destinée à calmer les esprits. Il fut écouté non seulement par ses hommes, mais par ceux de la police qui ne purent prendre le change sur son rôle de chef de conspirateurs. Beaucoup de patriotes, notamment ceux du *National* qui se doutaient aussi de la vérité, trouvèrent que le nouveau Catilina mettait un peu trop de transparence dans ses actes.

Pendant ce temps un petit groupe de communistes révolutionnaires, sous les ordres de M. Rozier, était réuni chez un marchand de vins, au bord du canal. M. Rozier, armé d'un pistolet, s'emportait en discours furieux, relevés d'une gesticulation épileptique; il voulait décharger son arme contre un municipal quelconque et donner ainsi le signal. Ses camarades le tenaient au collet, cherchant à lui faire entendre raison; peine perdue, le petit homme s'échauffant de plus en plus, se débarrassa de ceux qui le retenaient, sortit et déchargea son pistolet au hasard dans la foule. Heureusement personne ne fut atteint. Des agents survinrent qui mirent au poste ce forcené.

Le reste de la cérémonie n'offrit pas d'incident.

Les jours suivants, il fut beaucoup parlé de la troupe d'hommes du peuple, avec chefs et discipline, qui avait été remarquée au convoi; les moins clairvoyants y avaient deviné une association secrète. La notoriété du fait répandant quelque inquiétude, la police dut les calmer par quelques mesures témoignant de sa connaissance des choses; M. Dourille et plusieurs de ses lieutenants furent arrêtés.

CHAPITRE V.

Attentat de Darmès. — Quénisset. — Excitations abominables. — Coup de pistolet tiré sur les Princes. — Nouveaux Francs-Juges. — Condamnation à mort. — Suites de l'arrêt.

A cette époque, et à un an de distance, deux assassinats politiques sont tentés contre la famille royale. Le 15 octobre 1840, à la chute du jour, un homme était posté sur la place de la Concorde, attendant la voiture du roi qui devait se rendre à Saint-Cloud; à la vue du prince, il tira une carabine cachée sous ses vêtements, l'ajusta et fit feu. La charge se perdit dans les panneaux de la voiture. Arrêté sur-le-champ, il fut trouvé porteur d'un ouvrage de M. Dourille, intitulé : *la Conspiration du général Mallet*. Son nom, que l'on sut bientôt, était Marius Darmès. Aux questions qu'on lui fit sur son état, il répondit : conspirateur. Comme Alibaud, il ne manifesta qu'un regret, celui d'avoir manqué le roi qu'il regardait comme le plus grand des tyrans.

Ce misérable sortait des sociétés secrètes; il avait fait partie des groupes communistes avec deux de ses amis, le trop fameux Considère et un cocher du nom de Duclos, qui furent arrêtés. On reconnut bientôt que le crime n'avait pas été commandé et n'était que l'œuvre isolée de l'auteur. Darmès avait écouté les apôtres républicains, étudié les apologistes des forfaits politiques, et puis n'avait songé qu'à une chose : mettre en pratique les enseignements qu'il avait reçus. Comme les chefs, et M. Dourille entre autres, étaient plus prompts à prêcher la destruction des pouvoirs qu'à l'exécuter, le disciple, homme d'une énergie farouche, ne s'en rapporta qu'à lui pour pousser ses principes à leur logique naturelle. Il se retira des sociétés, s'enferma dans un bouge infect, et là, dévoré par la misère, livré à des habitudes de paresse et de débauche, il rumina en grinçant des dents son projet exécrable. Dans sa fièvre, il prenait lui-même la plume et composait de la poésie patibulaire. On trouva de lui une pièce où il glorifie Alibaud et son admiratrice Laure Grouvelle, et où il annonce que la race des régicides n'est pas éteinte. Un beau jour, exalté jusqu'à la rage par les maximes de la démagogie, il va acheter une arme et consomme froidement son assassinat.

Darmès fut condamné à mort et guillotiné; Considère et Duclos furent acquittés.

Quelques mois plus tard, un scieur de long, nommé Quénisset, se trouvait à Sainte-Pélagie, condamné à la suite d'une rixe. C'était un brave ouvrier, s'occupant de gagner sa vie, sans prétendre aucunement à reformer l'Etat; seulement, il avait l'esprit faible et une tête que le vin portait à l'exaltation. Des communistes, qui partagaient sa captivité, MM. Mathieu, Boyer, Prioul et Tarlé, le circonvinrent, et, le voyant homme de courage, résolurent d'en faire leur instrument. A la sortie de prison, ils l'avaient si bien travaillé que le pauvre homme était à leur entière discrétion: Pour mieux le dominer, ils l'affilièrent à la société des *Égalitaires*, l'une des fractions communistes dont j'ai parlé, et qui tendait à réaliser les doctrines des apôtres Charassin, May, Desamy, etc.; c'était une seconde édition des *Communistes révolutionnaires*. Entre les idées de ces deux petits groupes, il n'y avait guère de différence, mais il fallait plusieurs sociétés pour qu'il y eût place pour tous les chefs.

Quénisset fut amené chez un marchand de vins avec un de ses amis, nommé Boucheron; on leur banda les yeux,

puis ils furent introduits dans une pièce où se tenaient huit *Égalitaires* chargés de leur réception, les nommés Brazier, Mallet, Dufour, Launois, Jarasse, N. Bazin, Boggio et Petit. Ce dernier était président; il expliqua le but des *Égalitaires*, qui était la destruction du trône, l'établissement des *ateliers nationaux*, la vie, les femmes et les biens en commun, enfin la réalisation de l'idée communiste pure; il fit ensuite un certain nombre de demandes déjà connues par les formulaires des *Saisons* et des *Familles*, et il termina par la formule du serment, qu'il rendit terrible pour épouvanter les récipiendaires. Quénisset avait fait preuve d'une nature impressionnable qu'on voulait fortement frapper. « Lève la
« main, lui dit le président, et jure sur ta tête que tu te dé-
« pouilleras de tes biens et de ta fortune, que tu quitteras
« femme et enfants, que tu seras dans la rue au premier si-
« gnal et que tu te battras jusqu'à la mort sans compter le
« nombre des ennemis! Songe bien que ce serment est
« sacré, et que si tu le violes, non seulement toi, mais ta
« femme, tes enfants et ta famille, vous serez tous massa-
« crés! Jure donc sur ce fer que je tiens à la main, et qui
« t'est destiné si tu trahis ta parole. »

Saisi de terreur, mais n'osant reculer, le malheureux jura. On lui débanda alors les yeux et on le fit boire pour lui rendre courage. Pendant quelque temps on ne le perdit pas de vue; on l'entraînait à des réunions où il n'était question que d'attentats et de pillage. Dès ce moment, les démons qui l'obsédaient l'avaient marqué pour un crime qu'ils n'osaient commettre eux-mêmes et avec lequel ils familiarisaient son esprit.

Le 13 septembre au matin, Brazier l'emmena dans sa chambre, et lui présentant deux pistolets:

« Le moment de l'exécution est arrivé, dit-il; Louis-

Philippe se cache, nous ne pouvons l'atteindre, mais trois des fils du tyran vont passer dans le faubourg Saint-Antoine, avec le 17e léger qui revient d'Afrique; le comité a pris la résolution de les immoler. Voici des armes, tu feras feu quand on te donnera le signal; si tu ne tires pas, tu sais ce qui t'attend; nous tiendrons notre promesse. »

Sous l'épouvante de cette menace, Quénisset prit les pistolets et partit. A l'entrée de la rue Traversière, il trouva toute la bande de ses complices : son camarade Boucheron, Boggio, Mallet, Jarrasse, Petit, ainsi que Brazier qui les avait rejoints. La troupe se porta à la hauteur de la rue de Montreuil, et là se trouva en face du 17e qui descendait le faubourg, ayant en tête le duc d'Aumale, son colonel, ainsi que les ducs d'Orléans et de Nemours, qui avaient voulu faire escorte à leur frère. Brazier, qui se cramponnait à Quénisset, comme le tigre à sa proie, attendit que les princes fussent à portée, et, lui désignant le groupe d'officiers où ils se tenaient :

« Allons, dit-il, c'est le moment; tire ! »

Le malheureux leva son arme au hasard et lâcha la détente.

Ses compagnons qui devaient l'imiter, jetèrent un coup d'œil rapide sur les princes, et voyant qu'aucun d'eux n'était atteint, se débarrassèrent de leurs armes et se sauvèrent au plus vite.

Quénisset, saisi d'horreur à l'idée de son crime et de l'abominable machination dont il avait été victime, fit aussitôt les aveux les plus complets. Il demanda protection pour sa femme et son enfant livrés à la rage de ses ennemis; quant à lui, il s'abandonna aux rigueurs de la justice.

Condamné à mort par la cour des Pairs, le roi lui fit grâce de la vie.

Vers le même temps, il se passait dans les *Saisons* un drame d'une autre espèce.

Un soir, vers neuf heures, les agents révolutionnaires qui avaient convoqué leurs chefs de groupes, partirent chacun de son côté avec sa petite troupe, et se trouvèrent réunis tous ensemble chez un traiteur de la rue des Couronnes, à la chapelle Saint-Denis. Ce rendez-vous général n'était connu que des quatre lieutenants du comité. Les chefs de groupes ignoraient si on les menait à une simple assemblée de section, ou à une assemblée de corps; quant au but de la convocation, personne ne le connaissait; M. Dourille s'était contenté de dire qu'il s'agissait d'un objet très grave.

Depuis quelque temps j'étais considéré comme chef de groupe dans la société, et j'assistais à cette réunion.

On monta dans une salle du premier où le public n'était pas admis; le maître de la maison, que l'on connaissait, fut invité à ne laisser entrer ni garçons, ni aucune autre personne, l'assemblée ayant besoin de ne pas être troublée.

Une certaine préoccupation qui, chez quelques-uns, tournait à l'inquiétude, s'était emparée des esprits; l'air sérieux du chef, d'habitude si loquace et si ouvert, le mystère qui couvrait le but de la réunion, des mots vagues prononcés par les agents révolutionnaires qui paraissaient au courant du secret, tous ces indices faisaient courir les suppositions, portaient à l'anxiété. On s'attendait à quelque communication d'une nature peu ordinaire.

M. Dourille prit la parole d'une voix solennelle qui augmenta l'émotion. Il rappela le but de l'association qui était la destruction des tyrans et l'affranchissement des peuples, s'étendit sur ce que ce rôle avait de sacré et sur l'honneur qu'en devaient retirer ceux qui l'acceptaient; puis passant aux devoirs des affiliés, aux serments qu'ils avaient faits, il demanda ce qu'il fallait penser d'un homme qui abandonnait la sainte mission dont il s'était solennellement chargé.

Une voix répondit que c'était un lâche.

« Et quand cet homme, reprit M. Dourille, non content de déserter son poste, passe à l'ennemi?

« C'est un traître.

« Et quand il tourne ensuite ses efforts contre ses frères, quand il livre leurs secrets?

« C'est un misérable. »

Les figures restaient frappées d'étonnement et d'indignation; quelques membres promenaient de côté et d'autre des regards chargés de soupçon; la plupart se tenaient dans une réserve pleine d'anxiété, évitant d'interroger les figures, de peur d'y trouver des indices accusateurs. Tout le monde, en effet, comprenait de quoi il était question; et quoique rien n'eût encore indiqué que le coupable fût présent, le pressentiment en était au fond de tous les esprits.

M. Dourille reprit :

« Quand un homme s'est conduit ainsi; quand, surprenant la confiance des chefs, il est parvenu à occuper un grade dans l'association, et s'est mis en mesure de trahir des secrets importants; quel sort mérite-t-il, d'après nos règlements et la justice? »

Je me levai et répondis :

« La mort. »

J'étais près de la porte, debout, une main près du bouton, l'autre dans la poche de mon paletot où était un pistolet, décidé, en cas d'attaque, à me faire passage avec mon arme. Du reste, je me mettais en défense, sans croire positivement à un danger personnel, attendu qu'à ma connaissance, quatre membres de la réunion étaient de la police.

Il se fit un silence, après lequel M. Dourille désignant

les agents révolutionnaires, deux chefs de groupes influents et moi, nous invita tous à passer avec lui dans une pièce voisine, pour examiner les preuves de l'accusation. Le reste de l'Assemblée eut ordre de ne pas quitter la place, et de ne sortir sous aucun prétexte.

La trahison n'avait qu'une preuve, résultant d'une lettre sans signature, qui demandait des éclaircissements sur quelques faits relatifs à l'association. De sa contexture, il résultait clairement qu'entre la police et la personne indiquée sur la suscription, existaient des rapports suivis. Cette lettre remise par mégarde à un homonyme de l'individu à qui elle s'adressait, avait été ouverte et portée à un patriote qui l'avait remise à M. Dourille. Il s'agissait de décider si elle avait un caractère authentique. L'accusé ne manquerait pas de dire que c'était une machination pour le perdre; que la lettre forgée par la police elle-même s'était sciemment trompée d'adresse; et qu'au lieu d'être l'agent, il n'était que la victime du pouvoir. A ces objections prévues, on répondait que le papier de la lettre était connu pour sortir des bureaux de la Préfecture, et servir spécialement à M. Pinel, secrétaire général; que l'écriture était également de ce fonctionnaire; on avait trouvé moyen de la confronter. A supposer, d'ailleurs, que la police eût voulu perdre un membre de l'association, est-il probable qu'elle aurait choisi un chef de groupes obscur, quand elle pouvait frapper sans plus de peine un chef important?

Les sept membres ayant sous les yeux la pièce accusatrice, et tenant compte des observations de leur chef, déclarèrent qu'aucun doute ne pouvait exister sur la trahison.

Cette déclaration faite, M. Dourille et son conseil rentrèrent dans la pièce où se tenaient les chefs de groupes.

On devine que l'anxiété n'avait fait que s'accroître; ils

étaient là une quinzaine d'hommes, parmi lesquels s'en trouvait un qu'allait atteindre une condamnation foudroyante, suivie sans doute d'un châtiment terrible, et rien ne laissait deviner le coupable; une égale agitation se peignait sur les figures; comment reconnaître, au milieu des pâleurs ou des contractions, celles qui provenaient de l'indignation ou des angoisses de la peur?

J'étais alors hors de cause; mais il restait trois hommes sur qui le résultat de la délibération pendait comme l'épée de Damoclès; ces trois hommes ignoraient réciproquement leur rôle, chacun d'eux devait donc s'attendre à porter le poids du coup de foudre qui allait éclater.

M. Dourille jeta à l'assemblée le nom de l'homme qui venait d'être reconnu coupable par un premier tribunal, et produisit la pièce de conviction, afin que chaque membre pût l'examiner, puis il demanda à l'accusé ce qu'il avait à répondre.

Atterré par l'évidence, ce dernier ne peut trouver d'abord que des dénégations vagues; bientôt, reprenant quelque sang-froid, il exposa de son mieux le système de défense que M. Dourille avait prévu; il en vint peu à peu à prendre un ton qui ne manquait pas de fermeté, et à trouver quelques mouvements d'indignation bien naturels.

C'était un homme sans éducation, mais de quelque intelligence, d'une figure brune très caractérisée, et qui avait toujours joui, jusque-là, d'une réputation d'excellent patriote.

Quand il eut exposé ses moyens de justification, qui mirent un peu l'indécision dans l'assemblée, M. Dourille reprit la parole, et déclara que les diverses raisons alléguées ayant été prévues, il y avait été répondu d'avance, dans la délibération secrète qui venait d'avoir lieu : ce qu'on avait dit alors, il allait le répéter, afin de ne laisser aucun doute dans les esprits.

Il reprit ses arguments les uns après les autres, et appuya avec force sur l'invraisemblance et la futilité des explications en présence du fait matériel de la lettre. Comme l'accusé vit que cette réplique n'avait pas produit tout son effet, il reprit aussitôt avec chaleur, et, acquérant de l'assurance à mesure qu'il croyait voir sa cause moins mauvaise, il parvint à étendre un peu davantage les doutes qui existaient.

Mais la majorité, perdant patience à la vue d'une fermeté qu'elle traitait d'impudence, se leva d'un air de menace et fit connaître qu'elle en savait assez.

« L'affaire est entendue, dit l'un des agents révolutionnaires, il y a un jugement à rendre; faites silence ! »

Alors, M. Dourille prononça ces paroles d'un ton solennel :

« Citoyens, jurez de vous conformer à l'arrêt que je vais prononcer. »

La plus grande partie des membres jura.

« Je déclare, reprit le chef, que l'accusé est convaincu du crime de trahison et que, d'après nos règlements, il a mérité la peine de mort.... »

Une rumeur menaçante interrompit ces paroles; on put voir que des pensées de sang commençaient à s'agiter dans les cerveaux.

M. Dourille reprit :

« Vous avez juré d'exécuter l'arrêt; or, retenez-le bien, cet arrêt vous défend d'exercer en ce moment aucune violence contre le condamné; l'heure de l'exécution viendra et justice sera faite, mais dans les circonstances et au moment qui seront fixés par le comité. Au nom de votre serment, je vous ordonne de vous séparer en abandonnant le condamné à ses remords; plus tard, vous le frapperez de votre colère. »

Les conspirateurs grognèrent des paroles de dépit, mais ne firent pas de résistance. Quelques minutes après, la réunion dispersée se répandait en différentes directions. L'homme que l'arrêt venait d'atteindre, escorté de deux ou trois amis qui lui étaient restés fidèles, se glissant sans bruit et au plus vite, le long des maisons, ne tardait pas à se perdre dans l'ombre.

En descendant l'escalier du traiteur, quelques chefs de groupes, qui avaient montré des dispositions sinistres, ouvrirent leurs couteaux et voulurent se précipiter sur le condamné; fort heureusement la responsabilité d'un meurtre n'était pas du goût de tout le monde; on arrêta les assaillants et le crime fut évité.

CHAPITRE VI.

Congrès révolutionnaire à Lyon.— Départ d'un délégué de Paris. — La femme d'un conspirateur. — M. Callès. — M. Bonnardel. — M. Jailloux. — Une séance de Conjurés.

L'un des quatre agents révolutionnaires, M. Chaubard, s'étant retiré, le chef de l'association m'offrit sa place, que je refusai d'abord, mais que je finis par accepter en affectant beaucoup de répugnance. A peine entré en fonctions, une affaire fort grave se présenta, où je fus mêlé de la manière suivante. Vers le mois de juin 1842, une lettre, arrivée de Lyon à M. Dourille, provoqua la réunion immédiate des quatre lieutenants de la société. Lecture donnée de la lettre, on vit que son contenu était de première importance,

Le comité de Lyon avait formé un plan d'insurrection qu'il jugeait décisif et se disposait à exécuter; mais, avant d'en venir là, il voulait avoir l'approbation des principales villes, afin de pouvoir généraliser le soulèvement. Dans ce but, un congrès allait avoir lieu à Lyon, auquel étaient convoqués des délégués des centres révolutionnaires. Paris surtout était fortement engagé à venir juger de l'état des choses et à donner son opinion qui serait d'un grand poids.

La lettre était d'un fabricant de cordons de soie, nommé Callès, lequel, pour servir de signe de reconnaissance, envoyait pour le délégué la moitié d'un billet écrit qui devait être représenté lors de son arrivée à Lyon. Le lecteur se rappellera qu'il a déjà été fait mention de ce M. Callès, au sujet de l'insurrection de 1834.

Il fut immédiatement décidé qu'on répondrait à cet appel; toute la question fut de savoir qui serait chargé de la mission; M. Dourille ayant déclaré que sa position pécuniaire ne lui permettait pas de faire les frais du voyage, le choix resta entre les quatre agents révolutionnaires; comme parmi eux il ne se trouvait qu'une personne ayant les moyens de supporter le déplacement, on songea naturellement à elle; cette personne c'était moi.

Muni du signe de reconnaissance, je partis pour Lyon, où j'arrivai sans encombre. M'étant aussitôt rendu à l'adresse portée sur le billet, je trouvai une maison dont les vitres étaient brisées, et tout l'extérieur dans cet état de délabrement qu'ont les lieux inhabités. Assez surpris, j'examinais attentivement les lieux, quand j'aperçus un bout de cordon de sonnette que je tirai à tout hasard. Un temps assez long s'écoula; alors il se fit un bruit et je vis apparaître la figure d'une sorte de vieux concierge, qui semblait vivre là au milieu des ruines. Je prononçai le nom d'une certaine dame à qui j'avais ordre de m'adresser et m'informai si elle était visible; le bonhomme répondit qu'elle ne restait pas là, mais qu'il connaissait sa demeure et pouvait l'indiquer; ce qu'il fit effectivement.

La dame habitait une ruelle écartée, que je ne découvris pas sans peine. Introduit auprès d'une femme d'un certain âge, aux traits virils et dont la mise annonçait une ouvrière aisée, je montrai mon signe de reconnaissance, en demandant si elle savait ce que cela voulait dire. D'un coup-d'œil, elle vit de quoi il s'agissait, et tirant aussitôt un autre morceau de papier qu'elle rajusta avec celui que je lui offrais :

« Vous voyez, dit-elle, que c'est bien ici que vous avez affaire; vous êtes le *frère* que nous attendons de Paris, soyez le bien venu. »

Elle me fit des civilités, servit du vin, et se mit aussitôt à parler politique, demandant des nouvelles des patriotes de la capitale, et s'expliquant sur les évènements avec une loquacité et une chaleur qui témoignaient d'une éducation démocratique très développée. De plus en plus étonné, je réfléchissais si cette femme était bien la personne à qui j'étais adressé, et si on m'avait dépêché pour prendre connaissance d'un complot en jupons, quand je fus tiré d'incertitude par l'arrivée d'un homme, à qui la virago dit aussitôt en me désignant :

« Je vous présente notre frère de Paris, il m'a remis son mot de passe qui est exact. Voici les deux moitiés du billet. »

Cet homme était M. Callès, le fabricant de cordons de soie, de qui provenait l'invitation adressée à M. Dourille. Saluant d'un air réservé, il prit les carrés de papier, les examina attentivement, et ce fut seulement après cette inspection qu'il vint à moi et me serra la main :

« Nous n'attendions plus que *Paris*, dit-il, et puisque

vous voilà, nous commencerons nos travaux dès demain. Si vous voulez me suivre, je vais vous mettre immédiatement en rapport avec les autres délégués. »

Il prit les devants, marchant à grands pas, et me conduisit, rue Bât-d'Argent, à un hôtel, où la plupart des membres du congrès avaient pris leur logement.

Au premier coup d'œil jeté sur cet homme on devinait un type de conspirateur fort sérieux. Il était petit, maigre, nerveux, développé du front et rasé à la romaine; sur sa peau tendue, ses veines se gonflaient, regorgeant d'un sang vigoureux. A la manière dont il avait vérifié le signe de reconnaissance, on pouvait juger de son sang-froid; sa physionomie portait tous les signes de cet esprit calme et sévère; il avait la lèvre étroite, le front plissé, le sourire court et le regard furtif; dans tout cela se révélaient surtout une énergie intelligente et une préoccupation soupçonneuse.

A l'hôtel, rue Bât-d'Argent, se trouvaient trois délégués, dont l'un ne faisait également que d'arriver, et procédait à son installation, c'était M. Imbert, ancien directeur du *Peuple Souverain* de Marseille, alors commis-voyageur en vins. Il était venu tout exprès du fond du Nord, et avait mission de représenter Lille, Valenciennes et d'autres localités. Vétéran de conspirations, en rapports suivis avec les exaltés des quatre coins de la France, ce délégué trempait plus ou moins dans toutes les manœuvres du parti révolutionnaire, mais sans tenir directement sous ses ordres aucun corps organisé. Ni Lille, ni Valenciennes n'avaient de société secrète proprement dite : un noyau de patriotes, réunis par une communauté de haine contre l'ordre de choses existant, y formaient tout le contingent de la République. M. Imbert avait communiqué avec eux, avant de partir; il s'était engagé à leur faire part du résultat de la conférence lyonnaise; telle était sa vraie position dans le congrès; mais, en dehors de ce rôle restreint, il pouvait être appelé à en jouer un plus général; ainsi, en cas de résolution d'attaque, ses nombreuses relations dans les départements lui permettaient d'aller donner le mot d'ordre à une foule de localités, et de préparer les contre-coups du soulèvement.

Les deux autres confrères que je trouvai à l'hôtel, représentaient, l'un Toulouse et Carcassonne, l'autre Marseille. Ce dernier, homme du peuple, d'une intelligence commune, mais d'un caractère résolu, était syndic des porte-faix de Marseille; il tenait sous ses ordres, par la double influence de cette position et de celle qu'il avait prise politiquement, toute une corporation énergique.

Le délégué de Toulouse et de Carcassonne n'avait pas une influence aussi positive. Dans les localités qu'il représentait, le communisme s'était introduit, séparant le parti en deux camps tranchés, l'un de révolutionnaires purs, l'autre d'idéologues plus ou moins pacifiques; le fondé de pouvoirs était du parti de ces derniers; le congrès ayant pour but un mouvement à main-armée, et la majorité de ses membres adoptant l'emploi des moyens violents, la position de cet envoyé était assez embarrassante.

En outre, le congrès comptait un représentant de Grenoble, homme insignifiant, gantier de son état, à qui de vieux antécédents patriotiques avaient mérité l'honneur de la délégation.

Ainsi, les membres de la conférence, étrangers à Lyon, étaient au nombre de cinq. Plusieurs villes s'étaient excusées d'envoyer leur député, sur le manque d'hommes disponibles; d'autres avaient déclaré s'en rapporter à ce qui serait résolu, prenant l'engagement de s'y conformer.

M. Callès, m'ayant introduit auprès de mes collègues, déclara qu'il avait quelques affaires à terminer, et se retira, en donnant rendez-vous pour le soir à dix heures.

Nous ne tardâmes pas à sortir, conduits par M. Imbert, qui nous mena à un café, place des Terreaux, où nous attendait un autre membre de la conspiration.

A en juger par M. Callès, les révolutionnaires lyonnais n'étaient pas des enfants; cette opinion se confirma à la vue de l'homme que nous trouvâmes dans le café. Il se nommait Bonnardel, commis banquier de son état. C'était un jeune homme de formes délicates, qui plaisait fort par sa physionomie ouverte et ses manières délibérées; il fit aux étrangers une réception affectueuse et sans affectation. Aucun de ces indices qui dénotent l'orgueil d'un rôle important, ou que l'on croit tel, ne se trahissait en lui. Beaucoup de ses amis, répandus dans la salle, ignoraient sa position secrète; loin d'affecter des airs mystérieux pour leur donner des soupçons au profit de sa vanité, il causait gaiement, allait de l'un à l'autre, et réussissait à passer le plus naturellement du monde pour un joyeux garçon, débarrassé de son collier de travail.

Après quelques instants de ce manège fort bien joué, il proposa un tour de promenade; et, tout en causant du même ton dégagé, il nous conduisit dans un café de maigre apparence, au fond duquel était une salle particulière qu'il retint, et où nous nous trouvâmes seuls.

Aussitôt les portes closes, sa physionomie se transforma; ce petit homme si enjoué devint fort sérieux; le sujet qu'il aborda pouvait justifier ce changement.

« Messieurs, dit-il, vous êtes venus de différents points pour examiner un plan d'insurrection qui est très bien conçu, et surtout très audacieux, je tiens à vous faire savoir aussitôt que je ne le partage pas; pour quelle raison? c'est ce que je vous exposerai ce soir devant mes collègues. Au reste, je ne vous cacherai pas que mon opinion est en minorité, et j'ajouterai que, quoi qu'il arrive, je ne ferai rien pour faire avorter la combinaison. Notre comité se compose de trois membres : Callès, Jailloux et moi; mes deux collègues étant d'accord pour agir, nous en avons appelé à la décision des membres les plus influents de notre association; le résultat a été contraire à mon avis. La grande majorité ayant décidé de marcher, je me suis tu; mais puisque vous êtes appelés à juger souverainement la question, je me réserve de vous donner les motifs de ma désapprobation; j'espère que vous les apprécierez. Ne vous trompez pas sur mes intentions; je ne veux pas vous influencer, mais seulement vous éviter tout étonnement quand vous m'entendrez combattre mes collègues, et vous empêcher de croire à une division dans notre armée. De division, il n'en existe pas, puisque les hommes sont d'accord pour l'action, et ont une entière confiance dans mes collègues. Ce peu d'explications vous aidera à bien comprendre le rôle de chacun de nous dans la discussion de ce soir. Je n'ai pas autre chose à vous dire.... et nous pouvons, si vous l'avez pour agréable, aller respirer l'air du Rhône, en attendant l'heure du rendez-vous; j'ai de bons cigarres à vous offrir. »

Notre petite troupe gagna l'une des allées d'arbres qui ombragent les quais, et chacun se mit à causer d'affaires et d'autres, aspirant la fumée du tabac et jouissant d'un beau soir étoilé.

A dix heures, M. Bonnardel nous conduisait au lieu du rendez-vous; c'était une grande pièce servant d'atelier à M. Callès, et ne contenant ni meubles ni chaises. Au moyen d'une traverse en bois, posée sur deux escabeaux, on forma des sièges. Une lampe à l'huile éclairait une partie de la salle, laissant le reste dans une obscurité où se détachaient en silhouette des pièces de métier à filer, les solives noires du plafond, et quatre murailles d'un ton jaunâtre; c'était un décor de conspiration assez saisissant.

Le troisième membre du comité, M. Jailloux, se trouvait là; commis, comme M. Bonnardel, il avait depuis quelques jours abandonné sa place pour se livrer tout entier aux préparatifs de l'entreprise, ce trait pourrait suffire à le peindre. Chez lui comme chez M. Callès, l'idée du plan insurrectionnel avait tout absorbé; depuis trois mois ils s'y étaient voués avec une persévérance incroyable; les peines qu'ils s'étaient données témoignaient d'un zèle arrivé au fanatisme. Quoique l'égal de son collègue dans la conjuration, et le surpassant par l'éducation, il pliait sous son ascendant; au reste, un complet accord régnait entre eux, et il n'en coûtait pas à l'ex-commis de subir la dépendance du fabricant de cordons. Au physique, c'était un homme de petite taille et de nature maigre comme ses confrères. A ne voir ces trois hommes que sous leur frêle apparence, il y avait de quoi hausser les épaules en songeant qu'ils venaient discuter sérieusement la prise d'assaut de la seconde ville du royaume; cependant, en ces sortes de choses, il ne faut rire de rien; attendu que le vertige révolutionnaire ne s'effraye pas des plus folles tentatives, et qu'à chacune d'elles, le sang coule à flots.

M. Callès prit la parole pour annoncer l'ordre des travaux. Ce M. Callès était un homme méticuleux, apportant en toute chose un singulier esprit de méthode.

« Ce soir, dit-il, nous allons soumettre à la discussion l'idée générale de l'entreprise; demain nous donnerons aux citoyens délégués des détails circonstanciés sur notre plan et nos moyens d'exécution; après demain nous nous rendrons sur les lieux pour les examiner et désigner les points d'attaques; puis nous irons aux voix pour arrêter la décision. Nous nous proposons ensuite de faire passer aux citoyens délégués une revue de nos hommes, et enfin nous terminerons par un banquet fraternel, auquel les citoyens délégués voudront bien assister. Sur ce, nous pouvons procéder à l'exposé de notre situation.... Si le citoyen Bonnardel tient à parler le premier, il a la parole. »

Le ton de ces derniers mots, exprimait une certaine acrimonie assez remarquable; en petit, cela pouvait donner l'idée de Robespierre, provoquant les explications d'un de ces hommes qu'il avait déjà marqués pour la guillotine. Nous pouvons affirmer, du reste, qu'il n'y avait pas, chez le chef lyonnais, une soif et une volonté de domination moindres que chez le tyran de la Convention. Ses moyens de despotisme étaient les mêmes : formes puritaines, enthousiasme à froid et maniement de la multitude par ses mauvais instincts. Un rapprochement pouvait encore s'établir entre l'adversaire de M. Callès, et quelqu'une de ces fraîches figures qui osèrent affronter le coup d'œil venimeux de Robespierre : le nom de Camille Desmoulins revenait à la mémoire, à la vue de ce jeune homme de bonne mine, de belles manières venant parler un langage de raison et de sentiment devant un fanatique haineux.

M. Bonnardel n'hésita pas à commencer les explications; il donna quelques détails sur la société secrète; puis il aborda l'exposé du projet, entrant dans de longs développements que nous ne reproduirons pas. La chose se réduisait à ceci : Aux fêtes de Juillet, pendant que les autorités seraient à la Cathédrale pour entendre la messe commémorative des victimes, prendre tous les forts par un coup de main; de celui de Fourvières, amener aussitôt deux canons bourrés de mitraille, sur un plateau découvrant le portail de l'église; attendre la fin de l'office, et au moment de la sortie des autorités, mettre alors le feu aux canons et hacher en pièces tous les chefs civils et militaires. Cette boucherie devait servir de signal à l'insurrection.

A première vue, tout le monde sent que cette combinaison n'est qu'une scélératesse absurde. C'est ce que M. Bonnardel s'attacha à démontrer, en évitant toutefois de blesser ses collègues; ses raisons, fort bien déduites, parurent concluantes aux délégués. M. Callès, qui s'en aperçut, se mordait les lèvres de colère, mais il se contint et attendit la fin du discours. Entrant à son tour en matière, il déclara qu'on venait de donner de très bons arguments à un point de vue, celui de la peur, mais que c'était à un point de vue différent qu'il allait se placer. Ses explications, en effet, ne se ressentirent en rien du manque de confiance de son adversaire, mais le défaut opposé y dominait. L'idée du fougueux jeune homme était qu'en conspiration le facile est difficile, et qu'on est d'autant plus près du succès qu'on se rapproche de l'impossible, attendu qu'alors on déjoue toute prévoyance. En somme, les paroles de M. Callès tendaient à prouver que le plan devait réussir précisément parce qu'il était d'une témérité inouïe. M. Jailloux adoptait cette idée; il partageait pleinement l'étonnante confiance de son collègue. Les délégués ne savaient plus trop que dire; en face d'hommes si résolus, ils craignaient de passer pour timides, pourtant ils ne pouvaient s'empêcher de reconnaître qu'on leur parlait de choses un peu fantastiques.

Au reste, M. Callès n'appuya pas sur ses arguments; satisfait d'avoir contrebalancé l'opinion de son rival, il prétexta de l'heure avancée et mit fin à la discussion en donnant rendez-vous pour le lendemain. Il savait que M. Bonnardel, retenu par ses occupations, ne serait pas là; et il se sentait capable, en son absence, de se rendre maître du terrain. Pour être plus sûr de ne pas retrouver ce dangereux contradicteur, il oublia de fixer le lieu de réunion devant lui; il ne le fit connaître aux délégués que lorsqu'il fut seul avec eux.

CHAPITRE VII.

Exposé du plan. — Examen des lieux. — Conciliabule nocturne. — Repas de Conspirateurs. — Décision. — Pourquoi la conjuration avorte. — Quelques réflexions qu'il faut lire.

D'après l'ordre des travaux, la seconde séance devait être consacrée à l'appréciation du plan et des moyens d'exécution. Les délégués furent conduits dans un cabaret hors de la ville, lieu isolé où les buveurs ne venaient que le soir. Ils déjeunèrent assez copieusement, ce qui ne fut pas vu de très bon œil par les deux puritains du comité; puis ils se mirent à la besogne. M. Callès tira d'un étui, où ils étaient soigneusement enroulés, les plans des divers forts, les étala sur la table et donna l'explication du dessin, faisant d'abord apprécier l'ensemble, puis marquant les endroits où, d'après ses prévisions, auraient lieu les incidents de l'attaque.

Une considération importante, et sur laquelle il appuya, c'est que la plupart des forts, à peine achevés, n'avaient encore ni armement ni garnison et n'étaient gardés que par des postes de police. Dans les uns on devait s'introduire au moyen d'échelles qui descendraient les conspirateurs dans les fossés et leur livreraient par surprise le corps de la place; dans les autres l'irruption devait avoir lieu de front et les armes à la main; le poste surpris, on le fusillerait à bout portant et on lui passerait sur le ventre. Pour faciliter ce plan, des armes d'un modèle particulier, et dont la commande était faite, seraient remises aux conjurés, c'étaient des tromblons en cuivre, d'un fort calibre, mais de petite dimension, qui pouvaient se cacher sous la blouse, ou sous le paletot, et donneraient le moyen d'arriver devant le poste, sans éveiller de soupçons.

Tout cela fut expliqué dans le plus grand détail, et présenté d'un tel air d'assurance que les délégués commencèrent à trouver l'opération praticable. Ainsi exposée, l'entreprise demandait une résolution terrible, une netteté d'exécution absolue, mais, après tout, elle n'était pas impossible. La question qui restait à examiner, question plus délicate, était de savoir si le personnel capable de l'exécution existait, et surtout comment il serait possible d'arriver jusqu'au jour dit sans indiscrétion ou sans trahison; ce point ne fut point oublié par M. Callès.

D'après son calcul, soixante hommes suffisaient au coup de main, résumé dans des surprises dont le succès devait être d'autant plus sûr que les assaillants seraient moins nombreux. Une dizaine de conjurés par fort, avec leurs tromblons bourrés de mitraille, devaient se faire passage et s'emparer des positions; ces hommes, on les avait. La société secrète comptait environ six cents membres; le noyau d'avant-garde avait été trié parmi eux avec le plus grand soin. Aucun détail, ni sur le jour, ni sur les moyens d'action, n'avait été communiqué à ce corps d'élite; mais chaque homme, pris individuellement, et instruit d'un plan d'insurrection longuement médité, avait fait serment de se tenir prêt à toute heure et d'obéir aveuglément aux ordres du comité. Nulle explication ne devait être donnée avant la veille ou l'avant-veille de l'attaque; alors les hommes seraient mis en demeure de tenir leur serment, mais rien de positif ne leur serait encore révélé. Le jour de l'affaire seulement, et quelques instants avant l'exécution, on leur ferait savoir ce qu'on attendait d'eux; les dix hommes chargés de chaque attaque, jureraient de ne pas se quitter un seul moment, et de se surveiller mutuellement, afin de rendre toute trahison impossible.

Telles furent les explications de M. Callès, quant au personnel et au mode d'exécution. Pour ce qui est de la généralisation du mouvement, il entendait la réaliser par des moyens qui n'ont rien de neuf, et qui peuvent passer pour les lieux communs du genre : des affiches annonçant des soulèvements, la proclamation de la République à Paris, Lille, Toulouse et Marseille; des affidés qui se répandraient dans les quartiers populeux, déclarant que l'insurrection est maîtresse des forts, et qu'elle a des armes à la disposition du peuple, etc. Les ouvriers armés, les chefs de l'association les embrigaderaient aussitôt et en formeraient des corps, dont les mouvements s'opérant avec ensemble, envelopperaient toute la ville. La population ouvrière ne pouvait manquer de descendre en apprenant la prise des forts et la destruction des autorités, deux faits qui étaient la moitié de la victoire.

Quoique cela eût une certaine apparence de raison, des hommes de tête n'auraient jamais admis un projet pareil; en effet, un seul accident mis en travers de ces combinaisons, pouvait les faire manquer toutes. Mais les délégués ayant fort bonne envie de se laisser convaincre, et le fougueux Lyonnais montrant l'affaire sous un côté rigoureusement possible, ils finirent par accepter ses raisons. M. Imbert fut des premiers à céder; le Marseillais l'imita, ainsi que le Grenoblois; faute de pouvoir stipuler positivement pour ses commettants, le député communiste ne s'avança pas. Quant à moi, vivement intéressé à savoir jusqu'où irait cette abominable folie, je fis semblant de partager l'avis de la majorité.

Le jour suivant, le fabricant de cordons, conformément à son programme, vint prendre les délégués pour les conduire aux forts, et leur faire toucher du doigt les points indiqués dans le plan. Il avait annoncé qu'il arriverait de bonne heure; à cinq heures, il était à l'hôtel de la rue Bât-d'Argent. Son aide de camp, M. Jailloux, l'accompagnait; M. Bounardel était écarté ce jour-là comme le précédent.

La troupe se mit en marche vers Fourvières, où se trouvait le premier fort qu'on devait visiter. M. Callès en connaissait parfaitement la topographie; il donna quelques détails sur l'intérieur, puis conduisit ses compagnons autour des glacis, pour leur faire voir le peu de rigueur de la surveillance. Ils ne trouvèrent effectivement sur l'étendue accidentée et assez considérable des fortifications, que deux ou trois sentinelles, à travers lesquelles il était facile de se glisser. Ce point reconnu, le Lyonnais, tout en marchant et en évitant d'attirer l'attention des factionnaires, invita deux délégués à le suivre, et les conduisit à un endroit où le terrain s'abaissait, et dont l'abord était facilité par un ravin d'une certaine étendue :

« Voici le chemin que suivront mes dix hommes, dit-il; maintenant, allons jusqu'au bord du fossé, et je vous montrerai comment il nous sera facile de pénétrer dans la place. Je dis nous, car je me réserve de commander cette attaque, qui est la plus importante, attendu que de sa réussite dépend la possession des canons qui doivent détruire les autorités. »

Arrivés au bord de la contre-escarpe, ils aperçurent devant eux, sur le coin d'un bastion, un escalier en pierre qui s'arrêtait aux deux tiers du mur et conduisait à une porte donnant sur un souterrain.

« Nous descendrons par là, reprit M. Callès; une échelle, dont nous serons munis, sera jetée de ce coin du bastion à l'escalier, c'est une opération des plus simples. Une fois dans le fossé, nous gagnons cette petite porte que vous voyez plus loin, et qui communique dans l'intérieur; cette porte n'est fermée qu'au loquet, je m'en suis assuré; la porte franchie, nous sommes dans une des cours du fort. Sans nous préoccuper de la garnison, composée d'un faible détachement, dont une partie sera à la revue, nous allons droit au poste de police, que nous enlevons de gré ou de force, puis, ouvrant les portes, nous donnons le signal à un peloton de nos hommes qui est aux environs et qui entre en masse pour s'armer. En cas de résistance, nos tromblons sauront nous faire place; tirés à une pareille distance, leur charge de mitraille doit abattre quatre à cinq hommes au coup. Aussitôt le fort pris, des hommes s'attèlent aux canons, et, sortant du fort, suivent la direction que je vais vous indiquer. »

Ils rejoignirent le reste de la troupe, et le Lyonnais mena ses compagnons devant la porte d'entrée de la forteresse; de là, il suivit avec eux un sentier; assez large pour donner passage à un train d'artillerie, et arriva en quelques minutes à la plate-forme de l'Observatoire, point d'où se déroule tout le panorama de Lyon.

« Voici, reprit-il, notre plus importante position : vous avez vu que le transport des canons jusqu'ici n'est pas une difficulté, maintenant, vous pouvez vous assurer que de ce plateau nous plongeons sur le portail de la cathédrale et sur une partie de la place Bellecour. Nous avons d'anciens artilleurs pour pointer les pièces... Soyez tranquilles, la besogne sera faite proprement. »

L'inspection de Fourvières achevée, M. Callès nous conduisit au fort de la Guillotière; puis à ceux de la Croix-Rousse et enfin à celui de Montessuy dominant les deux quais du Rhône. Partout les mesures étaient prises avec le même soin, et les attaques combinées avec la même audace.

Cette longue exploration, commencée à six heures du matin, dura jusqu'au soir; les délégués rentrés à l'hôtel y tombèrent harrassés. Quant aux deux membres du comité, ils quittèrent leurs compagnons pour courir au bout du faubourg de Vaise, où une section était convoquée; le fanatisme semblait leur donner des muscles de fer.

Le lendemain, M. Bonnardel vint trouver les membres du congrès pour avoir des nouvelles; il les trouva complètement ralliés à l'opinion de son adversaire; non pas qu'il y eût parmi eux un enthousiasme égal à celui de M. Callès, mais on leur avait prouvé que le projet était exécutable et l'amour-propre, autant que la conviction, les décidait à l'appuyer. Cette résolution chagrina le jeune homme, plutôt qu'elle ne l'étonna; il connaissait les effets du sombre entêtement de son collègue. Voyant son procès perdu, il déclara que, devant une catastrophe inévitable, sa conscience lui défendait d'aller plus loin, et qu'il se retirait.

Dans la journée il y eut conseil où les délégués furent invités à donner officiellement leur avis; ceux du Nord, de Marseille et de Grenoble, votèrent franchement pour l'insurrection; celui de Toulouse et de Carcassonne s'engagea sous condition; moi je fis observer également que ma parole aurait besoin de ratification.

Rendez-vous ayant été pris pour le soir avec les principaux membres de la société; M. Callès, ainsi qu'il l'avait annoncé, voulait les présenter aux délégués. Cette entrevue eut le caractère de prudence et de mystère qui marquait tous les actes de la conjuration. A dix heures, les deux membres du comité emmenèrent les représentants hors de la ville par des rues détournées; ils marchèrent long-temps dans la campagne, suivant d'étroits sentiers, le long des haies, et traversant tour à tour des pâturages et des champs en culture. Vers onze heures, en débouchant dans une prairie, fraîchement fauchée, ils aperçurent, à une certaine distance, des masses noires couvrant le sol. Les Lyonnais se dirigèrent vers ces objets, qu'on pouvait prendre pour un troupeau endormi, mais à leur approche, on vit des têtes d'hommes se lever, et bientôt on distingua vingt-cinq à trente ouvriers, dont la figure, sous les effets d'ombre, apparaissait avec un étrange cachet d'énergie. C'étaient les principaux membres de l'association. Les délégués s'assirent au milieu d'eux, et firent les discours que la circonstance comportait. Sans rien divulguer de leur projet, ils parlèrent d'espérances prochaines, de lutte glorieuse et de triomphe assuré, toutes choses qui allaient au but, c'est-à-dire qui montaient les têtes sans les éclairer. Cette entrevue se prolongea jusqu'à une heure du matin. Une précaution fort simple y rendait impossibles les surprises : la troupe formait un cercle et chaque tête était tournée en dehors, explorant l'espace tout autour; personne ne pouvait s'approcher sans être vu.

Le lendemain soir, dans un dîner qui leur fut offert, au fond du faubourg de Vaise, les délégués retrouvèrent les principales figures de la réunion nocturne. M. Callès avait fait apporter les modèles des armes commandées pour l'insurrection, et les soumit aux délégués. J'ai dit que les tromblons, très courts et pouvant se cacher sous une blouse, devaient contenir une poignée de chevrotines, que l'évasement de la gueule éparpillerait dans un espace considérable. Les pistolets, d'un calibre plus qu'ordinaire, devaient également recevoir une forte charge de mitraille. Par mégarde, ou exprès, deux de ces derniers instruments de mort furent apportés sur la table et y restèrent pendant tout le repas, qu'ils semblaient caractériser. Au reste, ce fut une sorte de débauche patriotique, d'une joie sombre, qu'aucun mouvement de gaieté naturelle n'illumina. On ne se sépara qu'à cinq heures du matin. Bon nombre de têtes étaient alourdies sous les fumées du vin. Les deux membres du comité n'avaient pas bu; leur esprit était ailleurs.

Une dernière séance ayant eu lieu, où toutes les résolutions prises furent résumées et confirmées, le congrès déclara ses travaux finis et se sépara en prenant rendez-vous à Lyon pour le 26 juillet. Il était convenu que chaque ville représentée enverrait un nouveau délégué au moment de l'insurrection.

Telle fut cette combinaison, que j'ai cru utile de présenter en détail. Quand je revins à Paris rapporter à M. Dourille ce que j'avais vu, je le trouvai beaucoup plus surpris qu'enthousiasmé; la témérité inouïe du projet étonnait son esprit peu résolu. Toutefois, les choses étaient tellement avancées qu'il craignit de se compromettre par un refus de concours; il fut décidé que Paris se tiendrait prêt et attendrait le résultat de l'explosion lyonnaise.

Tout ceci se passait au mois de juin 1842. Trois semaines après, un cheval prenait le mors aux dents et jetait l'héritier du trône contre une pierre où il se brisait la tête. La France fut frappée d'une douleur morne, et un grand mouvement rapprocha le pays d'une famille et d'institutions regardées comme la sauve-garde générale. Les plus entêtés sentiront qu'en un pareil moment l'effet d'une conspiration serait de grouper la nation tout entière autour de la royauté. M. Callès lui-même, pénétré de cette conviction, dut se résigner à l'abandon de son projet; il écrivit à Paris que l'entreprise était ajournée. Mille causes, en pareil cas, tendent à rendre un ajournement définitif

Et maintenant une réflexion.

Si le gouvernement eût dénoncé cette tentative sauvage, et livré à l'indignation publique, ainsi qu'à la rigueur des lois, ces hommes qui voulaient préluder au chaos social par une tuerie infâme, pense-t-on que les journalistes du parti radical se fussent fait faute de dire, et leurs bons lecteurs de croire, que c'était là une nouvelle machination de police? Cependant, les pièces de la conspiration existent, et les meneurs, que ce récit fait connaître, ne démentiront pas un mot de ce qui vient d'être dit. Il est donc utile d'édifier une bonne fois le public sur les déclamations d'une certaine presse, à l'occasion des menées secrètes. D'abord j'affirme, pour le savoir parfaitement, que sauf un seul journal, la *Réforme*, qui n'a pas tout su, tant s'en faut, aucune feuille n'a eu connaissance, pendant ces dix dernières années, d'un seul des mille projets révolutionnaires qui ont approché plus ou moins de l'exécution. Les journaux d'opposition déclaraient *à priori*, avec aplomb et force arguments, qu'un complot était imaginaire; ils n'en savaient rien, car les comploteurs n'étaient pas allés le leur dire. Les conspirateurs ont leur opinion faite sur les journaux : ce sont des endormeurs qui, sous prétexte de prudence, ne recommandent que résignation et servilité. Comment voulez-vous qu'il y ait accord entre ces deux choses, la presse et la conspiration? L'une ne veut que l'éclat, et pense tout haut, l'autre n'a de sûreté que dans l'ombre et le mutisme. La première repose sur une spéculation industrielle qui doit garder toutes sortes de ménagements avec la loi; l'autre vit en dehors de la loi, et travaille à son renversement. Les écrivains, sauf ceux qui conspirent, et ceux-là ne dirigent pas de journaux, ignorent le premier mot de ce qui se passe dans le monde souterrain de la démagogie. Mais il y a une institution dont le devoir est de pénétrer dans ces ténèbres, et qui passe pour savoir faire son métier; quand elle pousse un cri d'alarme et met la société sur le qui vive, c'est qu'après avoir observé long-temps l'anarchie, elle l'a vue tout à coup prête à s'élancer pour saisir le pouvoir à la gorge. Il arrive qu'au moment de prendre son élan, elle est arrêtée par une cause quelconque, la peur ou la prudence; mais l'avertissement et les mesures de sûreté en étaient-ils moins nécessaires? Dans tous les cas, lorsqu'il y a en présence, d'un côté, des hommes de passion niant ouvertement des choses qu'ils ne peuvent savoir; de l'autre, des hommes graves affirmant des faits qu'ils ont le devoir et tous les moyens de connaître, peut-il y avoir doute dans le public impartial? Je sais qu'on répond par cet éternel radotage, que les complots sont des moyens de gouvernement; mais, dans ce cas, le pouvoir n'aurait qu'à laisser faire; les conspirations réelles poussent trop bien d'elles-mêmes chez nous, pour que l'on ait besoin d'en organiser de fausses. Dans le pays des loups, les bergers vont-ils chercher des loups postiches pour effrayer leurs moutons?

CHAPITRE VIII.

M. Flocon redevient conspirateur. — Séance du café Saint-Agnès. — Décision révolutionnaire. — Nouveau conciliabule. — Peur des lois de Septembre. — Nomination d'un Comité. — Avortement.

La mort du duc d'Orléans fait date, à la fois pour les inquiétudes qu'éprouva le parti monarchique, et les espérances qui rentrèrent dans la faction républicaine. Les conspirateurs de quelque importance, à l'exception des trois héros de mai, n'avaient pas donné signe de vie depuis les lois de septembre. Un bon nombre, il est vrai, avait été, ou tenu dans les prisons, ou dispersé dans l'exil jusqu'à l'amnistie; mais il en était resté une fraction importante sur le pavé de Paris; cette fraction manquait-elle de bon vouloir pour troubler le pays? C'est ce que je n'affirmerai pas; mais ce qu'il faut constater, c'est qu'elle ne bougea pas jusqu'en 1842.

Parmi ceux qui la composaient, il faut citer MM. Recurt, Flocon, Félix Avril, N. Gallois, Fayolle, Sobrier, Bonnias, Cahaigne, etc. A l'époque de la catastrophe dynastique, ces hommes avaient déjà été rejoints par une partie de l'état-major des *Droits de l'Homme;* MM. Godefroy Cavaignac, Guinard, Marrast étaient rentrés d'Angleterre ou de Belgique; mais ce dernier, appelé à la direction du *National,* ne voulait plus conspirer *matériellement*. M. Guinard, à qui sa fortune permettait d'attendre, se contentait de suivre le cours des évènements; quant à M. Godefroy Cavaignac, il n'entrevoyait plus d'éléments de conspiration à sa taille; d'ailleurs, il avait essuyé, au sujet des affaires d'avril, des déboires qui lui restaient sur le cœur. Le parti lyonnais, représenté par MM. Lagrange, Baune, Caussidière, Tiphaine, etc., était alors en province, sous le poids de la haute surveillance, et ne comptait pas dans les affaires de Paris.

Le noyau d'action dont nous venons de parler n'avait pas de chefs; parmi ses membres, M. Recurt avait réellement, et M. Flocon prétendait avoir le plus d'influence.

L'obscur métier de sténographe commençait à peser fortement à M. Flocon. Décidé à sortir de cette position mesquine, il eût voulu prendre la direction de quelque journal pour prêcher la démocratie telle qu'il l'entendait. Le radicalisme du *National*, seul journal anti-monarchique d'alors, était loin de réaliser l'idéal de M. Flocon, qui se flattait de posséder le fin mot de la démocratie; ce fin mot, on le sait, consiste à faire un décalque bien minutieux, bien étroit des formes de 93 sur la société actuelle; rien de moins difficile à trouver.

Faute d'avoir une feuille à sa disposition, et de pouvoir jouer un rôle dans la presse, il résolut de se créer une clientèle dans les hommes d'action, et d'organiser un bataillon secret. L'occasion que présentait la mort du duc d'Orléans était bonne; ce malheur avait réveillé les vieux instincts révolutionnaires; l'idée d'une régence flattait singulièrement les républicains, qui voyaient dans l'établissement ou les embarras de ce nouveau pouvoir, de grandes espérances de triomphe.

M. Flocon se mit à l'œuvre. Il convoqua au café Saint-Agnès, rue Jean-Jacques Rousseau, une assemblée de républicains pris parmi les plus sûrs de son entourage. Une quarantaine de patriotes répondirent à l'appel, presque tous anciens conspirateurs du temps des *Droits de l'Homme*. La petite troupe dont j'ai cité les noms y comptait en première ligne. Tous ces messieurs ayant la prétention d'exercer des professions libérales, quoique quelques-uns n'aient jamais eu aucun état, ils formaient ce que l'on peut appeler la démocratie bourgeoise; quant à la démocratie populaire, elle était représentée par M. Dourille et ses principaux lieutenants. Après quelques mesures de précaution, M. Flocon ouvrit la séance :

« Les citoyens présents voudront bien se rappeler, dit-il, que, pour certains cas possibles, notre but en ce moment est de fonder un journal, c'est-à-dire une entreprise industrielle qui a droit à la protection des lois.... Ce point admis, rien ne nous empêche de préciser la politique de notre feuille, et de nous demander, par exemple, ce qu'il convient de faire plus expressément dans les circonstances où nous sommes. Un coup terrible vient d'être porté à la dynastie. L'acte important de la transmission du trône, que certaines qualités du duc d'Orléans pouvaient rendre facile, se trouve maintenant soumis aux difficultés du régime provisoire que l'on nomme régence, et à l'obstacle que présente un prince impopulaire. Peut-être jugerez-vous qu'il y a lieu pour les patriotes d'aviser à cet égard. Je propose de mettre en discussion la conduite que le parti républicain peut être appelé à tenir dans certaines circonstances données, celle de la mort du roi, par exemple. »

Le prétexte du journal est une de ces malices que M. Flocon a renouvelée d'une façon un peu monotone dans plusieurs occasions pareilles; après tout, c'est une invention comme une autre, et la question n'est pas là.

Le premier orateur opina résolument pour l'attaque :

« La mort du roi, dit-il, est une occasion précieuse; il y aura du trouble dans le gouvernement, de l'ébranlement dans l'autorité, de l'émotion dans la rue; et puis, c'est un signal naturel qui avertira tout le monde en même temps; décidons que ce jour-là tous les citoyens prendront les armes. »

Cette opinion fut très goûtée; un second orateur, puis un troisième la soutinrent. Il n'y eut qu'un seul contradicteur, dont le tort fut d'avoir les apparences de la modération et de donner des motifs assez raisonnables. Il fit remarquer qu'on choisissait précisément l'heure où le pouvoir serait le plus sur ses gardes. Toutes les mesures seraient certainement prises pour effectuer sans encombre la transmission du trône; une force redoutable serait sur pied, soutenue par la force morale du parti monarchique, réuni comme un seul homme pour parer à l'épreuve. Ne serait-il pas plus sage de ne pas s'engager et d'attendre que les tiraillements de la régence amenassent quelque meilleure occasion? En jouant ainsi une partie décisive, dans des circonstances qui peut-être seraient mauvaises, on pouvait compromettre le parti et retarder indéfiniment son succès.

Il était permis d'adopter de pareilles raisons sans passer pour traîtres; cependant, tout homme au courant de la vie révolutionnaire devait s'attendre à les voir repousser. Les patriotes, composant des réunions comme celle-ci, sont les gens les plus moutonniers du monde; ayant à suivre une des impulsions qui sont données, ils se rangent presque inévitablement à celle des hommes violents, parce qu'ils croient faire montre ainsi d'un plus grand patriotisme.

Comme M. Flocon, qui s'était contenté de diriger la discussion, sans donner son avis, témoigna à la fin qu'il pensait comme la majorité, l'Assemblée ne crut pas avoir à discuter plus long-temps; l'attaque à la mort du roi fut mise aux voix et adoptée.

L'un des républicains de ce temps-là, M. Recurt, ne parut

pas au conciliabule du café Saint-Agnès. Son habitude est de ne jamais s'avancer le premier; il aime à bien savoir de quoi il est question et à connaître parfaitement ses hommes avant d'entrer dans une affaire. La conspiration est un feu avec lequel il évite de jouer. N'allez pas croire cependant qu'il la condamne; il la craint pour son compte, mais il l'admet volontiers et même il l'encourage dans les autres; il calcule fort sagement que cela peut lui servir, dans un cas donné. M. Recurt possède toute l'habileté qu'affecte M. Flocon, et n'a rien de la nervure et de l'aigreur qui déroutent constamment la finesse de ce dernier.

La réunion du café Saint-Agnès, avait décidé que les patriotes prendraient les armes à la mort du roi; ce principe admis, il fallait en régler les conséquences, et c'est ce qui eut lieu dans une seconde assemblée, qui se tint quelque temps après à la barrière Saint-Jacques. Les mêmes hommes, à peu près, s'y retrouvèrent. M. Flocon déclara qu'il s'agissait de régulariser des forces pour l'éventualité prévue. Beaucoup de patriotes, même parmi les plus chauds, avaient grand'peur des sociétés secrètes, et il fallut leur dissimuler les choses sous des mots, et surtout les convaincre qu'on n'entendait leur faire courir aucun danger.

Cette terreur qu'inspiraient les associations illégales est un fait remarquable, et qui témoigne de la salutaire influence des lois politiques d'alors. Les partis ont pu donner le change sur ces lois et les dénoncer comme une arme purement dynastique; aujourd'hui la France sait à quoi s'en tenir; elle voit que les menaces de ce code prétendu barbare, s'adressaient à des hommes qui en voulaient, non seulement aux pouvoirs politiques, mais à toute institution civile et religieuse.

Pour faire taire les craintes, voici ce que M. Flocon proposa : les patriotes présents formeraient l'état-major d'un corps d'initiative révolutionnaire pour le jour convenu; aucune règle, aucun lien hiérarchique, ne seraient imposés; il n'y aurait ni listes, ni ordres du jour, ni réunions périodiques, enfin rien de ce qui constitue la société secrète et tombe sous le coup de la loi. Le rôle des membres consisterait à se tenir prêts et à faire des prosélytes. Quant à l'affiliation, elle aurait lieu par un simple engagement de se vouer au but de la société.

A vrai dire, ce n'était pas là une conspiration; cette entreprise, entourée de pareilles restrictions, et reposant sur une date incertaine, qui pouvait être fort longue, devenait quelque chose d'assez puérile; aussi, lorsque M. Flocon appuya sur le besoin de réorganiser un corps de direction et d'attaque, chose indispensable et qui, dit-il, n'existait plus, M. Dourille et ses amis qui étaient là, sourirent et firent comprendre à l'orateur qu'il n'était plus très au courant du Paris démagogique. M. Flocon, effectivement, confiné dans un cercle, qu'il prenait volontiers pour le centre de la république, n'avait pas été mêlé à la conspiration qui se poursuivait depuis les *Droits de l'Homme;* il n'en connaissait même que vaguement l'existence. Cela s'explique, d'abord par l'isolement où il se tenait dans sa petite église, et ensuite par le déplacement de l'action révolutionnaire, perdue alors dans les antres les plus ténébreux de la capitale.

M. Dourille prit la parole pour donner quelques explications, qui parurent surprendre assez les assistants; toutefois, il n'entra pas dans les détails, et ne divulgua ni la situation de l'armée secrète ni le grade qu'il occupait.

Comme M. Flocon ne voulait pas perdre son initiative, et que l'assemblée n'avait aucun goût à se fondre dans l'association qu'on laissait deviner, les paroles de M. Dourille ne changèrent rien aux choses. L'organisation, telle qu'elle était proposée, fut admise; puis on s'occupa d'une dernière mesure, qui présentait bien quelques-uns des périls dont on voulait se garer, mais qui était indispensable; je veux parler d'une commission pour diriger les travaux. On arrêta que ce pouvoir inconnu aurait mission de surveiller la marche des choses, de prendre des décisions en cas d'évènements extraordinaires, ou d'en provoquer en réunissant les principaux membres, et enfin de s'occuper autant que possible des préparatifs matériels de l'insurrection. Le nombre des membres fut fixé à quatre; un scrutin secret eut lieu pour leur nomination, et l'assemblée se sépara. Un des assistants avait été désigné pour dépouiller les votes; lui seul devait connaître le résultat et le communiquer ultérieurement à chaque élu : comme on prévoyait que ce scrutateur serait nommé lui-même, la commission devait rester entièrement maîtresse de son secret.

MM. Flocon, Gallois, Grand-Louis, l'un des agents révolutionnaires de Dourille, et un quatrième membre, formèrent le comité.

On se doute que cette apparence de société secrète n'arriva à aucun résultat. En ces sortes de choses, si le danger est dans l'organisation, là est aussi la force. Tout naturellement, au bout d'un certain temps, les associés, n'étant entretenus par rien dans leur première ardeur, et n'ayant pas de raisons bien claires de croire à la mort prochaine du roi, se déshabituèrent de penser à leur mission et oublièrent de faire des prosélytes, si bien que l'association se trouva réduite à quelque chose de vague et d'impalpable qui ne comptait plus; en termes clairs, l'affaire avorta.

CHAPITRE IX.

Démission de M. Dourille. — Le nouveau Comité. — Quelques mots sur les agents secrets. — Nouveaux ordres du jour. — Procédés honorables de M. Delessert. — Les Communistes de Toulouse. — Envoi d'un délégué à à Paris. — Bêtises. — M. Flocon entre au comité des *Nouvelles Saisons*. — Revue des groupes.

A la fin de 1842, M. Dourille s'était fort relâché de son ancien zèle. Il s'apercevait que les hommes importants du parti le tenaient en fort médiocre estime. On lui reprochait la harangue du convoi Garnier-Pagès, la saisie d'une liste de sociétaires, avec annotations, et d'autres imprudences non moins réelles. On eût pu lui tenir compte de sa propagande obstinée, de son temps perdu, de sa femme et de son enfant laissés sans pain et sans ressources; mais si la reconnaissance n'est pas vertu de rois, elle n'est pas davantage vertu de républicains. D'un patriote usé, le parti fait à peu près le cas d'un cheval de fiacre hors de service. Vivement froissé, et d'ailleurs las de sa vie misérable, il songea à se retirer.

A cette époque, MM. Gallois et Noyer, associés pour un ouvrage de librairie, eurent besoin d'un employé; et comme ils connaissaient la position de M. Dourille, ils lui offrirent la place, qui fut acceptée de grand cœur. Ils étaient de ceux qui le trouvaient tout-à-fait impropre au métier de conspirateur, et ils lui firent promettre d'y renoncer entièrement. C'était chose triste que d'abandonner ce travail qui lui avait coûté tant de peines, mais en songeant aux déboires qu'il avait éprouvés, aux nécessités de son ménage et surtout aux espérances lointaines et chaque jour plus vagues, que la République laissait à ses partisans, il fit taire ses regrets et céda.

Les quatre agents révolutionnaires furent convoqués, et reçurent avis de la résolution du chef. A partir de ce moment, la direction était remise entre leurs mains. M. Dourille expliqua que sa retraite, motivée sur des raisons domestiques, ne devait rien changer à l'état des choses. Il inviterait ses amis particuliers à se rallier au nouveau comité; les ordres du jour seraient faits par de La Hodde; quant au reste, ils ne pouvaient avoir d'embarras, puisque les hommes étaient déjà sous leur commandement.

Chacun de nous se jugeant très propre à remplir ses nouvelles fonctions, la combinaison fut acceptée, et nous prîmes le pouvoir souverain. Par ce changement, je me trouvais à peu près dans la position que je recherchais. Outre les avantages d'éducation et de position que je possédais sur mes collègues, j'avais dans les groupes la réputation d'un homme prudent et de bon conseil; n'étant de ma nature ni orgueilleux, ni plat, je ne déplaisais pas aux faubouriens; je parlais leur langue assez couramment, et je n'avais avec eux ni gêne ni morgue. Cette conduite me donnait l'influence nécessaire au nouveau rôle que je voulais jouer dans l'association.

En temps de fièvre révolutionnaire, la police secrète est nécessairement astreinte à certaines allures qui ne sont pas de la provocation, comme on le dit, mais qui consistent en une connivence de langage et d'actes avec les meneurs des partis. Généralement parlant, il est bien certain que, pour inspirer confiance et entrer dans le secret des mesures importantes, un homme de police calculerait mal en faisant de l'opposition ou du modérantisme; il suit le courant et s'y mêle, tel est son rôle, telles sont ses instructions. Mille fois l'on a crié à l'agent provocateur; mille fois on a mis les accusateurs en demeure d'apporter des preuves qu'ils n'ont jamais pu fournir. La police de M. Gisquet a particulièrement été accusée de ces manœuvres; l'a-t-on prise une fois sur le fait? Quant à celle de son successeur on peut dire que des attaques pareilles ne l'atteignaient même pas, la parfaite moralité et le caractère loyal de M. Delessert étant au-dessus de certaines calomnies. Mais qu'un agent prenne le masque de ceux qu'il épie et les imite dans la violence de leurs paroles et même de leurs actes, rien de plus vrai; c'est l'alphabet du métier; depuis que la police existe, cela se pratique, et tant qu'une surveillance politique sera reconnue nécessaire, cela existera. La moralité absolue peut ne pas s'accommoder de ce fait; mais, comme il est le premier moyen de la chose, si vous voulez la chose il faut admettre le moyen.

Cependant, il y a mieux que ce moyen, il y a mieux que de se glisser à la suite des complots pour les arrêter au moment de l'explosion, c'est de se placer dans une position telle que le germe de toutes les conspirations se présente de lui-même à l'homme de police, et qu'au lieu de le laisser croître pour mieux le saisir, il l'arrête et le détruise à sa naissance. Pour cela il ne faut ni plus ni moins que ceci : avoir la direction des menées révolutionnaires et inspirer assez de confiance, montrer assez d'habileté pour pouvoir endormir impunément des hommes habitués à des violences continuelles.

C'est cette tâche que je crus pouvoir entreprendre, d'après mes idées et les ordres du préfet de police.

Pendant la direction de M. Dourille, les ordres du jour avaient paru régulièrement. Depuis l'invention de ces pièces, leur style ne variait guères, celles de M. Dourille avaient cependant leur cachet; elles formaient d'assez bons pastiches de la manière cassante, sèche et fanatique de Robespierre, type sur lequel il se modelait volontiers. Le fond aboutissait invariablement à ces trois points : propagande, énergie, espoir prochain. Tout en conservant d'abord l'àpreté de la forme, pour ne pas désappointer mon public, je fis en sorte de résumer ma déclamation dans ces deux mots : prudence et patience. Je comptais avec ces deux formules, répétées sans cesse et pratiquées, arriver à l'énervement et à l'annihilation de la société secrète.

Il était temps, en effet, de mettre ordre à la manie furieuse des entrepreneurs de conspirations. N'était-ce pas quelque chose d'odieux que le rôle de ces hommes leurrant d'espoirs impossibles de pauvres hères qui, un jour, sous le coup d'influences diaboliques, se ruaient tête baissée dans la rue et s'y faisaient massacrer. Affaire de juin 1832, affaires de Lyon 1831 et 1834, affaire de mai 1839, c'est toujours même histoire : deux ou trois chefs jouant de leurs personnes, le reste s'éclipsant, et le peuple laissant par centaines sur le pavé les cadavres des siens ! On parle de provocation, en était-il de plus impie ? imagine-t-on de piége plus sanglant que celui tendu à des hommes qu'un travail paisible ont fait heureux, et que l'ambition de quelques forcenés poussait à la misère, en attendant la prison ou la mitraille des rues ?

La police de M. Delessert a l'honneur d'avoir, non seulement maintenu le calme des rues depuis 1839, mais de l'avoir fait par les procédés les plus honorables. Au reste, tout alors permettait d'employer un système de douceur et de véritable conciliation; je n'emploierai pas le mot de fraternité que l'on est parvenu à rendre ridicule. L'immense majorité du pays, rattachée à un gouvernement qui avait le grand mérite de garantir la paix et de fonder la prospérité, abandonnait les luttes politiques, réalisant dans le calme le bien-être que le grand bruit de la révolution a chassé si loin de nous. En politique, le droit électoral était trop restreint, d'accord; mais, outre que l'abus de certaines libertés n'est que trop reconnu aujourd'hui, on ne peut nier que le pouvoir ne reposât, après tout, sur sa véritable base, qui est celle des sociétés modernes, la classe moyenne, et que la porte pour entrer dans ce corps ne fut aussi grande ouverte que possible. Rien n'empêchait donc le gouvernement de faire preuve, même à l'égard de ses mortels ennemis, d'une politique toute d'humanité; rien n'empêchait d'essayer un système de police digne d'un gouvernement paternel, c'est-à-dire de traiter l'anarchie par la seule méthode des dissolvants. Nous verrons qu'à partir de ce moment jusqu'en février, cette malheureuse armée de conspirateurs levée par MM. Barbès, Blanqui et Martin Bernard, et qui avait laissé tant de victimes sur le pavé ou dans les prisons, n'eut plus à regretter la vie, ni la liberté d'un seul de ses membres.

Quelque temps après cette petite révolution dans le comité de Paris, voici ce qui arrivait en province.

La doctrine de M. Cabet, propagée par le journal *Le Populaire*, par une foule de brochures et une nuée de commis-voyageurs, avait fait des prosélytes dans les départements de la Haute-Garonne, de l'Aude et de la Dordogne. A Toulouse, surtout, il y avait une église d'une ferveur exemplaire, trop exemplaire, peut-être, puisqu'elle s'écartait des dogmes en parlant d'appeler les coups de fusil à l'aide de la prédication. Ce n'était pas par esprit de révolte contre le maître, loin de là; c'était impatience bien naturelle de faire triompher la cause, de doter la France et le monde des félicités de l'Icarie. Le chef de ces communistes un peu trop pressés, était un peintre appelé Gouhenans, beau parleur, ardent, désordonné, type d'enthousiaste du Midi; il avait été entraîné hors des règles par les confidences de M. Laponneraye, arrivé de Paris, et se disant autorisé à donner des instructions nouvelles. *L'Intelligence*, pauvre feuille desséchée par l'indifférence publique, était tombée, et l'ex-rédacteur, n'ayant plus sous la main aucune entreprise patriotique, était venu dans la cité des Capitouls pour tâcher de gagner sa vie d'une manière quelconque. Une idée lui était venue : il s'était mis en tête de renverser l'autel icarien pour mettre le sien à la place; tout le culte qu'il voulait organiser était celui de ses brochures, de ses livres ou des collections de son journal défunt. Il se donna comme l'un des maréchaux de la République égalitaire de Paris, déclara qu'il avait sous ses ordres les douze faubourgs, sans compter la banlieue, et qu'il était en mesure de donner aux *frères*, le véritable mot de la situation. Sans aucun doute, l'Icarie était une sublimité, mais les citoyens de Toulouse ne devaient pas ignorer que le cabétisme pacifique était distancé par les communistes d'action, lesquels, sûrs de leur fait, parce qu'ils avaient la double force du principe et de la tradition, allaient engager le combat et ne pouvaient manquer de triompher. Les Toulousains avaient à voir s'ils voulaient s'immobiliser pendant que leurs frères marcheraient à la conquête de l'avenir. Ce pathos voulait dire que les communistes révolutionnaires étaient en majorité dans Paris, et qu'il fallait se rallier à M. Laponneraye, leur représentant, et laisser là M. Cabet, qui n'était plus qu'un retardataire.

Cette communication fut jugée d'une immense importance; il s'agissait d'un des points fondamentaux de la doctrine, l'abandonner n'était-ce pas détruire une colonne de l'édifice si magnifiquement construit? D'un autre côté, s'exposer à arriver trop tard, et à n'avoir que des os à ronger, cela méritait réflexion. On décida de rester fidèle à l'Icarie, mais en même temps d'entrer en relations avec les partisans de la propagande à main armée. Il fut bien entendu que si l'on s'écartait ainsi d'un article du *credo*, c'était dans le but unique d'arriver plus vite à l'établissement de la véritable église.

Un faux prophète venait donc mettre le trouble parmi les fidèles, et essayait de ravir à M. Cabet l'infaillibilité, ce qui était quelque chose, mais surtout les fruits du culte, ce qui était capital; et cela se passait loin du grand-prêtre, qui l'ignorait; car, par un sentiment de délicatesse, ses disciples répugnaient à l'instruire du parti qu'ils avaient adopté, dans l'intérêt même de la doctrine!

Il s'écoula quelques mois, pendant lesquels le remords assaillit plus d'une conscience. M. Laponneraye avait promis de Paris des nouvelles qui n'arrivaient pas, ce retard accrut l'inquiétude et finit par inspirer des réflexions désolantes; on craignit d'avoir cédé trop vite à des sollicitations qui cachaient peut-être un piége. Quel désespoir pour les enfants de l'Icarie si les paroles d'un intrigant avaient pu les conduire à douter de leur père, voire même à le trahir?

Sous le poids de cette anxiété, les Toulousains et les frères des environs, tinrent un grand conseil, dont le résultat fut d'expédier à Paris un émissaire qui pût voir les choses de près, et sortir les esprits d'inquiétude. Cet émissaire était un jeune homme d'Agen, nommé L'Héritier. Il tomba droit chez un homme qui pouvait le renseigner à coup sûr; cet homme c'était moi. Nous avions été camarades de régiment, ce qui explique la préférence qu'il m'accorda. Je ne pus m'empêcher de hausser les épaules au récit du grand trouble des Icariens; l'espèce de sentimentalité niaise qu'ils montraient pour leur messie, ce titre de père qu'ils lui décernaient fort sérieusement, la terreur où ils étaient d'avoir sacrifié aux faux dieux, sans s'en douter, tout cela faisait grande pitié. Le pauvre envoyé sut à quoi s'en tenir immédiatement. Je lui appris que M. Laponneraye n'était rien moins que ce qu'il prétendait être; il n'existait à Paris aucune association en état de prendre les armes; les révolutionnaires immédiats n'y formaient qu'un bataillon insignifiant; les communistes des diverses sectes, que des fractions imperceptibles; on considérait M. Cabet comme un vieux procureur pipant des imbéciles, et M. Laponneraye comme un faiseur fort suspect d'opérations patriotiques; ce dernier n'avait pas trente partisans dans Paris. Tel était le bilan de la situation. Si les patriotes de province s'imaginaient autre chose, ils n'avaient qu'à se désabuser.

L'émissaire repartit consterné.

Quand on apprit la vérité à Toulouse, ce fut une véritable désolation parmi les Icariens. On lança des malédictions à M. Laponneraye et l'on s'empressa de faire au père de l'Icarie, une confession appuyée des plus purs sentiments de repentir : désormais le zèle serait à toute épreuve, la foi inébranlable. On tint parole; l'ardeur de prosélytisme redoubla, les imaginations se montèrent, on tint des assemblées où le misérable état social, dont l'Icarie allait avoir raison, était si patriotiquement dépeint, que le procureur du roi dut modérer le zèle des plus ardents en les mettant en prison. Ils tendirent les bras à leur père, l'appelant au secours du fond de leur captivité, et le priant de venir faire entendre sa voix en leur faveur. M. Cabet ne pouvait abandonner dans leur détresse des disciples si dévoués; il arriva, après s'être fait annoncer d'avance, de manière à s'assurer une brillante réception, et il mit son éloquence au service des accusés. L'œil des juges n'étant pas encore ouvert, tant s'en faut, à la lumière icarienne, sa plaidoierie n'eut d'autre effet que de valoir quelques mois de prison de plus à ses enfants.

Voilà ce qui se passait dans les régions du communisme vers la fin de 1842; il faut bien raconter ces choses pour donner au sujet sa vraie physionomie, mais je considère qu'elles ont un certain cachet de bêtise qui les met au-dessous d'un récit sérieux.

Peu de temps après, un petit évènement surgissait aussi dans l'armée secrète de Paris; M. Flocon demanda à s'aboucher avec les quatre chefs, exprimant le désir de prendre part à la direction. La combinaison du café Sainte-Agnès ayant échoué, et l'isolement pesant de plus en plus au sténographe, il venait à une entreprise toute montée, où il croyait n'avoir qu'à paraître pour saisir l'autorité suprême. Cette prise de possession lui paraissait d'autant plus facile que les agents révolutionnaires n'avaient pas de réputation dans le parti. J'étais le seul qui eût quelque notoriété; mais on me connaissait pour un patriote peu ambitieux et ne tenant pas au premier rang. Un soir M. Flocon fut amené à une réunion du comité où il fit part de son désir. On ne pouvait refuser le concours d'un homme pareil, bien connu dans les vieilles conspirations, et renommé pour sa finesse; mais je savais un bon moyen de le dégoûter vite du rôle qu'il voulait jouer, c'était de brider ses prétentions et de blesser son orgueil. J'avais fait comprendre d'avance à mes collègues que notre pouvoir devait rester intact, dans l'intérêt même de l'association, et qu'en acceptant M. Flocon c'était un égal et non un chef que nous devions nous donner, il était essentiel de le faire sentir tout d'abord au nouveau venu, qui ne manquerait pas d'absorber l'influence, si on paraissait avoir besoin de lui. M. Flocon fut donc admis, mais seulement comme cinquième membre du comité. Cette condition fut stipulée à différentes reprises, afin qu'il n'en n'ignorât. Cela parut passablement impertinent à l'illustre patriote, mais à moins de manquer tout-à-fait de tact, il ne pouvait avoir l'air de s'en offenser.

Une revue générale avait été décidée pour la semaine suivante, afin de montrer les forces de l'association au nouveau chef; elle eut lieu à la barrière, sur le boulevard Rochechouart. Les groupes étaient réunis dans les environs; à l'annonce de l'arrivée du dignitaire, les chefs donnèrent l'ordre du défilé. Les sectionnaires passèrent trois par trois, en se donnant le bras; on les distinguait ainsi des simples passants. M. Flocon, accompagné de M. Noyer, qui lui servait de cicérone, se plaça à la fenêtre d'un marchand de vins, et, de ce balcon en rapport avec la cérémonie, passa solennellement sa revue. Ses quatre confrères étaient à la tête de leurs hommes, avertissant par leur présence de l'arrivée des différentes sections. L'effectif ne fut pas très nombreux; on portait le chiffre de l'association à huit cents membres, dont les deux tiers à notre avis devaient répondre à l'appel, le total ne dépassa pas trois cents hommes. Tous étaient en blouse, la conspiration s'enfonçait de plus en plus dans les couches inférieures du parti.

A cette revue, et à sa présence dans trois ou quatre réunions, se borna tout le rôle de M. Flocon dans la société secrète. Il n'était que médiocrement satisfait de la position qui lui avait été faite et dans laquelle on le tenait étroitement enfermé. Quoique d'une nature fort peu sympathique aux masses, et mêı passablement impopulaire, il eût pu, par ses antécédents, rendre quelque vigueur à la conspiration si on eût flatté son amour-propre. Avec le pouvoir absolu de M. Dourille, et les mêmes efforts, l'association entre ses mains aurait repris de l'importance; elle eût attiré un certain nombre d'anciens et de nouveaux conspirateurs, que le pouvoir aurait pu supprimer au premier prétexte; rien n'était plus facile, en encourageant le sténographe, de réaliser cette combinaison. La police, en employant le moyen contraire, en dégoûtant le vaniteux patriote au lieu de le pousser à sa perte, prouva qu'elle n'avait pas besoin de provocations pour comprimer la faction républicaine.

CHAPITRE X.

Histoire de la création de la *Réforme*. — Tyrannie exercée sur M. E. Baune. — Le pauvre M. Grandménil. — M. Flocon devient dictateur du journal.

Peu satisfait d'une gloire anonyme et partagée, M. Flocon cherchait quelque moyen de prendre le haut bout de la démocratie, position qui lui revenait de droit, à son avis. La meilleure voie était la presse, et c'est de ce côté que s'envolaient ses plus chers désirs; mais son talent n'était connu que de lui, ce qui rendait les journaux fort récalcitrants à l'endroit de sa prose. Voyant cela, il eut l'idée de fonder un journal lui-même. La chose n'était pas aisée : d'un pauvre écrivain et d'un parti pauvre tirer le fonds d'esprit et d'argent qu'il faut pour une feuille quotidienne, c'est un problème ardu. Le génie de la République aidant, le problème se trouva cependant résolu.

En ce temps-là, M. Grandménil lavé, à ce qu'il paraît,

des accusations de 1821, songeait à créer un organe des véritables intérêts du pays. Des députés d'une nuance rouge tendre : MM. Courtais, Thiard, etc., devaient faire les fonds; mais ils se ravisèrent et laissèrent l'entreprise à l'abandon. La conception resta long-temps à l'état de fœtus, et M. Grandménil désespérait de la faire aboutir, lorsque M. Flocon, accompagné de M. E. Baune, autre grand homme en disponibilité, se présentent, offrant de mettre l'opération en train. Le trio tomba d'accord, et une société d'exploitation fut aussitôt formée où chacun des membres apporta ce qu'il possédait, c'est-à-dire son envie de trouver un bailleur de fonds. Ils rassemblèrent leurs amis, firent de beaux discours, donnèrent de belles promesses et réussirent à obtenir, en billets de complaisance, de quoi former un premier capital. Le cautionnement fut fait, l'aménagement eut lieu, et, un beau matin, la *Réforme* se lança dans la publicité avec 10,000 fr. en poche; non 10,000 fr. à elle, mais 10,000 fr. d'emprunt qu'elle ne rendit jamais.

Arrivé à la position si ardemment convoitée de rédacteur en chef, — en troisième il est vrai, mais ses deux confrères ne l'embarrassaient pas, — M. Flocon se trouva fort au-dessus d'un misérable rôle de chef en cinquième de société secrète. Il fit donc savoir aux agents révolutionnaires que sa responsabilité comme premier publiciste de la démocratie, l'empêcherait désormais d'avoir aucun rapport avec eux; seulement, comme la petite armée insurrectionnelle pouvait être utile dans un moment donné, il me prit avec lui au journal, espérant avoir, par mon entremise, la haute main sur l'association. Je découvris très facilement ce petit calcul, et je me réservai de le déjouer. J'étais chargé de la partie des affaires étrangères, à 1,200 fr. par an; pendant neuf mois, j'ai touché à peu près cent écus. Un beau jour, fatigué du sot orgueil de l'ex-sténographe, j'abandonnai cette brillante position.

La direction de la *Réforme* devait être partagée à titre égal par les trois fondateurs; l'établissement de cet équilibre des pouvoirs éprouva des difficultés beaucoup plus grandes que l'équilibre constitutionnel dont le journal se moquait si agréablement. Quelques mois ne s'étaient pas écoulés, que la prose de M. Baune était reléguée au second plan, et avait même beaucoup de peine à se faire place; on la trouvait déplorablement lourde et boursoufflée, ce qui était juste. Il est bien vrai que M. Baune avait aussi son jugement sur son confrère, et ne lui accordait pas, à beaucoup près, autant de mérite que de prétention, mais il se contentait de verser son dépit dans le sein des intimes, et n'osait résister en face. Les privations, le désenchantement, une vie traînée dans les cabarets, lui avaient fait un caractère flasque et éreinté, dont M. Flocon triomphait impitoyablement. Ayant reçu l'offre de voyager pour le placement du journal, il partit très volontiers, ne demandant pas mieux que de perdre de vue un collègue qui se tournait en spectre. Quant à M. Grandménil, bonhomme épais, à la face béate, au tempérament glouton, antipode complet d'un esprit altier, il fut écrasé net sous le despotisme de son co-directeur.

M. Flocon, investi de la dictature, l'exerça avec toute la superbe d'un empereur romain. M. Louis Blanc, qui passe pour savoir écrire, ayant été invité à donner sa collaboration au journal, fut soumis comme les autres à la férule du maître. Un jour, on crut devoir lui faire de savantes remontrances sur un article; il trouva la critique fort juste, et se jugeant incapable de collaborer avec un homme aussi fort, il se priva immédiatement de toute participation à la *Réforme*. Singulier échantillon de fraternité, diront les médisants. La fraternité, on ne la pratiquait pas, mais on la prêchait à pleine bouche; il y avait compensation.

Les patriotes *purs* avaient salué chaudement l'apparition du nouvel organe; pendant les premières semaines, on les vit accourir par volées, les uns pour s'abonner, les autres pour offrir des articles ou des conseils. M. Cahaigne arriva avec le manuscrit d'un roman qu'il avait déjà présenté à une douzaine de journaux; M. Dupoty apporta des premiers-Paris, recopiés de son *Journal du Peuple;* les poëtes des rues et les hommes d'Etat de cabarets, débarquèrent par charretées. M. Flocon les envoya tous promener avec l'urbanité de formes qui le distingue. Ce fut le lendemain autant d'ennemis. Les patriotes candides qui avaient fait des avances de fonds, dont ils ne pouvaient rien retirer, se joignirent aux génies inconnus. On se plaignit, on clabauda, on traita M. Flocon d'aristocrate; bref on déserta les bureaux de toutes parts. Avant de paraître, la *Réforme* avait recueilli deux mille souscripteurs, six mois après la publication il lui en restait bien six cents.

Le mérite de la rédaction n'était certainement pas étranger à ce résultat, mais l'insignifiance du parti républicain y avait contribué pour sa part. A cette époque, commencement de 1844, le *Journal du Peuple* était mort, le *National* avait trois mille abonnés, et la *Réforme* n'en comptait pas un millier. La force du parti peut s'apprécier par ces chiffres.

Le journal ne tarda pas à être au plus bas; la caisse sonnait creux, et les patriotes ayant de l'argent à perdre se faisaient fort rares; il y eut dislocation dans l'entreprise. M. Grandménil y avait mangé, à ce qu'il assure, le reste de sa fortune, on le mit à la porte. On lui donna pour successeur un confiseur du nom de Charrousse. C'était un homme peu enthousiaste, et qui n'entendait pas faire de folies pour la *Réforme*; il apportait beaucoup de bonne volonté, mais peu d'argent, ce qui ne faisait pas le compte de l'entreprise. Heureusement un secours inattendu vint la tirer d'embarras.

M. Ledru-Rollin, qui s'était fait connaître dans la *Démocratie* par un manifeste très ronflant, dont les tribunaux lui avaient demandé compte, n'avait pas jeté grand éclat depuis; il s'ennuyait de sa position obscure et songeait à prendre le grand rôle qu'il a terminé si magnifiquement par le vasistas des Arts-et-Métiers. La *Réforme* avait besoin de fonds, il avait besoin d'articles de journaux, c'était une affaire à arranger. On se vit, et un marché fut conclu par lequel le renflouage du journal fut assuré. Mais le pâtissier, M. Ledru-Rollin et d'autres bailleurs de fonds, ne trouvant pas leur argent suffisamment garanti par le mérite de M. Flocon, s'imaginèrent de lui donner un aide ou plutôt un chef; justement ils le choisirent tel qu'on ne pouvait le refuser sans une présomption insigne; il s'agissait de M. Godefroy Cavaignac. L'argent fait loi, le rédacteur en chef dut plier et accepter un maître.

Depuis son retour de l'exil, M. Godefroy Cavaignac s'était abstenu de tout acte révolutionnaire; il sentait que la France avait bien mérité son repos, et d'ailleurs, il s'était assuré de l'impuissance du parti républicain. Ses opinions restaient les mêmes parce qu'elles étaient chez lui le résultat d'une véritable conviction et d'une tradition de famille, mais la République lui apparaissait dans un lointain si nuageux que sa pensée s'y portait plutôt avec une tendresse mélancolique qu'avec un vif espoir. Il était jeune encore, 45 ans, mais on remarquait dans sa figure ce quelque chose de fatigué et de tristement doux qu'ont les hommes marqués pour la mort.

Les luttes à main-armée, les désastres, le sang, tout cela lui était devenu odieux; et autant il s'était montré ardent à pousser dans la rue ce pauvre peuple toujours prêt pour l'héroïsme comme pour les sottises, autant il avait horreur maintenant de ce métier. Ayant appris la réorganisation des *Saisons* et le grade que j'y occupais, il me fit promettre de n'exciter ni de permettre aucune tentative d'insurrection, pour éviter de nouveaux sacrifices; je n'eus pas de peine à prendre cet engagement et à le tenir.

M. Godefroy Cavaignac ne rédigea pas long-temps la *Réforme;* il était atteint d'une maladie de poitrine qui se développa rapidement et le mit au tombeau, après quelques mois de vives souffrances. Je répète que c'était un républicain sincère et vraiment digne de respect; avec des hommes comme lui, la forme austère de gouvernement qu'il rêvait eût été possible et même naturelle; mais, derrière cette tête sereine et noble qui luit un instant et disparaît, que de figures dégradées, lâches et triviales dans le brouillard démocratique! Que de reptiles bavant la haine, l'envie, la débauche, et aspirant avec une soif frénétique l'or, les jouissances et les honneurs! Que d'hommes enfin qui rendent impossible ce qu'il eût rendu simple et facile!

M. Flocon fut réinstallé dans ses fonctions; il prit pour aide un professeur de rhétorique ayant une de ces facondes méridionales qui mènent à tout dans un pays de bavards; après avoir tué plusieurs journaux sous lui, et s'être vu menacé de redevenir maître d'école, il a profité de la révolution pour se transformer en représentant du peuple : c'est maintenant une des mouches du coche républicain; il a nom Pascal Duprat.

Si je quitte mon récit pour entrer à la *Réforme*, où il semble que je n'ai que faire, c'est que nous approchons de la révolution de Février, et qu'il est utile d'être bien fixé sur le rôle de chacun dans cet évènement. L'opinion générale est que la *Réforme* s'était emparée de tous les éléments révolutionnaires du pays, commandait aux sociétés secrètes, dirigeait la province, et n'a eu besoin que de faire un signe à son armée pour abattre le trône de Juillet; il n'en est pas tout-à-fait ainsi. Les montagnards ont des prétentions qu'il est bon de rabattre pour l'édification générale; tous, à les entendre, ont procréé et mis au monde la révolution de Février : cette révolution n'est qu'une bâtarde, je le sais; cependant, elle n'a pas autant de pères qu'on veut bien le dire.

CHAPITRE XI.

Don Quichotte-Lagrange. — Ses grandes entreprises. — Sa décadence. — Aventures drôlatiques, commerciales et édifiantes de M. Caussidière.

M. Baune, cette victime du despotisme de M. Flocon, était soumis, par arrêt de la cour des Pairs, à la surveillance de la haute police; le pouvoir, usant de son droit, aurait bien pu le confiner au fond d'une province quelconque, et ne pas tolérer son rôle de courtier en république, mais telle était la tyrannie du gouvernement, et, il faut le dire, l'importance qu'on attachait à M. Baune, qu'on ne daigna pas s'occuper de ses démarches. A-t-on eu tort? Mon Dieu, non. M. Baune est un de ceux qui disent avec un grand orgueil : « La révolution que nous avons faite. » Au fond, il n'a pas arraché deux pierres à l'édifice de Juillet.

M. Lagrange, un autre héros de Lyon, également à la discrétion de la police, reparaît aussi vers cette époque. Connaissez-vous M. Lagrange? Il a le nez fourchu, les joues arrachées, l'œil caverneux, l'expression à la fois guerrière, candide et mélancolique de l'illustre chevalier de la Manche; il n'y manque même pas ce trait de haute extravagance qui fait du héros de Cervantes un personnage d'un comique lugubre. Comme son type, M. Lagrange se pose en forcené redresseur de torts et en solennel ami de l'humanité. Mme la République rouge est sa dulcinée du Toboso; et comme il la juge avec l'ardeur d'une imagination qui dépasse un peu le sublime, il la trouve très radieuse. Monté sur son dada démocratique et social, qui fait la paire avec Rossinante, il ne rêve que tyrans à pourfendre, nations à délivrer, et il va devant lui, à tort et à travers, l'œil inspiré, le nez en l'air et le coup de marteau en tête.

Grâcié, comme ses confrères en 1837, il songea à prendre dans la société un rôle en rapport avec son illustration, et se décida pour la haute industrie. Il se mit à la tête d'un chemin de fer qui ne demandait qu'à marcher, mais les bailleurs de fonds se coalisèrent pour étouffer son génie industriel, et gardèrent leur argent; si bien que le rail-way resta dans la tête de l'inventeur. Il entreprit alors d'exploiter un produit de son invention; il s'agissait de tirer un spiritueux d'une matière quelconque. C'était une affaire de fortune pour les spéculateurs, aucun ne le comprit. La fabrique mourut en projet comme le chemin de fer.

M. Lagrange se frappa le front et découvrit que ses échecs provenaient du terrain où il avait opéré; la police le tenait éloigné de son vrai centre d'action, Paris; coûte que coûte il fallait qu'il abordât cette terre de prédilection. Il s'y présenta hardiment et fut arrêté; cela ne le rebuta pas; quelques semaines après, il revint à la charge et fut emprisonné de nouveau. Comme on lui demandait la cause de son entêtement, il répondit qu'un homme tel que lui était dépaysé ailleurs que dans la capitale de l'industrie et des arts; qu'en province ses capacités ne trouvaient pas d'appréciateurs, et qu'il n'avait que faire de retourner dans des contrées sauvages, lorsqu'à Paris tous les éléments de fortune étaient sous sa main. L'ancien gouvernement eût pu répondre au héros par un renvoi en police correctionnelle; il y avait rupture de ban et récidive ce qui pouvait entraîner une condamnation sérieuse; au lieu de cela, on se contenta de dire au chef d'insurrection : soit ! vous voulez travailler, la capitale vous est ouverte. Allez répandre que nous ne connaissons que la persécution et même que nos efforts ne tendent qu'à la ruine des citoyens.

Voilà M. Lagrange dans son milieu et libre de déployer cette grande supériorité pratique qui caractérise les patriotes. Il se met à l'œuvre et va de l'un à l'autre colportant de grandes idées et des paroles solennelles. On trouve tout cela fort creux et on regarde le bonhomme par-dessus l'épaule. Comme la nécessité du pot-au-feu se fait sentir, les projets grandioses s'amoindrissent et finissent par descendre aux proportions de la plus vulgaire industrie : le demi-dieu des canuts, le Murat de l'insurrection, le *lion* de la cour des Pairs, voit à la fin sa gloire réduite à quoi? A placer des vins à la bouteille dans Paris. Il n'y pas de sot métier; à Dieu ne plaise que nous fassions un crime à M. Lagrange d'une profession qui le nourrissait honnêtement; mais il est bon de faire voir ce qu'étaient ces grands hommes de Février, sous un gouvernement positif et qui avait assez l'habitude, quoiqu'on en dise, de mettre chacun à sa place.

M. Lagrange, depuis la remise de sa peine, ne s'était occupé de politique qu'incidemment, assuré qu'il était de se créer acilement une position sociale qui lui permettrait d'attendre l'avenir; quand il vit que la science des barricades n'était pas un titre à la confiance publique, et que son importance, comme héros de la place des Cordeliers, avait fait son temps, il jugea que c'était l'heure d'arborer de nouveau sa cocarde et de rentrer en ligne. Evidemment un ordre de choses qui réduisait M. Lagrange à la condition de commis-voyageur de troisième classe, n'était bon qu'à renverser. Malheureusement ses formes théâtrales, un peu ridicules, avaient fini par jeter du doute, non seulement sur son mérite industriel, mais encore sur sa valeur politique. Depuis quelque temps, il s'évertuait à dire qu'à l'heure de l'insurrection nouvelle, on ne prendrait pas d'autre général que lui; ce propos faisait hausser les épaules à beaucoup de monde. Ajoutez que le placeur de vins laissait entrevoir des prétentions au pouvoir civil en même temps qu'à l'autorité militaire, et semblait lorgner le fauteuil présidentiel, déjà retenu par beaucoup d'autres. Tout cela paraissait fort présomptueux dans le cercle de la *Réforme* où gravitait M. Lagrange. Dans la région du *National*, où le moindre garçon de bureau faisait fi de toute la coterie rivale, la vanité du Lyonnais était qualifiée tout simplement de bouffonnerie.

Se voyant totalement méconnu par les sommités du parti, à ce point qu'il ne pouvait plus toucher un mot de ses espérances sans voir sourire les gens, il chercha à pénétrer dans les sociétés populaires, espérant que là, au moins, son ancien prestige aurait laissé quelques traces; mais les petites églises communistes où il se présenta avaient des chefs qui n'entendaient pas se laisser détrôner; quant aux nouvelles *Saisons*, elles ne lui montrèrent qu'une indifférence irrévérencieuse. Nous nous étions consultés à son sujet, et sur mon avis, il avait été décidé que M. Lagrange était désormais un patriote fourbu qu'il fallait mettre en retraite.

La maigreur du pauvre homme, augmentée par cet état de choses déplorable, tournait au squelette, et eût fait honte au véritable chevalier de la Manche. Il rôdait par les rues, ses échantillons en poche, témoignant, par son air consterné, à quel point sa décadence l'oppressait. Le soir en compagnie d'un grand chien gris, qui,

> L'œil morne et la tête baissée,
> Semblait se conformer à sa triste pensée,

il allait distraire son souci dans les émotions du domino et dans l'absorption d'une forte quantité de petits verres. Le café Sainte-Agnès et le café Mandar étaient ses parages habituels. Comme les profits de son courtage étaient maigres, il grinçait des dents et lançait des malédictions au destin quand il perdait plus de deux choppes dans sa soirée. Voilà à quoi en était réduit ce grand homme.

En dehors de sa ressemblance avec le héros de Cervantes, M. Lagrange apparaît comme un de ces grands oiseaux décharnés qu'on remarque dans les ménageries; ils sont mornes, d'une austérité outrée et d'une apparence assez pacifique; en y regardant bien, on s'aperçoit qu'ils ont une tache de sang dans l'œil et que sur leur écriteau est inscrit ce mot : Vautour.

Avant M. Lagrange, et à la même époque que M. Baune, était arrivé à Paris, une sorte de géant, au cou de taureau, aux épaules énormes, offrant, sur une face percée de deux petits yeux intelligents, une expression de bonhomie cauteleuse; il se nommait Marc Caussidière, et avait fait partie de la catégorie de Saint-Etienne dans le procès d'avril. Fils d'un ancien soldat, sans fortune, il était entré tout jeune dans un atelier de dessins pour la rubannerie et avait acquis une certaine habileté dans cette profession. On assure que, déjà plein d'industrie, il vendait simultanément ses dessins à des fabricants suisses et français, ce qui n'est pas reçu en fabrique, si je ne me trompe. Alors, — je parle de la fin de la Restauration; — la doctrine démocratique et sociale et le drapeau rouge n'étaient pas encore inventés, mais on n'en faisait pas moins de la besogne anarchique sous le couvert de la Charte. Le patriotisme de M. Caussidière tenait de son âge, il était un peu romanesque. La guerre de l'indépendance grecque ayant éclaté, beaucoup de jeunes gens, qui avaient besoin de faire du bruit, saluèrent avec transport un conflit qui mettait plusieurs nations aux prises. Le dessinateur et quelques-uns de ses camarades, MM. Tiphaine et Vignes entre autres, furent du nombre. Ils résolurent de marcher au secours de la liberté hellénique; seulement, au lieu de s'enrôler dans quelque régiment, comme le commun des défenseurs de la Grèce, ils s'y prirent de la manière suivante. Une société pantagruélique, dont ils étaient les créateurs, existait dans le pays sous le nom de *Société des Fours-à-Chaux;* son but n'avait rien de terrible, il tendait à développer les facultés d'ingurgitation et à perfectionner l'art de la forte plaisanterie. Les récipiendaires subissaient des épreuves consistant à avaler des doses extraordinaires de n'importe quoi; cet exercice terminé, un membre apparaissait avec une énorme seringue de vétérinaire et complétait, d'une façon qu'il est inutile de décrire, la cérémonie d'admission.

Il fut convenu que les principaux membres de la société marcheraient à la délivrance des Grecs, non pas en simples citoyens, mais comme représentants de la très honorable compagnie. M. Caussidière fut nommé grand-maître de l'expédition; M. Tiphaine, fournisseur général; M. Vignes, aumônier, ainsi de suite. Le corps d'armée, état-major et soldats, se composait d'une douzaine d'individus. Ils se mirent en route sans argent, maraudèrent à droite et à gauche et finirent par arriver à Marseille, lieu de réunion de l'armée libératrice. Là ils se présentèrent au colonel Fabvier, à qui ils firent part de leur généreuse résolution; ce dernier, à ce qu'il paraît, n'apprécia pas très convenablement ce renfort. L'air et les façons hétéroclites des *Fours-à-Chaux* lui parurent suspects; il les remercia, leur assurant que la Grèce saurait se passer d'eux. La patrie d'Homère s'est effectivement relevée sans l'appui de ces braves.

Tel fut le début politique de M. Caussidière; il témoigne d'un caractère porté à la haute facétie; et c'est bien ainsi qu'il faut envisager ce singulier homme qui n'a certainement jamais rien pris de sérieux en lui, si ce n'est une soif des plus tenaces et un grand enthousiasme pour les dîners succulents.

M. Caussidière s'était rendu à Paris, après l'amnistie; il y fut toléré comme M. Baune, avec lequel il s'associa pour l'exploitation d'une usine encore en projet. Ils eurent plus de chance que M. Lagrange dans la recherche d'un bailleur de fonds. Ayant appris que M. Ledru-Rollin venait de faire un riche mariage; ils s'en furent frapper à sa porte et n'y trouvèrent pas mauvais accueil. Le chef montagnard, sollicité par deux patriotes, qui s'offraient comme de grands industriels et répondaient d'illustrer la France autant par leur savoir-faire en négoce, qu'en conspirations, se laissa dire et délia les cordons de sa bourse. Trente mille francs furent versés dans la fabrique.

L'affaire fut loin de réaliser les espérances que promettaient les paroles des directeurs; au bout d'un temps fort court, les fonds avaient disparu. M. Ledru-Rollin, instruit de la crise, et mis en demeure de continuer son concours à une opération qui ne demandait qu'à *marcher*, trouva que l'argent avait fondu un peu vite, et que les exploitations dirigées par les patriotes n'étaient pas d'un brillant revenu. Il s'abstint, déclarant que la somme perdue lui paraissait suffisante.

Je n'indique pas d'une manière positive les causes de la déconfiture. Il est bien certain que les deux directeurs faisaient souvent des déjeûners qui n'étaient pas terminés au coucher du soleil, et que l'endroit où on les voyait le moins, c'était la fabrique; mais cela ne peut être donné pour une raison. Les juges impartiaux n'attribueront leur désastre qu'à l'exécrable état social de cette époque. On sait que le gouvernement de Juillet avait pour système de ruiner les particuliers aussi bien que l'Etat; M. Garnier-Pagès et dix autres l'ont prouvé. Quoi qu'il en soit, les éminentes qualités d'industriel dont M. Caussidière s'est fait gloire à la Constituante, ne se sont pas révélées dans son entreprise. En faut-il conclure que ces qualités n'existent pas? Non, certes! le *Four-à-Chaux*, ou plutôt la tyrannie, a fait tort à l'homme d'affaires; voilà tout.

M. Caussidière ne s'effraya pas d'un premier échec; c'est un homme d'une trempe philosophique, qui a le bon esprit de ne douter de rien et de croire à fort peu de chose. Se rabattant sur le négoce, il forma une nouvelle association avec M. Lagrange cadet, pour la commission des soieries. Les deux amis n'apportaient pas un sou comme fonds social, et il leur fallut, avant de trouver des pratiques, découvrir des fournisseurs, ce qui offrit quelques difficultés. Pourtant ils réussirent à mettre la main sur quelques braves fabricants qui risquèrent une première livraison; on devine ce qui arriva : les besoins du ménage et autres absorbèrent le produit des marchandises au fur et à mesure de la vente, et la part des fournisseurs se réduisit à zéro. Ce résultat était inévitable, et j'admets fort bien que toute l'habileté de M. Caussidière ne pouvait l'empêcher; la question est de savoir si l'on a le droit de se mettre dans des cas pareils. Donc, la maison Caussidière et Lagrange eut des malheurs, comme la maison Caussidière et Baune.

Sans se rebuter, le *Four-à-Chaux* se met à la recherche d'un troisième associé, et finit par trouver un bon jeune homme, ancien commis, au fait du négoce, qui promettait un apport social assez rond. Il fut convenu qu'on exploiterait les cravates et autres articles de petite nouveauté. Les préparatifs faits, le magasin retenu et toute chose en mesure, on allait commencer, quand une misérable difficulté s'éleva : l'un des deux associés manqua de parole; il ne réalisa pas son apport. Hâtons-nous de dire que ce n'était pas M. Caussidière; il devait fournir le fonds essentiel, l'industrie, et il le tenait tout prêt; mais son confrère, qui s'était chargé de l'argent, n'en avait pas, au moins pour s'associer avec le héros de Saint-Etienne. Faute de cette bagatelle, l'exploitation des cravates fut abandonnée, et il reste impossible d'apprécier le génie de M. Caussidière dans cette partie.

Une dernière opération qu'il essaya semble plutôt une affaire de commodité personnelle qu'une spéculation; il se mit en tête d'éclairer la nuit tous les numéros des maisons, et s'associa, à cet effet, avec M. Berthaud, le frère de l'ancien poète du *Charivari*. M. Caussidière était noctambule; il aimait à aller souper à deux ou trois heures du matin chez le traiteur Joissans ou chez les marchands de vins de la Halle; sans doute qu'en rentrant chez lui il se sera trompé de porte plusieurs fois, et que ce désagrément lui aura suggéré son invention lumineuse. Quoi qu'il en soit, les bailleurs de fonds ne s'étant pas montrés éblouis des lanternes du patriote, Paris resta plongé dans les ténèbres.

Cette fois, la carrière industrielle se trouvait fermée devant lui; son ancien métier de dessinateur lui restait bien comme ressource; mais, en vérité, c'était là une condition fatigante et par trop mesquine; il préféra s'abandonner aux hasards de la vie de *Four-à-Chaux*. Raconter son histoire à partir de ce moment est quelque chose d'assez délicat; quand un homme, n'ayant rien et ne gagnant rien, passe ses journées et ses nuits dans toutes sortes de lieux publics, où le vin coûte, si bleu qu'il soit, cela suppose des amis généreux; comme les amis se lassent, cela suppose, au bout d'un certain temps, l'art de vivre sans payer; et quand cet art est épuisé, cela prouve tout ce que l'on veut. Comme le code est beaucoup plus pudibond que feu Boileau, et ne permet pas qu'on

Appelle un chat un chat, et Rolet un fripon,

je n'irai pas plus loin. D'ailleurs, ne faut-il pas savoir excuser certaines faiblesses qui tiennent à une organisation trop riche? M. Caussidière est un démocrate épicurien et fantaisiste; il a introduit le patriotisme dans les caravansérails nocturnes de la Halle, et il est inventeur des chapeaux tyroliens. Respect à l'artiste!

CHAPITRE XII.

La presse démocratique avant Février. — Le *National* et M. Marrast. — L'homme qui ne paie pas ses dettes et le lion édenté. — Le *Charivari*. — M. Altaroche. — M. Albert Clerc. — M. Félix Pyat.

Vers 1846, époque où les tentatives commerciales de M. Caussidière avaient porté leur fruit et réduisaient ce grand homme aux expédients les plus hasardeux, la République n'était pas florissante. On conspirait toujours un peu, selon la vieille habitude, mais les hommes importants, ou soi-disant tels du parti, se tenaient au plus profond de leur tente. Quelques-uns seulement combattaient dans les deux journaux républicains d'alors, le *National* et la *Réforme*.

Le *National* comptait pour principaux rédacteurs Messieurs Marrast, Dornès, Bastide, Duclerc et Vaulabelle. M. Marrast était rédacteur en chef, et exerçait une souveraineté acquise par une rouerie superlative, et excusée par un talent assez remarquable de pamphlétaire. Une singulière analogie qui nous frappe et qui ne paraîtra pas inexacte à ceux qui connaissent les deux hommes, c'est que M. Marrast n'est qu'un Caussidière rabotté; il y a chez ces deux personnages la même avidité de jouissances, le même scepticisme, le même système de ruses et la même ambition; seulement, tout cela est grossier chez l'un et extrêmement raffiné chez l'autre.

M. Marrast s'estime davantage sous sa chevelure crépue que n'importe quel potentat sous sa couronne, et il tient à prouver que l'empire du monde appartient à des gens comme lui. Ne croyez pas qu'il y ait l'ombre de sentiment démocratique dans cet homme au sourire méphistophélitique et aux façons dédaigneuses. Il veut être le premier dans l'Etat; et comme il n'ose raisonnablement pas aspirer à la couronne, il faut que la monarchie disparaisse pour qu'il puisse régner en France sous un titre quelconque. On se souvient des manières ridicules qu'il voulut mettre à la mode, à la naissance d'une république faite, dit-on, pour réformer nos mœurs. Un mot à fait justice de ces impertinences; M. Marrast s'appelle aujourd'hui le *marquis* de la République. Hélas! le bon sans-culotte de la *Tribune*, le grand insulteur du *National*, l'Aristophane qui faisait tant rire aux dépens des honnêtes gens, n'est plus pour le public qu'un personnage de carvanal! il est en montre aux vitres des caricaturistes, et les enfants en passant, saluent son habit pailleté, d'un quolibet ironique. On se moque de ce terrible moqueur ni plus ni moins que de l'imbécile Georges Dandin qui voulait aller de pair avec M. de Sottenville; et c'est justice. La France tout entière, qui le sait froid et perfide, lui a mis le pied sur la tête à l'élection de 1849 et l'a noyé comme un chat. Triste destinée que celle de cet homme qui a su se faire détester de tous les partis, et principalement du sien.

M. Carrel avait la franchise de ses idées; il ne craignait pas de s'affranchir du joug de la populace, et de faire la guerre, visière levée, et toutes armes dehors; à l'arrivée de M. Marrast, la politique du *National* devient quelque chose de fourbe, d'astucieux qui ne procède que par coups fourrés; c'est l'escrime italienne introduite dans la politique. On se met derrière les passions, on les excite, on les pique avec des aiguillons pénétrants, le tout à distance parce qu'on craint de se compromettre et que, d'ailleurs, on a des mains blanches qu'il ne faut pas salir au contact du peuple qui est sale; et puis, si un beau jour, les républicains font un coup de tête, comme en mai 1839, savez-vous quelle conduite tient ce *National* qui se dit le chef du républicanisme? il met aristocratiquement à la porte les débris de son parti vaincu, les pauvres diables qui ont traduit en coups de fusil sa politique venimeuse. Demandez à M. Napoléon Gallois et à d'autres, si c'est vrai cela, et comment on les a chassés bellement quand il sont venus demander la consolation de quelques lignes pour les démocrates qui venaient de se faire tuer. Aussi pourquoi ces malheureux avaient-ils l'impudence d'échouer. Ah! s'ils avaient réussi, le *National* n'eût pas attendu qu'on vint lui demander des éloges; les dithyrambes seraient sortis d'eux-mêmes de sa plume.

Le dédain de ce qu'on appelle les petites gens n'existe nulle part d'une façon aussi insolente qu'au *National*. Les anciens princes du sang ne s'estimaient pas, à cent coudées près, aussi haut que les folliculaires de la rue Lepelletier; jamais goujats parvenus n'ont traité leurs valets comme ces démocrates traitent le troupeau populaire; aussi, entre le peuple qu'ils méprisent, et qui le leur rend bien, et les classes supérieures dont le dédain est fort au-dessus de leur haine, on les voit se retrancher dans un petit camp, situé dans les broussailles de la bourgeoisie, et formé de capacités creuses et d'importances gonflées à l'unisson des chefs. Ce sont des pédants comme M. Genin, des Gros-Jean comme M. Pagnerre, des bravaches comme M. Charras, et des roués comme M. Recurt. Ce que cela tient de place dans la statistique française, les derniers scrutins électoraux l'ont montré.

Le *National*, qui se connait bien et ne se flatte pas, quant aux sympathies qu'il inspire, a tenté mille fois de se donner un appui dans l'armée. Qu'on ne perde pas ce point de vue : s'emparer de la force publique et établir sa domination coûte que coûte, telle est son idée fixe. A l'heure qu'il est, il intrigue dans les régiments; je n'en sais rien, mais j'en fais le pari à coup sûr. Ses menées échoueront, car nos soldats ne sont pas les serviteurs d'une coterie, et d'ailleurs ils se rappellent le gouvernement provisoire qui les chassa de Paris, et qui était composé, aux deux tiers, d'hommes du *National*. Mais les échecs ne rebutent pas ces diplomates florentins, toujours en action, toujours au guet, comptant sur les surprises autant que sur les combinaisons, et d'autant plus avides de ressaisir le pouvoir, qu'ils l'ont savouré un instant et perdu d'une façon presqu'ignominieuse.

Le *National* avait vu d'un très mauvais œil la création de la *Réforme;* la prétention de la nouvelle feuille d'entrer en partage de l'abonnement républicain et de se mettre à la tête du parti lui paraissait fort déplacée. La force des écrivains de la *Réforme* n'était pas effrayante, mais ses agents montraient assez d'activité et de verdeur pour inquiéter l'entreprise rivale. Une lutte sourde s'établit entre les deux coteries. Quelques patriotes désintéressés, M. Guinard particulièrement, essayèrent en vain d'accorder les parties. Comme les agents du journal *Flocon* ne se faisaient pas faute de dauber le *National*, pour débaucher ses abonnés et surtout ses fournisseurs de fonds, on trouva cela très mauvais. Aux attaques de la *Réforme*, on répondit par de bonnes petites calomnies que M. Degouve de Nuncques se chargea de glisser dans sa correspondance départementale. Les choses s'envenimèrent. On dédaignait d'attaquer des hommes comme M. Baune et ses confrères en courtage; et la petite *Correspondance* accessoire du journal, se contentait de signaler certains ivrognes et charlatans politiques, faisant la parade en province au profit d'une feuille mal famée; mais à défaut des comparses, le *National* s'en prit au chef d'emploi, M. Ledru-Rollin, dont le haut patronage était alors connu de tout le monde. Il y eut des apostrophes fort vives de part et d'autre : M. Marrast reprocha à M. Ledru-Rollin de laisser protester ses billets, M. Flocon, répondit pour son chef de file, que M. Marrast était un lion édenté. Des deux côtés on avait raison et cette lessive publique du linge sale démocratique, procura un assez bon divertissement au public.

Toute la presse républicaine de Paris, un an avant Février, se composait de ces deux journaux, réunissant entre eux cinq à six mille abonnés pour toute la France; et préludant de la manière que l'on vient de voir, à l'avènement de la fraternité.

Quelques personnes réclameront peut-être pour le *Charivari*, s'imaginant qu'il doit être classé parmi les organes démocratiques; je vais les tirer d'erreur. Le *Charivari* appartenait alors, comme aujourd'hui, pour la plus forte part, à M. Louis Perrée, lequel défendait très chaudement, dans le *Siècle*, le principe monarchique. Son rédacteur en chef, M. Altaroche, bonhomme qu'on disait spirituel il y a quinze ans, cuisinait tout doucement le journal et ne songeait plus, depuis long-temps, à y mettre le moindre piment républicain. Des démocrates susceptibles trouvaient même que, dans ses dessins, où les figures du peuple sentaient le vin et le mauvais lieu, le *Charivari* montrait un patriotisme fort suspect; toujours est-il que le *spirituel* journal vivait alors sur quelques plaisanteries fort vieilles qu'il retapait d'un air paisible et offrait avec candeur à ses abonnés, gens faciles à satisfaire. Il y avait surtout une demi-douzaine de facéties, accommodées à toute sauce, qu'on était sûr de retrouver dans tous les numéros : ainsi, la réclame à M. Arnal, cet illustre ami du rédacteur en chef, les bons mots de Bilboquet le saltimbanque, l'anglomanie de M. Guizot, la lésinerie de la liste civile et les charges sur Carpentras. Cette dernière malice, qui consiste à accoler au nom de Carpentras, toute espèce de chose ridicule ou triviale, a tellement paru ingénieuse, que M. Félix Pyat n'a pu se dispenser un jour d'en régaler l'Assemblée nationale.

Le rédacteur le plus important après M. Altaroche, était M. Albert Clerc, dont la République a fait un consul. M. Albert Clerc était principalement chargé de la partie du carillon, du rébus et de la charade; c'est là qu'il a étudié la science internationale. On sait qu'au temps de sa nomination, on ne s'amusait pas à choisir les gens pour la place, mais bien la place pour les gens, et qu'une réputation de patriote suffisait à tout. Quand M. Sentis, tailleur, M. Emmanuel Arago, avocat de quatrième ordre, M. Léon Favre, failli non réhabilité, M. Savoye, pédant de collége, M. Thions, prêtre interdit, étaient investis de fonctions diplomatiques, M. Albert Clerc, faiseur de calembourgs, pouvait prétendre aux mêmes dignités. Seulement, les citoyens ci-dessus se présentaient avec une réputation de démocrates à tous crins, tandis que le rédacteur du *Charivari* n'a même jamais eu cette excuse. C'est une sorte de gentilhomme de la presse, montant à cheval, venant au journal tout éperonné et ayant des prétentions à la *lionnerie*, en dépit d'une tenue suspecte et d'un air lamentable. On eût fort étonné le digne homme, si on lui eût appris, quinze jours avant Février, qu'il allait être appelé aux faveurs du gouvernement comme bon républicain.

Le reste de la rédaction se composait de ce que l'on nomme des hommes de lettres purs et simples, c'est-à-dire des jeunes gens qui n'ont, en fait d'opinion, que celle de M. Bareste, le bifteck. — Si l'on veut connaître la conscience de ces jolis écrivains, qui déchirent à belles dents, sur l'ordre du patron, n'importe quel beau caractère et quelle pure renommée, on va s'en faire une idée par un fait. L'*Epoque* voulant avoir un corps de défense complet, songeait à dresser des volontaires pour tirailler sur les petits journaux; une idée lui vint : ce fut de prendre pour la riposte les mêmes écrivains qui avaient fait l'attaque; elle s'assurait ainsi que les coups se vaudraient, et elle avait le plaisir d'assister de près à une lutte fort curieuse. Ayant fait des avances à plusieurs rédacteurs du *Charivari*, elle trouva des gens enchantés de la proposition, et qui l'acceptèrent sans aucun scrupule. Ces messieurs se mirent fort tranquillement à déjeûner de l'*Epoque* et à dîner du *Charivari*. Demandez à MM. Clément Caraguel et Taxile Delord si je mens.

J'étais entré en 1840 au *Charivari*; j'y restai cinq ans, donnant chaque semaine une pièce de vers signée de mon nom, et parfois des articles de prose. Quand le spirituel journal a cru devoir déclarer dernièrement que je n'avais jamais été de sa rédaction, ce n'est certes pas de moi qu'il s'est moqué, mais de ses lecteurs. Ces braves gens ont dû se demander avec stupéfaction ce que c'est que d'être rédacteur d'un journal, si je ne l'étais pas du *Charivari*. Au reste, ce n'est pas une réclamation que j'adresse; j'ai fait le sacrifice très volontairement, en 1846, du titre qu'on me conteste; je serais mal venu à vouloir reprendre de force ce que j'ai dédaigné. J'avoue que j'étais fort las de jouer au turlupin démocratique.

Outre MM. Altaroche, A. Clerc, Caraguel, Delord et un écrivain gluant, appelé Huart, qui a fait l'acquisition d'une part du journal pour pouvoir y placer des articles, le *Charivari* comptait pour rédacteur M. Félix Pyat, lequel disait pis que pendre de la pauvre feuille, mais n'en tirait pas moins parti au profit de ses intérêts ou de ses haines; il rédigeait la partie des théâtres, ce qui lui procurait le double avantage de pouvoir déchirer les pièces de ses confrères et de faire valoir les siennes. Les patriotes ignorent sans doute la prodigieuse passion de M. Pyat pour certaine gloire de contrebande qui se débite dans les journaux, et qui a nom *réclame*, nous voulons bien leur apprendre que le montagnard en revend sur ce point aux arracheurs de dents les plus célèbres. Trois mois avant la représentation d'un de ses drames, il glissait un mot aux intimes qui le portaient à tous les journaux d'opposition, et c'était aussitôt un magnifique bruit de trompette et de grosse caisse, en l'honneur du chef-d'œuvre inconnu. Le caractère de l'homme lui valait peu d'amis, mais il avait pied dans les deux journaux républicains, en outre du *Charivari*, et ses confrères de la presse évitaient de le blesser par peur de représailles. Ce grand fracas qui se faisait par avance autour du dramaturge, et dont un autre écrivain de même espèce, M. Antony Thouret, avait aussi le privilége, n'empêchait pas le public d'avoir son opinion sur le mérite des ouvrages, et surtout certains écrivains peu craintifs de dire ce qu'ils pensaient de l'auteur révolutionnaire; mais celui-ci n'entendait pas raillerie sur son compte; le droit d'attaque contre tout ce qui est respecté dans le monde lui était acquis, quant au droit de critique sur ses œuvres, il n'était toléré à personne. Un homme d'un talent un peu plus réel que le sien, M. Jules Janin, s'étant permis de signaler d'assez grosses taches dans son soleil, le démocrate pour réponse, rédigea un pamphlet où la bile était répandue à flots si noirs, si âcres que tout Paris en eut un haut-le-cœur. Il fallut appliquer comme calmant au farouche auteur un bon emprisonnement, avec amende et dommages et intérêts. Le doux M. Jules Favre, son avocat, ayant répandu le plus de fiel qu'il put dans la blessure, les juges n'eurent aucun scrupule pour prononcer une condamnation sévère.

Le journal, entre tous ces éléments divers, ne suivait sérieusement qu'une direction, celle qui menait à l'abonnement. M. Dutacq, avant 1840, par un compromis qui réservait toute attaque contre les Bourbons aînés, avait acquis à la feuille à images une belle clientèle de légitimistes; M. Perrée, devenu l'héritier de M. Dutacq, respecta religieusement le contrat. Toute la rédaction dut se conformer à ce petit arrangement, qui pouvait peut-être faire cas de conscience, mais que les nécessités de la caisse forçaient de maintenir; l'austère M. Pyat lui-même se soumit à la règle; il avait une part de propriété dans le journal, et, comme les bénéfices étaient fort beaux, le pauvre homme subissait l'obligation de prendre sa part de l'argent légitimiste.

Tel était le *Charivari;* il n'y a pas l'ombre de démocratie dans tout cela.

CHAPITRE XIII.

Affaiblissement systématique des *Saisons*. — Nouveau comité. — MM. Caussidière, Léoutre, Grandménil, Leroux. — Essai de réorganisation. — Pourquoi il avorte — Lutte extraordinaire.

M. Flocon n'avait apporté aux nouvelles *Saisons* que sa personnalité; sa retraite n'eut aucune importance. Les choses allèrent du même train pendant quelque temps, sans enthousiasme, sans zèle, dans une demi-organisation qui permettait aux hommes de se croire en société secrète, mais ne leur donnait aucune force réelle. Les membres de chaque groupe se réunissaient fréquemment, mais plutôt pour boire et chanter que pour travailler sérieusement à la conspiration; seulement, on les convoquait d'une manière officielle, de temps en temps, pour leur lire un ordre du jour. J'étais toujours chargé de la confection de ces pièces d'éloquence et je les bourrais des mots les plus creux possibles; les hommes applaudissaient trouvant que c'était *crânement touché;* au bout du morceau seulement, j'en revenais au refrain invariable que j'avais adopté et fait admettre : Pas de démarches ostensibles pour recruter, pas de politique dans les endroits publics; pas de dépôts d'armes ni de munitions. On avait bien trouvé d'abord qu'une conspiration où l'on évite de s'armer et de s'approvisionner, était chose contraire à toutes les règles; mais j'avais fait tomber les objections. Voici la fin d'un de mes ordres du jour qui résume l'ordre d'idées que j'avais fait prévaloir : « Il ne faut plus que l'association se compromette dans des initiatives désastreuses. Le comité a décidé qu'elle attendrait quelque grande émotion populaire pour manifester sa puissance; alors elle apparaîtra, jettera son épée dans la balance et remportera un triomphe éclatant. Jusque-là, sachons attendre et renfermons-nous dans une discrétion impénétrable, dans une prudence inflexible. Les fusils et les munitions seront tout prêts quand viendra l'heure suprême et vos chefs armeront eux-mêmes vos bras terribles. Confiez-vous donc au patriotisme du comité comme il se confie à votre valeur, et prenez garde de l'entraver par des actes intempestifs. Il faut s'accoutumer à une vertu difficile, mais indispensable, la résignation. C'est à ce prix qu'est la victoire. »

Quelleque fût la difficulté de soumettre à ce régime inerte des gens habitués à des excitations fougueuses, j'en étais venu à bout, d'accord avec mes collègues. La lassitude générale aidant, tous ces vieux lions de l'émeute, se résignèrent au frein et se laissèrent rogner les ongles. On les trompait à leur avantage, et leur sûreté se trouvait assurée en même temps que la sécurité générale.

Les ordres du jour n'étaient plus imprimés chez moi. Du temps de M. Dourille, l'imprimerie clandestine avait été transportée à Grenelle, chez un chef de groupe, appelé du Bocage. Comme on me fit savoir à la Préfecture qu'elle était en bonnes mains, je ne fis aucune démarche pour la retrouver. Peu de temps après, elle fut saisie avec un ordre du jour de M. Dourille. M. Gueret, vers cette époque, fit un voyage à Bruxelles, où il se mit en rapport avec M. Imbert, réfugié dans cette ville à la suite d'un procès politique; ayant parlé de l'embarras où était le comité au sujet des ordres du jour, M. Imbert se chargea de leur impression. C'est par son entremise que l'on put continuer la publication régulière de ces pièces. La lecture s'en faisait toujours suivant la vieille méthode, c'est-à-dire chez les marchands de vins de Paris et de la barrière.

Si la police eût voulu se défaire de l'association, on voit qu'elle en avait un moyen fort simple, elle eût fait remettre à chaque chef un des ordres du jour, puis elle eût envoyé des commissaires prendre la pièce et l'homme; la désorganisation de la société secrète s'en serait suivie. Pourquoi ne l'avoir pas fait, dira-t-on? Parce que l'on aurait appris à la France qu'il y avait encore des associations illicites; parce que les émeutiers endormis se seraient réveillés; parce que beaucoup de jeunes fous, qui n'y pensaient pas, auraient eu l'idée de devenir conspirateurs; parce que l'on avait entre les mains une association qui allait mourir, tout doucement étouffée, et qu'en sa place auraient peut-être surgi dix sociétés vivaces. On objectera, qu'il était inutile, au moins, de conserver ces ordres du jour dont les porteurs pouvaient être compromis, soit par quelque imprudence, soit par quelque trahison. Il a été dit, que ces pièces inspiraient plus de confiance que de simples paroles; or, on s'en servait justement comme d'un moyen plus efficace pour prêcher la temporisation et la prudence qui devaient conduire sans bruit à une dissolution. On les verra disparaître aussitôt qu'elles seront inutiles à ce but. Dès cette époque, je préparais leur abolition, en cessant de les rendre périodiques. Primitivement il y avait un ordre tous les mois; je doublais et triplais même cet intervalle; la mesure s'usait ainsi par des irrégularités systématiques.

Ce procédé de dissolution latent, insensible, produisit son effet; les liens des membres entre eux, et des chefs de groupes envers le comité, se relâchaient notablement; les réunions n'étaient plus qu'une affaire machinale, et la conspiration qu'une chose fictive. Cette situation s'aggrava bientôt par la retraite de deux agents révolutionnaires : M. Dutertre perdit une lettre compromettante qui le força de se retirer; M. Gueret, trouvant que la République tardait trop, jeta le manche après la cognée et s'en alla en province faire le placement des livres de M. Louis Blanc. Je me trouvai maître à peu près absolu de la société; M. Boivin, qui restait avec moi, s'en rapportait à toutes mes décisions.

L'association était dans cet état, lorsque M. Caussidière, rappelé à son ancien métier de conspirateur par la dureté des temps, s'aboucha avec moi, témoignant le désir d'être des nôtres; il était accompagné de deux de ses amis, Messieurs Grandménil et Léoutre, qui offraient également leur concours. M. Caussidière, comme M. Flocon, n'apportait à la société que sa propre personne. Dans la Bohême démocratique où il vivait, on ne se souciait plus des affiliations secrètes, à cause du danger; dans le peuple, il n'était connu que par le souvenir vague de son nom; son entrée n'était donc pas un évènement. Connaissant fort bien l'homme, comprenant qu'à bout d'expédients comme il l'était, sa seule ressource était dans les menées révolutionnaires, je n'étais pas fâché de l'avoir sous la main, et je conseillai son admission.

M. Léoutre, sorti depuis peu d'un régiment de cuirassiers, et ne sachant que faire, s'était accolé à M. Caussidière, dont il partageait l'existence délabrée; la République était bien le moindre de ses soucis, c'est sur l'invitation de son ami, et faute de mieux, qu'il s'imagina de devenir conspirateur. Il était totalement inconnu des patriotes. M. Grandménil avait les mêmes relations que l'ex-préfet de police de Février; ses antécédents le recommandaient médiocrement, mais il possédait à fond la statistique des marchands de vins démocrates, ce qui parut un titre suffisant.

Outre ces trois personnages, il s'en présenta un quatrième, M. Leroux, fabricant de paillassons et poète, lequel se donna pour un des meneurs du faubourg Saint-Martin. Vérification faite on reconnut qu'il avait quelqu'influence dans ce quartier et on l'accepta.

Les quatre nouveaux venus et les deux anciens chefs tombèrent d'accord de se constituer en comité et de pousser activement les travaux de l'association; il fut reconnu qu'une réorganisation était nécessaire et on décida de s'en occuper immédiatement. Un projet fut apporté, discuté et définitivement accepté. Il s'agissait encore une fois d'une imitation du carbonarisme : un chef se choisirait des lieutenants qui chercheraient des sous-officiers, lesquels se composeraient des escouades. On devait d'abord incorporer les anciens membres, puis former de nouveaux bataillons. M. Boivin et moi, nous gardâmes toutes les vieilles sections, ce qui nous permit de créer facilement notre légion. M. Leroux parvint également à organiser un petit corps. Quant aux autres ils commencèrent la besogne, mais elle demandait un certain dévouement, qui n'était pas dans leurs habitudes; je le savais fort bien, et c'est ce qui m'avait engagé à garder les anciens groupes sous mes ordres ou sous ceux de mon compagnon; je restais ainsi maître à peu près absolu de l'association.

Tout le comité fut ponctuel aux rendez-vous pendant un mois; alors il y eut des absences, et bientôt les réunions devinrent tout-à-fait irrégulières. M. Caussidière, à chaque convocation, jurait d'être exact, mais le chemin de Paris est bordé de tant d'endroits tentateurs; d'ailleurs ses amis semblaient faire exprès de lui tendre des pièges, sous forme d'invitations à dîner. Il acceptait, se promettant bien d'être levé de table à l'heure du rendez-vous; vain espoir! la poésie du vin au litre l'avait saisi; plongé dans un doux épanouissement, il racontait les merveilles de sa vie de *Four-à-Chaux*, ou bien préludait à ses harangues de la Constituante par quelque beau discours assaisonné de coups de poings. Naturellement le devoir révolutionnaire était sacrifié.

Il a été fait mention, dans un ouvrage, de la lutte gigantesque qui s'engagea un jour entre M. Grandménil et M. Caussidière; c'était justement un jour de réunion, et devant une épreuve pareille on conçoit qu'ils aient tout oublié. La question était de savoir lequel des deux approcherait le plus près de Gargantua. L'affaire eut lieu chez le *père Richard*, marchand de vins, rue Montmartre. Les champions débutèrent par une chaudronnée de tripes, qui disparut en un coup de fourchette; aussitôt apparut un gigot saignant, dont le parfum d'ail eût suffoqué un Provençal; il fut englouti en deux bouchées. Les concurrents se léchèrent les lèvres pendant quelques minutes, puis recommencèrent l'attaque simultanément contre une oie et un baquet de salade, qui ne résistèrent pas davantage. Alors on apporta le morceau décisif : une pièce de fromage de sept à huit livres. Après plusieurs tranches raisonnables, M. Caussidière commença à faiblir; M. Grandménil luttait toujours avec une aisance admirable. Que faire pour abattre un athlète aussi formidable? Le futur préfet de police songea à divers expédients, et finit par en choisir un d'une nature vraiment extraordinaire : il ôta ses bottes! Rien n'y fit; M. Grandménil l'emporta d'une livre de gruyère.

CHAPITRE XIV.

Suite de l'histoire de la *Réforme*. — La Souscription polonaise. — Talents de M. Caussidière. — Impuissance du Journal.

La *Réforme* avait eu jusque-là pour principal commis-voyageur, le digne M. Baune, lequel, pour éviter les persécutions de M. Flocon, son tyran, ne rentrait à Paris que le moins possible. Mais il tournait depuis deux années dans un cercle de patriotes, dont il saignait périodiquement la bourse, et cela devint fatigant pour ces braves gens. Peu à peu la rente diminua, et le moment vint où le collecteur dut s'en retourner à vide. On lui refusait l'impôt, ni plus ni moins qu'à un mauvais gouvernement.

Le directeur, M. Chanousse, en avait assez. Le peu d'argent qu'il avait mis dans l'affaire lui pesait sur le cœur; au lieu de songer à tirer le journal d'embarras, il abordait les gens d'un air lamentable, leur expliquant comme quoi il eût eu cent fois mieux fait de diriger sa boutique que celle de M. Flocon et compagnie. Si le caissier l'avertissait d'une nouvelle échéance à laquelle on ne pouvait parer, il faisait un geste de désolation, racontait pour la millième fois ses immenses sacrifices à la *Réforme,* prenait la porte et s'en allait. Sa désillusion était complète. Il fallait alors courir, ou chez M. Ledru-Rollin, qui donnait des billets dont les fournisseurs n'étaient pas très friands, attendu que la signature du grand homme allait souvent au tribunal de commerce; ou chez M. Schœlcher, le négrophile, à qui la *Réforme* faisait payer bon prix, avec grande raison, ses interminables articles sur nos frères les noirs; ou encore chez M. Lemasson de Rouen, banquier millionnaire, encourageant naïvement des principes qui poussaient à la ruine des gens de sa sorte. On tirait de l'un ou de l'autre quelques sacs de pièces de cent sous, qu'on jetait aux créanciers les plus gloutons; c'était un trou de bouché, et un répit de quelques jours. Le malheureux journal ressemblait à ces vieux habits qui ne sont pas plutôt raccommodés d'un côté, qu'ils craquent de l'autre. La misère y atteignit bientôt le degré le plus lamentable.

Que faire? de plus habiles eussent été embarrassés. Fort heureusement, sur ces entrefaites, la Pologne eut l'idée d'ébranler le monde par une nouvelle convulsion. Aussitôt des souscriptions s'organisèrent pour venir en aide au malheureux peuple; la *Réforme* pour sa part recueillit environ quinze mille francs. Toucher à cet argent était chose furieusement épineuse; mais, comme l'insurrection était déjà réprimée et que l'emploi des fonds restait indécis, on pouvait peut-être bien, pour un grand besoin patriotique, les écorner un peu, sauf, bien entendu, à les réintégrer aussitôt; MM. Ledru-Rollin, Flocon, Lemasson, Etienne Arago, membres du comité de direction, le jugèrent ainsi. Donc on fit à l'argent des Polonais une saignée, puis deux, puis trois, de telle sorte qu'un beau jour le sac fut bien près d'être à sec. Mais voilà que le *National* a vent du procédé et s'empresse de demander des comptes à sa rivale; il en avait le droit comme faisant partie d'une commission instituée pour la répartition du subside. La *Réforme* se vit en bel embarras; il ne s'agissait pas de dire, comme le marchand de la fable, qu'un rat avait mangé le dépôt; M. Marrast eût cligné de l'œil, plissé ses lèvres et répondu qu'il connaissait fort bien l'animal rongeur. Le seul parti à prendre était de retrouver l'argent, et cela sans retard, car le secret était fort mal placé entre les mains du *National*. M. Ledru-Rollin et ses co-fournisseurs comprirent qu'il y allait de l'existence morale de l'entreprise et se résignèrent, non sans faire la grimace, à réparer la brèche. De ce coup, deux membres du comité de rédaction, MM. François Arago et Recurt, jugèrent à propos de se retirer, ne se sentant pas tout-à-fait à l'aise dans un endroit où on pratiquait ainsi l'emprunt forcé.

Le fonds polonais réintégré, l'honneur se trouvait sauf, mais la *Réforme* était toujours aussi malade. Il y avait au bon journal deux causes de perturbation fort graves; d'un côté, absence de recettes et très grande difficulté pour raccrocher quelques sacs d'écus; de l'autre, facilité merveilleuse pour disperser l'argent des patriotes. On remarquait que de pauvres rédacteurs arrivaient au journal crottés, et à jeun, tandis que le directeur, — c'était alors M. Léoutre — sautant de son cabriolet, apparaissait avec la face rouge, et l'œil rayonnant d'un homme qui porte un excellent déjeûner. Dans cet état de choses, le conseil de rédaction, lequel, par parenthèse, ne s'occupait aucunement des articles, attendu que M. Flocon ne l'eût pas souffert, se réunit pour aviser sérieusement au moyen de battre monnaie, et de mettre ordre au gaspillage de l'administration. La caisse étant au dernier période de la consomption, on songea naturellement à lui rendre des forces avant de régler l'usage qu'elle en ferait. Il s'agissait de trouver un courtier nouveau, capable de réveiller dans le cœur des patriotes, l'enthousiasme qui y paraissait tout-à-fait éteint. M. Caussidière était là, mais il ne se présentait pas, et personne ne songeait à lui, tant il paraissait peu propre à représenter les principes de vertu de l'organe démocratique; cependant, la disette d'hommes propres à l'emploi étant très grande, et l'urgence empêchant d'y regarder de trop près, on se décida, non sans une grande répugnance, à lui confier les destinées de l'entreprise. Contre toutes les prévisions, il accomplit sa tâche avec succès. A l'aide de cette faconde, dont il a donné de si beaux échantillons à la Constituante, il réussit à rendre au journal étique un certain air de santé. Il arpenta, fouilla la France dans tous sens, et eut l'adresse de mettre la main sur quelques patriotes dont la bourse était encore inexploitée. Les moyens mis en usage par le commis-voyageur, étaient de différentes espèces, selon les gens et les circonstances; le plus commun était celui-ci. Muni d'une lettre d'introduction, il se présentait chez quelques démocrates vierges, à qui il tenait à peu près le discours suivant: adressé à vous par les plus honorables républicains de France, je viens vous annoncer que le salut de la société française est menacé dans l'existence du journal la *Réforme;* tous les vrais citoyens sans exception, lui ont déjà fait leur offrande, il ne reste plus absolument que votre souscription à recueillir. Certes, vous ne voudrez pas, faute d'une misérable somme, empêcher le bonheur du peuple, la grandeur du pays, le triomphe de la vertu, en un mot le salut du brave et patriotique organe; je compte donc que vous allez vous exécuter, etc. etc. Un coupon d'action tout libellé, glissé sous la main de l'auditeur, servait de péroraison au discours; un compère dont on s'était muni, appuyait la conclusion, et si le patriote était pourvu de la dose de bonhomie nécessaire, le tour réussissait, la signature était enlevée.

Mais ce n'était là qu'une opération en petit, M. Caussidière avait organisé une exploitation en grand qui se pratiquait de la manière suivante. Arrivé dans quelque ville où le démocrate était en nombre, il faisait répandre le bruit qu'un des plus illustres patriotes de la capitale, de passage dans la localité, se proposait de réunir ses confrères dans une assemblée fraternelle. Quelques amis, à qui il était recommandé d'avance, se chargeaient de prévenir les *frères*, lesquels fort honorés d'être mis en présence d'un personnage important, s'empressaient de répondre à la convocation. La cérémonie avait lieu chez quelque démocrate dont la cave était bien fournie et qui aidait à l'effet de l'élucubration par des rasades multipliées. Au moment où l'enthousiasme était monté à un degré convenable, M. Caussidière abordant tout à coup le chapitre de la *Réforme*, cet organe si pur, si dévoué, si courageux, etc., déclarait hautement que toutes ses sympathies lui étaient acquises, et que, l'occasion s'en présentant, il croyait faire acte de bon citoyen en portant à la connaissance de l'assemblée une fâcheuse nouvelle qu'il venait d'apprendre à l'instant même, à savoir la détresse où était réduit cet organe inappréciable. Il ne craignait pas d'ajouter que, pour tout républicain, c'était un devoir de le soutenir. La pénurie du parti lui était connue, aussi hésitait-il à demander un sacrifice à des hommes pauvres et qui avaient déjà donné tant de preuves de dévouement; toutefois il ne pouvait s'empêcher de leur faire part de la nouvelle foudroyante qu'il avait reçue.

M. Caussidière s'arrêtait à ces mots, et un des amis, qui avait la réplique, ajoutait d'un air pénétré : Il est impossible de laisser mourir ce précieux journal; ce serait une honte pour le parti; coûte que coûte, il faut le sauver; je mets cinq cents francs.

Un second ami, également dans le secret, se décidait à mettre une somme pareille, puis un troisième; ces souscriptions étaient sérieuses ou ne l'étaient pas; dans tous les cas, elles produisaient l'effet de ces appeaux dont se servent les oiseleurs. Pris entre le feu de l'enthousiasme et l'aiguillon de l'amour-propre, les braves gens, qui comptaient n'être que les auditeurs d'un apôtre républicain, devenaient inévitablement les actionnaires de la *Réforme*. Le voisin avait souscrit, tout le monde avait souscrit, il fallait souscrire aussi. Notez que M. Caussidière, qui savait son métier, n'avait garde de laisser un instant à la réflexion. Au pauvre patriote à demi ébranlé, le coupon était présenté, avec la plume chargée d'encre, et à moins de vouloir passer pour mauvais citoyen, il fallait lâcher la signature. Au reste, la *Réforme* était accommodante; elle donnait des facilités pour le paiement, trois mois, six mois, un an; l'essentiel était d'avoir des billets d'hommes solvables, qu'elle escomptait à un taux quelconque, s'inquiétant peu de perdre sur des valeurs acquises à pareil prix. On conçoit que le nom d'actions, donné à ces engagements, n'était qu'une figure de rhétorique; M. Caussidière et la *Réforme* le jugeaient si bien ainsi, qu'ils ne se donnaient pas même la peine d'envoyer un morceau de papier pour servir de titre. Les actionnaires étaient immédiatement, et sans s'en douter, transformés en donateurs; cela les arrangeait ou ne les arrangeait pas; ce n'était pas l'affaire de l'entreprise patriotique.

Il arrivait assez fréquemment que les gens ainsi pris au traquenard, se ravisaient au moment de l'échéance, et refusaient de payer; mais il en restait toujours un certain nombre qui, tenant à remplir un engagement signé, lâchaient leurs fonds en rechignant.

Tel est le très laborieux métier que M. Caussidière fit pendant deux ans; il en résulte que son mérite industriel ne fut pas toujours stérile; seulement, quand il parlait à la chambre de ses talents comme homme d'affaires, il a oublié de dire dans quelle partie il les avait déployés; d'après ce qui précède, on voit que c'est dans la *haute industrie*, comme l'entendait Bilboquet.

De temps en temps, le commis-voyageur patriote revenait à Paris, et avait des entrevues avec ses collègues du comité. Il entrait dans de grands détails sur ce qu'il avait vu et fait, et ne manquait pas de dire qu'il avait formé de nombreuses affiliations en province, ce qui était faux; car rien de sérieux, en fait de sociétés secrètes, n'existait hors de Paris, si ce n'est à Lyon, à Toulouse et à Marseille, et encore ces associations n'avaient-elles pas de lien solide, ni de force réelle. Depuis la conjuration de 1842, M. Callès et ses confrères de Lyon avaient perdu confiance et ne conspiraient plus que machinalement, comme à Paris; à Toulouse, à Marseille, il y avait des petites coteries communistes plus ridicules que terribles.

On voudra bien croire que le plaisir d'écraser M. Caussidière, qui est à terre, et ne recommencera certainement pas de sitôt sa prodigieuse mystification, n'est pas ce qui me pousse en racontant tout ceci; je répète que ce n'est pas non plus dans le maigre but de dévider une histoire scandaleuse que j'expose les secrets de la *Réforme*; seulement il est indispensable de faire voir ce qu'étaient cet homme et ce journal qui ont disposé de la France le 24 février, et ont été nos maîtres pendant quelques mois. J'ai la prétention de prouver que l'évènement de 1848 n'a pas été et ne pouvait être le fait des républicains; que la *Réforme* surtout n'a pas à elle toute seule, comme on l'a cru long-temps, renversé la monarchie de Juillet. A l'époque dont je parle, fin de 1846, outre la situation pitoyable d'une entreprise, vivant sur quinze cents abonnés et sur l'industrie de M. Caussidière, le journal avait contre lui de nombreuse causes d'impuissance même dans son parti; d'abord la morgue de M. Flocon qui avait fait un désert des bureaux; puis les contributions par trop nombreuses tirées sur les patriotes et qui leur rendaient l'approche du journal dangereuse; enfin l'indépendance des sociétés secrètes vis-à-vis de MM. Ledru-Rollin et Flocon. Les petites sectes communistes que le député montagnard avait anathématisées le tenaient pour un exploiteur, ni plus ni moins. Dans les *Saisons*, tout rapport était interdit avec la *Réforme*; M. Léoutre, devenu directeur de la feuille et M. Caussidière son pourvoyeur, ne s'occupaient plus guère de l'association; quant à moi, j'avais décidé de la tenir en dehors du journal. Il est vrai que M. Grandménil, pour faire sa cour à M. Ledru-Rollin, le tenait au courant de ce qui se passait dans les groupes et que, de temps en temps, sur la demande de M. Flocon, je lui donnais quelques renseignements vagues; mais c'est tout ce qui existait entre la société et la *Réforme*; cette dernière n'avait donc aucune action sur la petite armée de conspirateurs. Or, cette position, si piètre, si embarrassée, si misérable, était absolument la même en février 1848. Qu'on y songe et qu'on dise s'il est possible que la chute d'un gouvernement formidable soit due à une infime coterie placée dans de telles conditions.

CHAPITRE XV.

M. Albert entre au Comité. — Abolition des ordres du jour. — Société dissidente. — Ses Chefs. — Le vol patriotique. — Nouveau démembrement. — Projet d'insurrection.

L'organisation essayée par le nouveau comité des *Saisons* n'avait pas été poursuivie, et ce comité lui-même s'était trouvé presqu'aussitôt disloqué par le départ de M. Caussidière et l'entrée à la *Réforme* de M. Léoutre. Ce dernier, devenu conspirateur par désœuvrement, se souciait peu de la profession et s'en était retiré assez volontiers; d'ailleurs on l'avait averti de se garder de tout acte compromettant pour le journal, lequel avait déjà beaucoup trop d'embarras intérieurs pour qu'on lui en créât du dehors. A la *Réforme* tout le monde en était là; M. Flocon, malgré son désir de conserver au moins un patronage sur la société, craignait d'en demander des nouvelles; M. Ledru était encore beaucoup plus circonspect. Ces Messieurs laissent croire volontiers aujourd'hui et ne se font pas faute de dire qu'ils conspiraient rudement à cette époque; comme on le voit, ils songeaient à tout autre chose.

Bientôt M. Leroux, qui voyait la société retomber en décomposition, perdit courage et se retira. Il ne restait plus que M. Grandménil en fait de nouveaux membres; c'était peu de chose. Enchevêtré dans des affaires fort troubles qui ne l'empêchaient pas de rêver à des spéculations colossales, il ne s'occupait de l'association et l'association ne s'occupait de lui que médiocrement. Il se trouva que M. Boivin et moi nous étions redevenus les véritables chefs des sections, les seuls au moins qui eussent sur elles une action directe. Cet état dura quelques mois, puis une nouvelle modification eut lieu. M. Boivin avait pour lieutenant un homme qui, peu à peu, s'était acquis une assez grande influence; conspirateur fort inconnu jusque-là, mais étant un de ceux à qui il restait le plus de foi et de dévouement, il ne tarda pas à prendre pied sur son chef et à le supplanter; il devint le pivot de l'association, laquelle roula dès lors uniquement sur nous deux. La position à laquelle cet individu parvenait ainsi sans lutte, sans bruit, par suite de l'indifférence ou du découragement de ses confrères, devait le conduire à l'une des fortunes les plus extraordinaires; elle allait faire de lui l'un des dictateurs de la France. On devine que je parle de M. Martin, dit Albert.

Je dirai impartialement que comme type d'honnêteté dans la classe ouvrière, le gouvernement provisoire pouvait faire un beaucoup plus mauvais choix; M. Albert, mécanicien de son état, est un homme simple, de vie réglée, laborieux et habile dans sa profession. Contre-maître chez un ingénieur, il l'aida dans la confection de plusieurs appareils difficiles; l'un, entre autres, destiné à la fabrication des boutons en porcelaine pour la lingerie, invention dont il peut réclamer sa part. Comme éducation et connaissances en dehors de son état, il y a peu de choses à dire de lui; il avait lu des journaux et des brochures révolutionnaires; ce qu'il savait, provenait de là. Ses idées tendaient au communisme; mais il n'admettait ni Cabet, ni Babeuf; par le fait, il se rattachait au principe, mais sans adopter aucune doctrine. En outre, il avait la modération de ne pas réclamer la communauté absolue et immédiate, comme certains énergumènes de l'époque. Son zèle révolutionnaire n'avait pas d'emportement, et son ambition rien de ridicule. S'il s'est trouvé hissé à une hauteur déraisonnable, ce n'est pas sa faute. On avait besoin d'un instrument, il était là, on l'a pris; mais je doute qu'il ait jamais fait le rêve, ou hasardé l'espoir du singulier sort qui lui est échu. Il y a une leçon que la classe des docteurs en blouses et des hommes d'Etat en manches de chemises, fera bien de tirer de M. Albert, c'est le bon sens qu'il a su mettre à se taire quand on parlait de choses hors de sa compétence, et la modestie qu'il a apportée dans une position où il se sentait déplacé. Avant Février, on ne l'a pas vu déserter son atelier pour prendre la plume, ou monter en chaire; il préférait un bon métier qu'il savait à un méchant auquel il n'entendait rien. Quand un caprice de la fortune l'eut élevé au haut de la roue, on remarqua qu'il portait sa grandeur avec une certaine convenance, sans morgue ni éblouissement, ce qui n'est pas arrivé à beaucoup de ses collègues à qui la modestie n'eût pas été moins nécessaire.

J'avais fait comprendre à M. Albert que les idées communistes effrayaient la population, et qu'il était nécessaire de les écarter de l'association. Comme par le passé, les discussions de principes et les dépôts d'armes et de poudre restèrent prohibés, pour éviter les divisions et les atteintes de la police; l'ancienne marche enfin fut continuée, sauf en un point important où une modification fut apportée; je veux parler des ordres du jour, dont je proposai l'abolition à mon collègue. La situation était au calme et paraissait devoir s'y tenir long-temps; les groupes se montraient prêts à nous obéir aveuglément; M. Albert avait pleine confiance en moi; je crus le moment favorable pour réaliser une mesure que j'avais à cœur depuis long-temps. Je démontrai l'inutilité de ces pièces dangereuses dans l'état des choses;

la saisie de l'une d'elles pouvait compromettre une foule de personnes et mettre le parti en désarroi; leur importance était devenue fort minime depuis que le manque d'évènements forçait à broder chaque fois sur le même texte; d'ailleurs, on se réserverait de les faire reparaître s'il y avait lieu. Ces raisons furent approuvées par M. Albert; on les communiqua aux chefs de groupes, qui les acceptèrent également; bref, la proposition fut adoptée. Pour remplacer les instructions écrites, on convint de rassembler chaque mois les principaux membres de l'association, et de leur faire de vive voix un résumé qu'ils communiqueraient à leurs hommes. On pouvait prévoir que ces réunions, quoique dirigées par les mêmes chefs, n'auraient plus l'importance ni la solennité que leur donnait la lecture des ordres du jour, et que les liens de l'association s'en relâcheraient d'autant; cela ne manqua pas. Les chefs de groupes se rendaient aux assemblées, mais n'y sentant pas, comme autrefois, un comité sérieux caché derrière les ordres du jour, n'apportaient à l'œuvre qu'un zèle de plus en plus machinal; les hommes, privés de toute communication autre que celles de leurs chefs immédiats, restaient sans stimulant et se dégageaient peu à peu du lien qui pouvait leur donner quelque force.

Les espérances de république étaient alors tellement froides, tellement effacées, que la plus grande partie des membres acceptèrent paisiblement cette déchéance de l'association. Toutefois, la résignation ne fut pas générale; certains bohèmes, habitués à vivre des hasards de la démocratie, s'effrayèrent de la disparition des sociétés secrètes; il leur sembla que c'était l'air et le pain qu'on leur retirait. Ils s'étaient arrangés un bonheur dans l'importance qu'ils accordaient à leur rôle, dans les rêves d'ambition grossière qui leur poussaient au milieu des conciliabules vineux, et l'idée de rentrer dans le commun des hommes de travail leur semblait désolante. Ces gens avaient des têtes étroites, et se conformaient à une règle déjà signalée, qui consiste à adopter les doctrines les plus exorbitantes, comme les plus patriotiques; ils étaient donc communistes absolus et immédiats. Soumis jusque-là, quoi qu'à contre-cœur, aux règlements qui prohibaient les controverses et la propagande égalitaire, ils firent scission et se groupèrent en une petite coterie qui se livra aux projets les plus insensés, aux espérances les plus abominables. Un énergumène, médecin sans clientèle, M. Lacambre, était leur chef. Cet homme avait perdu la raison; il proposait sérieusement de se porter avec des échelles sur les Tuileries, et de les prendre d'assaut. On le prit lui-même pour mettre ordre à ses folies; mais son arrestation ne calma pas ses partisans. A la fin, saisis d'une sorte de rage et acceptant intrépidement les conséquences les plus monstrueuses de leurs prétendus principes, ils en vinrent à se dire que, puisque leur but était la délivrance de l'humanité; ils pouvaient accepter tous les moyens, même le vol, pour y parvenir.

Cela n'est pas une insinuation, une manière de dire que l'on aurait pu commettre tel crime puisque l'on professait telle théorie. On posa l'argument, on déduisit la conséquence, et l'on passa à l'application qui était de prendre le bien d'autrui pour s'en faire des moyens de révolution. Evidemment, l'instinct du malfaiteur se révélait dans un pareil plan, mais il devait s'y trouver aussi une forte dose d'imbecillité. Quoi qu'il en soit, le projet fut arrêté et exécuté. Malheureusement pour nos Cartouches humanitaires, il est plus facile de faire de la scélératesse en théorie qu'en pratique; ils se firent prendre la main dans le sac au premier coup. Il y eut un procès fort édifiant où MM. Coffineau, Javelot et d'au... s de ces socialistes à la *tire* ou au *bonjour*, vinrent rendre compte de leur conduite. Ils ne manquèrent pas, les uns de nier, les autres de se retrancher derrière leurs excellentes intentions. Les juges, peu sensibles à des dénégations que de bonnes preuves contredisaient, peu appréciateurs d'un genre d'excuses dont on sait que l'enfer est pavé, envoyèrent ces messieurs rejoindre leurs confrères sur le préau des voleurs.

Un autre démembrement de la société principale eut lieu dans le même temps. Quelques chefs de groupes et un certain nombre de sociétaires, trouvant décidément l'organisation trop faible et le drapeau trop pâle, avisèrent à fonder quelque chose de mieux. MM. Culot, Flotte, Chenu, Louis Gueret, étaient les meneurs de la *dissidence*, ils se réunirent à une douzaine de bavards, d'ivrognes ou d'agents de police subalternes, parmi lesquels je citerai MM. Courtin, Turmel, Gibaut, Barbast, Vitou père et fils, Champagne, Moustache, Vellicus, Pottier; lesquels étaient d'avis d'en finir sans une minute de retard avec le gouvernement. M. Gueret, ex-agent révolutionnaire, n'avait pas fait fortune dans le courtage des livres patriotiques et éprouvait le besoin de rentrer dans les conspirations. M. Turmel, marchand de vins, faisait de sa boutique un club permanent où se réunissait une bande de braillards stupides à qui le maître donnait le ton, les autres, y compris M. Vellicus que nous connaissons, n'étaient que des brouillons ordinaires, ayant quelqu'influence sur un petit nombre de conspirateurs de barrières. Autant par instinct de désordre que pour faire pièce à la vieille association, ils s'agitèrent bruyamment, intriguèrent, raccolèrent et finirent par former un noyau de quatre à cinq cents hommes. Aucune organisation ne les reliait; il y avait seulement des groupes reconnaissant des chefs, et des chefs s'entendant entre eux. Pour se donner du relief, ces derniers essayèrent d'attirer à eux quelques notabilités. M. Lagrange, de plus en plus inconnu par les gros bonnets du parti, et l'excellent M. Baune toujours tyrannisé par M. Flocon, furent de ceux qu'ils cherchèrent à accaparer. Quelques maigres banquets leur furent offerts où ils déployèrent leur éloquence sans grand succès. Comme la bande de sacripans qu'on leur montra était beaucoup plus propre à compromettre qu'à flatter un chef, ils s'excusèrent de ne pouvoir la commander et évitèrent de la voir trop souvent. Ce dédain ou cette prudence n'arrêta pas la troupe de furieux. Leurs chefs avaient fait serment de les mener à la bataille et ils voulaient tenir parole. Les fêtes de Juillet approchant, et cette occasion, dix fois choisie et dix fois manquée, paraissant toujours bonne, on arrêta le coup pour le 28. Il fut convenu que les groupes se rendraient à la Colonne, de là se porteraient à un dépôt d'armes rue Saint-Antoine, et puis se mettraient immédiatement à tirer des coups de fusil. M. Turmel était désigné comme généralissime de cette expédition. Ce chef demanda à s'aboucher avec nous, afin de combiner un mouvement général des deux armées; il fut répondu que nous n'avions ni à communiquer ni à prendre de combinaisons avec M. Turmel et que lui et ses hommes pouvaient se faire mettre en prison ou tuer, si tel était leur bon plaisir. Comme le prétendu dépôt d'armes n'existait pas et que l'envie de descendre était combattue par la perspective d'un succès plus que douteux, l'affaire en resta là.

Mais ce n'était que partie remise. Les têtes reprirent feu, on s'excita, on s'exaspéra, le cri de guerre fut hurlé dans tous les cabarets; et les chefs, mis au pied du mur, déclarèrent une seconde fois qu'ils étaient prêts à marcher. M. Vitou partit pour Rouen afin de tirer de M. Lemasson l'argent nécessaire au mouvement; le banquier, qui ne conspirait que sous le manteau et avec ses hommes, se garda bien de livrer les fonds. M. Gueret partit alors pour un village des environs de Paris, où résidait le capitaine Vallier, vieux bonapartiste républicain qui avait montré quelque générosité pour le parti. On espérait le trouver plus accommodant que le millionnaire rouennais, mais on se trompa; de ce côté encore, le subside fut refusé. Cette ladrerie des patriotes opulents indigna les révolutionnaires; le désespoir s'en mêla. Puisqu'on les laissait seuls, ils agiraient seuls. Ils étaient de taille à se passer de secours, on allait le voir.

Ainsi, trois à quatre cents malandrins, commandés par les capitaines Turmel, Moustache et Champagne, s'apprêtaient sérieusement à prendre d'assaut Paris et le gouvernement! Cela fait rire, et cependant il n'y a pas de quoi; nous verrons que l'affaire de Février provient en partie de cette honorable troupe. Ces gens se figurent invariablement qu'ils n'ont qu'à paraître pour soulever le pays. On ne s'imagine pas à quel degré d'infatuation arrivent des hommes passionnés, qui ne se quittent pas, ont toujours le verre à la main et remâchent continuellement la même idée.

Nous étions, M. Albert et moi, parfaitement instruits de ces projets; mon collègue, communiste lui-même, et qui s'impatientait souvent, avait quelque envie de s'entendre avec ces fous et de risquer la bataille, mais je parvins à lui faire entendre raison. Toute réflexion faite, il tomba d'accord avec moi qu'il fallait, non seulement blâmer, mais empêcher à tout prix le coup de tête sanglant qui se préparait. Nous fîmes connaître hautement notre désapprobation; un ordre du jour fut répandu dans les groupes, annonçant qu'un projet détestable était formé, auquel il était défendu de prendre part. Dans une réunion à Montmartre, où quelques chefs de la *Société dissidente* assistèrent, nous exposâmes avec force les motifs de notre blâme; les hommes raisonnables nous écoutèrent, les autres reconnurent leur impuissance; bref, la dissolution se mit dans l'armée insurrectionnelle.

Cela se passait en 1847, quelques mois avant février. Certes, pour un gouvernement qui eût eu l'habitude des provocations, jamais plus belle occasion ne pouvait s'offrir. Une affaire engagée dans les conditions et par les hommes que nous venons de voir, eût misérablement avorté; or, si l'on veut déduire les conséquences d'un mouvement insurrectionnel en un pareil moment, on verra que, dans le nombre, se trouve l'impossibilité de la révolution de Février. La gauche, rendue prudente, n'eût pas ouvert sa désastreuse campagne des banquets, surexcité violemment l'esprit public et offert le beau prétexte dont une poignée d'intrigants a si habilement profité.

Quoi qu'il en soit, une commotion fut évitée, et l'ancien gouvernement n'a pas à se reprocher d'avoir laissé couler le sang, lorsqu'il pouvait l'empêcher.

CHAPITRE XVI.

Complot des bombes. — M. Caussidière forme un Congrès révolutionnaire. — Son échec. — Entrevue des membres du Congrès avec M. Ledru-Rollin. — Leur désappointement. — Portrait de M. Ledru-Rollin.

De cette armée tombant en dissolution, se détacha un petit corps d'entêtés qui, ne voyant plus jour à une affaire en règle, se raccrochèrent, selon l'habitude, à l'idée d'un coup de main. Un neveu de M. Grandménil avait envoyé de Nantes la recette d'une bombe incendiaire, dont l'effet devait être foudroyant. MM. Culot, Vitou, Vellicus, Courtin, Gibaut, etc., réunirent leurs connaissances chimiques, et se mirent en devoir de fabriquer le projectile. Ce qu'ils en voulaient faire n'était pas chose bien arrêtée. Selon l'occasion, ils auraient fait sauter les Tuileries, la chambre des Députés, ou bien embrasé à la fois Paris aux quatre coins. Ces trois projets étaient en tête de toute liste de moyens révolutionnaires sûrs et expéditifs. Au reste, la nomenclature des procédés de destruction ruminés dans les bouges démocratiques, serait fort longue. A certaines époques, il y avait comme une fièvre de ces inventions; chacun voulait avoir la sienne. On convoquait mystérieusement quelques intimes; les murs du lieu de réunion étaient sondés, les dehors éclairés par des sentinelles, et l'auteur de l'engin en donnait la description à voix basse, d'un air inquiet, comme d'un moyen inévitable de changer la face du monde. Tantôt il s'agissait d'une fiole d'acide prussique qu'on lancerait à la figure du roi; tantôt d'une poudre fulminante répandue dans une fête, et qui ferait sauter au plafond tout le monde officiel. Un jour il était question de scier les charpentes et d'engager une affaire en faisant tomber les toits des maisons dans la rue; une autre fois de décider les soldats à massacrer leurs chefs et à proclamer la République; ainsi de suite. La plupart de ces bêtises féroces étaient aussitôt connues de la police, qui observait leurs auteurs; et, à la moindre tentative, les jetait à la conciergerie.

Les bombes de M. Culot et compagnie étaient fort bien connues de M. Pinel, secrétaire général de la Préfecture, chargé du service politique. Il savait au juste à quoi en était leur confection. Un matin, apprenant que les conjurés devaient aller en essayer plusieurs à Belleville, il envoya des agents qui mirent la main sur les projectiles et les ingénieurs.

Une douzaine de conspirateurs, compromis dans cette affaire, comparurent en justice et furent condamnés à différentes peines. Ce procès acheva la désorganisaion du petit corps d'armée, rival des *Saisons*. Jusques en Février, cette troupe, formée de communistes de toutes couleurs et de démagogues de tout acabit, resta sans accord, ni cohésion, perdue dans les antres les plus ténébreux de la capitale.

M. Caussidière, alors en province, apprenant l'agitation qui s'était manifestée dans quelques groupes, et la découverte du complot des bombes, s'imagina que tout était en feu à Paris; et craignant d'être prévenu par ses collègues, qui ne lui témoignaient qu'une médiocre déférence, s'imagina de convoquer ses amis des départements et d'arriver avec eux pour décréter l'insurrection. Vers le mois d'octobre 1847, nous fûmes avertis de son retour, M. Albert et moi, et le même jour il nous donna rendez-vous, chez M. Ledouble, marchand de vins, rue Croix-des-Petits-Champs; l'objet de l'entrevue, à ce qu'il nous fit savoir, était de la plus haute importance.

Nous trouvâmes à dîner chez le marchand de vins, outre MM. Caussidière, Grandménil, Léoutre et Baune, habitués de la maison, quatre délégués de province : MM. Rocher de Nantes, Buvigner de Verdun, Lorentz de Nancy et un quatrième de Metz. Après le repas, le maître de la maison se retira, et l'un des délégués, prenant la parole, manifesta le désir d'être bien fixé sur l'état des choses et sur le rôle qu'on attendait d'eux. M. Caussidière fit un long discours alambiqué, où la situation de Paris, qu'il ne connaissait pas, était exposée d'une manière fort impudente; il termina en déclarant que tout était prêt pour une affaire décisive et qu'il n'y avait plus qu'à s'entendre avec les représentants de la province. Pris au dépourvu par cette déclaration à laquelle rien ne nous avait préparés, nous nous regardâmes, M. Albert et moi, et je demandai aussitôt comment une pareille décision avait pu être prise sans notre concours, puisque seuls, nous étions en rapport avec les hommes des sociétés et connaissions leurs dispositions. Les délégués furent fort étonnés de l'étrange accord qui se révélait parmi les patriotes de Paris et demandèrent ce que cela voulait dire. M. Léoutre voulut faire comprendre qu'on avait agi avec bonne foi et sans arrière-pensée à notre égard; que la gravité seule des circonstances avait dicté la conduite de M. Caussidière; mais je fis remarquer de nouveau que ce n'était pas à M. Caussidière, très légèrement attaché à l'association, inconnu des hommes et sans influence sur eux, à s'avancer comme il venait de le faire; que M. Albert, avant tout, eût dû être consulté comme frayant habituellement avec les hommes d'action et pouvant rendre compte exactement de leur esprit. Je ne disais là rien que de vrai, mais j'étais bien aise d'insister pour piquer la susceptibilité de mon confrère et l'indisposer contre le projet. Mon calcul réussit; M. Albert déclara l'entreprise inopportune et exprima le regret qu'on eût entraîné les délégués à une démarche inutile. Ces derniers ne cachèrent pas leur désappointement à M. Caussidière; il s'était donné à eux comme le principal chef des sociétés secrètes, n'ayant qu'à parler pour être obéi; il paraît qu'il s'était vanté et qu'il y avait fort à rabattre de son influence. Un peu de présomption s'excusait, mais déranger les gens, les appeler à Paris des deux bouts de la France, c'était au moins une légèreté.

« Eh! que diable, s'écria M. Caussidière, avec humeur, les choses ne sont pas en mauvais état, et si on veut marcher on le peut. »

Je ne laissai tomber ni l'accusation ni le prétexte d'apprendre la vérité aux patriotes de province.

« Puisqu'il faut étaler le tableau de nos misères, dis-je, je vais le faire avec franchise. Voici les forces de la démocratie militante : La *Société des Saisons*, six cents hommes désorganisés; la *Société dissidente*, quatre cents hommes à la débandade; puis environ cinq cents vieux conspirateurs tenant aux associations et prêts à prendre les armes; cela fait quinze cents soldats qui promettront de descendre et sur lesquels la moitié ne répondra pas au signal. Nous engageons donc l'affaire avec sept à huit cents hommes, c'est de quoi tenir deux heures. D'ailleurs, les mesures essentielles sont-elles prises? Avons-nous des armes, des munitions, un plan d'attaque? Les chefs du parti sont-ils prévenus et ont-ils donné parole? Le nouveau système de gouvernement est-il élaboré? Sommes-nous d'accord sur les hommes qui doivent prendre le pouvoir? Rien de tout cela n'existe, rien n'est prêt, rien n'est étudié. Pour ne tromper personne, il n'y a qu'un mot à dire, c'est que jamais le parti ne fut plus faible et plus incapable de tenter un mouvement. »

De plus en plus surpris, les délégués interrogèrent M. Albert du regard; celui-ci reconnaissait la justesse de l'exposé; il le confirma purement et simplement. Les quatre émissaires commencèrent à croire qu'on s'était moqué d'eux.

Du cabaret où l'on avait dîné on se rendit à l'estaminet Sainte-Agnès. Là, MM. Caussidière et Léoutre essayèrent de nous prendre par les sentiments:

« Vous perdez tout, me dit le futur préfet de police, nous

ne pourrons plus rien faire de ces gens-là; vous n'avez pas réfléchi au mauvais effet que vos paroles vont produire en province.

« Je ne vois qu'un danger, répondis-je, c'est de tromper les gens et de faire croire à des forces imaginaires. Une attaque est impossible, nous n'y prêterons pas la main. »

Des tentatives furent faites pour rendre M. Albert plus accommodant. Ce qu'on voulait de lui ce n'était pas une adhésion à un projet désormais jugé, mais seulement quelques paroles pour sauvegarder la réputation de M. Caussidière; cette consolation lui fut refusée. Je m'attachai aux pas de mon confrère et ne le quittai pas que la conférence ne fut rompue.

M. Caussidière avait assuré aux délégués que M. Ledru-Rollin était au courant de l'affaire et la patronait chaudement; pour avoir le cœur net de cette nouvelle assertion, ils se rendirent chez le tribun à qui ils demandèrent des éclaircissements. Ils trouvèrent un homme pour le moins aussi étonné qu'eux, et qui leur déclara d'un ton assez sec, qu'aucune insurrection ne devait éclater et que, par conséquent, il n'en était pas le chef. Les pauvres provinciaux restèrent abasourdis; mais au moins cette fois ils étaient fixés. Ils s'en retournèrent chez eux, emportant une singulière idée de M. Caussidière, de M. Ledru-Rollin et des patriotes de Paris.

S'ils furent peu charmés de la réception de M. Ledru-Rollin, celui-ci ne le fut pas davantage de leur démarche; il avait bien assez de tribulations sans qu'on l'impliquât dans des affaires de coups de main, choses pour lesquelles il n'avait aucun goût. Il ne faudrait pas croire que tout était roses dans sa position de patriote en chef, de tribun et surtout de protecteur de la *Réforme*. On prend M. Ledru-

Rollin pour un révolutionnaire forcené, d'un esprit farouche et d'une trempe indomptable, c'est tout simplement un homme sanguin, un grand amateur de bruit, de renommée et de jouissances; c'est la réduction, sur une fort petite échelle, de la figure désordonnée et gloutonne de Mirabeau. Un jour, la *Réforme* imagina de le créer chef du parti républicain, pour avoir une enseigne et surtout un bailleur de fonds; d'un autre côté, Mme Ledru-Rollin, Irlandaise enthousiaste, qui a épousé son mari par inclination politique, le poussait à prendre un rôle éclatant; sous cette double pression et l'entraînement de sa propre nature, il se lança à tout hasard dans la carrière révolutionnaire. L'histoire d'un homme, dégringolant du haut d'une montagne dans un gouffre inconnu, fut la sienne dès ce moment. Maintes fois il a regardé piteusement autour de lui, et s'est épouvanté en n'apercevant que ténèbres et misères; mais le trait était donné, il roulait de plus belle, fermant les yeux pour ne pas voir, et poussant de grands cris pour s'étourdir.

A la Chambre, il essayait de se faire bien terrible, et il soufflait de tous ses poumons dans l'outre vide de la démocratie; on le regardait un instant avec curiosité, puis on haussait les épaules. Il prononçait des harangues emphatiques dont la presse ne rapportait pas deux mots, à l'exception de la *Réforme*, bien entendu, qui était payée pour chanter ses louanges. Mais l'encens frelaté du journal famélique coûtait les yeux de la tête au pauvre orateur; chaque coup d'encensoir était une traite tirée sur lui. Il vendit sa charge d'avocat à la cour de Cassation pour solder les frais de sa gloire suspecte; puis, comme le prix de ce marché disparaissait promptement dans toutes sortes de gouffres patriotiques, il se lança dans une spéculation de terrains qui échoua et dévora le reste de sa fortune. Il en était réduit, pour ne pas écorner le bien de sa femme, à livrer sa signature aux usuriers et à faire des opérations de bourse, sous le couvert du respectable M. Grandménil. C'est au sujet de cette existence fort incorrecte que M. Marrast, son rival, lui décocha une flèche bien barbelée, qui fut renvoyée au *marquis* enduite de poison, et créva la poche au fiel de ces deux grands démocrates.

Du reste, le *National* attaquait, non seulement le spéculateur couvert de dettes, mais aussi la célébrité patriotique; il ricanait volontiers sur les airs de Capitan et la rhétorique creuse du tribun; pour la rue Lepelletier, ce grand homme n'était autre chose qu'un intrigant, cherchant à ruiner à son profit une entreprise rivale.

Son titre de chef de la République n'était pas accepté davantage par les autres fractions du parti; il gravitait au milieu d'une demi-douzaine de sectes qu'il ne reconnaissait pas, et dont il n'était pas reconnu. Pour messieurs les faubouriens qui lui savaient laquais à livrée, équipages et grand train de maison, il ressemblait fort à un aristocrate. Comme en différentes occasions, il s'était défendu de toute idée communiste, les apôtres Cabet, Pierre Leroux, Raspail, etc., l'avaient excommunié.

A la *Réforme* même, tout en le couvrant de fleurs et en le livrant à l'adoration des fidèles, on n'acceptait pas son infaillibilité, tant s'en faut. M. Ribeyrolles, rédacteur en second, le regardait comme un brave homme dont les écus étaient fort utiles; M. Flocon le tenait pour un orateur passable, mais un petit homme d'Etat; il laissait volontiers entendre que, sans lui, l'illustre démocrate n'aurait été que bien peu de chose. L'influence du prétendu chef, dans les conseils de la *Réforme*, ne venait qu'après celle de ces deux rédacteurs; seulement, dans les questions d'argent, on lui laissait la prédominence; c'était fort juste, puisque sa bourse devait y jouer le principal rôle. Les conseillers ne sont pas les payeurs, dit la sagesse des nations; ce proverbe n'était pas fait pour lui.

Cette opinion assez médiocre qu'on avait de M. Ledru-Rollin, même à la *Réforme*, ne saurait véritablement être taxée d'injustice. Pour être un homme éloquent, s'il ne s'agissait que d'ouvrir de grands yeux altiers et de se rengorger fièrement, s'il suffisait de se boutonner haut et de tenir, à la Canning, une main passée dans l'habit, à la hauteur de la poitrine; s'il n'était question que d'avoir des apparences, une assez belle tête, de larges épaules et tous les signes d'une vigueur corporelle et d'un bon tempérament, M. Ledru-Rollin serait un de nos premiers orateurs; malheureusement, tout cela ce n'est point le talent, ce n'est point l'art, ce n'en est que la mise en scène.

Un portrait du fameux démocrate, qui s'étale aux vitres des marchands d'estampes, paraît affecter la pose de Mirabeau; la tête, de trois quarts, arrogamment levée, affiche de grandes prétentions à l'énergie et à la domination. Par le fait, ce portrait est une chose ridicule; il est d'une affectation choquante. Le personnage qui a posé pour ce buste emphatique, on le devine aussitôt, a plus d'orgueil que de mérite.

En examinant les deux portraits de Mirabeau et de M. Ledru-Rollin, on trouve promptement la différence des organisations. Le premier a une expression naturelle et sauvage, témoignant d'une puissance sûre d'elle-même, tandis que l'autre se force pour faire croire à une énergie contestée. Mirabeau lève la tête de bas en haut comme le taureau qui attaque; M. Ledru-Rollin se renverse avec arrogance pour en imposer à un adversaire qu'il craint. Dans sa grande hardiesse, il n'y a ni aggression ni défi, mais simplement le besoin de donner une haute opinion d'une force suspecte.

Tout le personnage est dans ces indices; la riposte, la dévoile, voilà son fait. Homme d'esprit, mais sans portée; de connaissances variées, mais superficielles; de nature hardie, mais de conception lente; il paie d'audace, et, tout en ne s'aventurant qu'avec prudence, il a l'air d'être toujours en tête des initiatives. Comme tous les politiques de son espèce, il sait pointer des défauts dans les autres, mais il se garde bien de produire lui-même des idées. Pourvu d'une intelligence incontestable et d'un tact beaucoup plus grand qu'on ne croit, il sent fort bien où le bât le gêne. Ne croyez pas qu'il s'abuse sur sa valeur; il cherche à la rendre aussi considérable que possible aux yeux des autres, mais il sait, au fond, ce qu'il doit en croire. De cette connaissance de lui-même, naît sa circonspection en présence des partis. Il hasardera bien sur la foi d'autrui quelques témérités; il parodiera Cambon ou quelque autre illustration révolutionnaire, mais, de sa propre cervelle, il ne tirera pas deux bribes d'idées. Craignant de se lancer sur un terrain mal connu et de se buter à quelqu'une de ces bévues qui tuent un orateur, il attend que la question, posée par d'autres, soit bien établie; alors, ayant un aperçu raisonnable du sujet, il entre en lice et se tire d'affaire par la méthode fort pratiquée au barreau, de porter son attaque sur le point le plus faible de l'ennemi. Lorsqu'il est ainsi dans un chemin bien frayé, et où il ne craint pas trop que sa logique trébuche, il lâche la bride à sa faconde, et, chemin faisant, il lui arrive de trouver quelques phrases de bon aloi, quelques mouvements qui se rapprochent de l'éloquence. Seulement alors l'homme obèse fait tort à l'orateur; les mots foulés dans un gosier trop gras, s'embarbouillent et ont de la peine à se dépêtrer;

la langue n'arrive plus assez vite pour les démêler et les lancer nettement.

Du reste, ces moments d'essor sont l'exception; la règle, c'est une suite de paroles ni bonnes ni mauvaises, dont le caractère général est la redondance et la vanterie. Il n'y a là rien qui, à défaut d'un talent hors ligne, indique au moins une originalité, une manière à soi; c'est la verbosité commune aux gens de robe, la monnaie courante de l'art oratoire.

En résumé, homme de tempérament; audacieux en paroles, mais circonspect dans l'action; plein d'ardeur pour lancer des coups de langue, mais peu pressé de tirer des coups de fusil; souvent traduit au tribunal de Commerce, mais ne voulant point aller en cour d'assises; déclarant son parti invincible, mais sachant bien le contraire, M. Ledru-Rollin ne se mêlait pas aux conspirations et n'avait aucune envie du titre de conspirateur; de là le disgracieux accueil qu'il fit aux amis de M. Caussidière. Depuis, devant la cour de Bourges, il a laissé échapper exprès certaine théorie sur les coups de main, d'où l'on a inféré qu'il est l'organisateur machiavélique de l'affaire de 1848; Lecteur, n'en crois pas un mot; jusqu'en février, inclusivement, il a formellement nié, désapprouvé et repoussé les procédés insurrectionnels. Seulement, le hasard impudent qui a mis la France au pouvoir des démagogues, lui a fait changer d'avis et la démocratie a été affligée du tableau lamentable du 13 juin. Si les témoins de la scène principale de cette épopée, connaissaient le tribun pour l'avoir contemplé en face quand il prenait sa pose olympienne, quel revers de médaille ils ont dû voir quand il bouchait en se sauvant le vasistas du Conservatoire!

CHAPITRE XVII.

Portraits et silhouettes. — MM. Proudhon, Louis Blanc, Considérant, Thoré, Sarrut, Miot, Xavier Durrieu, Bareste.

Au point où nous en sommes de l'histoire du parti républicain sous l'ancien gouvernement, on doit s'étonner de n'avoir point encore vu apparaître certains personnages qui se sont posés si carrément depuis, et dont l'influence, à ce qu'on se figure, devait être prépondérante, soit dans la presse, soit dans les conciliabules de la faction. Je vais dire un mot de ces hommes; si je ne l'ai pas fait plus tôt c'est que leur action a été nulle dans les évènements que j'ai racontés.

M. Proudhon est celui qui a pris le plus d'importance; mais sa réputation, presque tout entière, date du lendemain. Il n'est personne qui, d'après les caricatures des petits journaux et les écrits du fameux socialiste, ne se fasse une idée de sa physionomie et de son caractère; résumons-en les lignes les plus saillantes. M. Proudhon est un homme de trente-cinq ans, robuste, ayant une grosse tête bien attachée sur les épaules, et, comme signe caractéristique de la figure, une sorte d'énergie bovine mêlée d'une étrange gloutonnerie; ce qu'il veut dévorer, en effet, ce sont des arguments, des objections et des adversaires. Grossièrement mis, inculte, il marche la tête en l'air, lourdement; son regard, voilé par des lunettes, erre dans le vague à la recherche des paradoxes et des balivernes économiques. Vénus passerait à côté de lui qu'il se détournerait pas. Les vraies richesses de ce pauvre monde, les femmes, les œuvres d'art, les magnificences de toutes sortes, il en fait autant de cas que de la prose épaisse du pauvre M. Pierre Leroux. Il est original, mystique, crasseux et massacrant. C'est un moine, un philosophe allemand, un rustre, un sectaire, et avant tout, un orgueilleux d'une infatuation incroyable. Il creuse la science comme les anciens bénédictins; brandit des doctrines fulminantes comme ses amis Fueurbach, Maurer et les frères Bauer; lâche des vérités audacieuses comme le paysan du Danube; détruirait, comme Omar, la foi de ses rivaux par le fer et le feu, et incendierait le temple d'Ephèse si Erostrate ne l'avait prévenu.

De notions sur les choses intimes de l'être, il n'en a pas; ce qu'on nomme le monde est pour lui une terre inconnue. Si vous lui dites que, pour appliquer des lois aux hommes, il faudrait cependant bien connaître quelque chose à la nature humaine, il vous regardera en haussant les épaules. Les êtres sont pour lui des chiffres avec lesquels il fait des calculs; pourvu que son opération soit juste, peu lui importe l'exactitude de la donnée. On prétend qu'il fait de la logique à triple trame, de la philosophie archi-profonde; il ne fait que des mathématiques, des tours de force de précision. Toutes les pièces de ses machines s'ajustent avec une merveilleuse exactitude, malheureusement elles n'ont pas le principe de vie; elles ne prennent et ne rendent que du vent. Telle chose fausse étant donnée, M. Proudhon se chargera d'en chiffrer les conséquences jusqu'aux fractions les plus minimes; voilà son art et son amour-propre.

Cet homme étrange étant simple compositeur d'imprimerie à Besançon, sa ville natale, concourut pour un prix d'académie qu'il remporta; ce fut son début dans la gloire. Entraîné vers les questions d'économie politique, il se demandait, au milieu des diverses écoles, à laquelle il se rallierait, quand une idée, où sa nature se dévoilait, le saisit:

inventer un système n'était pas chose aisée; se faire le disciple d'un autre lui répugnait; il arrêta d'être le démolisseur général de la science économique, de la tradition sociale, et de se borner là. Résolu à porter un coup violent, dont le bruit pût le désigner au monde de prime abord, il inscrivit en tête d'un livre, la combinaison de lettres suivantes qui vaut toutes les torches incendiaires :

La propriété c'est le vol!

Il ne doutait pas que, de la projection de ces cinq mots, son nom ne sortît retentissant, comme un coup de tonnerre; il fut fort désapointé. A ce moment, les plus beaux feux de paille du socialisme, n'excitaient qu'un peu de curiosité, sans aucune passion; le gouvernement eut l'esprit de ne pas jeter d'huile, c'est-à-dire d'anathèmes, sur celui de M. Proudhon, et la grande flambée tomba d'elle-même. A peine quelques amateurs se rappelaient-ils six mois après, le beau morceau de pyrotechnie, qui devait donner un soubresaut au vieux monde. Les savants surtout montrèrent un dédain outrageant pour le fameux livre que l'auteur avait jeté comme une cible à discussions. L'utopiste fut blessé au cœur. Un certain nombre de gobe-mouches avaient bien trouvé l'ouvrage étincelant, mais M. Proudhon peu certain de toujours bien s'entendre lui-même, était convaincu qu'ils ne le comprenaient pas. D'ailleurs, ce farouche amateur de ruines avait la faiblesse de rechercher le jugement des gens qu'il démolissait. Être dédaigné par des malheureux à qui il se faisait fort de rendre cinq arguments sur dix, c'était chose intolérable. Il fallait se venger, et sans retard, et rudement. La vengeance, ce fut un ouvrage intitulé: *Système des contradictions économiques.* Il prit l'un après l'autre les chefs d'école, les passa à un effroyable laminoir, et les laissa plats et sonnant creux comme des plaques de tôle. Mais cette magnifique exécution fit encore peu de bruit, et n'eut de retentissement véritable qu'au cœur des faux grands hommes qu'il culbutait. Personne ne fut excepté, pas plus M. Louis Blanc le radical, que M. Michel Chevalier le conservateur. Comme l'auteur passait pour républicain, on s'étonna de le voir porter la guerre dans son propre parti, mais on était loin de compte avec M. Proudhon. Républicain, lui? pour qui le prenait-on? La République est-elle une chose nouvelle, s'il vous plaît ; et croyez-vous que le novateur va s'attacher à cette antiquaille ? Son idée n'a qu'un sens en deux mots : négation et destruction. Par cela même qu'une chose a existé avant lui, elle est condamnée. Il entend fonder la religion sans Dieu, la société sans propriétaires et l'Etat sans gouvernement. Ceci n'est pas une boutade, c'est le résumé de ce qu'il appelle sa doctrine; laquelle, au reste, était déjà contenue dans le livre de M. Joseph May, et dans les radotages de quelques philosophes allemands qu'il connaissait par M. Charles Grün. Avant Février, il déclarait déjà d'un air fort sérieux que tout gouvernement est une usurpation. Chaque individu est son propre souverain, et la délégation de la souveraineté est interdite. Pas de pouvoir exécutif, pas de pouvoir législatif; rien ! Les gens s'arrangeant à leur guise, sans règle, sans frein, à peu près comme les *Mohicans* de Cooper, tel est le système. Rien de moins difficile à trouver. M. Proudhon est vraiment beaucoup plus inventif quand il s'agit d'exterminer ses confrères.

Cependant, le socialiste destructeur songeait à se fixer dans la capitale, où il n'avait fait jusque-là que de courtes apparitions. Un beau jour, il se mit en route pour Lyon, où il avait des amis à visiter, résolu à pousser de là sur Paris.

Mais ses livres ne l'ayant pas fait vivre jusqu'alors, et l'incertitude du pot-au-feu le retenant, il resta à Lyon comme commis dans une entreprise de bateaux à vapeur. Ce n'est qu'à la fin de 1847 qu'il fit son entrée dans la Babel parisienne où son imagination fougueuse allait si bien entretenir la confusion des langues. Il essayait, au moment de la révolution, de fonder avec MM. Pilhes, Pyat et Thoré un journal dont j'avais eu l'idée pour augmenter la division des patriotes.

Ainsi M. Proudhon, totalement inconnu du peuple avant Février, et tenu sous le boisseau par les docteurs de la démocratie qui, probablement, avaient deviné un homme indisciplinable et un concurrent terrible, n'a eu aucune action ni personnelle ni morale sur la révolution.

Un de ses rivaux d'alors comme d'aujourd'hui, M. Louis Blanc, n'a pas influé davantage sur le mouvement insurrectionnel; mais ses livres, plus connus et plus pratiques, en apparence au moins, ont pu déterminer ou maintenir chez quelques individus, l'agitation révolutionnaire. La personne de M. Louis Blanc se résume en deux gros yeux, soulignés par une lèvre épaisse, le tout posé sur un corps haut comme une botte à l'écuyère. C'est le désespoir éternel de ce grand homme, de voir sa gloire enfermée dans une enveloppe de quatre pieds huit pouces. Du reste, il a des prétentions aux plus fines manières, à la plus aristocratique distinction, et sait fort bien prendre le sourire fade des donneurs d'eau bénite de cour. A le voir s'exprimer avec une doucereuse élégance, où perce toujours une pointe de personnalité, on devine que ce n'est pas là une nature taillée carrément, et qu'il y a dans ce petit corps un petit caractère. Un ouvrier, après l'avoir entendu pérorer, disait à un camarade : c'est un malin que ce petit-là. Je suis de l'avis de l'ouvrier,

M. Louis Blanc n'a jamais fait autre chose que de la malice. Depuis son *Histoire de dix ans*, qui le posa assez haut dans le radicalisme, il évita soigneusement de s'inféoder à aucune coterie, sachant bien qu'entrer dans l'une, c'était se fermer la porte des autres. Les hommes de la *Réforme* lui déplaisaient par leurs formes communes, ceux du *National*, par leurs prétentions aristocratico-bourgeoises; mais il avait des poignées de main très affectueuses pour les uns comme pour les autres, surtout à l'apparition d'un de ses volumes, époque où la réclame, savamment libellée par le frère Charles, avait coutume d'envahir les feuilles patriotes. La tactique du petit homme fut de s'élever par les journaux, mais en dehors d'eux; son plan, d'éblouir les hautes classes par des travaux brillants, et les basses par des apparences communistes; son but, tout ce qu'on voudra, si ce n'est d'être confondu dans la foule. En définitive, de même que M. de Lamartine empêchait alors M. Victor Hugo de dormir, M. Thiers donnait des insomnies à M. Louis Blanc; il jalousait ardemment les talents d'historien, d'orateur et d'homme d'Etat du célèbre conservateur, à qui il peut servir de revers de médaille. Si, comme le petit serpent à tête folle de la fable, il a grignoté si intrépidement la lime d'acier de la bourgeoisie, c'est que M. Thiers est la personnification la plus heureuse de cette force capitale des sociétés modernes. La fréquentation de M. Louis Blanc avec le peuple, s'étant bornée à quelques entrevues avec des ouvriers savants qui venaient le féliciter sur ses doctrines historiques et sociales, et sa réserve vis-à-vis des journaux l'ayant tenu éloigné des intrigues actives, il ne pouvait avoir et n'eut aucune part directe aux évènements de Février.

Il n'y a rien à dire de M. Pierre Leroux; il était à Boussac (Creuse), conduisant une petite imprimerie, et élaborant sa triade, au milieu d'une demi-douzaine de disciples qui avaient la prétention de le comprendre.

Quant à M. Raspail, voici l'historique de sa vie depuis que nous l'avons perdu de vue.

Vers 1834, il créa le *Réformateur*, feuille qui propageait à la fois les principes politiques et chimiques de l'auteur. C'était une diatribe implacable contre le gouvernement et la faculté. On se fût cru dans une officine de drogues vénéneuses tant l'odeur y était forte, l'âcreté intense. Par le fait, le journal était bien véritablement une de ces fabriques que la police qualifie d'établissements malsains. M. Raspail est un acide sulfurique fait homme.

Les collaborateurs du terrible chimiste n'avaient pas beau jeu; jamais caporal ne traita ses recrues plus militairement. Le candide M. Dupoty, patriote sensible, qui cultive le calembourg et les fillettes, était déplorablement mal mené, c'est au point qu'il fut un jour, on se le rappelle, pris au collet et traité d'agent de police par son féroce rédacteur en chef.

Quoique rédigé par un homme aussi extraordinaire, le *Réformateur* ne prospérait pas; la vie y était fort maigre; l'héritage de la *Tribune* qu'il recueillit bientôt, ne changea pas cet état de choses. L'ancien journal de M. Marrast était mort de misère et sa succession ne se composait que de procès et d'amendes, ce qui n'enrichit pas un légataire.

M. Raspail fit un vigoureux appel aux partisans de ses doctrines sur le gouvernement et l'arsenic. A ce qu'il paraît, le nombre n'en était pas grand, ou du moins très dévoué, car il ne vint pas un écu. Voyant cette conduite indigne, M. Raspail lâcha une grande imprécation et plia bagage.

A partir de ce jour un seul mot résume sa vie, le camphre. Il se réfugia à Montrouge, barricada sa porte, refusa tout commerce avec l'humanité, et se livra à l'élaboration de son fameux système hygiénique et thérapeutique. Après d'immenses recherches pour préciser les maladies que le camphre guérit et celles dont il préserve, il reconnut qu'une formule extrêmement simple résumerait ses travaux : le camphre guérit tout et préserve de tout.

On vit donc apparaître quatre gros volumes dont chaque page, chaque ligne, chaque mot proclamaient, répétaient sur tous les tons: Le camphre, remède universel! Voulez-vous un remède universel? Prenez le camphre!

Joignant la pratique au précepte, il camphra lui, sa femme, ses enfants, ses voisins et toutes ses connaissances; quiconque ne sentait pas le camphre était son ennemi. Comme il ne pouvait donner les consultations lui-même, n'étant pas médecin et méprisant trop la Faculté de Paris pour lui demander un diplôme, il employait un brave homme de praticien, lequel, voulant prêcher d'exemple, dévora tant de camphre qu'il en rendit l'âme. Ce n'était pas de quoi arrêter le nouvel Hippocrate; il répondit, comme le docteur de la comédie : « Le malade est mort selon les règles, il n'y a rien à dire. »

Malgré ses précautions, il eut maille à partir avec la justice; on l'accusa d'exercice illégal de la médecine. Beau grief, ma foi! contre un homme qui se faisait fort d'en remontrer à toute la Faculté. M. Raspail, qui n'a pas la langue embarrassée, plaida lui-même sa cause et la perdit. Il eut beau démontrer qu'il était victime de confrères ignorants, et surtout de M. Orfila, rien n'y fit.

Cet échec ne le déconcerta pas; la prédication de la nouvelle doctrine continua comme par le passé. Les procès se succédèrent: procès contre des médecins, procès contre des pharmaciens, procès contre des éditeurs d'ouvrages médicaux, M. Raspail tint tête à tout. Il plaida, replaida, et parut si souvent à l'audience que les juges, ne voyant plus que lui, s'habituaient à le croire de la maison et lui disaient, comme à un avocat :

« A vous la parole, Maître Raspail. »

Ce trait ne lui déplaisait pas; à dire vrai, la justice avait assez à faire avec lui pour se permettre une distraction. Quelque temps auparavant, au reste, un mot beaucoup plus singulier avait égayé le tribunal; l'occasion s'en présentant, je demande l'autorisation de le raconter. Il s'agit de M. Emmanuel Arago, ex-ambassadeur de la République. Avant Février, M. Arago était avocat; mais, comme il perdait invariablement tous ses procès, à ce point qu'on l'avait surnommé *M. Maximum,* pour indiquer le résultat ordinaire de ses plaidoiries, il faisait grève la plupart du temps. Pour exercer son esprit, il se livrait aux combinaisons du jeu de domino. Sa supériorité dans cet art était devenue aussi grande que sa médiocrité comme avocat. Parfois, cependant, quelque cause égarée s'arrêtait encore à sa porte, mais les impressions de son jeu favori le portaient aux plus étranges inconséquences. Un jour, ayant ramassé ainsi une cause perdue, il se rendit au Palais de Justice pour la plaider. Justement il sortait d'achever une fort belle partie, et Dieu sait s'il avait l'esprit à l'audience. Comme l'avocat du roi lui donnait la parole, M° Emmanuel, qui préférait ne parler qu'en second pour apprendre au moins de quoi il s'agissait, répondit fort naïvement :

« Non, monsieur l'avocat du roi; à vous la pose ! »

Je laisse à penser si tout le tribunal eut un joyeux moment.

Le mot appliqué à M. Raspail, sans produire autant d'effet,

ne laissait pas que d'avoir son sel et surtout sa justesse. Cet homme illustre, en effet, était devenu un chicanier déplorable, et c'est au milieu de la poudre des dossiers que le surprit la révolution de 1848. Certes, s'il s'attendait à quelque chose, ce n'était pas cela. Jusqu'au 24 au soir, il déclara hardiment que l'affaire n'était qu'un coup de police.

Passons à quelques personnages devenus des boute-en-train démocratiques-sociaux, et en qui personne auparavant n'avait soupçonné cette vocation. Le premier qui s'offre est M. Victor Considérant, le grand-prêtre du phalanstère. Jusqu'ici, tout le monde n'avait vu dans la pâte fouriériste qu'une mixture d'idées lascives, saugrenues ou niaises, du caractère le plus bénin. Evidemment, l'application du système phalanstérien demandait le déblaiement complet de l'ancienne société, mais M. Considérant et ses féaux se faisaient fort de tout démolir pacifiquement, sans désordre et le plus amicalement du monde. Ces messieurs étaient-ils sincères? J'ai presque envie de le croire. Quand on a la bonté d'accepter la plaisanterie fouriériste, pourquoi ne pas admettre qu'on prendra la lune avec les dents, c'est-à-dire qu'on détruira, sans susciter une plainte, les croyances, les mœurs et les intérêts de tout le monde? Mais sincères ou non, les fouriéristes à la suite de M. Considérant, prêchaient hautement le progrès pacifique, admettaient pleinement le principe monarchique, c'est incontestable. Or, on a quelque droit de dire à ces utopistes : Ou bien vous vous moquiez impudemment du monde, ou bien vous avez chanté une fière palinodie. Entre vos idées de 1847, et celles de 1850, il y a toute la différence du jaune-serin au rouge sang-de-bœuf. Les fouriéristes et leur chef, M. Considérant, n'ont donc été pour rien dans la révolution.

Un homme que l'on est tout étonné de trouver dans le

fouillis démagogique, c'est M. Etienne Arago. Est-ce un méchant homme ? Non; seulement il a des habitudes de millionnaire et pas de rentes; il est criblé de dettes, et la monarchie ne lui offrait pas le moyen de les payer ou de les entretenir. M. Etienne Arago n'a jamais passé pour un génie littéraire, il s'en faut de tout, mais il est le frère du grand Arago, ce qui ne laisse pas que de donner de l'esprit. Il avait donc une certaine notoriété dans les lettres; toutefois, son talent n'ayant jamais séduit les feuilles *vendues*, c'est-à-dire celles qui avaient moyen de payer, force lui était de se contenter des journaux *purs*, dont l'inconvénient était de laisser mourir de faim leurs rédacteurs. Il était feuilletoniste de théâtre à la *Réforme*, ce qui lui valut la direction des postes à la révolution. Son influence était nulle sur Paris; il n'a joué dans les évènements qu'un rôle tout personnel.

M. Ribeyrolles, lieutenant de M. Flocon, est un homme d'esprit, dégradé par la détresse et une vie de jeune homme ténébreuse. Il n'avait qu'une consolation dans ses misères matérielles, c'était de se moquer des misères morales qu'il avait sous les yeux : l'infaillibilité de M. Flocon, les tours de passe-passe de M. Caussidière, les malheurs de M. Baune, obligé de chercher des consolations dans la bouteille, la dévastation de M. Lagrange; et puis mille petites scènes d'un comique lamentable : un jour, c'était M. Jeanty Sarre, aujourd'hui délégué du peuple, qui arrivait porteur de la prose de M. E. Arago et d'une telle quantité d'absinthe qu'il avait perdu la moitié du manuscrit en route; une autre fois, c'était un tribunal d'honneur institué pour juger M. A. Dangeliers, autre délégué du peuple, qui avait mis la montre de M. Watripon au Mont-de-Piété.

M. Dupoty, vers ce temps, avait été rappelé à la *Réforme*;

parce qu'on espérait tirer parti de ses relations au profit de la caisse. Comme on s'aperçut qu'il était à sec et que ses amis n'avaient pas d'argent à perdre, on le laissa languir pendant quelque temps dans les bureaux, sans lui donner de besogne; puis on lui fit des avanies qui le forcèrent à la retraite : on lui laissa entendre qu'il avait perdu la tête et qu'il devait aller se soigner. Le digne homme n'est pas guerrier, non plus que M. Ribeyrolles, et ni l'un ni l'autre n'a terrassé la tyrannie.

M. Thoré, dont la prétention ne va à rien moins qu'à faire la leçon à tous les patriotes, et qui avait intitulé modestement son journal : *La Vraie République*, est-il l'un des Samson qui ont renversé les colonnes de la monarchie? Je ne le pense pas. M. Thoré, vers 1840, avait bien essayé la création d'un journal appelé la *Démocratie;* peu après, il avait bien risqué une brochure, tachetée de socialisme, et qui lui fit faire connaissance avec Sainte-Pélagie; mais depuis, simplement occupé d'arts, ce qui est son affaire, feuilletoniste du *Constitutionnel*, journal de la bourgeoisie, il n'avait pas laissé deviner la férocité sociale qu'il devait montrer dans sa *Vraie République*. M. Thoré est un homme à plaindre; il avait, à ce qu'il semble, assez d'esprit pour comprendre que le fouillis de 1848 était une chose de mauvais goût, dont il devait s'écarter, mais non; il s'y est jeté jusqu'au cou; et le voilà maintenant lui, l'artiste, l'homme délicat et élégant, devenu, peut-être pour la vie, un gibier de prison. Et savez-vous ce qui a perdu cet homme, digne en vérité d'un meilleur sort? Hélas! ce qui nous perd tous, la jalousie. Il a vu plusieurs de ses camarades devenir représentants : M. Altaroche, un pauvre homme, M. Pyat, une mauvaise nature, et lui qui n'est ni sot, ni méchant, a voulu être autant qu'eux. Et comme la meilleure manière d'arriver vite, en ce malheureux temps, c'est de se faire le valet de la populace; il a endossé la livrée socialiste et s'est mis dans le bel état où nous le voyons. Que les profits de la République sociale lui soient légers !

M. Thoré n'a pas paru, et son nom n'a pas été prononcé dans l'évènement de février.

Au moins, dira-t-on, il n'en est pas de même de M. Sarrut, qui a déclaré, à la Constituante, avoir trempé dans cent et quelques conspirations; un pareil homme a inévitablement tenu le dé dans les trois glorieuses de 48. Bons lecteurs, M. Sarrut est un homme du midi, plein d'ardeur et d'invention. Sans aucun doute, il a conspiré cent fois et plus, puisqu'il le dit, mais ce ne peut être qu'en imagination; car les seules conspirations réelles dont on puisse lui faire honneur, se réduisent à deux ou trois : celles des *Amis du Peuple* et des *Droits de l'Homme*, au compte de la République; et puis peut-être une petite affaire au compte du parti bonapartiste; le reste n'a jamais été connu d'hommes qui connaissent cependant fort bien M. Sarrut. M. Sarrut n'a même pas été une unité dans la révolution, il n'y compte que comme zéro.

M. Miot, représentant à la législative, a parlé, dans un discours qui le fit expulser de la séance, des gardes municipaux qu'il a combattus le 24 février; ce fier citoyen doit avoir une carabine d'une portée extraordinaire, car il était alors à Moulins-Engilbert, dans le Morvan, c'est-à-dire à une soixantaine de lieues du combat. A cette distance je ne nie pas qu'on ne puisse atteindre les séides de la tyrannie; mais il n'y a certainement qu'un montagnard pour le faire.

Parlerons-nous maintenant de M. Xavier Durrieu qui, profitant habilement de la débandade du 13 juin, est devenu pendant quelques mois le berger du troupeau socialiste? Ce serait perdre du temps. Il y a cinq à six ans, M. Durrieu se faisait donner la croix d'Espagne au sujet d'articles fort galants pour la reine Isabelle; à la révolution, il rédigeait un journal dynastique. Il est devenu républicain quand la république nous a été octroyée; socialiste quand le socialisme a été inventé; un homme qui se conforme si bien à la marche des évènements, sera probablement autre chose quand il y aura du nouveau; il est donc inutile d'en parler comme d'un homme faisant les révolutions; il se contente d'en faire son profit.

Il y a encore beaucoup de grands hommes éclos au brouillard de Février auxquels nous pourrions accorder une ligne ou deux pour divertir le lecteur. Nous pourrions, par exemple, tirer du fond d'une boutique socialiste, M. Bareste, et lui demander s'il n'a pas édité sous son nom, une traduction d'Homère achetée cent écus à un Allemand du nom de Wolf, lequel allemand est venu depuis lui emprunter cent sous qu'il n'a pas obtenus. Nous pourrions le prier de nous dire encore si, aux bureaux du *Courrier Français*, avant février, il ne souriait pas agréablement à la naïveté des gens qui parlaient politique, disant que c'était chose ridicule que d'avoir des opinions; mais ce serait perdre du temps, et il est inutile de s'occuper de pasquinades. Au reste, je raconterai plus loin une anecdote qui prouvera l'estime où le tenaient les patriotes au moment de la révolution.

CHAPITRE XVIII.

Effectif du parti républicain au commencement de 1848. — La bourgeoisie et la royauté de Juillet.

Ce qui précède a déjà fait ouvrir les yeux à plus d'un lecteur; on doit se demander où nous avons pris notre parti républicain pour qu'il ressemble si peu à celui qu'on a étalé jusqu'ici. M. de Lamartine a écrit une histoire de Février, M. Louis Blanc aussi; ces héros de la révolution ne la connaissent donc pas? Ou bien se seraient-ils moqués du monde? Il y a de l'un et de l'autre. La partie révolutionnaire de l'histoire républicaine n'est pas connue de ces messieurs, ou ce qu'ils en savent leur semble trop piètre; alors ils brodent, embellissent, inventent, de sorte que leur épopée devient un roman arrangé pour grandir le héros, qui n'est autre que l'auteur lui-même. M. de Lamartine parle des sections des *Droits de l'Homme* et des *Familles* qui descendaient le 24 de Belleville, sombres, rasant les murs et se donnant le mot d'ordre; c'est un tableau que nous avons vu cent fois dans les nouvelles de la société des gens de lettres, mais c'est une ineptie dans un livre qui a la prétention d'être écrit sérieusement. Rien ne forçait l'écrivain de donner des désignations; dans tout le cours de l'ouvrage, on voit assez qu'il ne sait rien des faits, à l'exception de ceux qui le concernent, et encore est-il presque toujours conduit à dénaturer ceux-là par une démangeaison de vanité puérile. Pour tant faire que de citer, il eût été bon de ne pas parler des *Droits de l'Homme*, morts depuis quatorze ans, et des *Familles*, fondues dans les *Saisons* depuis 1836. Quant à M. Louis Blanc, les quelques scènes importantes auxquelles il touche, lui sont probablement mieux connues, à moins que son illustre ami M. Caussidière, n'ait pas jugé prudent de lui divulguer ses secrets, mais le petit homme a soin d'arranger les choses de telle façon que personne n'y reconnaît plus rien.

Ainsi, l'élévation au gouvernement de M. Albert, qui fut décrétée aux bureaux de la *Réforme*, par une trentaine d'individus, se change sous sa plume en une acclamation immense des combattants accourus dans la cour du journal. Je ne fais pas une critique littéraire, et ce n'est pas le lieu de relever toutes les erreurs, absurdités et vanteries des deux historiens; à la confrontation de leur livre avec celui-ci, on verra de quel côté est la vérité.

L'effectif du parti républicain au moment de Février se décompose ainsi : 4000 abonnés du *National*, dont une bonne moitié devenue dynastique à la suite de MM. Carnot, Garnier-Pagès et autres; on se souvient, en effet, que ces messieurs, dans une profession de foi que la *Réforme* déchira à belles dents, confessèrent le dogme monarchique comme suffisant à la marche du progrès. Sur les 2000 abonnés restant, comptons-en 600 pour Paris, et dans ce nombre, 200 disposés à se battre pour leur cause. A la *Réforme*, il y avait 2000 souscripteurs, dont 500 à Paris; ces 500 admettaient tous les moyens révolutionnaires; cela fait 700 combattants dans les abonnés de journaux. Les deux associations secrètes, c'est-à-dire les *Saisons* et la *Société dissidente*, portaient leur nombre à 1000 hommes, dont 600 pour l'ancienne société et 400 pour la nouvelle; mais cette armée était éparse, débandée, et n'aurait pas fourni plus de 600 hommes à un appel des chefs; portons cependant son chiffre à 1000. Tous les communistes révolutionnaires s'étaient réunis à la *Société dissidente;* en fait de sectaires, il ne restait donc que les cabétistes, au nombre de quatre à cinq cents. On sait que, par un des articles de leur *Credo*, la violence était repoussée comme moyen de succès; mais ne tenons pas compte de leurs déclarations pacifiques, et classons-les dans les combattants possibles. Il reste maintenant quatre à cinq cents vieux conspirateurs que les coups de fusil devaient rappeler à leur ancien métier, et une troupe de républicains étrangers aux conspirations, que l'on peut évaluer à 1500; ces fractions, additionnées, donnent un total de 4000 hommes. J'ai la certitude que le parti républicain ne dépassait pas cet effectif dans la capitale, et je défie qui que ce soit de prouver le contraire.

En province, une seule société secrète notable existait à Lyon, et encore depuis long-temps vivait-elle dans un état d'énervement et de dislocation, comme celles de Paris. Toulouse, Marseille et deux ou trois autres villes avaient aussi des semblants d'associations qui ne sauraient compter. Je crois faire bonne mesure en portant à quinze ou seize mille le nombre de républicains des départements. Nous trouvons donc pour toute la France, c'est-à-dire pour une population mâle et valide de dix millions d'habitants, vingt mille républicains; c'est environ le cinq centième du total! Le moindre grain de bon sens empêchera toujours de croire que cette imperceptible minorité ait renversé un gouvernement formidable.

Cependant la révolution a eu lieu et les républicains l'ont attirée à eux, emportée et dévorée; c'est un fait qui a beau ressembler à un rêve, nous payons tous assez cher pour le croire. Il s'agit de savoir comment cela s'est fait.

Qu'on me pardonne d'entrer dans quelques considérations.

Le tiers-état ou la bourgeoisie, qui n'est pas tout, comme le disait Siéyès, mais qui est au moins le cœur, le vrai milieu de notre société moderne basée sur la force industrielle, avait sa représentation fort exacte dans la famille d'Orléans. Du roi populaire qui forme leur souche, Henri IV, jusqu'à nos jours, les princes de cette maison sont toujours mêlés aux mouvements de la classe moyenne; il n'y a pas à contester ce fait que l'histoire de deux siècles et demi constate. Tenant d'une main au trône, de l'autre aux classes moyennes, les d'Orléans furent désignés tout d'une voix quand le cours des choses amena l'établissement d'une monarchie populaire. Cette monarchie a-t-elle répondu aux besoins du temps? A-t-elle vu que la grandeur des Etats n'est plus tant dans les traditions chevaleresques ou les grandes actions militaires que dans l'application au travail et la sécurité publique? On peut répondre affirmativement sans crainte de démenti. L'élan de notre industrie date d'elle; le trône ne fut plus en quelque sorte qu'un comptoir. Cette dernière expression va irriter certaines gens pour qui le mot de bourgeois est synonyme de faiblesse et de sottise. Eh! messieurs, il y a un pays composé pour la partie principale de cette classe, objet de votre dédain, il s'appelle l'Angleterre et fait assez belle figure dans le monde. Il y en a un autre qui s'appelle l'Union-Américaine, toute sa population s'occupe de négoce; c'est encore une nation qui ne manque pas d'importance. Il y a ensuite des Etats, comme la Prusse, qui croissent chaque jour en puissance parce qu'ils s'appuient sur les hommes de commerce; et d'autres, comme l'Espagne, qui végètent parce qu'ils n'ont plus de marchands. La France a toujours marché l'égale des plus forts de ces Etats dans la guerre, à leur tête dans les arts; mais savez-vous bien ce qu'elle deviendrait en ne les suivant pas dans le nouveau champ clos des peuples qui s'appelle un marché ? Affaiblie de toute la force que prendraient ses voisins, elle tournerait à l'état de deuxième ou troisième ordre, et y arriverait beaucoup plus vite que vous ne pensez. Bourgeois, comme terme de mépris, c'est vite dit, mais le bourgeois n'en est pas moins aujourd'hui le chevalier du moyen-âge et le héros de nos époques guerrières; il représente tout aussi exactement la grandeur et le génie de la France. Les politiques de fantaisie trouvent cela indigne; à leur aise! Un état de choses qui a pour résultat le bien-être particulier et la tranquillité publique n'est pas, après tout, trop déplorable.

Malgré leur communauté d'intérêts et de vues, un désaccord s'était élevé entre la monarchie de Juillet et une partie de la bourgeoisie. Endoctrinée par des conseillers intéressés ou aveugles, la coterie du *National* d'une part et les chefs de la gauche de l'autre, les petits commerçants s'étaient mis en tête que la royauté voulait les asservir et former une féodalité dont ils deviendraient les serfs. Ce que l'on nommait féodalité n'était autre chose que l'exhaussement de quelques hommes au milieu de la masse, fait qui se retrouve partout, mais le mot d'aristocratie financière avait été jeté, et chacun le répétait. C'était une des armes de guerre de l'époque; comme depuis nous avons eu la question romaine, celle de l'impôt des boissons, etc. Au fond, il y avait un désir raisonné et assez raisonnable chez les petits marchands, c'était de participer à l'élection des députés. On avait souvent requis leur secours, comme gardes nationaux; puisqu'ils avaient su défendre le gouvernement par les armes, ils sauraient tout aussi bien le défendre par leurs votes; les écarter du scrutin c'était mépris ou méfiance; ils ne méritaient ni l'un ni l'autre. Cela était vrai. La cote censitaire descendue de 200 francs à 50 eût attaché indestructiblement la masse de la bourgeoisie à la famille d'Orléans et ôté tout prétexte, pendant de longues années, aux commotions populaires. En effet, un chiffre pareil était abordable à tout le monde; aucun ouvrier intelligent et courageux qui ne pût y atteindre. Or, le travailleur demande-t-il autre chose que de pouvoir s'élever au-dessus de sa condition? On trouvait immoral, avant Février, d'asseoir un droit sur de l'argent; c'est que l'argent représente l'esprit d'ordre et de conservation, et que ces deux qualités sont indispensables à l'homme politique. Si vous n'avez pas l'intelligence ou le courage de vous faire, même une position minime, comment sauriez-vous mener les affaires de l'Etat? Et puis tant que vous n'avez rien, si honnête que vous soyez, vos liens envers la société sont des plus minces; aussitôt que vous possédez au contraire, des devoirs vous rattachent à elle. Créez-vous donc des devoirs avant de demander des droits. C'est mon avis, dont la conséquence est qu'une somme d'impositions quelconque doit faire l'électeur politique; abaissez le chiffre, autant que vous pourrez, mais fixez-en un.

Le gouvernement de Juillet, forcé à une lutte à outrance pendant cinq longues années, s'était peut-être un peu trop habitué à voir partout des ennemis et des piéges; une chose certaine, c'est qu'il refusa toute réforme constitutionnelle par la crainte sincère d'ouvrir un chemin à l'anarchie. L'exemple du gouvernement anglais, cédant à propos devant une pression nationale, ne lui parut pas concluant pour notre pays; il crut de son devoir et de sa dignité de résister. Les évènements ont montré qu'il se trompait. La réforme de la loi électorale, — celle-là suffisait à tout, — eût été un acte de justice, et cet acte, qu'il fallait certainement refuser aux exigences des partis, on pouvait, après 1840, le réaliser en tout honneur. Dieu me garde de faire la leçon à des hommes illustres par leur grand esprit et leur haut caractère; je ne me permets ces paroles que parce que les faits les ont tracées en caractères éclatants.

L'opposition parlementaire, dirigée par M. Odilon Barrot, s'était posée en patronne et avocate de la bourgeoisie; elle la défendait avec un zèle ardent, sincère, mais souvent exagéré. Au reste, rien de plus éloigné d'elle que l'intention de détruire le trône de Juillet; la perspective d'une révolution l'épouvantait tout naturellement comme devant amener sa déchéance. Après tout, le pouvoir était en elle; seulement ce pouvoir lui paraissait mal équilibré, et elle exigeait une pondération plus rigoureuse.

Le gouvernement, persistant dans une résistance qu'il croyait sage, l'opposition appuya davantage sur sa réclamation; de là des débats ardents, passionnés, où la colère entraînait généralement à des attaques imprudentes des deux parts. Il est certain qu'à la suite d'accusations répétées sous mille formes, le public s'était habitué à ne voir dans les ministres et les chefs de l'opposition que des hommes voulant, quand même, ou conserver ou arracher le pouvoir. Souvent, en outre, les discours lancés contre le gouvernement ricochaient et allaient frapper la royauté en pleine poitrine.

C'est ainsi que, progressivement, se développa l'état de choses d'où sortit la révolution. Il y avait lutte entre le pouvoir et une classe puissante et respectable; lutte, non de principe, mais de balance dans l'autorité; conduite avec sagesse et modération, cette lutte eût abouti à un arrangement avantageux aux deux partis; au lieu de cela, elle n'a amené qu'une double catastrophe. Pendant que les plaideurs se querellaient pour l'huître, le quidam de la fable est survenu qui a répété son mauvais tour.

Cette manière fort simple d'établir la question ne plaira pas aux hommes de la veille, fort convaincus, ou plutôt fort intéressés à faire croire que le peuple seul a fait la révolution, parce qu'il n'avait pas de droits, mourait de faim et aspirait vivement au socialisme; c'est là une ineptie. Si le peuple qu'on prend à partie voulait parler, il dirait qu'en ce cas, comme en beaucoup d'autres, on le met en jeu sans qu'il en ait donné l'ordre. Je pense connaître le peuple, le vrai, celui qui travaille, tout aussi bien que ses prétendus chefs; or, ce peuple cherche plutôt à gagner sa vie qu'à diriger l'État; il ne meurt de faim que depuis le beau gouvernement qui lui promettait tous les biens; quant au socialisme que j'appellerai, moi, communisme de son vrai nom, le peuple ne le considérait que comme une simple baliverne, ne sachant pas encore que c'était une impudente attrape à nigauds.

CHAPITRE XIX.

Les Banquets. — Ce qu'en pensent d'abord les républicains. — Grande colère de la gauche. — Le Banquet du douzième arrondissement. — Dédain de la *Réforme.* — Assemblée d'étudiants — Décision qu'ils prennent. — La Commission du Banquet. — Reculade de la gauche.

Les élections de 1846 avaient amené le résultat que l'on sait : les conservateurs l'emportaient à une grande majorité. Ils arrivèrent à la Chambre compacts et triomphants. L'opposition de gauche, toujours zélée, usa d'un moyen inattendu; elle fit appel à la générosité de ses adversaires, les adjurant de proposer eux-mêmes la réforme, puisque le scrutin avait écarté ceux qui devaient la donner à leur place. Le ministère trouva la prétention un peu naïve. Dans sa conviction que les électeurs représentaient les vrais intérêts de la France, il s'étonnait qu'on lui demandât de changer une politique qui venait d'être consacrée solennellement. Le moyen légal de connaître l'opinion du pays avait été employé; il donnait raison au cabinet; que voulait-on de plus? Entendait-on dire que la nation s'était trompée; et la preuve? Qu'elle avait été mal consultée? Mais à quel procédé meilleur avoir recours? Si l'opposition était capable de constater sa grande influence dans le pays, on ne demandait pas mieux que de voir l'essai.

Plusieurs membres de l'opposition plus susceptibles que sages, s'émurent et jurèrent que l'épreuve serait tentée. Effectivement, étant venus à bout de persuader à leurs collègues qu'on les traitait avec mépris, et qu'un acte de vigueur était indispensable, l'organisation des banquets fut décidée. Le début s'en fit à la guinguette du Château-Rouge, avec un assez grand éclat. Toutes les nuances de l'opposition, tant dynastique que radicale, étaient invitées; une seule, celle de la *Réforme*, n'envoya pas de représentants. Les directeurs de cette feuille déclarèrent la manifestation insignifiante et tout-à-fait au-dessous d'eux. Cette conduite peut étonner aujourd'hui, mais elle s'explique par plusieurs raisons: le *National*, que la *Réforme* accusait de monarchisme, patronait le banquet, et l'on ne voulait pas se mettre à la queue de rivaux détestés; ensuite on ne croyait à l'opposition parlementaire aucune force pour agiter le pays, enfin on n'avait pas le moindre soupçon du prodigieux coup de tonnerre qui terminerait ce jeu. L'abstention de la *Réforme* livrait le dé aux hommes du *National*; c'est M. Recurt qui porta la parole au nom de la coterie. Son discours, quoique enveloppé de formes doucereuses, contenait certains passages dépassant de beaucoup les limites du programme. Il en résulta quelque bruit dans les journaux ministériels. On annonça aux chefs de la gauche qu'ils faisaient un travail au profit des factions, et on les adjura de réfléchir avant d'aller plus loin. Un fait s'était produit, qui devait les éclairer : par décision des organisateurs du banquet, le toast au roi n'avait pas été porté. C'était un acte patent d'irrévérence et d'hostilité. Les meneurs se récrièrent contre cette accusation; et, dans le fait, telle n'était point l'idée de M. Barrot et de ses lieutenants, Duvergier de Hauranne, de Malleville, etc. Ils boudaient, ils voulaient donner une leçon, mais avec tout le respect possible. Leur présence seule, dirent-ils, devait garantir à la réunion un caractère convenable et constitutionnel. Les conservateurs ne prirent pas ces paroles pour une gasconnade; ils y virent une bonhomie qui les fit trembler. En effet, par leur défi ils se croyaient engagés à laisser faire, mais ils entrevoyaient vaguement des désastres.

La bonne foi des agitateurs était si grande, en effet, que, peu de temps après, à Lille, où une manifestation considérable se préparait, lorsqu'ils apprirent l'arrivée d'un assez grand nombre de républicains, parmi lesquels ceux de la *Réforme*, ils sentirent que leur présence ne déterminerait qu'imparfaitement l'esprit dynastique de la réunion, et ils exigèrent eux-mêmes le toast au roi, en signe d'adhésion constitutionnelle. C'était s'y prendre un peu tard. Les démocrates n'étaient pas hommes à lâcher pied. Placés entre l'alternative de la présence de M. Barrot avec le toast, et son absence sans le toast, ils firent leur choix sans hésitation. Le résultat fut la retraite assez triste du chef de la gauche, et un banquet tout républicain.

Les prévisions des conservateurs se réalisaient, et les avertissements arrivèrent plus sérieux aux promoteurs de l'agitation; mais la partie était engagée; l'amour-propre fit passer par-dessus conseils et prudence. L'opposition promena de ville en ville son discours sur la corruption, son cri de réforme, et sa plainte contre un ministère qui menaçait de durer éternellement. A tous ces banquets, quelques voix s'élevaient, rompant l'accord dynastique au profit de la démocratie; bientôt ces voix se grossirent et voulurent avoir leur concert spécial; de là, les assemblées purement républicaines de Dijon et de Châlons. Ces fameux banquets dont on fit un bruit assourdissant dans la *Réforme*, se réduisaient, après tout, à quelques centaines de républicains, formant le contingent de la localité, et rassemblés par toute espèce de moyens.

L'initiative de la gauche ouvrant le champ aux anarchistes, ils s'étaient dit qu'il y aurait sottise à eux de n'en pas profiter. D'ailleurs, la *Réforme*, si dédaigneuse d'abord de ces manifestations, s'était ravisée en songeant qu'elle pourrait s'en faire un fort beau moyen de caisse. Comme collecteurs patriotiques, M. Baune avait fait son temps et M. Caussidière était déjà bien usé; on savait leurs tirades par cœur et on se méfiait de la péroraison, comme l'Indien des pleurs du crocodile. Grâces aux banquets, il était permis de laisser là ces doublures et de produire les chefs d'emploi. Quel patriote refuserait d'accourir quand le tamtam serait battu par M. Ledru-Rollin en personne? et se montrerait récalcitrant quand ce grand homme daignerait tendre lui-même la sébille? Donc le tribun fut expédié à droite et à gauche, dans tous les lieux où la subvention baissait. Entre la poire et le fromage, il exécutait quelque grand exercice d'éloquence et réussissait à faire rentrer quelques bailleurs de fonds sous le charme. Servir ainsi de réclame portative, était un rôle dont il se fatigua vite, mais la caisse sonnait creux et il fallait marcher. L'orateur à recettes essayait parfois, comme les acteurs à la mode, de recourir aux indispositions; c'était peine perdue. A l'heure du départ de la diligence, MM. Baune, Grandménil et Caussidière l'allaient prendre et l'emballaient de gré ou de force dans la voiture. Il avait la consolation d'écouter l'entretien gaillard de ces messieurs et d'aspirer l'odeur de cabaret dont ils étaient parfumés. Le jour du banquet de Dijon, il dut se tenir à distance du bon M. Grandménil, qui se trouvait pris du mal de mer.

Dépassée par M. Ledru-Rollin et sa bande, la gauche l'était encore par les familiers du *National*, demi-républicains, dont elle subissait le patronage en croyant lui imposer le sien. De toute façon, d'ailleurs, en tombant dans un pays où le feu des révolutions s'allume si facilement, les paroles de résistance allaient plus loin que la pensée des orateurs. Si monarchique que fût l'intention, le fait, c'est-à-dire la lutte de la place publique substituée aux débats parlementaires, ne pouvait que pousser aux œuvres d'anarchie.

Tel était l'état des choses, quand la session de 1848 s'ouvrit. Les agitateurs s'y présentèrent avec assurance, en gens qui ont victorieusement relevé un défi; mais quelle fut leur stupeur, lorsqu'ils entendirent la royauté fulminer contre eux un arrêt écrasant? ils s'étaient fatigués dans une longue prédication, et les gens à qui ils voulaient ouvrir les yeux, leur renvoyaient dédaigneusement l'épithète d'aveugles! Aux républicains on faisait l'honneur de les traiter d'ennemis, à eux on semblait dire avec un geste d'épaules : pauvres gens! vous n'avez pas votre raison. Le *Journal des Débats* leur avait bien déjà dit cette vérité en termes non moins durs; mais la recevoir en face, en pleine Chambre, de la bouche du roi, c'était le comble de l'affront ! une tempête s'éleva dans toutes ces cervelles blessées.

Ils se raidirent, et soutinrent les luttes de l'Adresse avec acharnement. A leur avis, la Chambre n'oserait pas aller jusqu'au bout et ratifier l'arrêt du gouvernement ; vain espoir, la majorité confirma purement et simplement la condamnation. La colère les saisit pour de bon ; s'imaginant qu'on voulait les tuer sous la honte, ils prirent conseil, et cette fois, s'arrêtèrent à une détermination audacieuse. Ces banquets qu'un vote éclatant venait d'incriminer, ils décidèrent de les continuer. Le 12º arrondissement de Paris en préparait un, ils en prirent ouvertement la direction, annonçant qu'ils acceptaient toutes les conséquences de leur conduite. La lutte prenait un caractère grave, il y avait révolte contre la volonté législative.

Cette résolution étonna fort le public et répandit un certain trouble dans les hommes du gouvernement. Les membres du centre, fonctionnaires, banquiers et gros propriétaires, vieillards pour la plupart, et dressés à une froide discipline, restèrent tout étourdis d'une pareille témérité ; les aides-de-camp témoignèrent d'une impatience mêlée de défi. Les ministres avaient des nuages sur le front, mais ne doutaient pas de la victoire. Aidés des conseils du monarque, ils se sentaient capables d'affronter des épreuves plus difficiles. Ils étaient convaincus d'ailleurs, ce qui était vrai, qu'au seul aspect d'un péril pour la dynastie, M. Barrot s'arrêterait.

Toutefois, la situation avait une gravité qu'il était impossible de méconnaître, et tout en se tenant prêt à répondre aux évènements, le pouvoir ne négligea aucun moyen d'arrêter le fol emportement de l'opposition. C'est un fait incontestable que les organes du ministère montrèrent en cette circonstance un sincère esprit de retenue, de conciliation, et que les sentiments de violence furent tout entiers du côté de leurs adversaires. Le gouvernement voyait un danger et le montrait froidement et avec tristesse; M. Odilon Barrot et ses hommes répondirent qu'on voulait les effrayer. Il était devenu de bon goût de rire dédaigneusement quand le pouvoir parlait de démagogie, de clubs et d'invasion de la populace; on trouvait que c'était là un moyen fort vieux et devenu ridicule. Un mois plus tard les rieurs savaient à quoi s'en tenir.

Pour le moment nul ne devinait l'avenir. Le *National* n'y voyait tout au plus que l'avènement de la gauche et un pas de fait de son côté; la *Réforme* n'y trouvait rien qui l'intéressât; c'était un feu de paille d'opposition qui tomberait de lui-même, elle jugeait indigne d'elle de prendre part à ce jeu dynastique. Invitée à faire partie de la manifestation, elle répondit par un refus plein de fatuité; c'est de l'histoire d'hier qu'il est facile de vérifier.

L'idée du banquet existait avant le vote de la Chambre; elle provenait de quelques meneurs subalternes du 12° arrondissement, parmi lesquels figuraient M. Bocquet, prétendu étudiant qui se fit adjoint après Février; M. Collet, condamné par les conseils de guerre de Juin; M. Watripon, alors rédacteur de l'*Avant-Garde*, petit journal des étudiants de quinzième année; puis une douzaine de citoyens de même espèce. Ce comité devait se confondre avec celui de la gauche parlementaire; mais ce dernier avait des personnages qui jugèrent la fusion au-dessous d'eux et décidèrent d'évincer leurs collègues. La commission épurée se trouva composée, sous la présidence de M. Boissel, député du 12° arrondissement, des entrepreneurs habituels de la gauche, c'est-à-dire d'hommes tenant pour moitié au *Siècle* et au *National;* au *Siècle,* par les opinions, au *National* par la soumission. M. Pagnerre était un des gros bonnets de l'intrigue.

Ils nommèrent des délégués, recueillirent des souscriptions et firent le nécessaire habituel. Mais l'ancien comité, qui avait cédé ses pouvoirs de bonne grâce, se repentit bientôt; réflexion faite, il trouvait les hommes de la gauche trop pâles, et puis il se sentait capable d'organiser le banquet tout aussi bien que d'autres. Les rédacteurs de l'*Avant-Garde* se firent les propagateurs de ce schisme; ils tinrent plusieurs conciliabules où la question de savoir si le parti républicain pur, c'est-à-dire la *Réforme,* ne devait pas prendre la direction de l'affaire, fut discutée et résolue affirmativement. Forts de cette décision, MM. Watripon, Bocquet et compagnie, convoquèrent une grande assemblée des écoles afin de trancher solennellement la difficulté. La réunion eut lieu dans un vaste atelier du faubourg Saint-Marceau; trois cents jeunes gens y assitèrent, dont une douzaine de membres des *Saisons,* que MM. Albert et moi avions amenés. Il se passa là une de ces scènes de désordre dont la République des clubs nous a donné depuis de si beaux modèles. L'assistance était séparée en deux parties à peu près égales, dont l'une voulait la direction du *National* et l'autre celle de la *Réforme.* On s'épuisa en cris, trépignements et vociférations; à la fin les partisans du *National,* moins forts des poumons, cédèrent la place et abandonnèrent la victoire à la *Réforme.* Il fut voté que le banquet serait mis sous le patronage de M. Ledru-Rollin, et qu'une commission de démocrates éprouvés serait chargée de l'admission des toasts.

Tout cela se faisait en dehors de la *Réforme* et de M. Ledru-Rollin, qui ne le surent que le jour suivant, et n'y virent rien de bien digne d'attention. On aimait dans le farouche journal à se parer de la jeunesse des écoles comme d'un joli colifichet, mais on ne lui accordait pas autrement d'importance.

Le comité parlementaire connut la décision de MM. les étudiants, et ne s'y arrêta pas davantage; il continua ses préparatifs, se mit en quête d'un local qu'il trouva non sans difficulté, et enfin, après bien des délais, décida que le banquet aurait lieu le 22 février, dans une propriété particulière, à Chaillot. Les choses se menèrent ainsi, jusqu'à la veille du grand jour.

Une centaine de députés s'étaient inscrits, ainsi que quelques pairs de France, dont MM. de Boissy et d'Althon-Shée; tous paraissaient décidés à tenir bon. Cela leur était assez facile, en raison d'un compromis consenti par le ministère. Comme ils s'étaient, à différentes reprises, raccrochés à la loi, dont nul article, selon eux, ne contestait le droit de réunion, M. Duchâtel déclara qu'il était prêt à faire vider la question par les tribunaux. Il fut convenu qu'aucune mesure préventive ne serait prise contre les députés, mais qu'un procès-verbal, dressé sur les lieux, servirait de base à un procès en simple police, qui donnerait raison à qui de droit. C'était de la part du gouvernement une condescendance fort grande; en effet, les tribunaux offraient aux opposants un fort bon terrain pour poursuivre leur agitation. Le pouvoir pouvait espérer de gagner du temps, et peut-être d'amoindrir la question dans le détail des formes judiciaires; mais, en fin de compte, le bénéfice de la position restait à ses adversaires.

Sur le soir du 21 février, et quand les agitateurs comptaient sur les concessions par trop grandes de l'autorité, une nouvelle soudaine souleva les esprits : le pouvoir se ravisait et faisait afficher dans la capitale plusieurs proclamations menaçantes. L'une, du général Jacqueminot, enjoignant à la garde nationale de s'abstenir de toute réunion sans ordres supérieurs; la seconde, du préfet de police, interdisait le banquet; la troisième, également de M. Delessert, rappelait les dispositions de l'ordonnance sur les attroupements. Disposé à faire vider la question de légalité, le pouvoir consentait toujours à fournir une occasion de saisir la justice; mais, comme il savait que le banquet servirait de prétexte à un grand rassemblement, comme il voyait surtout, dans un manifeste publié le matin par un comité inconnu, que les gardes nationaux étaient convoqués, et disposés d'avance par rang de légions, ce qui était de l'anarchie pure, il jugeait indispensable de réglementer la manifestation. Injonction était donc faite à chaque convive de se rendre individuellement au banquet, et de se retirer aussitôt la contravention constatée. En cas de résistance, l'autorité serait forcée d'avoir recours aux mesures légales.

Certes! le gouvernement ne faisait là qu'un usage raisonnable de son droit de vivre, de sa qualité pour maintenir l'ordre et le respect du pouvoir. En effet, le manifeste en question affectait une forme officielle, qu'aucun homme d'Etat, dans aucun pays, n'ont trouvée tolérable. Nous en reproduisons les parties principales pour édifier le public. Aujourd'hui que certains dangers ne sont plus traités légèrement par l'inexpérience ou la passion, on sentira l'énormité de cette pièce.

« La commission a pensé que la manifestation devait avoir
« lieu dans un quartier de la capitale où la largeur des rues
« et des places permît à la population de s'agglomérer sans
« qu'il en résultât d'encombrement. A cet effet, les députés,
« les pairs de France et autres personnes invitées au ban-
« quet s'assembleront mardi prochain, à onze heures, au

« lieu ordinaire des réunions de l'opposition parlementaire,
« place de la Madeleine, 2. Les souscripteurs du banquet
« qui font partie de la garde nationale, sont priés de se
« réunir devant l'église, et de former deux haies parallèles,
« entre lesquelles se placeront les invités.

« Le cortége aura en tête les officiers supérieurs de la
« garde nationale qui se présenteront pour se joindre à la
« manifestation.

« Immédiatement après les invités et les convives, se
« placera un rang d'officiers de la garde nationale.

« Derrière ceux-ci, les gardes nationaux formés en co-
« lonne suivant le numéro des légions.

« Entre la troisième et la quatrième colonne, les jeunes
« gens des écoles, sous la conduite de commissaires désignés
« par eux.

« Puis les autres gardes nationaux de Paris et de la ban-
« lieue dans l'ordre désigné plus haut.

« Le cortége partira à onze heures et demie, et se dirigera
« par la place de la Concorde et les Champs-Elysées, vers le
« lieu du banquet. »

Interpellé au sujet de cette pièce étrange, M. Odilon Barrot répondit qu'il ne l'approuvait, ni ne la désapprouvait n'y étant pour rien. C'est la vérité qu'il y était étranger. Elle provenait des membres du comité soumis à l'influence du *National*. Ces hommes, doués d'une forte dose de prudence, mélangée d'habileté, avaient trouvé bon d'éviter la responsabilité du manifeste en la laissant planer sur des chefs de la gauche. C'est ainsi que, dans ces malheureuses circonstances, les agitateurs parlementaires ajoutaient à leurs fautes celles des autres.

Au reste, il faut dire que l'effet des proclamations fut décisif sur les députés. Une réunion qu'ils eurent à l'instant même laissa voir que toute raison ne les avait pas abandonnés. Sur une centaine, dix ou douze seulement soutinrent leur rôle révolutionnaire; parmi ces derniers, un pair, M. d'Alton-Shée, se déclara prêt à passer outre et à se rendre au banquet à la tête de la population. Cette résolution ne trouva pas d'imitateurs. Tout ce que les députés purent trouver de mieux dans cette circonstance fut un acte de rancune qui pouvait passer pour de l'enfantillage : ils arrêtèrent de mettre en accusation le ministère qui ne voulait pas se laisser tuer sans défense; ils déclarèrent traîtres des hommes dont le tort était de ne pas laisser tomber dans la boue un pouvoir dont ils étaient légitimement investis.

Ce fut la dernière scène du drame de la gauche. Honnêtement inspirés dans le but, mais déplorablement conseillés, quant aux moyens, et traîtreusement compromis par des intrigues cachées, les députés avaient suspendu sur le pays un des plus terribles orages qu'il ait essuyés.

CHAPITRE XX.

État des esprits le 21 février. — Conseil de guerre tenu à la *Réforme*. — Étrange opinion de M. Louis Blanc et de M. Ledru-Rollin. — Décision étonnante. — La révolution est un coup de police.

Une certaine agitation s'était répandue dans cette partie remuante de la bourgeoisie, qui croyait suivre la direction du *Siècle*, et ne suivait en réalité que celle du *National*. L'appétit des droits politiques la tourmentait; sans arrière pensée, d'ailleurs, sans soupçon, sans désir surtout d'un changement dans la forme du gouvernement. Le reste de la classe moyenne, c'est-à-dire la grande masse, ne voyait pas avec déplaisir le procès qui se plaidait en sa faveur; mais, satisfaite d'une politique fermement fixée à la paix, favorable au crédit, protectrice des intérêts, elle attendait patiemment les progrès politiques, et se serait bien gardée surtout de troubler l'ordre pour les réclamer. Le peuple des travailleurs écoutait, indifférent, le grand bruit qui se faisait au-dessus de lui. Il y avait seulement, parmi les ouvriers ardents, cette excitation qui précède quelque évènement peu commun; la curiosité des faubourgs était éveillée. Dans un certain nombre d'ateliers on se promettait d'aller à la manifestation, un peu par cet instinct d'opposition, général chez les petits, beaucoup par le désir de voir. Il était question de députés et de pairs qui défileraient au milieu de la population, cela ferait un coup d'œil, et l'on sait si les habitants de Paris sont friands de spectacles.

Quant aux associations secrètes, elles avaient d'abord éprouvé le contre-coup de l'émotion publique; toutefois, sur la déclaration des chefs qu'il n'y avait là qu'une affaire de bourgeoisie où elles n'avaient aucun intérêt, les esprits s'étaient calmés. La *Société dissidente* comptait bien quelques groupes fougueux, parlant de barricades et de coups de fusil, mais que pouvaient-ils sans chefs avouables, sans accord et sans organisation? Beaucoup de membres, d'ailleurs, étaient d'avis de laisser la gauche à ses démêlés et de s'abstenir. Ce dernier parti, l'abstention, était celui que nous avions adopté M. Albert et moi. Nos hommes avaient promis de ne pas se porter en corps à la manifestation; ceux qui voudraient y aller individuellement étaient libres. Les chefs veilleraient et donneraient d'autres instructions, s'il y avait lieu. Comme le seul journal réputé républicain, la *Réforme* suivait également cette marche, les groupes ne firent pas d'objection.

L'émotion produite par la *Presse* et les députés de la gauche, laissait la *Réforme* très indifférente, mais ce qui la troublait c'est le rôle que le *National* prenait dans l'affaire. Craignant décidément d'être supplantée par la feuille rivale et de se laisser enlever la direction des forces révolutionnaires, elle se décida, l'avant-veille du banquet, à sortir de sa superbe réserve. Un article de M. Flocon porta cet évènement à la connaissance des abonnés; on faisait savoir que la *Réforme* daignerait appuyer la résistance légale des députés, ne voulant pas qu'aucun reproche d'indifférence l'atteignît dans une question où l'intérêt du pays était en jeu. On pense bien que cette déclaration parut fort insignifiante au public. Les prétentions superbes de la feuille jacobine faisaient rire beaucoup de gens et n'en imposaient qu'à un très petit nombre.

Une fois cette détermination prise, comme il pouvait arriver qu'on n'accordât pas à la *Réforme* la place qu'elle désirait dans la manifestation; comme, d'un autre côté, les faubourgs, dont on ignorait les intentions, pouvaient susciter des évènements inattendus, on décida de convoquer une réunion de tous les familiers pour se concerter et agir avec ensemble. Une lettre circulaire fut immédiatement rédigée et envoyée à destination sous la bande du journal. Elle contenait ce qui suit: « En présence de la condamnation du
« rédacteur en chef et du gérant de la *Réforme,* nous faisons
« appel à votre patriotisme; une réunion aura lieu demain
« lundi, à 7 heures précises du soir, au bureau du journal,
« pour s'entendre dans les circonstances où nous nous trou-
« vons. »

Le motif allégué était une de ces finesses familières à M. Flocon, et dont tout le monde le savait très amoureux. On trouva cette convocation fort naturelle; il était bon de se voir dans un moment comme celui-là. Néanmoins, tout le monde conveçait que le banquet n'était qu'un mouvement de bourgeoisie, sans portée pour le parti républicain. La journée se passa assez paisiblement; on s'occupa beaucoup des députés, de leurs fières promesses et de leur conduite probable du lendemain; les prévisions ne dépassèrent pas cette limite. Vers le soir seulement, à la lecture des proclamations, un grand sentiment, non de colère ni d'espérance, comme on pourrait le croire, mais simplement de surprise, saisit les meneurs. Ils se dirent que l'acte du pouvoir était une dénonciation de guerre, et cette énergie les laissa passablement déconcertés. Reconnaissant que les fanfaronnades de la plume ou de la voix sont beaucoup plus faciles qu'une bataille en règle contre un pouvoir qui a troupes et canons, la plupart hochaient la tête et convenaient qu'on leur jouait un mauvais tour; c'est sous cette impression que les habitués de la *Réforme* arrivèrent au bureau. Vers huit heures, une cinquantaine de républicains, rédacteurs, actionnaires, ou abonnés du journal étaient présents; voici leurs noms :

MM. FLOCON, rédacteur en chef.
RIBEYROLLES, rédacteur ordinaire.
E. BAUNE, courtier du journal.
M. CAUSSIDIÈRE, courtier du journal.
GRANDMÉNIL, ex-gérant.
PASCAL DUPRAT, rédacteur.
ET. ARAGO, rédacteur.
LOUIS BLANC.
HIBBACK, traiteur, rue de l'Echiquier.
E. GUILLEMOT, rentier.
F. ADAM.
J. GOUACHE, gérant du journal.

MM. Lebœuf, commis.
Fournier, lithographe, place Dauphine.
Ch. Lagrange.
Martin, dit Albert, ouvrier mécanicien.
De La Hodde.
Pilhes, commis-voyageur.
Jouanne, restaurateur, rue Montorgueil.
Pelvilain, épicier, rue Mogador.
Bruet, propriétaire d'un établissement de bains, rue des Quatre-Vents.
Coré, mécanicien.
Augier, rédacteur du journal.
Chesneau, marchand, rue du faubourg Montmartre.
Louchet, marchand de grains.
Tiphaine, agent d'affaires.
Garnaux, caissier du journal.
Sédail, rédacteur du journal.
Yvon-Villarceaux, capitaine de la garde nationale.
Detourbet, capitaine de la garde nationale.
Lesseré, capitaine de la garde nationale.
Tisserandot, employé aux messageries générales.
Demongeot, horloger.
Dupuis, corroyeur.
Desirabode, dentiste.
Aubert-Roche, médecin.
Chancel, contumace du procès de Bourges.
Favreau, employé au ministère de la guerre.
Chambellant.
Rey, ex-commandant de l'Hôtel-de-Ville.
Bocquet, ex-adjoint à la Mairie du 12e arrondissement.
Desgranges, marchand de vins.
Duseigneur,

MM. Dauphin, peintre.
  Monginot, capitaine de la garde nationale.
  Lechalier, courtier d'assurances.
  Galland, inspecteur des marchés.
  Mangin, étudiant.

MM. Ledru-Rollin, Edgar Quinet et plusieurs autres n'arrivèrent qu'après l'ouverture de la séance.

Pour ne pas perdre de temps en formalités, M. Flocon déclara qu'il s'attribuait la présidence. Il prononça quelques mots sur la condamnation du journal, prétexte de la réunion, puis il annonça que la discussion était ouverte. Dire sur quoi était inutile; chacun le comprenait de reste.

M. Baune parla le premier; il entreprit d'exposer l'état des choses et d'indiquer la marche à suivre; mais il le fit assez peu clairement et surtout avec une indécision manifeste; sentant l'espèce d'étourdissement dont l'assemblée était saisie, et craignant de se fourvoyer, il évita avec soin toute proposition décisive; cependant, fidèle à ses habitudes fanfaronnes, il paya de grands mots et d'airs de tête intrépides. Cela ne parut pas satisfaisant; tout le monde sentait la nécessité d'une parole franche, d'une ligne de conduite nettement tracée.

Après lui, M. Grandménil s'avança de l'air d'un homme dont l'opinion est attendue et doit faire poids; c'était là une illusion que personne ne partageait dans l'assemblée; on y craignait même très fortememt la faconde visqueuse et l'intelligence trouble du bonhomme. M. Flocon, qui avait senti ses nerfs danser en le voyant apparaître, lui permit de débiter deux ou trois absurdités, puis lui fit comprendre clairement qu'on n'avait pas le temps d'en entendre davantage.

A ce moment, arriva M. D'Alton-Shée, qui apportait des

nouvelles de la gauche parlementaire. Les députés avaient tenu conseil à la nouvelle des proclamations, et le jeune pair, qui revenait de la réunion, annonçait que leur reculade était complète. Quant à lui, il s'était engagé, avec sept à huit de ses confrères, à aller jusqu'au bout, et il entendait tenir parole, mais il fallait qu'on l'assurât d'un appui sérieux.

Des bravos éclatèrent au récit de M. d'Alton : il avait agi vaillamment et ne s'était pas trompé en comptant sur les républicains. L'appuyer, certes ! tout le monde était prêt à le faire; sa parole ne courait aucun risque, on lui donnerait le moyen de la tenir. Et pendant qu'on l'encourageait ainsi, les regards brillaient, les têtes se dressaient fièrement, un frisson patriotique se répandait dans la salle. M. Louis Blanc fit faire silence et prononça ce discours :

« Après que les députés de l'opposition ont agité le pays
« jusque dans ses entrailles, ils reculent ! Je sens le sang me
« gonfler le cœur, et si je n'écoutais que mon indignation,
« je vous dirais aussitôt, en face d'une pareille félonie :
« poussons le cri de guerre et marchons ! mais l'humanité
« me retient. Je me demande si nous avons le droit de dis-
« poser du sang généreux du peuple sans profit pour la dé-
« mocratie. Si les patriotes descendent demain, abandonnés
« des hommes qui se sont mis en avant, ils seront écrasés
« infailliblement, et la démocratie noyée dans le sang; voilà
« quelle sera la journée de demain. Et, ne vous abusez pas,
« la garde nationale qui a traîné son uniforme de banquet
« en banquet, vous mitraillera avec l'armée. Vous déciderez
« l'insurrection, si vous le voulez, mais si vous prenez cette
« décision, je rentrerai chez moi pour me couvrir d'un crêpe
« et pleurer sur la ruine de la démocratie. »

Cette allocution n'était certainement que le fond de l'idée

générale; elle exprimait fort justement la position du parti républicain et celle du gouvernement. Sans aucun doute, une révolte, dans l'état de la démocratie, ne devait aboutir qu'à une catastrophe, et s'il en a été autrement c'est par un de ces coups du ciel qui humilient la sagesse humaine. Pourtant, si raisonnable que ce discours dût paraître, il n'en fit pas moins un fort triste effet. Les patriotes illettrés trouvèrent que ces chefs, à la langue si bien pendue dans les moments ordinaires, devraient avoir, aux heures de crises, autre chose que des paroles de résignation. Cette opinion fut traduite par quelques murmures qui tombèrent dans l'oreille de M. Lagrange et valurent à l'assemblée une harangue du chevalier errant. Son avis fut de déployer la bannière et de prendre le cimeterre si le lion populaire poussait un de ses rugissements. Mais la question était de savoir s'il rugirait. En cas de silence de la part du lion, M. Lagrange n'expliqua pas ce qu'il ferait.

Cette hésitation avait un secret que voici : la plèbe démocratique acceptait de confiance l'idée de la toute puissance de sa cause; mais dans une circonstance où la bataille était en jeu, elle attendait qu'une voix influente fît le tableau des ressources du parti et prouvât que l'on pouvait s'engager sûrement. Quant aux meneurs, ils s'abusaient eux-mêmes ou bien ils abusaient sciemment leurs créatures; dans le premier cas, ils attendaient comme les autres un exposé qui les confirmât dans leurs illusions; dans le second, ils se taisaient, abandonnant leur comédie au moment où elle prenait des allures tragiques.

Le discours de M. Louis Blanc n'avait pas fourni l'encouragement demandé; celui de M. Lagrange ne parût pas plus concluant. M. d'Alton-Shée, qui reprit la parole à ce moment, trouva que, dans l'état des choses, la seule mesure à prendre était d'adresser au peuple une recommandation formelle de s'abstenir.

Afin de savoir si les chefs ne cachaient pas quelqu'arrière pensée, je me mêlai au débat, demandant ce qu'on entendait faire si le peuple, ne prenant conseil que de lui-même, se décidait à l'attaque, ou s'y trouvait poussé par quelqu'agression. On parlait de l'avertir de ne pas bouger; mais, outre que le peuple comptait peu de représentants réels à la réunion, rien ne disait que la recommandation serait écoutée; pour donner cet avertissement d'ailleurs on n'avait que la nuit, ce qui était insuffisant. La réunion ignorait peut-être ce fait que, dans certains ateliers, on s'était donné le mot pour chômer le jour du banquet; fallait-il espérer qu'un simple avis, imparfaitement répandu, arrêterait les faubourgs et les détournerait d'un spectacle dont ils se faisaient fête depuis long-temps?

A ces questions, qui allaient au cœur des choses, quelques vieux émeutiers s'éveillèrent et l'on recommença à parler révolution dans cette assemblée de révolutionnaires. M. Rey, qu'on appela depuis le colonel Rey, opina pour la bataille sans nul détour : « Si le peuple descend dans la rue, dit-il, notre place est à sa tête; s'il est prêt à se mettre aux barricades, nous devons remuer les premiers pavés et tirer les premiers coups de fusil. Des occasions pareilles à celle qui se présente sont devenues trop rares pour qu'on les néglige. Montrons que notre métier de républicain n'est pas un jeu, et que, quand l'heure est venue, nous savons faire notre devoir. »

Une électricité patriotique se communiqua de nouveau à l'assemblée; les hommes d'action s'échangèrent des regards ardents. M. Caussidière, qui attendait comme les autres une parole catégorique, entra dans la discussion. Il raconta qu'avec MM. Albert et moi il venait de parcourir les faubourgs, — ce qui était faux, — et que des dispositions menaçantes s'y remarquaient. « Je ne veux pas jurer qu'on se prendra aux cheveux, dit-il, mais il y aura du grabuge, et il faudrait dresser nos batteries pour ne pas arriver comme des Saint-Jean au milieu d'une affaire commencée. Prenons quelques petites mesures, ça ne peut pas nuire; s'il n'y a rien, nous irons nous coucher, s'il y a quelque chose, le peuple verra que nous nous sommes occupés de l'affaire; ça ne nous fera pas de tort, dans aucun cas. »

M. Caussidière, comme on le voit, ne perdait jamais de vue les intérêts de la maison; son speech était moitié guerrier et moitié industriel. M. Rey, qui n'y mettait pas tant de malice, revint à la charge au seul point de vue de l'honneur des chefs du parti, déclarant cet honneur engagé dans la question. C'est alors qu'une parole, attendue avec impatience, se fit entendre; M. Ledru-Rollin éleva la voix pour donner son opinion. D'un air un peu dédaigneux, comme le pédagogue qui voit ses écoliers trancher sur un cas grave, il laissa tomber ces mots mémorables : « A la première révolution, quand nos pères faisaient une journée, ils l'avaient préparée long-temps à l'avance; nous autres, sommes-nous en mesure? avons-nous des armes, des munitions, des hommes organisés? Le pouvoir, lui, est tout prêt, et les troupes n'attendent qu'un signal pour nous écraser. Mon opinion est qu'une affaire engagée dans les conditions où nous sommes n'est qu'une folie. »

De la part d'un homme qui s'est depuis rengorgé si fièrement au seul mot de Février, ces paroles paraîtront inconcevables, et l'on voudra se persuader qu'il jouait une comédie, comme il a cherché à le faire croire à Bourges; mais j'ai déjà dit que la théorie de Bourges a été inventée après coup, et qu'en se donnant pour un roué, le célèbre montagnard se vantait. Dans le fait, il avait vu de près le pitoyable tableau de son parti : l'immoralité, la fainéantise, les sottes prétentions, les rivalités haineuses, la profonde désorganisation et surtout le nombre infime. La pensée de traîner au combat, contre la grande France des hommes probes, laborieux et braves, toutes ces misères et toutes ces turpitudes, lui paraissait véritablement insensée. Je dirai plus : dans la position des choses, la perspective du triomphe imprévu de sa cause, frappait son esprit plutôt d'un sentiment de crainte que de joie. En effet, avec sa poignée de républicains gloutons et incapables, il comprenait que la fondation d'un gouvernement était impossible; et, d'un autre côté, il n'avait d'appoint à espérer que dans les mauvais éléments du pays remués par la révolution. Le rôle de chef, dans de pareilles conditions, n'avait rien de flatteur ni même de très rassurant, et le tribun ne l'ambitionnait guères. Je rends cette justice à M. Ledru-Rollin; qu'il ne me démente pas, c'est inutile. Seulement, quand on reparlera de la révolution de 1848, inspirée, organisée, dirigée et exécutée par lui et ses lieutenants, qu'il fasse taire les hâbleurs et leur dise que la plaisanterie est épuisée.

L'assemblée, toute composée d'hommes de la *Réforme*, n'avait plus qu'à se taire quand le maître avait parlé. Quelques objections furent encore hasardées, mais sans succès. M. D'Alton-Shée avait déjà renoncé fort docilement aux palmes du martyr; M. Edgar Quinet ne souffla mot. M. Flocon prononça quelques paroles empreintes d'une réserve diplomatique; bref, la question de guerre fut complètement abandonnée. Pour toute décision, il fut résolu qu'on donnerait l'ordre au peuple de ne pas paraître dans la rue; en cas de désobéissance, ce qui ne paraissait pas probable, on devait se mêler à lui et observer.

Le récit qui précède doit sembler une indigne raillerie. Quoi! les montagnards ont déclaré impossible, la veille, et formellement interdit tout essai de mouvement! Quoi! la *Réforme*, oracle révolutionnaire, n'a pas eu le moindre pressentiment de la révolution! M. Louis Blanc déclare que la tenter est un malheur; M. Ledru-Rollin, qu'y songer est une folie! Quoi! les sociétés secrètes ont ordre de ne pas s'occuper de la manifestation, chose trop insignifiante! Quoi! l'état-major du parti républicain s'est conduit de la sorte le 21 février, veille du fameux mouvement dont il revendique si hautement la gloire! Citoyens qui doutez, interrogez les cinquante témoins cités plus haut, ou plutôt lisez la *Réforme* du lendemain; M. Flocon y fait part de la détermination des chefs et imprime la phrase suivante qui mérite d'être gravée dans l'histoire en lettres d'une coudée:

« Hommes du peuple, gardez-vous demain de tout en-
« traînement téméraire; ne fournissez pas au pouvoir l'oc-
« casion cherchée d'un succès sanglant. »

L'occasion cherchée! cette fois, ô bon peuple, tu seras sans doute édifié sur l'impudente bêtise des charlatans qui t'obsèdent. Ainsi, cette glorieuse manifestation nationale, cet irrésistible élan vers la révolution et la République, c'était quoi? une provocation de police! Ce n'est pas moi, c'est la *Réforme* qui le déclare!

CHAPITRE XXI.

La *Société dissidente* commence le mouvement. — Mœurs de cette Société. — Scènes de la place de la Concorde. — Les gamins de Paris. — Barricades. — Tentative d'assassinat. — Opinion des chefs. — Conseil de guerre. — Pillage. — Incendie. — Résultat de la journée du 22.

Ainsi, plus d'erreurs ou de mensonges possibles sur les points suivants : 1° Le 21 février, veille des évènements, les deux chefs républicains, Ledru-Rollin et Louis Blanc, ont repoussé l'idée d'une attaque : l'un comme une folie, l'autre comme une inspiration de malheur; sur leur parole, l'état-major du parti a décidé de s'abstenir et de faire défense au peuple de descendre; 2° La société secrète des *Saisons*, la plus considérable et la plus sérieuse, avait ordre de ne pas bouger, parce que le mouvement était au-dessous d'elle. En dehors de ces deux catégories, que reste-t-il en fait de républicains? Les hommes du *National* ne comptent pas, presque tous ayant abandonné l'idée d'une lutte par les armes, et aucun d'eux ne prévoyant la catastrophe qui se préparait. Les communistes icariens faisaient à peine attention au mouvement, bien convaincus que leur utopie n'avait rien à y gagner. Une seule fraction n'avait pris aucun engagement, reçu aucun ordre, et se tenait prête à entrer dans tout désordre : c'est la *Société dissidente*. J'ai dit qu'elle comptait environ quatre cents membres sans organisation ni discipline, et commandés par des chefs du caractère le plus suspect. Si l'on veut se faire une idée nette des mœurs de ces hommes, qu'on écoute ceci : une douzaine d'entre eux étaient de la police, et allaient directement à la Préfecture porter leurs renseignements et toucher quelques pièces de cent sous; par leurs dépenses, au-dessus d'une position de simple ouvrier, comme ils s'étaient devinés les uns les autres, ils se soumettaient réciproquement à un chantage d'une étrangeté hideuse. Chaque soir ils se donnaient le mot à quelques-uns, pour observer les abords de la Préfecture; et, s'ils en voyaient sortir un des leurs, ils l'abordaient brusquement en lui jetant à la figure son secret découvert, puis ils le forçaient à solder les frais de quelque dégoûtante orgie. On comprend que, pour ces dignes citoyens, la conviction s'arrêtait juste avec les libéralités de M. Pinel, chargé de leur jeter la pâture; aussi, quand l'un d'eux était remercié, il se mettait aussitôt à conspirer pour de bon, et devenait un démocrate des plus ardents. Quelques accusations tombaient bien au milieu de son patriotisme; mais comme tous les chefs de la très honorable *Société dissidente* en étaient là; personne n'y prenait garde. Au reste, le corps d'armée était à l'avenant des chefs; il avait l'honneur de compter un bon nombre d'ivrognes, de souteneurs de filles, de vagabonds et même de voleurs, tous excellents communistes et déclarant hautement qu'il fallait mettre un terme au règne de la corruption.

C'est cette *Société dissidente*, formée de pareils hommes, commandée par de pareils chefs, qui s'était répandue dans les faubourgs, et avait décidé beaucoup d'ateliers au chômage; non pas que les ouvriers laborieux fussent aux ordres de ces vauriens, mais il était question du banquet comme d'une cérémonie peu commune; on y verrait défiler des personnages de toutes sortes : pairs, députés, journalistes, grands patriotes; et le peuple, la curiosité aidant, s'était laissé entraîner.

Que ceci plaise ou non aux inventeurs d'épopées, la révolution est sortie matériellement du point que j'indique, c'est-à-dire d'un égout social et d'une curiosité. J'avoue qu'il m'est impossible de ne pas traiter avec colère cette opinion si carrément soutenue et niaisement admise, que Février fut un mouvement national et républicain. National! quand c'est la glorieuse *Société dissidente* qui le fait éclater! Républicain! quand MM. Ledru-Rollin, Louis Blanc, Flocon, d'une part, les chefs des *Saisons* de l'autre, et puis le *National* et tous les hommes importants du parti l'ont formellement désapprouvé et interdit! Qu'importent les fautes du dernier gouvernement? Sans l'initiative d'une bande de sacripans et la curiosité du peuple des faubourgs, l'émeute apparaissait-elle dans Paris le 22? Non; puisque les chefs de la faction républicaine avaient reconnu leur impuissance et défendu, non-seulement toute attaque, mais toute manifestation; or, la journée du 22 écoulée dans le calme, c'était Paris et la France sauvés, c'était le fameux entraînement national et l'illustre parti républicain laissés, l'un dans son néant, l'autre dans son infirmité. On ne détruira pas cette vérité, quoi qu'on fasse, et peu à peu le pays la connaîtra. Les sottises pompeuses et les déclamations intéressées ont fait leur temps. Dire que le gouvernement de Juillet est tombé parce qu'il avait fait ceci ou cela pendant dix-huit ans, est un conte de vieille femme; il est tombé parce qu'à une certaine heure où il fallait avoir une énergie stoïque, il n'a eu qu'une générosité imprudente; il est tombé comme peuvent tomber les plus forts par un faux pas, par un moment de trouble; nul n'a le droit de se vanter de sa chute que la Providence aux décrets sombres et souverains!

Vers onze heures, le 22 février, les hommes d'action de la *Réforme*, et les chefs des *Saisons* se dirigeaient vers la Madeleine pour étudier le mouvement; après avoir examiné les masses stationnant sur la place de la Concorde ou ondulant sur le boulevard, ils reconnurent que leur peuple n'était pas là. La population descendue se composait pour les neuf dixièmes d'amateurs de spectacles publics, et puis d'une troupe disséminée de patriotes louches et de ces bandits qui exploitent les foules. Les blouses étaient en majorité sur la place, et composaient des rassemblements; les bourgeois allaient et venaient. Il n'y avait ni cri, ni entraînement; de parti pris encore moins. Les sergents de ville avaient ordre de ne pas paraître en uniforme, c'était un prétexte de moins à l'agitation. Si ce n'est à certains signes, connus des hommes spéciaux, on aurait pu croire que cette masse de peuple ne renfermait aucun élément de désordre; un de ces signes se révéla vers midi: quelques patriotes déguenillés, les lèvres bleues et la démarche avinée, tombèrent sur un pauvre diable, et se mirent à l'assommer en criant à l'agent de police! J'étais à quelques pas avec M. Cheneau, marchand de corderie, rue du faubourg Montmartre, et je parvins à arracher ce malheureux des mains de ses bourreaux. Ce qu'il était je l'ignore, et ceux qui l'accusaient ne le savaient certainement pas plus que moi.

Avant cet incident une tentative avait eu lieu contre la chambre des Députés; MM. les étudiants, conduits par les rédacteurs de l'*Avant-Garde*, étaient partis du quartier Latin, bras dessus, bras dessous, le chapeau sur l'oreille et la pipe aux dents; rejoints en route par une troupe d'ouvriers, ils avaient fait leur apparition sur la place de la Concorde. Comme ils n'y virent rien d'extraordinaire ils résolurent, pour animer le tableau, de pénétrer dans le Palais-Bourbon en escaladant les grilles. Quelques-uns mirent ce projet à exécution. Ce n'était là qu'une de ces gentillesses familières à nos spirituels jeunes gens, mais l'exemple était mauvais dans la circonstance. On fit venir des troupes qui chassèrent les étudiants, entourèrent la chambre et gardèrent le pont.

Vers le même temps une troupe de faubouriens s'ameutait autour du ministère des affaires étrangères, poussant le vieux cri de ralliement des journaux vertueux : A bas Guizot ! à bas l'homme de Gand ! puis se mettait à lancer des pierres dans les vitres. Une estafette à cheval qui sortait, faillit être lapidée. Des troupes appelées également sur ce point, foulèrent le rassemblement qui s'écoula vers les Champs-Elysées.

Ces démonstrations n'avaient rien qui dût surprendre : le *Parisien* n'avait pas fait d'émeute depuis neuf ans et sa démangeaison de désordre était fort explicable, surtout lorsqu'il se voyait en nombre sur le pavé. La population de Paris, lorsqu'un prétexte politique la rassemble, est entraînée à l'agression aussi naturellement que l'eau à la mer; c'est un point que les gardiens de l'ordre public ne doivent jamais perdre de vue.

Sans avoir encore rien de menaçant, les groupes épais de la place chagrinaient l'autorité qui les fit disperser par la cavalerie. Les plus turbulents étaient à l'entrée des Champs-Elysées, du côté de la rivière; on les balaya plusieurs fois dans les arbres, mais sans pouvoir les dissoudre; presqu'aussitôt ils se reformaient et regagnaient les abords de la place. Il y avait là une bande de ces enfants hargneux et effrontés, qu'on appelle des gamins de Paris, et qui sont l'avant-garde de toutes les séditions. Quand les cavaliers regagnaient leur poste après une charge, ces petits vauriens les assaillaient par derrière à coups de pierres. Bientôt, fidèles au sang paternel, ils prirent les chaises bordant l'avenue, et les empilèrent à travers la chaussée; ce fut la première barricade, qui, du reste, n'avait rien de sérieux et que des passants renversèrent à coups de pieds.

Quand les gamins eurent achevé leur besogne, ils se portèrent sur le corps-de-garde fortifié qui borde la grande avenue; armés d'une provision de pierres, ils assaillirent les hommes du poste qui par prudence se réfugièrent à l'intérieur; puis continuant leur attaque, du pied même de la grille où une décharge pouvait les hacher en pièces, ils couvrirent le bâtiment pendant un quart-d'heure, d'une averse de cailloux. Les gardes municipaux ne bougeant pas, un jeune homme de quinze ans, en blouse, se hissa par dessus la grille, se cramponna aux rebords du corps-de-garde et l'escaladant jusqu'au premier, en arracha le drapeau qu'il rapporta triomphant. Occupés sur la place, les gardes à cheval, ne parurent point pendant cette scène; mais on les vit bientôt accourir, à un indice plus grave : un nuage de fumée s'échappait des derrières du corps-de-garde; les petits misérables y avaient mis le feu.

La foule resta la même, jusqu'à cinq heures, à l'entrée des Champs-Elysées et aux alentours de la Madeleine; dispersée sur un point, elle se regroupait aussitôt sur un autre. Ce contact avec la force armée, l'excitation que se communiquent les uns aux autres des hommes venus sans intention hostile, mais qui s'habituent à se croire en face d'un ennemi, quelques sabres qu'on voyait s'agiter de temps en temps au-dessus des têtes, et puis des excitations sourdes semées par les démagogues errant de droite et de gauche, tout cela finissait par agacer les nerfs d'un certain nombre d'exaltés. Plusieurs m'abordèrent en demandant si on ne prenait pas un parti.

— Le comité veille, répondis-je; ne bougez pas avant de recevoir des instructions.

— Mais s'il arrive quelque chose, où se verra-t-on ?
— Ce soir, au Palais-Royal, à 9 heures.

J'avais pris sur moi d'indiquer ce rendez-vous, qui fut donné à une douzaine de chefs que je trouvai sur mon chemin. Tous se conformèrent à ma recommandation et s'abstinrent d'actes agressifs. Mais l'exemple donné par les gamins et cette électricité détestable qui se détache de la plèbe ameutée, amenèrent bientôt de coupables tentatives. Un groupe de la *Société dissidente* dressa une barricade, rue de Matignon, avec les matériaux d'un bâtiment en construction; dans la rue du Faubourg Saint-Honoré, des omnibus et autres voitures furent renversés. Bientôt l'instinct de désordre gagnant l'intérieur de la ville, des pavés furent arrachés, rue de Rivoli, en face de l'hôtel des Finances. Dans la rue Saint-Honoré, on eut le temps d'élever une baricade assez forte; à quelques pas de là, la boutique d'un armurier était pillée, en même temps que celle de Lepage, rue de Richelieu, déjà enfoncée et envahie, était protégée à temps par un piquet de troupe.

On put voir, à la tombée du jour, que la bande de patriotes de sac et de corde que j'ai signalée, commençait décidément à s'enhardir. Rue Saint-Honoré, l'un d'eux, se précipitant sur le vieux colonel Bisfeld, qui passait avec un détachement, essaya de l'assassiner, après lui avoir arraché son épée; d'autres poussaient des clameurs séditieuses et des appels à la révolte. Ce n'était, il est vrai, que des faits isolés, accueillis par la foule plutôt avec effroi que sympathie.

Au moment de la tentative de la rue Saint-Honoré, je retrouvai MM. Caussidière et Albert, dont je m'étais séparé volontairement; le premier hocha la tête.

« Tout cela n'est pas clair, dit-il; il y a du monde, mais c'est tout; ça n'ira pas jusqu'aux coups de fusil. »

M. Albert partageait cette opinion; il n'avait vu qu'une imperceptible minorité de patriotes dans la multitude de la place de la Concorde, et il avouait que ce n'était pas là une manifestation républicaine.

Avec la nuit qui tombait, les hommes des faubourgs évacuèrent peu à peu les alentours de la Madeleine, et regagnèrent leurs quartiers; les simples curieux rentrèrent chez eux, les émeutiers se répandirent chez les marchands de vins, dans les carrefours et les ruelles sombres où l'anarchie a coutume de préparer ses expéditions. Aux Champs-Elysées, il y eut encore ce soir-là un spectacle déplorable; toute la journée, ce quartier paisible avait été épouvanté par les clameurs de l'émeute; le soir, il le fut par les lueurs de l'incendie. Les malheureux enfants qui avaient commencé le désordre, couronnèrent leur ouvrage en faisant un large autodafé des chaises de la promenade.

A la chute du jour, l'impression des chefs du parti républicain était à peu près la même partout : on reconnaissait que le gouvernement avait fait preuve d'une modération extrême, ce qui l'autoriserait à agir le lendemain avec d'autant plus de vigueur; or, en présence des ressources du pouvoir, énergiquement employées, le mouvement serait anéanti sur le coup. C'était l'opinion de M. Ledru-Rollin, qui se glissa dans la soirée à la *Réforme*, et se montra fort dépité d'une affaire engagée malgré ses ordres, qu'il croyait souverains, et surtout d'une échauffourée dont il risquait de payer les frais, malgré sa parfaite innocence. Il était surtout préoccupé d'une crainte qu'il manifesta à plusieurs reprises, c'est qu'on ne vînt saccager la *Réforme* et prendre tous ses rédacteurs et patrons. M. Flocon ne voyait pas les choses d'un œil plus rassuré; il avouait que la partie pouvait se terminer par un coup de mort pour la cause.

Au *National*, où l'intervention des faubourgs était aussi redoutée qu'aux Tuileries même, les évènements de la journée paraissaient une faute énorme; on maudissait de bon cœur ce misérable peuple qui se permettait des coups de tête si compromettants.

Les hommes d'action, tels que MM. Caussidière et Albert, n'étaient pas aussi effrayés, mais n'éprouvaient qu'une médiocre confiance. A neuf heures, selon l'avertissement que j'avais donné, ils arrivaient au rendez-vous du Palais-Royal. La réunion compta une douzaine d'individus dont voici les noms : MM. E. Baune, Grandménil, Fargin-Fayolle, Chancel, Causidière, Albert, Pilhes, Chenu et moi, tous plus ou moins engagés dans les sociétés secrètes, puis plusieurs familiers de la *Réforme*, en dehors des conspirations, parmi lesquels MM. Cheneau, Demongeot et Boissier. Les boutiques étaient fermées, les lumières éteintes, et une morne solitude régnait dans le palais. On se forma en cercle sous la colonnade qui est contre le café Lemblin, et on ouvrit une discussion confuse, embarrassée, où nul n'apporta un avis décisif. Il fallait attendre, il fallait voir; tel fut le résumé des opinions. A la fin, voulant savoir où retrouver les hommes dangereux le lendemain, je proposai pour lieu de rassemblement le boulevard Saint-Martin. Je savais que les révolutionnaires se tiendraient dans les quartiers du centre, mais je voulais, autant que possible, les réunir dans un lieu découvert. Ma proposition fut adoptée; toutefois, elle resta subordonnée à la résolution que prendraient les hommes des faubourgs, sur lesquels on n'avait aucune action; ils étaient descendus d'eux-mêmes ce jour-là, peut-être le lendemain s'abstiendraient-ils; dans ce cas, il était entendu que nul ne bougerait. Voilà ce que décidèrent ces chefs intrépides, à qui l'ignorance publique impute la suprême direction des évènements.

Pendant ce temps, les conspirateurs de la *Société dissidente*, et une foule de recrues ténébreuses que l'émotion de la ville leur avait attirées, hurlaient chez les marchands de vins, et juraient l'extermination du pouvoir pour le jour suivant. Quelques vieux patriotes, retirés des associations, songeaient aussi à prendre le fusil et se donnaient grand mouvement. Dans le nombre était M. Sobrier, que je trouvai vers onze heures au café des Postes, rue Montorgueil, en compagnie de M. Pilhes et de quelques autres; son organisation fébrile, vivement secouée, éclatait en paroles et en gestes frénétiques. Lui, au moins, ne montrait aucune hésitation : les barricades, la bataille, la proclamation de la République, et cela sans retard, à l'instant même, voilà quelle était sa motion.

« Voulez-vous des armes, s'écria-t-il, j'en ai; arrivez! »

La troupe le suivit à son logement, rue Mazagran, où il étala un arsenal d'armes de toute espèce. Il y avait des fusils, des carabines, des pistolets, un tromblon, des sabres et des épées; le tout en assez mauvais état. Chacun prit ce qui lui tomba sous la main, et on redescendit dans la rue. Arrivée dans le milieu du quartier Saint-Martin, la troupe fut arrêtée par une fusillade qui partait de la rue Bourg-l'Abbé. Quelques émeutiers s'étant présentés en armes dans ce quartier, avaient eu un petit engagement avec des chasseurs de Vincennes; ce fut le seul de la journée dans Paris. Comme M. Sobrier et ses amis n'étaient pas sûrs de leurs armes, et d'ailleurs n'avaient pas de munitions, ils battirent en retraite, rôdèrent pendant quelque temps dans le faubourg Saint-Martin, et finirent par s'aller coucher.

Moins avant dans la soirée, des scènes de pillage et de dévastation, accomplies sous l'œil de l'autorité, avaient consterné la population; à Batignolles, une bande audacieuse désarmait le poste de la barrière et mettait le feu au bâtiment. Rue Saint-Honoré, en face de la rue du Coq, on pillait une boutique d'équipements militaires; à cent pas de là on enfonçait la porte de l'armurier Beringer, juste au moment où passait une forte patrouille. Les pillards, interrompant leur besogne, s'écriaient à tue-tête : Vive la ligne ! L'officier passait sans avoir rien vu, ou sans avoir voulu rien voir, et le bruit des pinces et des marteaux, battant la devanture, recommençant aussitôt, arrivait à ses oreilles impassibles. Une certaine molesse dans les ordres de répression avait été remarqué dès ce jour-là et produisait déjà son effet. Le plus grand mal produit à cette heure était, au reste, cette impression qu'éprouvait la troupe; les évènements en eux-mêmes, quoique d'un caractère fort triste, n'avaient rien de bien alarmant. Avec des hommes résolus et des mesures vigoureuses on dominerait facilement la position le lendemain.

CHAPITRE XXII.

L'intrigue de la *Réforme*. — Tous les patriotes s'habillent en gardes nationaux. — La Bourgeoisie du *Siècle*. — Médiation désastreuse. — Les *Saisons* au boulevard Saint-Martin. — Armes données ! — M. Albert accusé de trahison. — Concession à la révolte.

A dix heures du matin, le 23, une douzaine de familiers de la *Réforme* étaient rassemblés dans les bureaux, lorsque M. Flocon entra avec fracas en s'écriant :

« Il faut aller revêtir des uniformes de garde nationale; ceux qui n'en ont pas doivent s'en procurer chez des amis, des fripiers, n'importe où; avertissez tous les patriotes d'en faire autant. Aussitôt habillés, rendez-vous aux mairies en criant : Vive la réforme! vous prendrez ensuite la tête des détachements et vous vous interposerez partout entre le peuple et la troupe. Allez et dépêchez-vous! la République est peut-être à ce prix. »

M. Flocon, qui est un homme ridicule, mais un révolutionnaire fort sérieux, disait vrai; la République était enfermée dans cette manœuvre; mille causes pouvaient la faire échouer sans aucun doute, d'abord, une volonté ferme de répression contre tout acte séditieux, d'où qu'il vînt; mais le pouvoir abandonnant ses moyens naturels de défense, il se trouva qu'une tactique grossière allait triompher d'une force immense et des plus sages prévisions.

C'est la veille, dans la soirée, que cette idée de travestir les patriotes en gardes nationaux et de donner le change à la bourgeoisie par de simples cris de réforme, avait été proposée; MM. Flocon, Etienne Arago, Monginot et Lesseré, l'avaient discutée, et décidément adoptée dans la matinée du 23. Ces deux derniers, capitaines de la milice, et en bons termes avec le *National*, s'étaient chargés de communiquer le plan à la rue Lepelletier et de réclamer son concours; ils trouvèrent des gens à l'oreille fort tendre et d'un esprit fort accommodant. Accepter un rôle dans une haute intrigue, point trop compromettante, était une de ces bonnes fortunes que ces diplomates n'ont jamais négligée.

Sans la classe moyenne, tous les hommes intelligents le savent, pas de révolution possible. Au rappel battu la veille, peu de gardes nationaux avaient répondu, cédant à cette insouciance qui fait qu'on s'en rapporte au voisin, sans songer qu'aux heures de crise tous les bras fidèles doivent se lever. Voyant cette absence des hommes d'ordre, les anarchistes s'imaginaient de les remplacer, de prendre leur influence et de faire accepter pour ceux de la bourgeoisie leurs propres sentiments. Une fraction de la classe moyenne, celle dont le *Siècle* est l'organe, devait se prendre d'elle-même à ce jeu de dupes; tenue dans un état continuel de demiagression par des rhéteurs stériles et de piètres ambitieux, elle était prête à devenir l'instrument de toute machination habile; avec ce mot de réforme, résumé des quelques douzaines de phrases de son répertoire, on pouvait la conduire tête baissée dans n'importe quel abîme. C'est ce que les roués du parti radical avaient deviné, et dont ils allaient tirer si bon parti.

Le 23 au matin, le tambour n'ayant encore réuni qu'un faible contingent de conservateurs, les radicaux envahissaient les mairies, au cri de réforme, et s'y installaient en maîtres. Les gens naïfs à la façon de M. Altaroche, et les tripoteurs d'opposition comme MM. Perrée et Pagnerre, arrivaient le nez en l'air, l'ambition en tête, et prêts à faire toute sorte de sottises. Les patriotes commençant aussitôt leur rôle, fraternisaient au cri de ralliement convenu, réclamaient l'expulsion de *l'homme de Gand*, et déclaraient qu'une lutte entre le peuple et la troupe était une abomination qu'il fallait empêcher à tout prix. La conduite à tenir se réduisait à un seul point; empêcher partout les collisions. Les gardes nationaux de la gauche trouvèrent cette idée admirable. Dans leur innocence, le peuple qu'ils allaient déchaîner par une connivence détestable, s'arrêterait juste au point fixé par eux: il arracherait le portefeuille des mains de M. Guizot, le remettrait respectueusement aux chefs de l'opposition, et puis ne demanderait qu'à se reposer dans sa gloire. Inconcevable folie! Non pas de croire à la sagesse du vrai peuple, mais de ne pas voir que le mouvement engagé par la lie des faubourgs, et poussé par quelques intrigants, s'enfoncerait fatalement dans l'anarchie par le manque de répression, et conduirait au triomphe de la démagogie! Toute la révolution est dans trois faits: cet aveuglement de la bourgeoisie opposante, l'épouvantable drame du boulevard, et puis et surtout, la généreuse faiblesse du pouvoir.

Vers onze heures, M. Altaroche, à la tête d'une compagnie de la 2e légion, parcourait la rue Montmartre en acclamant la réforme; des détachements de la 8e et de la 9e légion, descendaient des faubourgs, poussant les mêmes clameurs; quelques compagnies de la 3e légion réunies aux alentours de la mairie des Petits-Pères, se conformaient également au mot d'ordre. Tous ces pelotons marchaient escortés d'une foule de peuple, inoffensive en beaucoup d'endroits, mais sinistre dans d'autres, aspirant le désordre et hurlant la passion. On reconnaissait à ces derniers signes la bande fauve des conspirateurs de barrières; tous ces hommes étaient descendus, rôdant comme des loups dans la tourmente et n'attendant qu'un signal pour se ruer dans le sang et la dévastation. Eparpillés aux quatre coins de la capitale, sans chefs, sans instruction, ils n'avaient pour guide que leurs instincts de haine et de rapine.

Un des premiers actes de cette médiation étrange, qui se réduisait à lier les bras à la troupe, pendant que la populace démolirait la monarchie, se passa au coin de la rue de la Banque. Des émeutiers avaient voulu désarmer le poste et en avaient été empêchés par un détachement de dragons; des gardes nationaux arrivèrent, et trouvant que les dragons avaient tort, se jetèrent à leur rencontre la baïonnette en avant. Des scènes pareilles se renouvelèrent en cinquante endroits : rue Bourtibourg, où le feu s'engagea un instant, intervention de la garde nationale; rue Royale-Saint-Martin, commencement de fusillade et même empressement de la garde nationale à mettre le holà, c'est-à-dire à arrêter la force publique dans son devoir de répression. Les quelques patriotes glissés dans les pelotons, prenaient audacieusement l'initiative de cette manœuvre, et tout le détachement, par duperie ou faiblesse, aidait ou laissait faire. Il ne faut pas s'imaginer que j'arrange ici l'histoire au profit de mes idées, comme l'ont fait d'autres écrivains; le déplorable imbroglio que je signale a existé, et forme tout le secret de la journée du 23. L'effusion de sang fut évitée presque partout, mais uniquement au profit de l'anarchie; c'était la mise en œuvre dans les conditions les plus désastreuses de la fable de Bertrand et Raton.

Vers midi, les hommes des sociétés secrètes, arrivant au boulevard Saint-Martin, d'après l'ordre donné la veille, et trouvant la position fortement gardée, refluaient dans les rues environnantes et se mettaient à dresser des barricades. Ce travail s'accomplissait dans la plus parfaite sécurité; pendant deux heures les quartiers du Temple et Saint-Martin restaient au pouvoir absolu de quelques bandes, autour desquelles la foule s'amassait autant par curiosité que par sympathie. Jusque-là l'émeute, à quelques rares exceptions, ne possédait pas d'armes. Quand les barricades furent achevées dans les rues Neuve-Saint-Laurent, Notre-Dame et de Nazareth, plusieurs faubouriens, à moitié ivres, bras nus, bouche mauvaise, œil sinistre, s'écrièrent qu'il fallait entrer chez les *bourgeois* pour s'emparer de leurs fusils. L'un d'eux avait une pince, d'autres de gros bâtons; ils frappèrent aux portes à grands coups, et adressèrent leur requête d'un ton brutal, menaçant de saccager les maisons si on refusait de les satisfaire. Les familles épouvantées apportèrent les armes qu'elles possédaient et les pillards écrivaient à la craie sur la porte : arme donnée !

Dans toute circonstance pareille la révolte marque son passage par cette formule qui est comme un cachet de défaite imprimé sur les habitations. Rien de plus triste et de plus démoralisant que ce spectacle où des bandits dépouillent les gens paisibles et leur arrachent, pour les tourner contre la société, des armes destinées à la défendre. Et c'est toujours ainsi que les premiers corps d'insurgés s'équipent et trouvent moyen d'entrer en ligne contre les soutiens de l'ordre. Si l'on demande quel remède je trouve à cet état de choses désastreux, je dirai d'abord que tout citoyen armé par le gouvernement, peut être forcé d'être à son poste de défense quand le gouvernement est attaqué, et ne doit pas attendre qu'on vienne le désarmer chez lui; ensuite, il me semble qu'après chaque rebellion tout garde national pourrait être tenu de produire son fusil ou de prouver qu'il s'en est dessaisi seulement par force majeure; faute de satisfaire à l'un de ces deux points, le conseil de discipline le frapperait d'une amende et d'une flétrissure. Si ce moyen restait insuffisant, ce serait d'avoir recours à ce que l'on nomme les mesures de salut public; car il est impossible que les anarchistes se fassent plus long-temps un instrument de révolution, de ce qui ne doit être qu'un instrument de paix publique.

Le vrai théâtre de l'action populaire était l'endroit que je viens d'indiquer, c'est-à-dire le haut des quartiers Saint-Martin et du Temple. La fermentation y était grande, mais de combats, proprement dits, il n'y en avait pas. Un fort cordon de troupes barrait toutes les issues du carré Saint-

Martin; il ne tira pas un coup de fusil. Des municipaux occupant la rue, un peu plus bas, firent seulement une décharge dans la rue Grenéta. MM. Caussidière et Albert arrivaient en ce moment au rendez-vous des *Saisons*; ils manquèrent d'être atteints par la fusillade. Les quelques insurgés en armes que les municipaux avaient attaqués disparurent, et comme le reste était inoffensif, l'affaire n'eut pas de suite.

Au même moment, un groupe d'hommes des *Saisons* arrivaient rue Vieille-du-Temple, devant la maison n° 131, où restait M. Albert; ils venaient le sommer de leur fournir des fusils et des munitions, comme il s'y était engagé. Ne le trouvant pas, ils s'emportèrent en cris de colère et résolurent, sur l'avis de l'un d'eux, de construire une barricade devant le logis, uniquement pour compromettre leur chef qu'ils accusaient de trahison; on peut voir par ce fait que les républicains les plus raisonnables n'avaient pas encore à cette heure le moindre espoir de succès. La barricade fut construite sans que personne inquiétât les émeutiers. Un heure après seulement, comme ce rempart, qui montait jusqu'au premier étage des maisons, parut inquiétant, deux pièces de l'artillerie du boulevard arrivèrent pour le détruire; on entendit une grande détonation et deux boulets se perdirent dans l'amas de pierres. Ce fut le seul endroit où l'artillerie tonna dans cette journée. Une douzaine d'insurgés étaient derrière la barricade, ils s'enfuirent au galop.

Rue Croix-de-la-Bretonnière, il y eut aussi un engagement entre une douzaine d'émeutiers et un peleton de municipaux, les premiers eurent trois des leurs mis hors de combat.

Tel est, avec quelques petits faits particuliers, le bulletin de la journée du 23 jusqu'à deux heures. C'est à ce moment que la royauté, abusée par de faux renseignements et de funestes conseils, se décidait à une première concession dont la conséquence devait être une épouvantable catastrophe pour la France et l'Europe entière.

Devant cette leçon immortelle, toute réflexion et toute récrimination sont inutiles : il est maintenant écrit en lettres de feu et de sang que jamais l'autorité ne doit reculer d'un pouce devant la rébellion. Cette dernière eût-elle les meilleures excuses, les avantages de son succès sont toujours mille fois moindres que ses maux.

On peut dire que rien au fond ne forçait à une mesure aussi énorme que celle d'une capitulation devant la révolte. Quoique certains écrivains aient pu dire, il n'y a point eu de faits de guerre digne d'attention ce jour là, et dans les petites escarmouches qui eurent lieu, le pouvoir n'éprouva pas d'échecs notables. Tout le monde sait d'ailleurs que quelques pelotons de municipaux furent seuls engagés. Le succès d'une attaque en règle des troupes, vers deux heures, ne peut être l'objet d'un doute pour aucun homme d'intelligence et de bonne foi.

Le roi sentait bien l'incalculable gravité de l'acte auquel il se résignait; que dès cette heure la convenance d'une réforme lui apparût, on peut le croire, mais que, de son gré, il ait cédé dans un moment où il y avait presque déshonneur à le faire, cela ne s'admet pas. Dès cette heure, seulement, il se trouvait pris dans le réseau d'hésitation, de fausses apparences, de couardises et d'intrigues qui troublèrent son esprit et enchaînèrent sa volonté. A ses yeux, le mouvement de Paris résultait d'une occasion de désordre saisie par la plèbe, — fait au-dessous de la préoccupation d'un homme d'Etat. — Et puis d'une réminiscence de fronde, dans quelques pelotons de gardes nationales, — chose fâcheuse mais sans portée grave. — La conduite à tenir en cet état de choses, ne devait jamais descendre, selon le roi, à un acte pareil à celui qu'on lui proposait, c'est-à-dire à une reculade de l'autorité. S'il céda, c'est qu'il n'avait pas la vanité têtue que des ignorants lui ont imputée et que, devant ses amis réputés les plus sincères, d'accord pour lui conseiller une mesure déplorable, il craignit d'être taxé de présomption folle en résistant.

Que cet exemple profite à tous les pouvoirs : c'est aux heures de crise et de danger que les vrais serviteurs se montrent; ceux qui, à ces moments, n'ont que des paroles de tristesse et des conseils de concession, ne pensent pas à leur maître, ils ne pensent qu'à eux !

CHAPITRE XXIII.

Férocités. — Le loup populaire lâché dans Paris. — La *Réforme* et le *National* organisent une catastrophe. — Pèlerinage séditieux. — M. Lagrange. — Coup de pistolet du boulevard des Capucines.

Le résultat du changement de ministère sembla donner raison aux conseillers du roi : la nouvelle répandue vers trois heures dans les quartiers populaires, y abattit presque instantanément l'émotion. Cela se conçoit; la garde nationale sous les armes, cette armée dont les amis du château s'étaient épouvantés, et qui ne comptait, après tout, que cinq à six mille imprudents traînés à la remorque de quelques douzaines de républicains; cette garde nationale, fraction infime de la bourgeoisie qu'elle prétendait représenter, n'avait pas véritablement l'intention d'aller plus loin qu'un ministère de gauche; ce résultat obtenu, — résultat inespéré, certes! — elle triompha fort sincèrement et n'eut rien de plus pressé que d'apaiser le peuple. Comme ce peuple, pour le plus grand nombre, avait également cédé à la démangeaison de faire acte d'autorité contre l'autorité, il acclama le résultat avec enthousiasme, et n'en demanda pas davantage; la chute de M. Guizot surtout, qu'on lui avait appris à haïr, lui parut une satisfaction superbe.

Mais, en même temps que les vœux des gens à vue courte, les craintes des hommes clairvoyants se réalisaient; les bandes de l'anarchie, lâchées sur la société, n'étaient pas disposées à abandonner leur proie. Pendant que Paris se croyait sauvé, tous les hommes de rapine et de sang, vagabonds, communistes, gens ruinés, voleurs, membres de sociétés secrètes et bandits de toute espèce, se cramponnaient au désordre et faisaient ouvrir les yeux aux aveugles. Leur rage poursuivait surtout les gardes municipaux. Rue Bourg-l'Abbé, au magasin de Lepage, un détachement de ces braves soldats, cerné par une troupe rugissante et altérée de carnage, ne dut son salut qu'à l'intervention du maire du 6e arrondissement et du colonel de la 7e légion. M. Etienne Arago, qui survint au moment où ils sortaient, désarmés, l'œil sombre et les poings crispés de colère, s'engagea à les reconduire jusqu'à l'Hôtel-de-Ville, répondant de leur sûreté; malgré ses efforts, il s'en fallut de peu que la rage des tigres du faubourg ne s'assouvît; sur la place de Grève, ils s'étaient précipités sur les malheureux gardes, en poussant le cri sinistre : A la rivière !

Au faubourg Saint-Martin, au moment où les gardes municipaux rentraient le fusil sur l'épaule, toute la populace du quartier les assaillit avec fureur, les écrasa dans l'entrée de la caserne et s'empara du bâtiment. Sans une compagnie de garde nationale qui arriva, un massacre horrible avait lieu. Partout la même férocité éclata contre ces admirables soutiens de la paix publique, contre ce corps d'honneur, où s'incarnait le type de la fidélité militaire.

Et cela se passait, qu'on ne l'oublie pas, après que la chute du ministère était connue, ce qui prouve que la vase agitée avait vomi ses reptiles, et que la retraite de la garde nationale n'avait pas débarrassé Paris. Ces égorgeurs de municipaux et les bandes en guenilles, aspirant le sang et le pillage, qu'on voyait passer dans les rues, comme des apparitions d'enfer, c'était le contingent des antres de conspirations et des repaires de brigandages, c'était un millier de patriotes des sociétés secrètes, et autant de voleurs, qui hurlaient la réforme d'une voix animée, et lançaient des éclairs sinistres à l'idée d'abattre la société, et de plonger leurs dents jaunes au fond de ses entrailles. Ces gens n'avaient pas de chefs en dehors d'eux; la hiérarchie s'était brisée, comme il arrive toujours dans les cas pareils. Ni M. Albert, ni les autres membres du comité des *Saisons*, ne retrouvaient leurs hommes, errants dans la tourmente et confondus avec les groupes de la *Société dissidente*. Un tiers des *Saisons* s'était retiré avec la garde nationale, le reste tenait le pavé, comptant bien que la curée entrevue ne lui échapperait pas.

Voilà ce qu'avait produit l'heureuse médiation de la garde nationale du *Siècle*, aux ordres de celles du *National*, de la *Réforme* et des miliciens postiches! La vermine de Paris émoustillée, s'était collée au flanc du corps social et l'emploi du feu allait devenir nécessaire pour la détruire. Les bandits qui surgirent dans cette journée et qui, déjà la veille, avaient enflammé les groupes, devaient si bien faire qu'un jour toute la France se lèverait pour les exterminer. On leur donne gain de cause le 23, on évite de les combattre le 24, les voilà maîtres ! Ils pillent, ils dévastent, ils assassinent et puis ils viennent demander le 25, que l'on consacre une nouvelle terreur par l'adoption du drapeau rouge; au 15 mai ils exigent, par l'un de leurs organes, la confiscation des fortunes; enfin aux journées de juin, ils creusent une mer de sang où la société les précipite. Que de hontes et de misères d'évitées, si le maréchal Bugeaud eût fait en Février ce que le général Cavaignac a fait quatre mois plus tard !

Donc le pouvoir avait capitulé; la bourgeoisie gauchiste triomphait, et la populace devant la monarchie blessée, hurlait d'aise comme la meute près d'atteindre la bête épuisée. Mais il y avait encore d'autres passions en jeu; aux appétits grossiers se joignaient les basses envies et les ambitions ridicules. Les prétendus chefs du parti, ces gens qui avaient défendu le mouvement le 21, comptant, à défaut d'influence, sur leur audace et le hasard, prenaient la partie à cœur, maintenant qu'une faiblesse du gouvernement leur en laissait espérer d'autres. Les roués du *National*, s'ouvrant aussi à toutes sortes d'espoirs, se tordaient l'esprit pour trouver l'issue de cette situation confuse. Dans les deux journaux patriotes, la même idée avait poussé en même temps : il faut ressusciter l'émeute, remettre le feu au ventre de la population. La chute du pouvoir, reconnue impossible la veille et même dans la journée, paraissait, vers le soir, possible à tout le monde; sa force morale était perdue.

M. Flocon, d'une part, M. Marrast de l'autre, entourés chacun de ses familiers, tenaient des conseils ardents pour découvrir l'expédient désiré; des patriotes amphibies, Messieurs Etienne Arago et Louis Blanc, allaient d'un conciliabule à l'autre, cherchant à faire concorder les efforts et apportant les nouvelles saisies sur la route. On discutait, on criaillait, on faisait mille motions, mais personne ne trouvait l'épée capable de trancher ce nouveau nœud gordien. A la *Réforme*, quelqu'un proposait de faire un appel ouvert au peuple, lorsque M. Ledru-Rollin, qui venait d'arriver, plus irrésolu que jamais, rappela avec amertume le triste essai d'autorité qu'ils avaient tenté le 21. Comme on lui demandait d'émettre une opinion, il répondit comme la veille, en hochant la tête : il faut voir, il faut attendre. Voilà comment ce chef de parti donnait la direction aux siens !

Au *National*, l'idée de se mettre à la tête du peuple, ne pouvait venir à personne; la coterie connaissait trop bien son impopularité; d'ailleurs, ce n'est pas de cette façon qu'on procède à la rue Lepelletier. Attaquer en face un ennemi puissant, c'est jouer trop gros jeu; parlez-moi d'organiser quelque bon coup de Jarnac. Les gens les plus timides ou les moins gloutons de cette caverne d'intrigues, étaient de l'avis de M. Ledru-Rollin; ils se contentaient de laisser faire et d'attendre; mais les gros bonnets, impatients du résultat, messieurs Marrast et Recurt, par exemple, trouvaient que s'en remettre à la Providence est métier de dupes, et que certains procédés opportuns peuvent imprimer une direction au destin.

Je ne prétends pas qu'il fût décidé qu'à tel moment et dans telle circonstance précise, on déterminerait un massacre pour avoir un prétexte de galvaniser l'émeute; on n'avait fixé ni le lieu ni le moyen, mais la décision de provoquer une lutte était prise et on attendait une occasion et un homme; cela je l'affirme hautement.

Pendant qu'on tenait ces conseils aux deux journaux, M. Sobrier, les traits en feu, l'œil égaré, arrivait battant des bras et frémissant de fièvre, au café des Postes, rue Montorgueil. A sa suite marchaient MM. Pilhes, Cahaigne, Boivin, Zammaretti et trois ou quatre autres conspirateurs obscurs. On déposa sur les tables, chapeaux, poignards et pistolets, puis M. Sobrier s'écria :

« Qu'on apporte du punch, de la bière et de l'eau-de-vie ! et que chacun fasse des copies des proclamations que je vais dicter : proclamations au peuple, proclamations à la garde nationale, proclamations à l'armée. Nous avons laissé échapper la révolution; il ne faut pas tout perdre; écrivez! »

Quoique connu pour avoir la cervelle trouble, il montrait une telle ardeur et une telle résolution, qu'on lui obéissait sans répliquer. Il dicta des lambeaux de phrases ronflantes que toute la troupe reproduisit; puis, au bout d'un instant, relisant son œuvre et l'abandonnant pour une autre idée qui le saisissait :

« Nous perdons notre temps, dit-il, c'est sur les barricades et de vive voix qu'il faut parler au peuple; qu'on me suive ! les gens de la *Réforme* sont à se gratter l'oreille et à distiller des motions, nous autres nous allons agir. »

Les maisons, illuminées du haut en bas éclairaient des groupes qui passaient les bras entrelacés en chantant victoire; on avait abattu cet homme, bouc émissaire de toutes les calomnies et de toutes les haines, M. Guizot, et puis on avait humilié et blessé le pouvoir; la joie de la foule était au comble. Joie sincère, au reste, et qui pouvait à ce moment distinguer les hommes aveugles des démagogues et des malfaiteurs.

M. Sobrier arrêta l'un de ces groupes, qui s'avançait, précédé de quelques gamins porteurs de torches, et s'adressant à ces derniers :

« Eclairez-moi, dit-il, je suis chargé de lire une proclamation au peuple. »

Les jeunes gens grimpèrent avec lui sur la première barricade; on fit faire silence et l'énergumène hurla d'une voix enrouée l'allocution suivante :

« Citoyens,

« La satisfaction donnée au peuple n'est qu'une dérision. Molé ou Thiers en place de Guizot, peu nous importe ! Le peuple a été massacré par les sergents de ville et les municipaux, il faut que ces deux corps d'assassins soient licenciés! Les droits du peuple sont méconnus depuis quatorze siècles, il faut qu'ils soient solennellement reconnus ! Citoyens, vous êtes tous convoqués demain à la chambre des Députés pour demander justice. »

Quelques lazzis accueillirent ce discours, mais l'instinct de désordre si facile à émouvoir dans de tels moments, vibra dans beaucoup de cerveaux; on trouva fort agréable l'idée de rester maître de Paris le lendemain et de traiter encore avec le pouvoir d'égal à égal. Il n'y avait pas, répétons-le, d'arrière-pensée dans la masse; nul n'y songeait à la République, aspirée seulement par une infime minorité qui la regardait, à cette heure encore, comme presqu'impossible.

Suivi d'une troupe qui s'augmentait à vue d'œil et toujours précédé par les torches, M. Sobrier parcourut les principales rues des quartiers Montmartre, Montorgueil, Saint-Denis, Saint-Martin et du Temple; à chaque barricade il s'arrêtait pour répéter son appel. Cet exercice, joint à de nombreuses libations et à une sorte de loquacité épileptique qui le tenait depuis la veille, l'avait tellement épuisé qu'il n'arrachait plus de ses poumons que quelques bribes de sons inarticulés et sifflants. Ses compagnons, obligés de le relayer de temps en temps, n'avaient pas le gosier en meilleur état, sauf M. Pilhes, dont les pectoraux avaient résisté à toutes les épreuves et dont la voix sauvage, tournant en notes saccadées dans la tourmente, ressemblait aux coups de tonnerre qui craquent dans un ouragan.

Dans le fond du Marais, M. Sobrier, les yeux hors de la tête, haletant, exténué, entra dans un cabaret où il tomba sans mouvement; ses camarades l'avaient suivi, laissant sans orateurs la foule qui suivit son chemin et ne tarda pas à gagner le boulevard.

D'autres rassemblements avaient parcouru la ville dans la soirée, cherchant aussi à ranimer l'émeute par des cris et des excitations; mais la bande conduite par M. Sobrier fut la plus considérable et celle qui laissa sur son passage les plus détestables impressions.

Tour à tour grossie et diminuée, depuis la disparition de ses chefs, elle arriva vers dix heures en descendant vers la Madeleine, devant les bureaux du *National;* là, elle s'arrêta sur le conseil de quelques gardes nationaux qui l'avaient rejointe un instant auparavant. M. Marrast parut au balcon et la harangua en termes prudents, mais de manière à l'exaspérer contre la force publique; il s'apitoya sur les braves citoyens assassinés par des séides impies et réclama, comme M. Sobrier, leur licenciement. La foule put comprendre qu'il s'agissait de l'armée ou des gardes municipaux, *ad libitum.*

Le discours fini, un homme qui venait de se placer à la tête du rassemblement s'écria :

« Allons, mes amis, en avant! »

Cet homme est resté dans la mémoire de beaucoup de témoins : il portait un paletot couleur café au lait, et sa figure maigre qu'il hochait, en marchant à pas écartés, faisait onduler une longue chevelure brune sur ses épaules. Ce signalement s'applique assez exactement à M. Lagrange. Il est certain que ce patriote quitta le café Sainte-Agnès vers neuf heures et se rendit non pas au quartier Latin, comme on l'a dit, mais du côté du boulevard; il n'est pas moins avéré qu'il eut une conférence, dans la soirée, avec des hommes du *National*. D'ailleurs, plusieurs faits significatifs se groupent autour de ce moment sinistre : des tombereaux ont été remarqués dans la rue Lepelletier, non loin du *National*; quand la colonne s'ébranle au cri de l'homme au paletot blanc, on s'aperçoit qu'au-dessus des premiers rangs flott un drapeau rouge qui n'existait pas avant l'arrivée au journal; et puis le rassemblement, inoffensif jusque-là et où on remarquait à peine quelques mauvais sabres, compte maintenant beaucoup d'hommes armés de toutes pièces; tout cela ne peut être nié et donne lieu à des réflexions dont on comprend l'importance.

Commandé par le chef sorti du *National*, ombragé de son drapeau rouge et éclairé par les torches qui font reluire l'acier des armes, le rassemblement arrive devant l'hôtel des Capucines, où l'on sait qu'un bataillon stationne, chargé d'un devoir délicat et rigide, celui de défendre un homme désigné aux vengeances populaires. En tout autre endroit, la troupe a pu se laisser aller à une fraternisation imprudente; là, elle ne le peut. Au lieu de comprendre et de respecter la position de ces militaires, la colonne d'émeutiers, drapeau rouge en tête, fusil au poing, s'avance droit sur le bataillon, qu'elle paraît vouloir enfoncer, tout en poussant le cri judaïque de : Vive la ligne! Le commandant déclare qu'il a ordre de s'opposer au passage, et demande qu'on ne le force pas à des mesures de rigueur. L'homme au visage maigre parlemente une seconde; puis on voit son bras se lever et on entend retentir une décharge qui frappe à mort un soldat du bataillon!

Il s'agit ici d'un fait dont la conséquence est encore incalculable, quoiqu'il ait déjà produit d'immenses désastres; parlons-en d'un ton réfléchi. En face d'un grand rassemblement armé, en face du drapeau rouge et d'une attitude menaçante qui se change en agression ouverte, en face d'hommes enfin qui en viennent à l'emploi des armes, tout le monde se rend-il compte de la conduite des soldats? comprend-il que les plus impatients ou les plus menacés ont tiré sans ordre, que les autres ont cru l'ordre donné et que la fusillade est devenue générale? nous croyons qu'on peut hardiment répondre par l'affirmative.

Et maintenant, cet homme qui donne un signal dont la conséquence doit être un effroyable massacre, l'anéantissement de l'acte de conciliation de la journée et un redoublement de haine contre le pouvoir, a-t-il l'excuse des soldats? peut-il dire qu'il a agi sous le coup d'un premier mouvement et d'un sentiment de défense personnelle? peut-il espérer qu'on le croira s'il déclare sa conduite exempte de mauvais calcul et de complot? Tout le monde dira que non, et tout le monde aura raison. Il y avait parti pris d'imprimer au front du pouvoir une tache de sang, et selon l'habitude, on a pris ce sang dans la poitrine du peuple!

Les cadavres n'étaient pas tombés, qu'un tombereau arrivait sur le théâtre du drame et recueillait sa funèbre moisson; le conducteur, nommé Junioux, gardait les rênes pendant qu'une troupe, à la tête de laquelle était encore l'homme au paletot blanc, plaçait les porteurs de torches devant la voiture, en criant : Au *National!*

C'était bien là qu'il fallait effectivement porter d'abord la *bonne nouvelle*, le résultat de *l'heureux* coup de pistolet!

Le *National* n'avait pas bougé jusque-là; il s'était contenté de pousser le cri de réforme et de compromettre la garde nationale; mais la mine qui vient d'éclater au boulevard des Capucines a disloqué le trône, et vite il se met à l'œuvre pour porter les derniers coups. Compositeurs et employés sont immédiatement jetés dans la rue : Aux barricades! aux barricades! tel est le cri général; tous les familiers et partisans sont avertis; l'heure de l'assaut général a sonné.

A la *Réforme*, où le tombereau arrive vers minuit, après avoir déjà promené dans le quartier Montmartre son sinistre appel à la vengeance, la même espérance fougueuse saisit les têtes : « La satisfaction sera terrible, s'écrie M. Flocon, faites voir à toutes les familles l'épouvantable ouvrage qui vient d'être fait, et que l'exécration publique anéantisse la tyrannie! »

Sur cet ordre, le tombereau reprend sa marche et roule toute la nuit dans la capitale épouvantée.

CHAPITRE XXIV.

Ce qu'il fallait faire le 24. — Hésitation dans les barricades. — La royauté prend des mesures de salut. — Le général Bedeau. — Concession désastreuse. — L'Hôtel-de-Ville est pris. — Combat du Palais-Royal. — Héroïsme et férocité. — Scène aux Tuileries. — Abdication. — Le château est abandonné.

La catastrophe du boulevard des Capucines avait jeté une profonde douleur dans l'âme du roi; outre le sang versé, outre l'infernal esprit de haine que cette machination révélait, l'évènement était gros de conséquences. Il rendait surtout impossible le dénouement pacifique auquel on avait fait la veille un si grave sacrifice. Paris consterné ou indigné, les républicains enflammés d'ardeur et d'espoir, les bohêmes, les vagabonds et les bandits abattus sur la cité comme des vautours sur une proie qui tombe, les pavés arrachés, les rues zébrées de barricades, les arbres du boulevard qui s'abattent, des armes que l'on pille, des balles que l'on fond, les bivouacs fumant à tous les carrefours, et des cris et des détonations, et le tocsin qui appelle d'une voix saccadée les soldats de la révolte, ce spectacle avait une signification terrible : la bataille était inévitable pour le lendemain. Que fallait-il faire ? Une chose triste, mais indispensable : la guerre était déclarée, il fallait s'en rapporter aux hommes de guerre, remettre la situation entre leurs mains. Si la convenance de certains ménagements était admise; il fallait rédiger et faire parvenir à la population, par n'importe quel moyen, une proclamation exprimant ces trois idées : le pouvoir tient l'évènement du boulevard pour un grand malheur, dont il repousse la responsabilité; la réforme électorale sera proposée aux chambres dans un délai de trois mois; Paris est mis en état de siége, et la force armée rétablira l'ordre à quelque prix que ce soit.

Tout le monde eût été averti, ennemis, amis, et surtout les gens qui n'étaient ni l'un ni l'autre, et poussaient à un abîme sans s'en douter. Ces derniers auraient ouvert les yeux pour le plus grand nombre; les amis rassurés se seraient serrés autour du trône en un faisceau tout puissant, et il ne restait dans la rue que les démagogues et les malfaiteurs, c'est-à-dire une toute petite troupe incapable de résistance et indigne de pitié.

Voilà quel était l'avis du roi. Dans un état de choses pareil, sa conduite était clairement indiquée, et la résolution ne lui manquait pas pour la suivre; mais une cohue de conseillers frappés d'impressions diverses, animés d'intentions dont toutes n'étaient pas loyales, saisis pour la plupart de terreurs misérables, avaient envahi le château, enchevêtrant l'esprit du monarque dans un réseau de paroles sans ordre, sans vigueur et même sans dignité. La situation vraie, l'état précis des choses qu'il demandait avec instances, très peu le savaient ou voulaient le dire. Le ministère sacrifié s'était retiré en boudant, sauf M. Guizot, qui attendait l'œil morne, moins chagrin de sa disgrâce que des embarras qui en résultaient. Le nouveau ministère n'était pas formé. Personne n'ayant titre officiel de conseiller, la volonté du roi restait suspendue entre les réticences de quelques hommes d'État, et les contradictions de la foule des courtisans. A la fin un homme parut qui prononça des paroles décisives. Rien de plus clair pour lui que le mal et le remède : il y avait une révolte dans Paris, il fallait la combattre et la vaincre. La classe moyenne, à ce qu'on prétendait, appuyait le mouvement; quelques brouillons et quelques ambitieux en uniforme ne formaient pas la classe moyenne. D'ailleurs, un rebelle n'est qu'un rebelle; garde national ou autre. L'œil du roi brilla d'un éclair joyeux; il trouvait l'homme de sa pensée et de la situation. Le maréchal fut nommé commandant général des troupes de Paris. Ce fut une faute, disent encore aujourd'hui les bonnes gens : il était impopulaire et ne pouvait être d'aucune utilité pour la conciliation. Singulier raisonnement! Comme s'il fallait envoyer à l'ennemi un général de son goût, et comme si l'on n'avait pas déjà fait beaucoup trop de conciliation! Il ne s'agissait plus de diplomatiser d'aucune manière avec la sédition; elle avait déjà trop gagné de terrain sur le pouvoir;

il s'agissait de l'écraser vigoureusement, et pour cela ce qu'il fallait c'était un homme vigoureux.

Il était trois heures du matin. Le maréchal avait vingt-cinq mille hommes sous la main; il prit aussitôt des dispositions aussi simples qu'énergiques : deux colonnes, l'une commandée par le général Bedeau, l'autre par le général Sébastiani, eurent ordre de se faire passage, la première, jusqu'à la Bastille, où campait déjà le général Duhot; la seconde, jusqu'à l'Hôtel-de-Ville, occupé par le général Taillandier. Un ministère Thiers–Odilon Barrot venait d'être nommé; une proclamation le ferait connaître aussitôt, et les généraux l'annonceraient sur leur route. Il était convenu que cette condescendance serait la dernière, et qu'à la pointe du jour l'emploi des armes aurait lieu contre tout ce qui résisterait.

Dans l'exécution de ces mesures était le salut de la France, rien de plus certain; et le sang n'eût pas coulé autant qu'on le croit; la preuve, c'est que le général Sébastiani gagna l'Hôtel-de-Ville sans coup férir, et que le général Bedeau n'essuya qu'une fusillade insignifiante à l'entrée du faubourg Montmartre. Au fond, et malgré les démonstrations presque générales d'hostilité, il y avait plutôt stupeur et fièvre qu'intentions mauvaises dans la généralité des esprits. Les meneurs républicains étaient un peu partout, mais, comme ils s'en tenaient toujours au mot d'ordre de réforme, les gardes nationaux et la foule, qui prenaient ce mot au sérieux, sans y voir d'arrière-pensée, ne ressentaient pas cette ardeur des luttes qui ont un but extrême. Une grande partie des gens qui occupaient les barricades ne croyaient même pas sérieusement à une bataille; cette idée et ce désir n'existaient que dans les bandes de vieux conspirateurs et d'hommes de rapine que j'ai fait connaître. Dès cette heure, les chefs de la *Réforme* et du *National* entrevoyaient sans doute la chute du trône, mais non pas comme résultat d'une lutte par les armes; leur grand espoir était dans les concessions auxquelles le pouvoir se laissait si inconcevablement entraîner, et dans les combinaisons machiavéliques qui leur avaient si bien réussi jusque-là. D'une bataille en règle, les hommes intelligents n'attendaient qu'une catastrophe.

Le général Bedeau s'avança jusqu'au haut du boulevard Poissonnière, traversant des baricades, dont les défenseurs criaient vive la ligne! et parlementaient avec chaleur, mais sans en venir à une résistance ouverte. Cette conduite troubla l'esprit du général et le fit hésiter dans son devoir. Il pensa qu'un simple malentendu existait entre la population et le gouvernement, et que, pousser les choses à l'extrême serait une faute. Cette idée et l'indécision qu'elle produisit ont pesé d'un poids énorme dans les fautes de cette journée. La marche résolue du général jusqu'à la Bastille eût rendu au pouvoir la seule force dont il manquait depuis deux jours, la force morale. Les gens de bonne foi auraient compris qu'après tout l'autorité doit rester maîtresse, les habiles de la République que leur rouerie était éventée, et le troupeau de démagogues qu'on était prêt à les bien recevoir. En ajoutant une nouvelle faiblesse à toutes celles qui marquaient déjà la conduite du pouvoir, le général enhardissait les audaces et les criminels espoirs que son énergie eût brisés, ou du moins fort affaiblis.

Au reste, cet espèce de bandeau que la fatalité mit sur ses yeux, obscurcissait aussi le regard d'hommes réputés clairvoyants entre tous : l'honorable M. Thiers, chargé du gouvernement avec M. Odilon Barrot, se prit aussi à penser que tout pouvait encore se terminer à l'amiable; il ne vit pas que l'heure était grandement venue de relever le pouvoir par des actes vigoureux et décisifs, il ne se douta pas que, derrière la manifestation bourgeoise, il y avait une intrigue diaboliquement ourdie et conduite par les républicains. Instruit de l'hésitation que montraient les hommes des barricades, et sachant que l'unique cri de réforme s'entendait dans Paris, il décida son collègue et fit consentir le roi à rappeler les colonnes engagées et même à retirer le commandement au maréchal Bugeaud. C'étaient deux nouvelles concessions. Il était dit qu'on céderait jusqu'au bout, sans voir qu'à force de reculer on tomberait dans un abîme sans fond. Des officiers de la garde nationale, quelques-uns de bonne foi, d'autres pour poursuivre leur plan, s'étaient adressés aux généraux, répondant du prompt rétablissement de l'ordre si on leur abandonnait le soin de traiter avec le *peuple;* on les avait cru et on leur avait livré la ville. Dès cette heure l'anarchie avait le pied sur la tête de la royauté.

Le général Bedeau, instruit de la décision du gouvernement, fit rebrousser chemin à sa colonne. Des gardes nationaux de la *Réforme* et du *National,* appuyés d'une bande de républicains en blouses, accourent sur les pas de la troupe en retraite, et tout en criant : Vive la ligne! et en faisant mille caresses ironiques aux soldats, les dépouillent de leurs cartouches, leur font *mettre la crosse en l'air,* et enlèvent les deux canons qui flanquaient le corps d'armée. Jamais spectacle plus triste ne fut offert, jamais comédie plus impudente ne fut jouée aux dépens et sous les yeux d'hommes d'expérience !

En même temps, une scène encore plus grave se passait sur la place de Grève : des bandes de faubouriens quittant les barricades où ils n'avaient que faire, se portaient sur l'Hôtel-de-Ville abandonné par la troupe, s'emparaient des pièces d'artillerie, et envahissaient les bâtiments où de pauvres municipaux sans défense étaient massacrés. La seconde position de Paris se trouvait occupée sans avoir coûté une amorce! Un pareil succès devait griser les têtes : pourquoi donc tous ces honnêtes gens, sortis des bouges démagogiques et des hôtels à la nuit des barrières, ne se seraient-ils pas précipités furieusement sur une proie qui se livrait d'elle-même à leur voracité? L'Hôtel-de-Ville pris, une idée vint dans toutes les têtes : il faut prendre les Tuileries! Et comme, de la place de Grève, du boulevard, des quartiers du centre et de tout Paris, on ne voyait que soldats ahuris rentrant à la caserne, l'armée des hommes de désordre se précipita en hurlant sur le siège de la royauté.

Jamais, ceux qui ont vu de près ce spectacle lugubre, n'en perdront la mémoire; jamais on n'expliquera ce cataclysme d'un gouvernement réputé formidable dans toute la terre, et qui, tout à coup, sous une pression factice, craque de toutes parts et roule en débris comme un château de cartes.

Et pas un chef de valeur, pas un acte de direction sérieux dans ce mouvement extraordinaire. Les membres du comité des *Saisons* erraient par la ville, sans retrouver leurs hommes perdus dans la foule; la *Société dissidente* avait son personnel épars chez les marchands de vins avoisinant les barricades. La seule action qui se faisait sentir était celle de quelques roués, poussant le cri de réforme, et entraînant la garde nationale crédule dans le traquenard de la République.

L'Hôtel-de-Ville venait d'être occupé quand un chef de groupes des *Saisons* arriva à la *Réforme* pour annoncer la nouvelle. M. Flocon tomba de son haut; il ne pouvait croire à une pareille fortune. Comme on lui apprit que le peuple était resté maître des canons de la place de Grève, il s'écria :

« Mais si nous sommes maîtres de l'Hôtel-de-Ville, il faut nous emparer des Tuileries; amenez les canons du côté du château, nous y allons tous ! »

Le chef de groupes retourna sur la place de Grève, où il trouva la populace livrée à une saturnale hideuse. Des gamins de Paris, ces affreux petits monstres avaient enfourché des chevaux morts, sur lesquels ils jouaient à cheval-fondu; des héros débraillés, s'avançaient bras dessus, bras dessous, en s'étayant l'un et l'autre et hurlant les couplets de la Marseillaise; des milliers d'individus qui venaient de s'armer dans l'Hôtel-de-Ville, tiraient en l'air pour fêter leur victoire; une fille publique, grimpée sur un canon, haranguait la foule en termes immondes; partout éclatait une joie qui n'avait que cette signification : nous sommes les maîtres, en avant le dévergondage et l'orgie! Quand l'envoyé de M. Flocon voulut emmener les pièces, la fille publique se révolta, criant à la trahison et au séide de la tyrannie; on voulait, assura-t-elle rendre les canons au maréchal Bugeaud. Les gens qui l'entouraient lui donnèrent raison et lancèrent des regards louches qui firent comprendre au chef de groupes la nécessité de battre en retraite.

Depuis le matin, les hommes de la *Réforme*, barricadés dans la rue Jean-Jacques-Rousseau, allaient des bureaux aux cabarets de la rue, traînant un équipement guerrier qui attirait l'attention des voisins; M. Flocon apparaissait de temps en temps, d'un air de général en chef, écoutait les nouvelles et donnait des instructions creuses; il portait son fusil de garde national attaché à l'épaule par la bandoulière; MM. Baune, Fargin-Fayolle, Tisserandot avaient des fusils de chasse, M. Albert un fusil de munition, M. Caussidière une carabine et un grand sabre de 93 pendu aux reins par un bout de cordeau; M. Grandménil, le Sancho-Pança de la troupe, ne portait que le vin bu dans les stations patriotiques. Tous ces guerriers n'avaient pris aucune part aux diverses escarmouches de la journée. Au moment où l'instinct de la foule l'entraîna vers la demeure royale, et où les premiers coups de feu retentirent au Palais-Royal, la bande se dirigea vers le théâtre de l'action, sauf le rédacteur en chef qui regardait son bureau comme le centre du mouvement et semblait craindre de l'abandonner. On sait ce qu'il faut croire de cette idée que la *Réforme* était le pivot des évènements; elle n'y pesait pas du poids d'une plume; quelques rares familiers et la troupe citée plus haut, formaient la seule armée à ses ordres. Son action se manifestait uniquement par les quelques douzaines de gardes nationaux qu'elle avait dans les légions. Les sociétés secrètes depuis long-temps n'obéissaient plus à personne.

Le *National*, à ce moment, était en grande agitation; non pas que la direction des bandes populaires lui donnât du tracas; la révolution roulait également en dehors de son influence; mais les habiles de l'endroit voyaient l'eau se troubler de plus en plus et songeaient à ne pas manquer la pêche.

C'est vers dix heures que différentes troupes armées arrivaient aux abords de la place du Palais-Royal. L'une d'elles était commandée par M. Considère, l'incendiaire; d'autres par des chefs sans nom éclos dans l'orage comme les reptiles. Ces hommes apprenant que des municipaux occupaient le poste du Château-d'Eau, décidèrent d'aller les massacrer avant de pousser plus loin. M. Etienne Arago, cette mouche du coche, bourdonnait aux environs, il arrive et veut forcer la garnison à une capitulation honteuse; un des officiers du poste répond que cela ne se fait pas, et que lui et ses hommes savent mourir avant d'accepter le déshonneur. Pendant qu'on parlemente, des soldats du 14e, gardant la cour du palais, sont assaillis de l'intérieur et se replient sur le grand poste en faisant une décharge. Leurs camarades les appuyent et une grêle de balles tombe sur les insurgés qui disparaissent en un clin-d'œil et se réfugient derrière les barricades et dans la cour du palais. Les hommes de la *Réforme*, qui venaient d'arriver, étaient du côté de la rue du Coq; M. Etienne Arago s'abritait derrière la façade de la cour, avec un peloton de garde nationale qui faisait partie des envahisseurs du palais. Il y avait là le major Poissat, les capitaines Lesseré, Fallet, Greinezer, Jouanne et Thomas, puis une quarantaine de gardes nationaux patriotes; les assaillants pouvaient former en tout une armée de cinq à six cents hommes.

La fusillade s'engagea avec ardeur. A la suite des gardes nationaux, des dévastateurs et des pillards s'étaient introduits dans le palais et s'occupaient alternativement de saccager les meubles et de tirer sur le poste. Pendant une demi-heure le résultat resta incertain, car des deux côtés on était à l'abri des balles. Toutefois, la garnison était bien plus exposée : elle tirait des croisées, et un soldat ne s'avançait pas pour faire feu, qu'une volée de mitraille s'engouffrait dans l'ouverture où il avait paru. Les assiégés s'attendant à être secourus, et voyant passer les instants sans recevoir de renfort, commençaient à s'exalter et à prendre conseil du désespoir. Plusieurs fois ils firent des sorties pour refouler les assaillants qui s'aventuraient sur la place et essayer de percer l'ennemi; mais à toutes les issues, il y avait une barrière de pierres et de feu. Ils ne songèrent plus qu'à continuer bravement la défense, tant qu'elle serait possible, et puis qu'à mourir avec honneur.

A ce moment une idée horrible monta au cerveau d'un insurgé :

« Il faut les griller! s'écria-t-il, allons chercher de la paille et mettons le feu au bâtiment! »

Il ne se trouva pas là un homme de cœur pour châtier ce misérable. Que dis-je! sa motion parut admirable, et une acclamation de joie féroce l'accueillit. Aussitôt, quelques forcenés se rendent aux écuries du roi, voisines de la place, y prennent des bottes de foin et reviennent triomphants. Les soldats ne pouvaient rien contre eux; pour les atteindre, il eût fallu se pencher hors du bâtiment, et cinq cents balles eussent aussi criblé les fenêtres. Les brûleurs entassèrent la paille autour de la forteresse et allumèrent un grand brazier qui lança bientôt ses flammes jusqu'aux combles. Les héros des barricades hurlèrent d'allégresse à ce spectacle, leurs clameurs redoublèrent quand d'autres insurgés parurent, traînant les voitures royales qu'ils avaient trouvées dans la cour des écuries.

« Au feu! au feu! » cria-t-on de toutes parts.

Quelques bottes enflammées furent jetées dans les équipages, dont les riches crépines disparurent aussitôt, dévorées par la flamme. Dès ce moment, les étranges modérateurs qui avaient livré Paris à la populace, pouvaient apprécier leur ouvrage : on détruisait les voitures du roi, le tour de la royauté allait venir.

L'heure suprême approchait pour les héroïques défenseurs de la monarchie; tout espoir était perdu pour eux; un sort horrible les attendait. Ils s'étaient conduits en gens de cœur; ils avaient affaire à des hommes qui les traitaient en cannibales. Déjà les murs fumants formaient une étuve insupportable, et les malheureux sentaient les armes s'échapper de leurs mains qui se calcinaient; bientôt il y en eut qui tombèrent étouffés. Ils rassemblèrent le reste de leurs forces et envoyèrent à l'ennemi une dernière décharge, qui fut comme une malédiction, puisqu'au même moment un grand fracas s'entendit : c'était la charpente du bâtiment qui s'écroulait, ensevelissant sous ses décombres embrasés plus de la moitié de la garnison; le reste ouvrit la porte, et l'on vit sortir, sanglants, noirs de poudre et à moitié consumés, une troupe de braves que des sauvages auraient respectés; les scélérats qui voulaient les brûler vifs bondirent sur eux et les massacrèrent sans pitié. Pas un seul n'échappa; l'un des officiers qui les commandait avait d'abord été épargné, un misérable l'éventra d'un coup de baïonnette !

Et pendant cette tuerie, les meubles et objets précieux du palais étaient saccagés, jetés dans le ruisseau ou volés par la troupe qui avait envahi les appartements; l'un de ces hommes sinistres avait même mis le feu aux bâtiments.

Dans ce combat du Palais-Royal, une chose frappe plus que la férocité des assaillants et l'héroïsme des assiégés, c'est l'inertie du pouvoir, c'est l'inconcevable motif qui empêche de secourir ces braves qui succombent si misérablement. Hélas ! ici comme dans tous les actes du gouvernement depuis trois jours, se retrouve cet esprit d'erreur qui conduisait fatalement la royauté à sa perte. Parce que l'on avait fait des concessions on se croyait obligé d'en faire de nouvelles. On avait cédé à la garde nationale opposante en sacrifiant M. Guizot, soit ! on s'était imaginé que cette portion de la garde nationale, fort minime, fort peu intelligente, dirigeait souverainement l'agitation, et qu'en la laissant maîtresse du pavé, elle s'empresserait de rétablir l'ordre; en conséquence, on avait retiré le commandement des troupes au maréchal Bugeaud. Admettons cela comme raisonnable et politique. Mais un fait plus significatif que tous les autres avait eu lieu : un poste important, à deux pas des Tuileries, était attaqué avec fureur; le Palais-Royal était dévasté, et les voitures royales livrées au feu, n'était-il pas temps de voir que jusque-là on s'était trompé, et qu'un suprême effort d'énergie devenait nécessaire pour le salut de la monarchie? Ne semble-t-il pas que les plus aveugles devaient comprendre la folie ou l'impuissance de cette portion de la classe moyenne par laquelle on se laissait dominer, et qu'il était grandement temps de donner un autre pivot à la conduite de l'autorité? Mais non! le fatal malentendu devait durer jusqu'au bout. A ce moment encore, une parole qui eût réintégré le maréchal Bugeaud dans ses pouvoirs, pouvait tout sauver; au lieu de cela, voilà ce qui fut fait, voici ce qui arriva.

Quand les coups de fusil du Palais-Royal retentissaient déjà aux Tuileries comme un horrible avertissement, on s'amusait à afficher la proclamation suivante :

« CITOYENS DE PARIS,

« L'ordre est donné de *suspendre le feu*. Nous venons d'être chargés par le roi de composer un ministère. La Chambre va être dissoute. Un appel est fait au pays. Le général Lamoricière est nommé commandant en chef de la garde nationale de Paris. MM. Odilon Barrot, Thiers, Lamoricière, Duvergier de Hauranne, sont ministres.

« Liberté! Ordre! Réforme!

« ODILON BARROT, THIERS. »

Toujours des concessions! et, pour preuve du cas qu'on en faisait, M. Odilon était sifflé sur le boulevard où il allait se faire reconnaître, et M. Lamoricière blessé dans la rue Saint-Honoré où il venait renouveler ses tentatives de conciliation. Puisque le peuple tirait des coups de fusil après ce dernier acte de condescendance, c'est qu'il tendait au désordre quand même; puisque la garde nationale ne se retirait pas c'est qu'elle était factieuse, ou saisie d'un aveuglement incurable; il ne restait donc plus au pouvoir que de prendre son courage à deux mains, de faire un appel suprême aux hommes de cœur et de se dresser enfin hardiment et implacablement devant la rébellion. M. Guizot l'eût fait, le maréchal Bugeaud aussi, et le roi, qui n'attendait qu'un bon avis et des hommes d'action, eût su prendre ce parti qui seul assurait le salut; mais les funestes conseils et les faux renseignements continuaient à l'obséder. L'étiquette était rompue, chacun parlait à la fois et les motions contradictoires se croisaient de toutes parts. Au milieu du tohubohu d'impressions dont on le fatiguait, arrive un homme d'aventures, M. de Girardin, qui lui lance brutalement ce coup de massue : Sire, il faut abdiquer. Et tout le monde, si ce n'est la reine, une sainte et courageuse femme, de le presser et de lui tendre l'acte d'abdication.

« Mais cela n'est pas possible, s'écrie le monarque, la garde nationale ne peut exiger cela de moi.

« — Non, non! répond un député courageux, M. Piscatory, on vous abuse, sire; il faut combattre, car ce qu'on vous propose nous mène à la République! »

Le roi se redresse et va déchirer le papier qu'on lui tend, mais tout à coup arrivent de nouveaux conseillers de malheur. Parmi eux est un homme de caractère suspect, d'ambition gloutonne, M. Crémieux, qu'on écoute parce qu'il n'était pas des amis de la famille et qu'on ne pense pas qu'il use de perfidie ou de légèreté dans un pareil moment; il annonce que la garde nationale se porte en masse sur le château et que, non seulement l'abdication, mais la fuite, sont devenues nécessaires. Le maréchal Bugeaud qui survient, rouge de colère et de honte, et maudissant cette sotte cohue de courtisans qui tuent si pitoyablement la monarchie, ne peut arrêter la main du roi déjà étendue sur le fatal papier.

« Maréchal, dit le monarque, la couronne m'a été offerte pacifiquement par le peuple et surtout par la classe moyenne, je ne veux pas la garder au prix d'une lutte sanglante, mes réflexions sont faites. »

Et il signa l'abdication.

En même temps que cet acte de magnanimité, un immense malheur venait de s'accomplir; le principe d'autorité était décapité !

On avait dit au roi qu'enfin ce sacrifice suffirait; une heure après on l'avertissait qu'il fallait songer à fuir. Effectivement l'armée des brûleurs et des dévastateurs du Palais-Royal, ainsi que la fraction de garde nationale à qui on s'en était remis du soin de l'ordre, se portaient sur les Tuileries pour achever leur besogne. Tout leur avait été accordé jusque-là, sauf la possession de la demeure royale; ils venaient la demander. Toute idée de résistance étant abandonnée, on ouvrit les grilles et le vieux château des rois fut livré à la populace.

CHAPITRE XXV.

Les vrais héros de 1848. — Nomination des trois gouvernements provisoires.

La révolution était faite et la monarchie détruite. Compter qu'après avoir obtenu l'abdication du roi on ne demanderait pas l'abdication de la royauté, était sottise. Aussi, en voyant le peuple aux Tuileries, les démocrates hasardèrentils les premiers cris de vive la République! cela fit dresser les oreilles et sembla tirer bien des gens d'un rêve. J'entendis fort distinctement, en entrant comme les autres au château, une troupe de gardes nationaux qui s'en allaient, la tête basse, en disant : Qu'avons-nous fait? Au reste, la République n'était acclamée que par l'honorable catégorie de patriotes déjà bien connus, pour qui toute catastrophe politique est une bonne fortune. On a parlé de l'ovation faite aux cosaques à leur entrée dans Paris, qu'on ne s'y trompe pas, la tourbe qui applaudissait alors, sauf quelques fanatiques, était de même espèce que celle dont la République recevait les salutations. Il y a à toute époque dans Paris, dix mille coquins qui renverseront le gouvernement existant et crieront : Vive la République, l'empire ou la monarchie, tout ce qu'on voudra, pourvu qu'ils aient, les uns une semaine d'anarchie à exploiter, les autres quelqu'ambition, quelque haine ou quelque cupidité à satisfaire. Et toute révolution, je l'ai dit, je le répète et le répèterai à satiété, vient de cette légion ténébreuse. Les fautes du pouvoir sont le prétexte, l'entraînement de la classe moyenne est le moteur, mais la véritable force, la machine qui prend les gouvernements bons ou mauvais dans un engrenage horrible et les déchire en morceaux, c'est le troupeau qui grouille dans les égouts de Paris. Je crois avoir démontré ce fait; si l'on y tient j'entrerai dans des détails statistiques qui le feront entrer de force dans les cerveaux les plus entêtés.

Qu'était-ce donc que cette cohue qui se houlait dans les Tuileries après le départ de la royauté, brisant, dévastant, pillant, buvant à même des tonneaux, mettant le feu dans les caves, et faisant, d'un lieu respectable à tant de titres, le théâtre de scènes tellement hideuses, qu'une bacchanale de galériens peut seule en donner l'idée? Qu'était-ce que ces hommes râflant dans le château, bijoux, objets de prix, titres de rentes et effets de toutes sortes? Qu'est-ce que cet individu s'écriant sur la place du Palais-Royal : Il faut que je tue quelqu'un! Qu'étaient les gens qui voulaient délivrer les voleurs de la Roquette, et qui marquaient les maisons désignées pour le pillage? Par qui les incendies du château de Neuilly, des gares des chemins de fer, des ponts Louis-Philippe, d'Asnières et de cent autres propriétés, ont-ils été allumés? Quel était l'être sans nom qui, rencontrant un officier des Invalides, M. de Saint-Grielde, le couchait en joue sans une seule parole et voulait l'assassiner? Et cette femme, au bras d'un insurgé, qui arrêtait une dame qui passait en lui disant : Citoyenne, prête-moi ton bracelet d'or? Était-ce le peuple français tout cela? Non, certes! mais c'était le peuple des révolutions, et c'est celui qui a le droit de réclamer la paternité de 1848!

On a vu la part de la *Réforme* et du *National* dans les évènements; elle se réduit à une attitude discrète et à des pratiques tortueuses, dont quelques-unes ont eu des résultats sanglants. Voyons maintenant la conduite des deux journaux après la *victoire*.

Vers deux heures, m'acheminant, l'œil morne, vers les bureaux de la *Réforme*, je fis la rencontre de M. Flocon, escorté de MM. E. Baune, Caussidière, Albert, Tisserandot, Fayolle et de plusieurs autres qui marchaient à grands pas et la face enflammée.

« Où allez-vous? leur dis-je.

« — Prendre les Tuileries, répondit fièrement M. Flocon, qui n'avait pas bougé du bureau de toute la journée.

« — C'est fait, vous arrivez trop tard; je viens de voir un chiffonnier roulé dans les coussins du trône! »

Quelle nouvelle! un élan de tendresse s'empara de la

troupe; on s'embrassa en plein pavé; puis, comme la dissimulation devenait inutile, on couvrit la rue d'un vaste cri de : Vive la République! Cela fait, et sans perdre une minute, on retourna au journal pour ne pas laisser escamoter la révolution, c'est-à-dire pour la découper toute chaude en portions, dont on entendait bien s'attribuer la plus belle part.

Ce qui prouve bien la médiocre influence du journal et de ses hommes, c'est qu'à cette heure, où le résultat était connu partout, les bureaux n'étaient rien moins qu'encombrés. Peu à peu quelques patriotes arrivèrent : M. Louis Blanc, en uniforme; M. Thoré, la canne à la main; M. Sobrier, armé jusqu'aux dents et plus effaré que jamais, et enfin la plupart des familiers. L'élément populaire était représenté par M. Albert et M. Chenu; ce dernier se présenta avec une bande d'émeutiers drapés, grimés et équipés selon les règles : fusil au poing, cartouchière aux flancs, poitrine débraillée, blouse sale, figure noire, œil ardent et tête entre deux vins. Voici, du reste, les noms de tous les membres de cette glorieuse assemblée qui allait disposer des destinées de l'Empire :

MM. Louis Blanc, Flocon, E. Baune, Caussidière, Et. Arago, Cahaigne, Sobrier, Fargin-Fayolle, Albert, de La Hodde, Tisserandot, Chenu, Pont, Garnaux, caissier du journal; Petit, employé aux abonnements; Jeanty Sarre, copiste de M. Et. Arago; Augier, coupeur du journal; Vallier, capitaine en retraite; Gras, commis-voyageur; Bocquet, instituteur; Boivin, tourneur en cuivre; J. Ledoux, careleur de souliers; Zammaretti, fumiste; Boileau, mécanicien; Gervais, maçon; Dupuis, corroyeur; Delpech, fondeur, Tissot, charpentier, et Gaulier, vidangeur. Il y avait en outre les garçons de bureaux et plusieurs employés et rédacteurs subalternes.

Tout ce monde était debout autour du tapis vert de la table de rédaction. M. Flocon, président naturel, déclara que la situation exigeait la nomination d'un gouvernement véritablement populaire, et que c'était à la *Réforme* à se charger de ce soin; il y avait lieu de procéder, sans une minute de retard, à cette grave cérémonie, car des patriotes suspects se remuaient déjà, et la démocratie mélangée pourrait l'emporter sur la démocratie bon teint. Donc, les membres du futur gouvernement allaient être mis aux voix.

« Je dois, avant tout, continua M. Flocon, vous donner connaissance de la liste suivante qui vient de m'être remise : c'est le gouvernement provisoire décrété par le *National*. Voyez si les noms qu'elle contient vous paraissent satisfaisants. »

Et, commençant la lecture des noms, il appela à haute voix celui de M. Odilon Barrot.

« Bon! s'écria le capitaine en retraite; je reconnais là les intrigants du *National*.

« — M. Odilon est certainement pour quelque chose dans la révolution, reprit M. Flocon d'un air fin; la question est de savoir si on veut de lui pour gouverner la République? »

Un non formidable, appuyé de coups de crosses de fusil, fut la réponse de toute l'assemblée.

« Je propose M. Ledru-Rollin. »

« — Bravo! vive Ledru-Rollin! Accepté! accepté!

« François Arago.

« — Oui! oui! Vive Arago! »

M. Flocon offrit tour à tour au suffrage des grands électeurs MM. Louis Blanc et Lamartine, qui furent admis sans contestation; puis MM. Marie, Garnier-Pagès et Marrast, qui furent tolérés. Le *National* avait commis l'impertinence de ne pas porter M. Flocon sur sa liste, la *Réforme* donnait une leçon à la feuille rivale en acceptant son rédacteur en chef. M. Flocon pensait peut-être bien qu'en passant ainsi la rhubarbe, on lui rendrait le séné, c'est ce que je ne dirai pas.

Le fameux gouvernement était donc nommé. Très satisfaits de leur besogne, les palatins songeaient à aller installer leurs élus, quand M. Baune fit signe qu'il avait à parler.

« Citoyens, dit-il, nous avons une lacune grave à combler; le gouvernement ne compte que des habits noirs, il est indispensable de lui adjoindre une blouse. C'est là que seront le cachet et la force de la révolution. »

M. Gaulier, vidangeur, fit un bond de surprise et d'admiration.

« Fameux ! s'écria-t-il; voilà ce qui s'appelle une idée ! Nommons un citoyen du peuple, j'en suis ! »

Peu s'en fallut que cette chaude adhésion ne valût à M. Gaulier les honneurs du gouvernement; plusieurs de ses camarades le désignaient déjà du geste, sans oser pourtant se prononcer d'une manière ouverte; mais M. Flocon coupa court à cette gracieuse velléité.

« Je crois, dit-il, que le citoyen Albert représente sérieusement la classe ouvrière, et qu'il est convenable de le nommer.

« — Albert ! Albert ! acclamèrent les ouvriers, qui le connaissaient pour un chef de sociétés secrètes. Vive Albert ! »

L'élection de cet homme d'Etat en blouse, que M. Louis Blanc a poétisée d'une manière si ridicule, se fit sans plus de cérémonie. Il n'y eut ni acclamation dans la cour qui était déserte, ni larmes versées, ni émotion inexprimable; ces simagrées n'étaient pas de mise, et certes ! l'on s'occupait de tout autre chose.

Au moment de se séparer, M. Caussidière fit observer

qu'il serait bon de pourvoir à deux services de première importance, la Préfecture de police et les Postes. « Il nous faut là des gaillards solides, dit-il, et nous ne devons par laisser leur nomination à d'autres. » L'assemblée fut parfaitement de cet avis. Après les chefs suprêmes, rien de plus naturel qu'elle nommât les dignitaires inférieurs.

M. Caussidière, proposé pour la Préfecture, fit de grandes façons pour accepter : ce métier n'était pas de son goût, il était soldat et non administrateur; il serait beaucoup mieux placé à la tête d'une légion de volontaires que d'une légion d'employés, etc. Tout cela était vrai; mais ce qui ne l'était pas moins, c'est que le bonhomme vexé de n'avoir pas un siège au gouvernement provisoire, n'entendait pas laisser échapper la compensation qui s'offrait. Il ne résista donc pas trop longtemps. M. Sobrier qui s'agitait beaucoup pendant ce temps, et taxait certainement aussi l'assemblée d'ingratitude à son égard, voyant qu'on ne lui donnait rien, se proposa de lui-même pour être le second de M. Caussidière. On n'accepta ni refusa; et le pauvre garçon se trouva nommé par suite de cet axiôme : qui ne dit mot consent.

Quant aux Postes, M. Flocon les offrit à M. Etienne Arago qui les accepta avec grand empressement.

Cette immortelle cérémonie se borna là. Les rôles étaient distribués, les acteurs s'en allèrent aussitôt jouer la farce.

Arrivé aux Postes, M. Etienne Arago se présenta avec l'aplomb qui distingue sa race, demandant qu'on lui remît les rênes de l'administration; les hommes de garde le regardèrent de travers et le mirent à la porte. Il fallut que M. Chenu, avec sa troupe, allât communiquer aux soldats rebelles les ordres de la diète souveraine et les contraignît à admettre le directeur de pacotille.

Au *National,* vers une heure, tout le cénacle réuni tenait

un grand conseil. Il y avait là MM. Marrast, Recurt, Dornès, Thomas, Garnier-Pagès, Marie, Vaulabelle, et puis messieurs Louis Blanc et E. Arago, gens avisés qui étaient bien aise d'avoir un pied dans les deux camps. On venait d'apprendre le résultat du combat du Palais-Royal, où pas un de ces messieurs, bien entendu, ne s'était aventuré, et on comprenait que les choses, menées comme elles l'étaient depuis trois jours, ne pouvaient plus aller loin. C'était chose si inconcevable pourtant que cette défaillance absolue du pouvoir, que l'on craignait toujours de le voir s'éveiller et d'apprendre quelque nouvelle terrible. Tout à coup un messager arriva. Apportait-il l'annonce de la catastrophe redoutée? les troupes avaient-elles enfin été menées au feu? L'air triomphant de l'émissaire ne laissa pas long-temps d'incertitude; il jeta ces seuls mots à l'assemblée palpitante :

« Les Tuileries sont prises; le roi est en fuite! »

Vite, sans perdre de temps en congratulations, une liste de gouvernement provisoire, déjà ébauchée, fut arrêtée, copiée et expédiée à la *Réforme*, à la chambre et à la multitude. Elle portait en tête MM. Marrast, Marie, Garnier-Pagès et Recurt, quatre hommes de la coterie! Et puis MM. François Arago, Lamartine, Ledru-Rollin, Louis Blanc et Odilon Barrot. Cette besogne fut faite avec moins de cérémonie encore qu'à la *Réforme*; les nouveaux dignitaires se nommèrent très positivement, très littéralement eux-mêmes.

Peuple, instruis-toi! Les hommes qui s'attribuent le pouvoir avec cette effronterie, ce sont les puritains qui ont tonné pendant dix-huit ans contre la proclamation du duc d'Orléans par 229 députés légitimement élus!

Voilà deux gouvernements de nommés! Ce n'est pas tout; une parade plus lamentable encore allait se jouer au Palais-Bourbon.

Madame la duchesse d'Orléans, conduisant le comte de Paris, y était arrivée à une heure et demie. Saluée par de vives acclamations, on put croire un instant que la mère courageuse et l'orphelin allaient regagner la cause perdue de la royauté. M. Dupin et après lui, M. Odilon Barrot, avaient chaleureusement fait valoir les raisons d'Etat ainsi que la position touchante de la femme et de l'enfant qui se confiaient au dévouement des députés. Malgré quelques paroles d'un représentant de la droite, les sentiments de la Chambre ne paraissaient pas douteux en faveur de la régence, mais au point où on en était, l'autorité des représentants pouvait-elle survivre à la ruine des autres pouvoirs? ceux qui l'espéraient furent bientôt détrompés. Un mot d'ordre déjà répandu dans la populace, avertissait de se défier des surprises : Songez à l'escamotage de 1830, répétaient les roués en train d'exécuter l'escamotage de 1848. Sur cet avis, une bande détachée des Tuileries se porte au Palais-Bourbon qu'elle envahit, au moment où M. de Larochejacquelein demandait l'appel à la nation. Avant lui, les avocats Marie et Crémieux avaient déjà prononcé le mot fatal de la situation, celui de gouvernement provisoire. Les envahisseurs, armés et portant des drapeaux, interrompent la séance en criant: La déchéance! la déchéance! M. Ledru-Rollin, qui n'avait pas soufflé mot jusque-là, encouragé par la présence des insurgés, se disposa à prendre la parole.

Le lecteur n'a pas eu de nouvelles de ce grand homme depuis deux jours; qu'il se rassure, le tribun, malgré sa réputation terrible, est d'une prudence admirable, et sait fort bien conserver sa précieuse personne au parti. Pendant les évènements, il ne mit pas le pied dans la rue. A deux ou trois reprises seulement, il se glissa tout doucement à la *Réforme*, regardant bien à tous les angles de la cour ou des bureaux, si des commissaires de police n'y étaient pas postés. Comme rien ne se dessinait, il n'avait garde de se dessiner lui-même. Son opinion n'avait pas varié : tout cela aboutirait pour son parti à un désastre dont la *Réforme* supporterait le poids principal. On donne même comme positive l'intention qu'il eut de se sauver dans la soirée du 23.

Il ne reprit son aplomb que le 24, après l'abandon des Tuileries. S'étant présenté à la Chambre avec la conviction d'y trouver tout à la débandade, et de recevoir un accueil triomphal, il fut fort étonné d'entendre des cris enthousiastes en faveur de Mme la duchesse d'Orléans, et de se retrouver gros Jean comme devant. Il alla s'asseoir et attendit.

Quand la première troupe d'envahisseurs arriva, il sentit que le courage lui poussait; néanmoins il voyait là des uniformes de gardes nationaux, des habits noirs et seulement un petit nombre de blouses; ce n'était pas son peuple, celui qui saccage et appuie les arguments par des coups de fusil. Pour occuper le temps, il revêtit sa robe et fit un plaidoyer en règle sur la régence. Des voix d'insurgés avaient déjà réclamé un gouvernement provisoire; M. Marie avait formellement appuyé la demande, ainsi que cet homme louche, l'avocat Crémieux, dont la conduite est si misérable dans tous ces évènements; M. Ledru-Rollin plaidait toujours. Il fallut que des députés légitimistes lui soufflassent son rôle, que M. Berryer lui criât: « Concluez donc au gouvernement provisoire! » pour qu'il comprît enfin la logique de sa position. Outre les excitations qu'il recevait de différents côtés, on entendait au dehors des clameurs et un bruit furieux qui annonçaient enfin la vraie population des barricades. Conduit par un chef de Belleville, nommé Bussy, un ramassis de faubouriens battait effectivement les portes de la salle qui, cédant bientôt, donnèrent passage à quelques centaines d'hommes sinistres dont la présence détermina la retraite de Mᵐᵉ la duchesse d'Orléans, dispersa les députés et mit à l'aise le grand courage du tribun. Il ne resta, en fait de représentants, que ceux dont le républicanisme existait déjà ou en qui il avait poussé subitement au glorieux tableau de la plèbe souveraine. M. Ledru-Rollin, au milieu de ce public de choix, remonte à la tribune, et, d'un air rayonnant et intrépide, procède à l'opération dont je vais donner le procès-verbal.

M. Dupont (de l'Eure) et M. Lamartine avaient essayé, au milieu bruit, de composer ce qu'on appelait un gouvernement; satisfait d'un pitoyable simulacre d'élection, qui lui donnait sa part de dictature, le poète était sorti pour monter au capitole de l'Hôtel-de-Ville. M. Ledru-Rollin voulut ajouter un degré de plus au grotesque de la chose. S'adressant à la populace, dégoûtante de fureur et d'ivresse qui s'investissait du pouvoir souverain :

« Citoyens, dit-il, vous comprenez que vous faites ici un
« acte grave en nommant un gouvernement provisoire.
« Ce que tous les citoyens doivent faire, c'est d'accorder si-
« lence, et de prêter attention aux hommes qui veulent se
« *constituer* ses représentants; en conséquence, écoutez-moi.
« Nous allons faire quelque chose de grave. Il y a eu des
« réclamations tout à l'heure. Un gouvernement ne peut
« pas se nommer *d'une façon légère*. Permettez-moi de vous
« dire les noms qui semblent proclamés par la majorité.
« A mesure que je les lirai, suivant qu'ils vous convien-
« dront ou ne vous conviendront pas, vous crierez *oui* ou
« *non* (Très bien. Ecoutez), et pour faire quelque chose
« d'officiel je prie Messieurs les sténographes du *Moniteur*
« de prendre note des noms à mesure que je les prononce.

« rai, parce que nous ne pouvons pas présenter à la France
« des noms qui n'auraient pas été approuvés *par vous.* »

Cela semble tiré d'une pièce d'Odry, mais c'est authentique et littéral; le *Moniteur* est là pour l'attester.

Donc la question étant posée de cette grave manière; M. Ledru-Rollin procède dans l'ordre suivant à l'appel des noms :

DUPONT (de l'Eure). (Oui! oui!)
ARAGO. (Oui! oui!)
LAMARTINE. (Oui! oui!)
LEDRU-ROLLIN. (Oui! oui!)
GARNIER-PAGÈS. (Oui! oui! non!)
MARIE. (Oui! oui! non!)
CRÉMIEUX. (Oui! oui!)

Une voix dans la foule. — Crémieux! mais pas Garnier-Pagès. — Si! si! — Non! — Il est mort, le bon!

M. Ledru-Rollin. — Que ceux qui ne veulent pas, lèvent la main. (Non! non! si! si!)

Il se fait un grand tumulte. Les *si* et les *non* s'entrecroisent. Mais sans s'arrêter à ce léger désaccord, M. Ledru-Rollin reprend la parole en ces termes : (Toujours textuel.)

« MESSIEURS,

« Le gouvernement provisoire *qui vient d'être nommé,*
« a de grands, d'immenses devoirs à remplir. On va être
« obligé de lever la séance pour se rendre au sein du gou-
« vernement, et prendre toutes les mesures pour que les
« droits du peuple soient consacrés. »

La séance est levée effectivement, et le tribun part en triomphe pour l'Hôtel-de-Ville.

Qu'ajouter à cela? Il y avait autrefois des élections célèbres, qui mettaient en gaieté tout le peuple de Paris : celles du roi des ribauds et du roi des fous; comme on aurait ri aux trois élections de la gent patriote, si l'on n'eût entrevu derrière cette gigantesque parade, des flots de larmes et de sang, des amas de misères et de ruines !

CHAPITRE XXVI.

L'Hôtel-de-Ville. — Les délégués du peuple. — Un nouveau gouvernement provisoire. — Le général Lagrange. — La Préfecture de police. — M. Sobrier. — Les compagnons du Préfet. — Ordre d'arrestation contre la duchesse d'Orléans. — Organisation des Montagnards.

Une fraction de la garde nationale par ineptie et le pouvoir par une fatale générosité, avaient abattu la monarchie; voyons comment les loups républicains, rôdant derrière les combattants, se sont précipités sur la proie et l'ont dévorée. Je ne parle pas ici de ces légions d'imbéciles ou d'intrigants devenus républicains le 25 février comme ils seront royalistes demain si la monarchie revient; ce livre ne s'occupe que de cette faction, née en 1830, dont les efforts frénétiques secouent vainement la royauté pendant cinq ans, et qu'un coup de fortune inespéré ressuscite après treize ans d'impuissance qui allaient la mettre au trépas.

Quatre points importants sont occupés par la révolution: L'Hôtel-de-Ville, la Préfecture de police, le Luxembourg et les Tuileries; je vais tracer la physionomie de ces quatre centres et puis je mettrai fin à ce livre, arrivé au terme que j'avais fixé.

L'arrivée à l'Hôtel-de-Ville des élus des trois conclaves,

se fit sans appareil, attendu que la foule ignorait leur grandeur et que, d'ailleurs, le lieu était livré à la plus épouvantable cohue. La présence de M. Ledru-Rollin seul, qui arriva escorté de MM. Félix Piat, Laviron, Jules Favre, le fidèle Grandménil et d'autres, fit quelque sensation. M. Grandménil s'égosillait à crier : Voilà Ledru-Rollin l'ami du peuple; Vive Ledru-Rollin! Ce nom ayant une notoriété dans le peuple, des voix rauques applaudirent et un petit triomphe, accompagné de poussées peu solennelles, fut ménagé au tribun. Tant bien que mal il pénétra dans une salle du premier, donnant sur la place, et finit par se hisser sur une table qui manqua d'être culbutée dix fois, avant que le silence pût être établi. A la fin, le tintamarre ayant cessé, l'orateur parvint à faire sa harangue. Il a été dit et répété qu'à ce ce moment M. Ledru-Rollin proclama la République; c'est faux, deux cents témoins peuvent l'attester. Encore tout étourdi d'une victoire inexplicable et qu'il n'osait croire définitive, il débita un discours entortillé où le mot de république ne fut même pas prononcé. Son texte fut que la nation avait recouvré ses droits et serait appelée à se donner une forme de gouvernement; cela n'était pas trop compromettant, et une déclaration de régence qui serait survenue, eût trouvé M. Ledru-Rollin en règle. J'étais présent, et j'affirme l'exactitude de ma version.

Un peu avant M. Ledru-Rollin étaient arrivés MM. Dupont (de l'Eure), Lamartine, Crémieux et Garnier-Pagès, lesquels, après avoir été houlés long-temps par la multitude, avaient réussi à s'enfermer dans une pièce écartée. M. Ledru-Rollin les y rejoignit, et on commença à délibérer. Il faut le dire à l'honneur de ces hommes qu'un ouragan jetait dans une position d'autant plus terrible qu'elle était plus élevée, l'effroi de l'anarchie les avait saisis tous; le mot de régence était au bord de la plupart des lèvres. M. Garnier-Pagès osa le prononcer et n'excita aucun étonnement; toutefois, on n'osa pas s'engager sur ce terrain trop brûlant. MM. Marrast et F. Arago, qui survinrent, ne changèrent rien à la direction des idées. Au reste, chacun sentait que l'inspiration, en un pareil moment, ne pouvait se tirer ni de la raison ni de l'expérience, mais de la puissance brutale qui ébranlait l'édifice et la place de sa pression désordonnée; on maudissait cette nécessité, mais on l'acceptait parce que le pouvoir était à ce prix. Au milieu de ces impressions, trois nouveaux souverains paraissent; c'est le reste du contingent de la *Réforme* : MM. Flocon, Louis Blanc et Albert. Sans plus de cérémonie, ils prennent des siéges et se mêlent à la délibération. Les hommes du *National* et les républicains improvisés de la Chambre se regardent en fronçant les sourcils :

« Quels sont ces intrus? d'où viennent-ils?

« — Nous sommes nommés par le peuple, dit M. Flocon.

« — Quel peuple? demande M. Marie.

« — Le vrai peuple, celui qui s'est battu, réplique M. L. Blanc. Qu'est-ce à dire? veut-on nous mettre à la porte?

« — Oui, Monsieur, nous ne pouvons délibérer en votre présence, dit froidement M. Arago. »

Le petit bonhomme serre les poings de rage :

« Je vous connais, dit-il, vous êtes les Lafayette de 1848; mais vous sauterez par les fenêtres avant que nous sortions par cette porte; songez bien à cela. »

Des deux parts on riposte, on s'injurie, et peu s'en faut que l'illustre assemblée ne se prenne aux cheveux pour préluder à la fraternité et à l'abnégation. Après de longs pourparlers, où l'aigreur s'apaise peu à peu par cette réflexion que la légitimité des pouvoirs est aussi suspecte d'un côté que de l'autre, on se donne un baiser de Lamourette, et tout le monde admet la souveraineté de son voisin pour conserver la sienne. C'est ainsi que commença la querelle des bleus et des rouges. Les gens naïfs se demandaient par quelle grave question d'intérêt public était alors absorbé le nouveau pouvoir; avant toute chose, il essayait de s'entre-dévorer!

Les souverains n'étaient pas encore tombés d'accord, que de nouvelles puissances, par douzaines, s'élevaient à côté d'eux : c'étaient d'abord les *Délégués du peuple* qui, mis en veine par les scrutins à la mécanique dont ils avaient été témoins, improvisaient aussi une petite élection à leur profit; quelques centaines d'individus sans notoriété d'aucune sorte, républicains depuis une heure, trouvent que si le nouveau gouvernement a le droit de décider du sort de l'Etat, ils ont le droit de lui imposer leurs décisions. Pourquoi pas? Ils nomment, on ne sait comment, quatorze délégués qui ne doivent être ni plus ni moins que les souverains des souverains. L'un d'eux se nomme L. Devins; un citoyen de ce nom a été condamné pour vol; est-ce le même?

En même temps que ce comité de salut public, un gouvernement se forme dont le but ne diffère des autres qu'en ce qu'il est beaucoup plus franc. Des héros de la *Société dissidente* et des habitués de cour d'assises en donnent l'idée.

« On va nous *flouer*, dit l'un, nous n'aurons rien; ce n'est pas ainsi qu'on s'arrange avec le peuple. Nommons, pour nous gouverner, de bons enfants qui s'engagent à partager avec les camarades. »

« Adopté! crie la foule. Et l'on procède à une nouvelle élection, toujours par la même méthode, dont le résultat donne pour maîtres à la France une douzaine d'honnêtes gens, point égoïstes, qui jurent de faire la part aux amis. »

En outre, il y a le pouvoir du *général* Lagrange; celui-là ne se pose pas en rival, mais il s'impose. L'homme au visage maigre erre par les rues depuis la veille d'un air effaré, en répétant : « C'est moi qui ai sauvé la France ! c'est moi ! » Apprenant qu'un gouvernement est installé à l'Hôtel-de-Ville, il y court, force l'entrée de la salle des délibérations et s'écrie: « C'est moi, Lagrange ! hier j'ai sauvé la France. Il vous faut un gouverneur, je me nomme ! Ne craignez plus rien, vous êtes sous ma garde ! »

Ahuris, les Onze le laissent faire. Il se procure des épaulettes, un chapeau à cornes, et, s'installant devant la porte du conseil, il répond aux gens qui le regardent avec stupéfaction : « C'est moi, le général Lagrange ! c'est moi qui ai sauvé la France ! »

Je n'invente pas. Tout le monde à l'Hôtel-de-Ville a entendu M. Lagrange se vanter du fait, ou au moins a su qu'il s'en vantait. A la Préfecture de police, où il vint féliciter son ami Caussidière, il répéta les mêmes paroles. Cela dura pendant quatre jours; alors on s'aperçut que la raison l'avait complètement abandonné : il s'imaginait que des conspirateurs, cachés dans l'hôtel, voulaient l'assassiner ainsi que son gouvernement; il fit une scène lamentable, qui faillit tourner au tragique, et dont la conséquence fut son expulsion et la perte de ses honneurs.

Pendant ces incidents, grotesquement odieux, les bandes désordonnées de la place, qui redoutent quelque décision anti-anarchique, hurlent de fureur, et menacent de mettre l'hôtel à sac si on ne s'empresse de les rassurer. Les Onze, sauf les quatre dictateurs de la *Réforme*, sont consternés : il faut abandonner le pouvoir ou céder; pour rester maître de la France, il faut se faire l'esclave de la populace de Paris; n'importe ! l'ambition avant tout : le mot de République est lâché! non pas franchement et d'un ton décidé, mais d'une manière tortueuse au milieu des phrases creuses d'une proclamation. « Le gouvernement provisoire veut la République, sauf ratification par le peuple, qui sera immédiatement consulté. » Telle fut la formule.

L'Hôtel-de-Ville ayant pour maîtres des hommes inconnus des conspirateurs, ce n'est pas là que se groupèrent les phalanges des *Saisons* et de la *Société dissidente;* tout ce troupeau courut à la Préfecture de police, où M. Caussidière l'attendait et le reçut à bras ouverts.

La Préfecture fut évacuée vers trois heures. Six cents gardes municipaux environ étaient dans la cour, lorsqu'une grande décharge retentit sur le quai, c'était un bataillon de la ligne qui tirait en l'air pour faire plaisir aux insurgés qui arrivaient. On savait que tout était fini et M. Delessert, qui tint son poste jusqu'à la dernière heure, ne songeait plus qu'à assurer la vie et la retraite de ses soldats. A la tête de la bande d'envahisseurs, était une compagnie de gardes nationaux, de ceux qui avaient évoqué la République au cri de réforme; terrifiés de leur œuvre, ils venaient aussi essayer de sauver la garnison de la Préfecture. Un des leurs, l'adjudant Caron, arrive à la porte comme parlementaire et conseille fortement de céder la place pour éviter un massacre. « Tout Paris est rendu, dit-il, la résistance est inutile et une capitulation n'a rien de déshonorant.

« — Soit, dit le commandant, si on veut nous laisser nos armes.

« — C'est impossible, répondit l'adjudant, ces gens-là ne le souffriront jamais.

« — Mais quand nous serons désarmés, les misérables nous assassineront.... Dites, mes amis, reprit le commandant en s'adressant aux soldats; voulez-vous rendre vos armes? »

A ce mot on eût pu voir jaillir des figures de tous ces braves un même éclair sombre et terrible : « La mort! s'écrièrent-ils, mais en combattant! »

Le temps pressait, la foule se houlait sur la porte et commençait à rugir. Il fallait prendre un parti. Le commandant demanda aux gardes nationaux s'ils répondaient de la vie de ses hommes, et, sur leur réponse affirmative, il donna l'ordre du désarmement.

Un spectacle d'une grandeur lugubre, d'un dramatique déchirant fut alors offert : les gardes brisèrent leurs fusils sur le pavé, et arrachèrent leurs vêtements et leurs coiffures qu'ils foulèrent aux pieds; on en vit qui s'embrassaient en pleurant de honte, d'autres qui voulaient se tuer. Fatalité sans nom, qu'avec de pareils hommes une monarchie tombe sans se défendre!

Les municipaux à pied, bras et tête nus pour la plupart, défilèrent entre deux haies de gardes nationaux qui eurent le bonheur d'assurer leur retraite jusqu'à la caserne de Tournon. Quant aux gardes à cheval, également tête nue et sans armes, on les laissa sortir de la Préfecture, mais ils n'avaient pas atteint le quai, qu'une décharge en roulait plusieurs sur le pavé. On cria bravo! Et ces hommes héroïques, qu'une capitulation couvrait d'un caractère sacré, furent tués comme des chiens par l'infâme populace!

Tel fut le prélude des saturnales de la Préfecture. Un instant après, deux hommes, l'un portant des pistolets à la ceinture et une carabine, l'autre traînant un grand sabre de capitan, entraient avec fracas à l'hôtel.

« Citoyens, s'écria le premier, d'un air hagard et d'une voix rauque; de par la volonté du peuple nous venons prendre possession de ce lieu : je suis Sobrier et voici Caussidière! »

Peu de gens les connaissaient, mais en pareils cas on n'y regarde guères, et l'on fait vite connaissance. Sobrier, Caussidière, soit! on les accompagna au cabinet du secrétaire général où ils s'installèrent, et se mirent sur-le-champ à rédiger une proclamation. C'est la fameuse pièce, écrite en français suspect, où on lit cette phrase digne de ce qui allait suivre : « Il est expressément recommandé au peuple de ne point quitter ses armes, ses positions, ni son attitude révolutionnaire, etc. » La proclamation achevée, M. Sobrier, dont l'exaltation sans cesse accrue depuis trois jours, était arrivée à l'état de fièvre chaude, tomba sur un canapé et y resta sans connaissance.

Au bruit de la grandeur de M. Caussidière, une troupe de ses compagnons de cabaret étaient accourus le rejoindre; dans le nombre se trouvaient son beau-frère M. Mercier, puis MM. Caillaud, Lechallier, Morisset, Gras, Louchet, Coré, Tiphaine, etc., ce dernier traînant après lui toute sa famille. Ces individus et beaucoup d'autres, parmi lesquels un maître d'escrime qui fut accusé, deux jours après, de soustraction d'armes et d'argenterie, menaient une existence plus ou moins suspecte, dont ils espéraient bien que leur illustre ami allait les tirer. Outre ces hommes de choix, l'avant-garde de la fameuse phalange qui allait immortaliser l'endroit, commençait à paraître. C'était d'abord M. Chenu qui organisait la première fraction de Montagnards; puis M. Gallaud, vieux conspirateur, revenu depuis de ses illusions, et qui contribua à mettre un peu d'ordre dans l'hôtel, et ensuite les capitaines de barricades Beaume, Peccatier, Hélie, ce dernier chargé d'antécédents plus que suspects. Tous arrivaient d'un air massacrant, et ne s'occupaient d'abord que d'une chose : savoir où étaient l'auge et l'abreuvoir. L'illustre M. Pornin ne fit son entrée que le jour suivant; il n'avait pu se mêler que d'intention aux exploits des trois jours, ayant été coffré dès le 21.

M. Sobrier avait recouvré ses sens, mais non le calme et la raison; le vertige le tenait, ses mouvements étaient furibonds, ses paroles écumantes. Soit jalousie, soit frénésie, l'idée du gouvernement provisoire l'obsédait.

« Des Marrast, des Lamartine, des Garnier-Pagès, s'écriait-il, c'est une infamie! Si nous attendons à demain pour mettre ces gens-là à la porte, nous sommes perdus. »

M. Caussidière admettait sans peine l'indignité d'une partie du gouvernement; mais il trouvait les velléités de son collègue un peu dangereuses. Il tenait une assez belle place, après tout, la prudence commandait de ne pas la risquer sottement.

« Un peu de patience, dit-il, que diable! il faut avoir le temps de se reconnaître. Comptons d'abord nos forces et prenons pied dans la position. Nous aurons bien du malheur si par la suite nous ne faisons pas sauter ces messieurs.

« — As-tu peur? reprit l'énergumène; alors laisse-moi; j'agirai seul.

« — Te laisser, grommela le préfet, à voix basse, ce n'est pas ainsi que je l'entends, j'espère même que ce n'est pas moi qui partirai le premier. »

Le fait est que le partage de l'autorité préfectorale ne l'accommodait guères, et qu'il songea dès le premier moment à évincer son collègue, ce qui ne souffrit pas trop de difficultés, attendu que M. Garnier-Pagès qui vint à la Préfecture, trouva dans M. Sobrier un homme que Charenton réclamait.

La proclamation des délégués envoyée au *Moniteur* n'y parut pas le lendemain; abstention irrévérencieuse dont M. Caussidière fut vivement blessé, surtout en apprenant qu'elle avait lieu sur les ordres de l'Hôtel-de-Ville. Il comprit qu'on l'avait apprécié et qu'on ne tenait pas bien chaudement à lui; cette opinion se confirma d'une offre que le maire de Paris, son supérieur, lui fit dès le 25. M. Garnier-Pagès lui conseillait d'accepter le gouvernement du château de Compiègne dont la munificence des Onze daignait le gratifier. Cette proposition n'eut aucun succès. L'ex-*Four-à-Chaux* répondit de sa petite voix flûtée, dont le contraste était si étrange avec ses grosses épaules.

« Impossible de m'en aller; j'ai besoin ici. Il y a déjà en bas quelques centaines de bons enfants qui travaillent bien; j'en attends encore deux fois autant. Si la bonne volonté ou le courage vous manque à l'Hôtel-de-Ville, j'irai vous aider. Eh! eh! la révolution fera son petit bonhomme de chemin.

« — La révolution! mais elle est faite.

« — Bah! elle n'est pas commencée. »

Effectivement M. Caussidière, dont le puritanisme n'a jamais eu rien de farouche, et qui serait devenu l'homme le plus accommodant du monde, si on n'eût pas parlé de lui arracher la proie des dents, ne songea, à partir de ce moment, qu'à tenir la démagogie démuselée, qu'à tout brouiller, afin de rester possible.

J'arrivai le 25 vers trois heures à la Préfecture; malgré le danger, il m'avait paru que c'était pour moi un devoir de pénétrer dans ce gouffre, où mon action pourrait peut-être entraver l'anarchie. J'avais lieu de croire d'ailleurs que les originaux de mes lettres étaient détruits, et je me sentais capable de faire bonne figure devant les soupçons qu'eussent pu donner les simples extraits recopiés qui existaient. En me voyant, M. Caussidière, qui grillait de montrer son savoir faire au provisoire, s'écria :

— « Eh! arrivez donc! vous savez bien que j'ai besoin

ici de bons b......; si la Préfecture ne se montre pas, nous sommes f..... Tenez, voici un mandat qu'il faut exécuter sur l'heure. »

Il me tendit un papier où je vis : « Ordre de rechercher et « d'appréhender au corps l'ex-duchesse d'Orléans et l'ex- « comte de Paris qui doivent se trouver aux Invalides. »

« Vous comprenez, ajouta le préfet; avec des ôtages comme ceux-là, si la contre-révolution bouge, nous montrerons que nous connaissons notre histoire de 93. »

M. Miot, qui était dans ses bois du Morvan, à cette époque, et qui se mêle de parler de choses dont il ne connaît pas le premier mot, a nié cet ordre d'arrestation; je le renvoie pour apprendre la vérité à M. Beaurain, 16, rue Notre-Dame-des-Victoires, qui me fut adjoint dans ma mission. M. Beaurain passe pour un honnête homme, je m'en rapporte à son témoignage; je dirai, au reste, que, dans cette circonstance, il se conduisit comme un homme de cœur.

De retour de cette expédition, qui se fit de manière à n'amener aucun résultat fâcheux pour l'illustre proscrite, quand même elle se serait trouvée dans l'hôtel, ce qui n'existait pas, le préfet me prit à part et me dit :

« Installez-vous au secrétariat-général et faites savoir que le rendez-vous des vrais patriotes est à la Préfecture; il nous faut ici tous les vieux conspirateurs et les gens qui savent manier un fusil; alors nous tiendrons la queue de la poêle. Ledru-Rollin, Flocon, Albert et moi, nous nous entendons; la question est de culbuter le *National*; cela fait nous républicaniserons le pays de gré ou de force. Soyez tranquille; nous avons affaire à des finauds, mais nous leur ferons peur. »

L'idée de M. Caussidière se révélait clairement : s'entourer d'un corps de janissaires, pris dans les bouges de la capitale, dresser cette phalange hideuse comme un épouvantail devant la majorité des Onze, et au besoin, la ruer sur l'Hôtel-de-Ville. Ce plan s'exécuta, et l'on sait que pendant trois mois le succès répondit à l'espérance du terrible bonhomme.

Dès le 27, la Préfecture devint le quartier général de la plèbe révolutionnaire. Cours, bureaux d'employés, salles, tout regorgeait d'une population effarée, hideuse, puante, qui se roulait sur les coussins, ou hurlait au milieu des brocs. Rien ne peut donner l'idée de ce tableau, si ce n'est peut-être un camp de cosaques ivres et en rut !

M. Caussidière frayait, fraternisait et se gobergeait avec ses dignes amis, invitant de temps en temps les plus huppés à sa table. Cette table, que depuis il a calomniée, était digne d'un gosier beaucoup plus fin, si ce n'est plus glouton que le sien; elle était apprêtée par le cuisinier de M. Delessert, fournie très aristocratiquement et largement arrosée des vins les plus exquis de l'ex-préfet. J'en parle avec connaissance de cause, ayant eu le triste honneur de la pratiquer pendant quinze jours. Dans les premiers moments, le désir de faire un peu de vertu lacédémonienne avait engagé à recourir aux ragoûts d'un traiteur voisin, mais on s'était vite lassé de ce régime, et au bout de huit jours, les mets superfins ainsi que les vins extra-échauffants n'avaient rien de trop pour l'honorable préfet et sa compagnie. Enchantés des façons de leur chef, les soudards de la Préfecture le chérissaient tendrement et juraient de le défendre jusqu'au dernier souffle.

Pour tirer tout le parti possible de leur dévouement, il songea à leur donner une organisation. M. Pornin, qu'il avait nommé gouverneur de l'Hôtel, reçut le titre de commandant des montagnards avec mission de se former un bataillon en règle. Il le composa de trois compagnies dont voici la désignation et les chefs.

1re Compagnie, *La Montagne*, commandée par le capitaine Menant, le lieutenant Javelot et le sous-lieutenant Davoust. M. Menant est un coureur de cabarets borgnes; M. Javelot un des honorables chefs de la bande de *voleurs*, appelée *Société Matérialiste*; M. Davoust un patriote faux teint, à ce qu'il paraît, puisqu'on le pria de donner sa démission et de ne plus reparaître à la Préfecture.

2me Compagnie, *Le 24 Février*, capitaine M. Léon; lieutenant M. Paquette; sous-lieutenant M. Badieux; énergumènes qui n'ont rien de remarquable et qui tous trois, dit-on, se sont fait tuer sur les barricades de juin.

3me Compagnie, *Les Droits de l'Homme*, ayant pour officiers MM. Dormes, Butte et Guibourg. Le premier était marchand de contremarques au Théâtre-Historique; les deux autres sont des malandrins de trempe ordinaire. M. Guibourg est sous le coup de poursuites qui l'ont forcé de s'expatrier.

M. Pornin nomma pour adjudant-major de cette honorable légion le très honorable M. Hélie.

Non content d'avoir cette armée à la Préfecture, M. Caussidière avait réparti des compagnies de même espèce dans différents quartiers de Paris; l'une d'elles était à la caserne de Tournon, où commandait M. Coré; une autre à celle des Petits-Pères, gouvernée par M. Martin, lequel avait sous ses ordres M. Chenu et plusieurs autres officiers.

CHAPITRE XXVII.

Les dossiers de la Préfecture. — Tribunal secret du Luxembourg. — Le pistolet à huit coups. — Le poison. — Orgie au Luxembourg. — La bande des Tuileries. — Epilogue.

Ces dispositions étaient prises lorsqu'un coup de foudre tomba au milieu de la grandeur de M. Caussidière. M. Sobrier, qui se regardait comme un homme d'importance capitale et croyait que toutes les dénonciations de police devaient rouler sur lui, avait exigé de l'archiviste la remise des dossiers politiques; il fut fort étonné de n'y trouver sur son compte que des notes aussi insignifiantes que sa personne; en revanche celui du préfet, que l'on ouvrit, contenait des renseignements fort étendus qu'on s'empressa de lui communiquer. M. Caussidière bondit de stupéfaction et de colère; l'infâme qui le démasquait détaillait sa vie jour par jour, et au lieu de le donner pour un homme formidable et un patriote sans pareil, avait l'impudence de le présenter, sous mille formes, comme un charlatan d'une assez belle impudence, un industriel de procédés très suspects, un ivrogne de première force et un conspirateur extrêmement médiocre. J'ai lieu de croire que si M. Caussidière eût prévu l'étrange lumière qui allait jaillir de son dossier, il eût mis aux archives, dès la première heure, plusieurs de ses montagnards les plus sûrs, avec ordre de brûler la cervelle au premier qui entrerait. Quoi qu'il en soit, le coup était porté et il fallait avoir vengeance du traître.

Je suis bien aise de dire ici, en réponse à une phrase des Mémoires de M. Caussidière, où il déclare ne m'avoir jamais estimé, que je lui ai toujours rendu largement la monnaie de sa pièce; je ne l'ai jamais recherché et ne lui ai jamais dû de services, il n'en pourrait dire autant de moi. Il existe des patriotes par centaines à qui j'ai fait part fort librement de mes sentiments sur ce personnage. Je ne l'ai engagé d'aucune manière à entrer dans l'association dont j'étais le principal chef, et je défie que lui ou tout autre prouve que j'ai fait autre chose que de saisir l'influence morale des conspirateurs, pour la miner et la détruire. Je n'ai eu de rapports un peu intimes, en fait de démagogues, qu'avec M. Pilhes, et j'ai vécu journellement avec lui pendant trois ans sans lui parler une seule fois de sociétés secrètes; je crois M. Pilhes assez loyal pour ne pas démentir ce fait, qu'il me serait d'ailleurs extrêmement facile de prouver.

Les originaux de mes lettres et des autres renseignements n'étaient pas détruits; le secrétaire intime de l'ex-préfet, M. de Lachaussée, les tenait sous clef dans une armoire qui se trouvait dans son bureau. Pendant la journée du 25, il réussit, d'accord avec M. Nabon, chef du cabinet, à faire transporter le contenu de l'armoire chez l'archiviste, qui les fourra au fond d'un sac, lequel fut recouvert de vieux papiers sans importance. Cette mesure devait parer au danger, mais un employé du cabinet, M. Martorey, avait connaissance du transport des pièces aux archives, et il en fit part au chef de la police municipale, M. Elouin. Celui-ci s'empressa d'aller tout dire à M. Caussidière, à cet homme qu'il n'eût pas daigné regarder la veille, et à qui il vendait lâchement, pour un sourire, des secrets qui ne lui appartenaient pas. Quoique n'ayant pas paru une seule fois à la Préfecture pendant huit ans, mon nom et mon rôle étaient connus, à ce qu'il paraît, de M. Elouin; un autre employé savait aussi, qu'autrefois, j'avais manifesté l'intention d'aider la police à détruire le parti républicain; tous deux avaient déjà porté les soupçons de M. Caussidière sur moi, et ils furent chargés de faire les recherches qui me concernaient. Après une exploration fort longue, le dossier fut découvert. J'avais bien deviné qu'une certaine méfiance pesait sur moi, mais, dans la certitude où j'étais de la destruction des pièces originales, j'avais pris la résolution d'aller jusqu'au bout.

Un soir, vers huit heures, on m'emmena au Luxembourg, sous un prétexte qui ne pouvait rien me laisser deviner. On se réunit dans le bureau de M. Albert, et je me trouvai là en présence des individus dont les noms suivent : MM. Caussidière, Grandménil, Monnier, Caillaud, Bocquet, Chenu, Pilhes, Bergeron, Lechallier, Tiphaine et Mercier. On débuta par former un bureau; ce qui me fit dresser l'oreille, sans cependant m'impressionner outre mesure, attendu que cette formalité est employée par les patriotes dans beaucoup de cas insignifiants. M. Caussidière, comme président, prit la parole, et aux premiers mots qu'il prononça je fus tiré de toute incertitude : il portait contre moi une accusation positive, sans parler toutefois des preuves matérielles qu'il possédait. J'écoutais, le dos appuyé contre la cheminée, et préparais mes moyens de défense. Quand il eut fini, comme il vit que je m'avançais de quelques pas, il crut que je voulais m'enfuir et il se précipita vers la porte pour me barrer le passage. Tirant alors un pistolet à huit coups, et le braquant sur moi, il déclara qu'en cas de tentative de violence ou d'évasion, il me brûlerait la cervelle. Je ne pensais pas à fuir et je l'engageai à laisser là son artillerie qui était inutile. J'avais pris de telles mesures de prudence avec M. Pinel, et ma position avait quelque chose de si net en apparence, que j'arrivai sans trop de peine à détruire le premier effet de l'accusation. M. Caussidière me laissait dire, tout en dardant sur moi deux petits yeux pleins d'une ironie venimeuse. A la fin, m'arrêtant par un geste d'impatience, il annonça que, puisque j'étais si sûr de mon fait, il allait prouver lui aussi qu'il n'accusait pas légèrement, et aussitôt il exhiba toute la liasse de mes lettres. L'une était signée de mon nom et donnait des détails qui ne me permettaient plus un mot de dénégation. Je restai accablé, la pensée du scandale qui allait couvrir mon nom et frapper ma famille me déchira le cœur, d'autant plus que je ne voyais aucun moyen, prochain au moins, de faire connaître mon véritable rôle.

M. Caussidière déclara que l'assemblée était transformée en conseil de guerre pour me juger.

« Ma vie est entre vos mains; lui dis-je, faites-en ce qu'il vous plaira. »

Je restai accoudé sur la cheminée et l'on se mit à délibérer sur mon sort. L'avis général fut qu'il fallait me condamner à mort. Cette sentence fut mise aux voix et prononcée. Alors on s'occupa de l'exécution. Différentes opinions furent émises : les uns voulaient me fusiller sur place, les autres dans le jardin; mais comme il fallait un bourreau et que le métier paraissait dangereux; on jugea qu'il serait mieux de me faire remplir ce rôle moi-même. Un des francs-juges fut d'avis de m'offrir le pistolet afin que je me fisse justice. Je répondis que je ne me tuerais point. Tout le *tribunal* se mit alors à m'invectiver avec fureur, déclarant que, de toute façon, je ne sortirais pas vivant du Luxembourg.

« Eh bien! vous m'assassinerez, repris-je, mais je ne me tuerai pas. »

M. Bocquet, qui écumait de rage, alla prendre le pistolet des mains de M. Caussidière, et me le présentant à deux doigts de la figure :

« Tiens, dit-il, lâche que tu es, prends cela, et casse-toi la tête, sinon je te la casse moi-même. »

Un tressaillement me saisit; je tendis le bras pour prendre l'arme et je jure que la tête de ce misérable cuistre, qui eût tremblé devant moi s'il eût été seul, allait sauter avant la mienne, si l'un des assassins ne lui eût crié de ne pas lâcher l'arme.

« Il est impossible qu'un meurtre ait lieu ici, dit alors M. Albert, surtout par les armes, la détonation mettrait le palais en désorde et ce serait une affaire terrible.

« — Cependant, il faut qu'il meure, reprit le préfet, il en sait trop; ce qu'il a vu, tant avant qu'après, peut nous perdre à jamais. A défaut d'une balle, on peut employer du poison; j'en ai apporté. »

M. Bocquet sauta de joie.

« J'ai déclaré que je ne me tuerais pas, repris-je, me ferez-vous prendre le poison de force. »

« — Oui, s'il le faut, répondit M. Caussidière, tu ne peux vivre plus long-temps. »

Je vis l'heure où les scélérats allaient me garotter pour me faire avaler de force la drogue mortelle; sans défense, sans moyen de fuite, j'étais résigné à tout, et je recommandai mon âme à Dieu.

Mais à ce moment, la rage hideuse de quelques-uns des francs-juges opéra une réaction dans les autres; M. Albert fut le premier à dire qu'il fallait me laisser et ne pas pousser l'affaire plus loin. Comme la majorité, tout en se prêtant à mon assassinat, n'entrevoyait pas sans terreur les conséquences d'un pareil crime, les idées de mort s'apaisèrent, et le préfet annonça qu'il allait me conduire en prison, et me mettre entre les mains de la justice.

Cette résolution me parut plus horrible que tout le reste; un procès, le scandale de cette affaire porté devant les tribunaux, dans un pareil moment, où toute défense serait inutile, cela m'épouvantait, me désespérait.

« Vous n'avez pas le droit de m'incarcérer, m'écriais-je;

la loi n'a rien à voir dans mon affaire. Je ne veux pas aller en prison, je n'irai pas. »

Le farouche tribunal restait irrésolu; voyant qu'on se consultait, j'allai à M. Caussidière et le suppliai de revenir sur sa décision. Il me repoussa brutalement; mais, comme je paraissais décidé à faire résistance, il s'engagea à ne me retenir que quelques jours et à garder le secret sur l'affaire, en considération de ma famille.

En sortant il m'offrit son bras, sans doute pour mieux s'assurer de moi :

« Je n'ai pas besoin que vous me teniez, dis-je; puisque vous me promettez d'éviter le scandale, je suis prêt à vous suivre. »

On me mena au dépôt, et de là à la Conciergerie, où je fut retenu pendant deux mois et demi, c'est-à-dire jusqu'à la chute du préfet de Février. On m'avait soumis à une instruction que l'on n'osa pas continuer, tant elle était absurde et tant l'on vit que je la traitais dédaigneusement. Quant à la promesse du loyal M. Caussidière, il la tint en placardant, le soir même, mon aventure dans la *Commune* de M. Sobrier; bien entendu que la scène était arrangée de façon à ne pas compromettre l'illustre personnage.

Telle est la vérité sur la scène du Luxembourg; je ne l'ai ni chargée ni adoucie, j'ai dit les faits.

Ce qui se passa ensuite à la Préfecture, les rouertes débonnaires, les plans ambitieusement stupides et les goinfreries homériques de M. Caussidière, de son connétable Pornin et de sa ribauderie patriotique, tout cela n'est plus mon affaire; un autre l'a tracé en tons crus, hardis et d'une effrayante vérité; je ne pourrais faire ni mieux ni plus exact.

Avant de quitter la rue de Jérusalem, je vais rapporter seulement une anecdote qui s'y rattache : M. Sobrier, obligé de lâcher sa part d'autorité préfectorale, s'occupa aussitôt de se faire une puissance d'un autre genre. Il rassembla une douzaine de patriotes chevronnés et rédigea, de concert avec eux, une affiche qui portait en substance : « Il faut ressusciter l'ancien rôle de Marat, organiser un système de délation et d'épuration, et forcer le gouvernement à n'admettre que nos créatures; à cet effet, un comité, formé de vieux conspirateurs, vient d'être nommé et il s'est mis sur-le-champ à la besogne; tous les citoyens sont invités à lui faire parvenir leurs dénonciations. »

Les signataires étaient MM. Sobrier, Bergeron, Pilhes, Félix Pyat, Cahaigne et sept à huit autres. La pièce affichée dans Paris épouvanta les paisibles citoyens, et excita la jalousie de quelques intrigants qui, dans l'apposition de leur nom sur ce hideux factum, entrevoyaient le chemin de tous les honneurs. Le lendemain, comme M. Sobrier relisait son chef-d'œuvre sur les murs, il fut tout étonné d'y trouver un nom qu'il n'avait jamais eu l'idée d'y mettre, c'était celui de M. Bareste, actuellement rédacteur en chef de la *République*. L'honnête homme, à ce qu'on présuma, avait fait tirer lui-même de nouvelles affiches où il avait intercalé sa signature. Pour prouver au patriote postiche qu'on le connaissait, ordre fut donné d'arracher tous les placards, et un nouvel affichage eut lieu où le nom de l'intrus était ignominieusement rayé.

Tous les oiseaux de proie des sociétés secrètes s'étaient donc abattus à la Préfecture. M. Albert s'étant installé depuis au Luxembourg, une partie de ses anciens compagnons l'y rejoignit et s'y donna aussi la satisfaction d'une régence démagogique. Des fêtes sans nom furent organisées au Petit-Luxembourg, mis à la disposition de ces misérables. Le Pornin de l'endroit était un ancien chef de groupes des *Saisons*, nommé Barbier. Le jour, il conduisait sa bande au prêche de M. Louis Blanc, et le soir, il présidait au délassement sur les pelouses du jardin. Le vin du grand référendaire, apporté dans des cruches, arrosait le gosier des patriotes et de leurs poétiques maîtresses, des dames tirées des harems de la cité ou des barrières. M. Albert cédait au torrent par faiblesse. Un jour, M. Henry, cet idiot intéressé qui simula un régicide par spéculation, vint trouver le dictateur en blouse à qui il rappela son exploit; M. Albert lui donna un billet de 1,000 fr. Il s'était fondé au Luxembourg, avec les fonds de l'Etat, une caisse ouverte à tous les repris de justice politiques; des masses d'individus y puisaient soir et matin, et les escrocs n'étaient pas les derniers à se présenter. MM. Grandménil, Barbier, L'Héritier (de l'Ain), rédigeaient les états de paiement que M. Albert décorait de sa signature, sans les regarder. A la fin, il donna même des signatures en blanc. Les bons de 100, 200, 500 fr. étaient jetés, avec une générosité princière, à tout patriote qui se présentait avec des mains sales, une voix enrouée et une mine d'échappé de galères. M. Albert, il faut le dire, finit par mettre ordre à ce gaspillage qu'il apprit et dont il fut indigné. Quant aux exploits de M. Barbier et de ses acolytes, ils ne cessèrent que plus tard, c'est-à-dire quand la honte de l'orgie républicaine commença à monter au visage de tous les gens de cœur.

Les Tuileries, qu'une bande de routiers occupa aussi pendant une douzaine de jours, furent le théâtre de scènes non moins ignobles. Le commandant nommé par le gouvernement provisoire, M. Saint-Amand, n'avait aucune autorité sur sa garnison; les vrais chefs étaient M. Imbert, d'une part, nommé directeur des *Invalides civils*, et puis le capitaine de routiers, M. Dormes, le marchand de contre-marques. On se doute du personnel qu'un tel chef devait avoir sous ses ordres; ce n'étaient pas même d'anciens conspirateurs, c'était un ramassis immonde tiré des antres les plus suspects de la capitale. Leurs saturnales excitèrent une indignation telle que M. Caussidière reçut ordre de les faire cesser et dut obéir. La compagnie Dormes fut expulsée du palais, mais M. Caussidière, pour témoigner son regret à ces excellents citoyens, les prit avec lui; ils formèrent une de ses compagnies de Montagnards.

Dès ce jour, le contingent des hommes de sac et de corde, conspirateurs ou autres, se trouva réuni sous les ordres de M. Albert au Luxembourg, et de M. Caussidière à la Préfecture! Cette troupe et ses chefs, tant qu'on leur permit de mordre à la curée et de déshonorer la France de leur règne, se vautrèrent dans les jouissances et les excès les plus grossiers; quand le pays se réveilla et qu'ils virent leur pouvoir menacé, ils reprirent le vieux chemin des conspirations et aboutirent au 15 mai et au 23 juin!

Depuis le 10 décembre, le pouvoir est débarrassé d'eux; il est temps que toute la France le soit aussi!

En faisant ce livre j'ai rempli un devoir rude envers des gens que je regarde comme l'obstacle du bien-être particulier et de la grandeur du pays. Sans intention de vanité ni de bravade, je dirai : que tous les hommes d'ordre m'imitent, qu'ils se posent avec une fermeté inexorable devant l'anarchie mugissante! On demandait en 93 aux néophytes des clubs : Qu'as-tu fait pour être pendu si la monarchie revient? Il faut qu'on puisse aujourd'hui demander à tous ceux qui se déclarent partisans de l'ordre : Qu'as-tu fait pour être pendu si le socialisme triomphe? Quand cela sera compris et que nul ne craindra de brûler ses vaisseaux devant la démagogie, le monstre saisi de terreur et convaincu de son impuissance, tombera écrasé!

TABLE GÉNÉRALE

DES MATIÈRES.

LIVRE PREMIER.

	Pages
AVANT-PROPOS	1

CHAPITRE PREMIER. — Dénombrement des corps d'émeute. — Les Étudiants. — Les Impuissants. — Les Bohêmes. — Le Peuple souverain. — Les Gobe-Mouches. — Les Mécontents. — Les Réfugiés politiques. — Les Bandits. 11

CHAPITRE II. — La Charbonnerie. 18

CHAPITRE III. — Projet d'expulsion des Députés et des Pairs. — Le parti républicain. — Son effectif. — Plagiat de 93. — Tableau des sociétés populaires après Juillet. 26

CHAPITRE IV. — Les *Amis du Peuple*. — La bourgeoisie les chasse de leur club. — Emeute. — Projets d'assassinat contre le roi et contre les ex-ministres. — La jambe de bois. — Affiches *diffamatoires*. — Complot dans l'artillerie parisienne. — Ses chefs. 37

CHAPITRE V. — Procès des Ministres. — Emeute. — Complot dans la Garde nationale. — MM. G. Cavaignac, Guinard, Trélat, Sambuc, Audry de Puyraveau. — Leur procès. — Emeutes sur émeutes. — — L'Artillerie du maréchal Lobau. 45

CHAPITRE VI. — Permanence de l'émeute. — M. Carlier et les assommeurs de la Bastille. — Les dogues populaires domptés. — M. Gisquet. — Du rétablissement d'un ministère de la police. 56

CHAPITRE VII. — Complot des tours Notre-Dame. — Procès des *Amis du Peuple*. — MM. Bonnias, Raspail, Blanqui, Antony Thouret. — Les chefs des sociétés populaires sont débordés. — MM. Rittiez, Toussaint Bravard, Cahaigne, Avril, Imbert 64

CHAPITRE VIII. — Emeute des chiffonniers. — Le choléra et les prétendus empoisonneurs. — Crédulité du peuple. — Odieuse machination des républicains. — Le parti légitimiste. — Affaire de la rue des Prouvaires. — Un écrivain patriote. 73

Chapitre IX. — Préparatifs d'insurrection. — Ordre de bataille des Sociétés Secrètes. — Dénombrement des forces. — Les Réfugiés politiques. — Tentative d'assassinat sur le général Bem. — La jeune Italie. — M. Mazzini. — Tribunal secret. — Drame épouvantable. 81

Chapitre X. — Révolte des 5 et 6 juin. — Théorie des insurrections. — Comme quoi le plan de concentration du général Cavaignac est une chose détestable. 94

Chapitre XI. — Comme quoi les conseilleurs ne sont pas les payeurs. — M. Joanne. — Décadence du Parti républicain. — Affaire du pont d'Arcole. — Bonne foi des Démagogues. — Le coup de pistolet du Pont-Royal. — Les *Droits de l'Homme*. — Similitude remarquable. — Nécessité de tuer l'anarchie. 103

Chapitre XII. — Formation de la société des *Droits de l'Homme*. — Noms des membres du Comité. — M. Millon, cocher-publiciste. — Ordres du jour. — Les forts détachés. — Complot. — Pourquoi il avorte. — Procès. — Violence des accusés et surtout de M. Vignerte. 114

Chapitre XIII. — Déclaration des Droits de l'homme de Robespierre, publiée comme évangile. — Comité d'action. — Son chef. — Revues des Sections. — Les Crieurs publics. — M. Delente. — Emeute. — Sottes accusations. — Moralité des conspirateurs — Loi sur les Associations. — La bataille est décidée. 127

Chapitre XIV. — Un grand patriote. — M. Cavaignac voué aux poignards. — Préparatifs d'insurrection. — Tableau des forces du parti républicain en 1834. 138

Chapitre XV. — Effectif de guerre des *Droits de l'Homme*. — Forces du pouvoir. — Préparatifs de lutte. — Revue de la *Société d'action*. — Arrestation du capitaine Kersausie. — Insurrection des 13 et 14 avril. — Pourquoi la déroute des républicains y fut complète. 145

Chapitre XVI. — Les *Droits de l'Homme* et les *Mutuellistes* à Lyon. — Insurrection. — Rôle théâtral de M. Lagrange. — Eclipse des principaux chefs. 152

Chapitre XVII. — Conspirations de Lunéville, Saint-Etienne, Châlons, Clermont, Grenoble, Vienne et Marseille. — Procès d'avril. — Les accusés. — Les défenseurs. — Evasion de Sainte-Pélagie. — Jugement. — M. Marrast en prison. — Illumination odieuse. — Révolte dans les cabanons. — Tentative d'assassinat sur M. Carrel. 161

Chapitre XVIII. — Encore l'émeute. — M. Raspail et M. Gisquet. — Complot de Neuilly. — La famille Chaveau. — Attentat de Fieschi. — M. Recurt et Pépin. — Rôle des *Droits de l'Homme*. 172

Chapitre XIX. — Lois de Septembre. — Leur nécessité. — Les mauvais journaux font plus de mal que les bons ne font de bien. — Il n'est pas vrai que la fermeture des Clubs engendre les Sociétés secrètes. — Folie de la liberté illimitée. 184

Chapitre XX. — Les *Légions révolutionnaires*. — L'assassinat poli-

TABLE GÉNÉRALE DES MATIÈRES.

tique. — Alibaud. — M. Sobrier. — M. Recurt. — M. Flocon. — M. Barbès. — M. Martin Bernard 190

CHAPITRE XXI. — Organisation de la *Société des Familles*. — Formulaire de réception. — Despotisme des chefs. — Détails secrets . . . 199

CHAPITRE XXII. — Fabrique clandestine. — Affaire des poudres. — Complot de l'Arc-de-Triomphe. — Projet contre les Tuileries. — Retraite de M. Gisquet. — Affaire de Strasbourg 207

CHAPITRE XXIII. — Organisation des *Saisons*. — Nouveau personnel de conspirateurs. — Revues. — Mesures de prudence. — M. Martin Bernard. — Régicides. — Amnistie. — Quel est son effet. — Recrudescence de propagande. — Nouveau formulaire de réception. — Haine contre la bourgeoisie 216

CHAPITRE XXIV. — Le *Moniteur républicain*. — *L'Homme libre*. — M. Joigneaux. — Saisies de poudres. — Habileté du Comité des *Saisons*. — Préliminaires du 12 mai. — M. Barbès hésite. — Comment M. Blanqui le décide. — Contre-ordre de bataille. — Choix du terrain 227

CHAPITRE XXV. — Les chefs des *Saisons* et leur état-major. — Inspection de M. Blanqui. — Tout est prêt. — Appel aux armes. — Le magasin de Lepage. — On demande le Comité. — Perplexité de M. Blanqui. — M. Barbès. — Le poste du Palais de Justice. — Proclamation. — Le forçat Mialon. — M. Tisserant. — Courage suspect de plusieurs chefs 239

LIVRE SECOND.

CHAPITRE PREMIER. — Réorganisation des *Saisons*. — Comité provisoire. — Les quatre *Agents révolutionnaires*. — Les ordres du jour reparaissent. — Mou procédé avec les patriotes 253

CHAPITRE II. — Deux aventures. — M. Dourille. — Il devient chef des *Nouvelles Saisons*. — Le *Journal du Peuple*. — M. Dupoty. — Son portrait 259

CHAPITRE III. — M. Cabet et le Communisme. — Banquet de Châtillon. — Les républicains donnent signe de vie. — Banquet de Belleville en réponse au banquet de Châtillon 267

CHAPITRE IV. — La grève. — Impatiences révolutionnaires. — Les Communistes d'action. — MM. Rozier, Lionne, Vellicus. — M. Dourille fait parader sa troupe. — Harangue sur le boulevard. — Equipée de M. Rozier. — Arrestations 276

CHAPITRE V. — Attentat de Darmès. — Quénisset. — Excitations abominables. — Coup de pistolet tiré sur les Princes. — Nouveaux Francs-Juges. — Condamnation à mort. — Suites de l'arrêt 284

CHAPITRE VI. — Congrès révolutionnaire à Lyon. — Départ d'un délégué de Paris. — La femme d'un conspirateur. — M. Callès. — M. Bonnardel. — M. Jailloux. — Une séance de Conjurés 293

Chapitre VII. — Exposé du plan. — Examen des lieux. — Conciliabule nocturne. — Repas de Conspirateurs. — Décision. — Pourquoi la conjuration avorte. — Quelques réflexions qu'il faut lire 303

Chapitre VIII. — M. Flocon redevient conspirateur. — Séance du café Sainte-Agnès. — Décision révolutionnaire. — Nouveau conciliabule. — Peur des lois de Septembre. — Nomination d'un Comité. — Avortement. 313

Chapitre IX. — Démission de M. Dourille. — Le nouveau Comité. — Quelques mots sur les agents secrets. — Nouveaux ordres du jour. — Procédés honorables de M. Delessert. — Les Communistes de Toulouse. — Envoi d'un délégué à Paris. — Bêtises. — M. Flocon entre au comité des *Nouvelles Saisons*. — Revue des groupes. . . . 320

Chapitre X. — Histoire de la création de la *Réforme*. — Tyrannie exercée sur M. E. Baune. — Le pauvre M. Grandménil. — M. Flocon devient dictateur du journal. 330

Chapitre XI. — Don Quichotte-Lagrange. — Ses grandes entreprises. — Sa décadence. — Aventures drôlatiques, commerciales et édifiantes de M. Caussidière. 336

Chapitre XII. — La presse démocratique avant Février. — Le *National* et M. Marrast. — L'homme qui ne paie pas ses dettes et le lion édenté. — Le *Charivari*. — M. Altaroche. — M. Albert Clerc. — M. Félix Pyat 346

Chapitre XIII. — Affaiblissement systématique des *Saisons*. — Nouveau comité. — MM. Caussidière, Léoutre, Grandménil, Leroux. — Essai de réorganisation. — Pourquoi il avorte. — Lutte extraordinaire. 354

Chapitre XIV. — Suite de l'histoire de la *Réforme*. — La Souscription polonaise. — Talents de M. Caussidière. — Impuissance du Journal. 360

Chapitre XV. — M. Albert entre au Comité. — Abolition des ordres du jour. — Société dissidente. — Ses Chefs. — Le vol patriotique. — Nouveau démembrement. — Projet d'insurrection 368

Chapitre XVI. — Complot des bombes. — M. Caussidière forme un Congrès révolutionnaire. — Son échec. — Entrevue des membres du Congrès avec M. Ledru-Rollin. — Leur désappointement. — Portrait de M. Ledru-Rollin 376

Chapitre XVII. — Portraits et silhouettes. — MM. Proudhon, Louis Blanc, Considérant, Thoré, Sarrut, Miot, Xavier Durrieu, Bareste. 387

Chapitre XVIII. — Effectif du parti républicain au commencement de 1848. — La bourgeoisie et la royauté de Juillet. 401

Chapitre XIX. — Les Banquets. — Ce qu'en pensent d'abord les républicains. — Grande colère de la gauche. — Le Banquet du douzième

TABLE GÉNÉRALE DES MATIÈRES.

arrondissement. — Dédain de la *Réforme*. — Assemblée d'étudiants. — Décision qu'ils prennent. — La Commission du Banquet. — Reculade de la gauche........... 408

CHAPITRE XX. — Etat des esprits le 21 février. — Conseil de guerre tenu à la *Réforme*. — Etrange opinion de M. Louis Blanc et de M. Ledru-Rollin. — Décision étonnante. — La révolution est un coup de police........... 419

CHAPITRE XXI. — La *Société dissidente* commence le mouvement. — Mœurs de cette Société. — Scènes de la place de la Concorde. — Les gamins de Paris. — Barricades. — Tentative d'assassinat. — Opinion des chefs. — Conseil de guerre. — Pillage. — Incendie. — Résultat de la journée du 22........... 431

CHAPITRE XXII. — L'intrigue de la *Réforme*. — Tous les patriotes s'habillent en gardes nationaux. — La Bourgeoisie du *Siècle*. — Médiation désastreuse. — Les *Saisons* au boulevard Saint-Martin. — Armes données! — M. Albert accusé de trahison. — Concession à la révolte........... 441

CHAPITRE XXIII. — Férocités. — Le loup populaire lâché dans Paris. — La *Réforme* et le *National* organisent une catastrophe. — Pèlerinage séditieux. — M. Lagrange. — Coup de pistolet du boulevard des Capucines........... 449

CHAPITRE XXIV. — Ce qu'il fallait faire le 24. — Hésitation dans les barricades. — La royauté prend des mesures de salut. — Le général Bedeau. — Concession désastreuse. — L'Hôtel-de-Ville est pris. — Combat du Palais-Royal. — Héroïsme et férocité. — Scène aux Tuileries. — Abdication. — Le château est abandonné........... 459

CHAPITRE XXV. — Les vrais héros de 1848. — Nomination des trois gouvernements provisoires........... 473

CHAPITRE XXVI. — L'Hôtel-de-Ville. — Les délégués du peuple. — Un nouveau gouvernement provisoire. — Le général Lagrange. — La Préfecture de police. — M. Sobrier. — Les compagnons du Préfet. — Ordre d'arrestation contre la duchesse d'Orléans. — Organisation des Montagnards........... 485

CHAPITRE XXVII. — Les dossiers de la Préfecture. — Tribunal secret du Luxembourg. — Le pistolet à huit coups. — Le poison. — Orgie au Luxembourg. — La bande des Tuileries. — Epilogue........... 498

FIN DE LA TABLE GÉNÉRALE DES MATIÈRES.

www.ingramcontent.com/pod-product-compliance
Lightning Source LLC
Chambersburg PA
CBHW071702230426
43670CB00008B/881